월곡집

이 책은 2018년도 정부(교육부)의 재원으로 한국고전번역원의 지원을 받아 수행된 '권역별거점연구소협동번역사업'의 결과물임.

This work was supported by Institute for the Translation of Korean Classics - Grant funded by the Korean Government.

한국고전번역원 한국문집번역총서/이화여자대학교 한국문화연구원

월곡집 5

月谷集

오원 지음
吳瑗

박재금 옮김
이은영
홍학희

일러두기

1. 이 책의 번역 대본은 한국고전번역원에서 간행한 한국문집총간 218집 소재《월곡집(月谷集)》으로 하였다. 번역 대본의 원문 텍스트와 원문 이미지는 한국고전종합DB(http://db.itkc.or.kr)에서 확인할 수 있다.
2. 내용이 간단한 역주는 간주(間註)로, 긴 역주는 각주(脚註)로 처리하였다.
3. 한자는 필요한 경우 이해를 돕기 위하여 넣었으며, 운문(韻文)은 원문을 병기하였다.
4. 맞춤법과 띄어쓰기는 한글 맞춤법과 표준어 규정을 따랐다.
5. 이 책에서 사용한 부호는 다음과 같다.

( ) : 번역문과 음이 같은 한자를 묶는다.

〔 〕: 번역문과 뜻은 같으나 음이 다른 한자를 묶는다.

" " : 대화 등의 인용문을 묶는다.

' ' : " " 안의 재인용 또는 강조 문구를 묶는다.

「 」: ' ' 안의 재인용을 묶는다.

『 』: 「 」 안의 재인용을 묶는다.

《 》: 책명 및 각주의 전거(典據)를 묶는다.

〈 〉: 책의 편명 및 운문·산문의 제목을 묶는다.

차례

유사遺事

월곡집 제13권

제문祭文

월곡집 제14권

제문祭文

애사哀辭

잡저 雜著

월곡집

제12권

묘표 墓表

유사 遺事

행장 行狀

시장 諡狀

묘표 墓表

황주 목사 원공의 묘표 경술년(1730, 영조6)

黃州牧使元公墓表 庚戌

원주(原州) 원씨(元氏)는 충장공(忠壯公) 휘(諱) 호(豪)[1]로부터 대대로 충성을 나타냈다. 충장공의 5세손에 휘는 명귀(命龜)이고 자(字)는 서구(瑞九)란 분이 있는데, 흥평위(興平尉) 휘 몽린(夢鱗)[2]의 아들이

1 충장공(忠壯公) 휘(諱) 호(豪) : 원호(元豪, 1533~1592)를 가리킨다. 조선 중기의 무신으로, 본관은 원주(原州)이며 자는 중영(仲英)이다. 김이진(金頤眞)에게서 수학하였으나 무(武)를 선택하여 1567년(명종22) 무과에 급제하였다. 경원 부사로 있을 때 이탕개(尼湯介)의 침입을 격퇴하였으며, 1587년(선조20) 전라우도 수군절도사로 있을 때 왜구를 막지 못하여 유배되었다. 임진왜란이 일어나자 강원도 조방장(助防將)으로서 여주 신륵사에서 적병을 크게 무찌르고 패주하는 적병을 구미포(龜尾浦)에서 섬멸하였다. 그 공으로 경기·강원 방어사 겸 여주목사로 임명되었다. 얼마 후 강원 감사 유영길(柳永吉)의 격문을 보고 병사를 이끌고 가다가 김화에 이르러 전사하였다. 김화의 충장사(忠壯祠)·충렬사(忠烈祠)에 제향되었으며, 병조 판서·좌의정에 추증되었다. 시호는 충장(忠壯)이다.

2 몽린(夢鱗) : 원몽린(元夢鱗, 1648~1674)을 가리킨다. 조선의 제17대 왕인 효종(孝宗)의 부마(駙馬)로, 호는 죽서(竹西)이다. 1659년(효종10) 효종의 딸 숙경공주(淑敬公主)와 혼인하여 흥평위(興平尉)가 되고 후에 흥평군에 봉하여졌다. 여러 차례 도총부 도총관을 지냈으며 시호는 효헌(孝憲)이다.

자 효종대왕(孝宗大王)의 외손자로 사람됨이 순박하고 엄중(嚴重)하여 거짓된 꾸밈이 없고 속마음을 확고하게 지켜서 빼앗을 수 없었다. 여러 차례 주군(州郡)의 수령을 지냈으나 의중은 즐겁지 못해서 여강(驪江)[3]으로 물러나 살았다.

금상(今上) 4년 무신년(1728)에 나라에 어려운 일이 생겨[4] 서울이 크게 소요(騷擾)하자 세족(世族) 가운데 많은 이들이 달아나 숨어버렸는데 공은 서둘러 행장을 꾸려 경사(京師)로 달려갔다. 적(賊)이 평정된 후에 자제들이 장차 두메산골로 피해 갈 것을 청하자 공이 탄식하며 말하기를,

“나는 대를 이어 벼슬한 집안의 신하로 두터운 은혜를 입어 몸 바쳐 갚을 것을 맹세하였으니, 너희들은 스스로 가족에 대한 계책을 하도록 하라.”

하였다.

항상 비분강개하며 왕실을 걱정하다가 51세 되던 해인 경술년(1730, 영조6) 4월 8일에 갑자기 작고하였다. 아! 세상이 쇠퇴하여 인재를 얻기 어려운데 공의 자질을 급한 상황에 쓴다면 나라가 반드시 힘입은 바 있었을 텐데, 끝내 지위를 얻지 못하고 장수하지도 못하였으니 어찌 천명이 아니겠는가.

공이 평소에 간명(簡明)하고 과묵하여 사람들과 교유하는 것을 좋아하지 않아서 세상에 그의 뜻을 아는 이가 별로 없다. 공은 자신을 다스림에 법도가 있어 선악의 분별을 매우 엄격히 하였으며, 집안에서의

3 여강(驪江) : 경기도 여주(驪州) 지역을 관통하는 남한강을 일컫는다.

4 무신년에……생겨 : 이인좌(李麟佐)의 난이 일어난 것을 가리킨다.

행실에 더욱 독실하여 부모님 살아계실 제 봉양하고 돌아가셨을 제 애통해함에 정성을 다하였다. 자기 몸에 들이는 것은 매우 검소하였으나 재물을 기울여 아우들을 도와주었으며 고아가 된 조카를 자기 자식과 똑같이 어루만져 길렀다. 벼슬에 있을 때에는 청렴하고 결백하여 법을 집행함에 지체 높고 힘 있는 이라고 해서 봐주지 않았으므로 아전들은 두려워하고 백성들은 그리워하였다. 공이 몸소 행한 바를 보면 재주가 쓰이지 못하였음을 알 수 있다.

고아(孤兒)가 된 경하(景夏)[5] 등이 공을 원주(原州) 장암(壯巖) 간좌(艮坐)의 언덕에 장사지냈으니, 곧 선산(先山)과 3리가량 떨어져 있는 곳이다. 비석을 새겨 묘를 표시하고, 그의 벗이자 공에게 중표질(重表姪)[6]이 되는 자인 수양(首陽) 오원(吳瑗)으로 하여금 음기(陰記)[7]를 짓게 하였다.

5 경하(景夏) : 원경하(元景夏, 1698~1761)를 가리킨다. 조선 후기의 문신으로, 본관은 원주(原州)이며 자는 화백(華伯), 호는 창하(蒼霞)·비와(肥窩)이다. 1736년(영조12) 문과에 장원급제한 후 영조의 뜻을 받들어 붕당이 나라를 그르치는 화근이라는 것과 탕평책을 진언하였다. 이후 예문관 제학·이조 참판·부제학 등을 역임하였으며 판돈녕부사로 치사하여 봉조하가 되었다. 노론·소론만의 탕평인 소탕평(小蕩平)을 반대하고 동서남북을 다 포함한 대탕평(大蕩平)을 창도하자 조정에서는 이를 탐탁지 않게 여겼으며, 이천보(李天輔)와 절교를 선언하여 원수가 되었다. 영조의 신임이 두터워 그가 죽자 왕이 친히 제문을 지었으며, 해당 부서에 명을 내려 치제(致祭)하게 하였다. 사후 영의정에 추증되었다. 저술로 《창하집》이 남아있으며, 시호는 충문(忠文)이다.

6 중표질(重表姪) : 성(姓)이 다른 재종질(再從姪), 즉 육촌 형제의 아들이다.

7 음기(陰記) : 비석(碑石)의 뒷면에 새기는 기록을 가리킨다.

본생 선친 공조 정랑 부군[8]의 묘표음기[9] 갑인년(1734, 영조10)
本生先考工曹正郎府君墓表陰記 甲寅

아! 우리 오씨(吳氏)는 관향(貫鄕)이 해주(海州)이다. 종친부 전부(宗親府典簿)를 지내고 의정부 좌찬성에 추증된 돌아가신 고조할아버지 휘(諱) 사겸(士謙)[10]은 효성으로 이름이 났고, 증조할아버지 휘 숙(䎘)[11]은 문학과 정술(政術)로 명성이 있었으나 일찍 돌아가시어 벼슬

8 본생(生先)……부군(府君) : 오원(吳瑗)의 생부인 오진주(吳晋周, 1680~1724)를 가리킨다.

9 묘표음기(墓表陰記) : 묘표(墓表)의 뒤에 새기는 글을 말한다. 묘표란 피장자(被葬者)의 신분을 간단히 기록하여 분묘(墳墓) 앞에 세우는 비석으로, 보통 앞면에는 누구의 묘인지 신원을 쓰고 뒷면에는 건립 연대를 새겼다. 그러나 생전의 행적이 뚜렷하면 일정한 격식을 갖춰 피장자의 생애를 약술(略述)하기도 하였는데, 이것이 묘표음기이다.

10 사겸(士謙) : 오사겸(吳士謙, ?~1628)을 가리킨다. 조선 중기의 문신으로, 본관은 해주(海州)이며 자는 여신(汝愼)이다. 이상길(李尙吉)에게서 수학하였으며, 만년에 음사(蔭仕)로 용인 현령(龍仁縣令)이 되어서 종친부 전부(宗親府典簿)에 이르렀다. 효성스럽기로 유명하였으며, 사후에 좌찬성에 추증되었다.

11 숙(䎘) : 오숙(吳䎘, 1592~1634)을 가리킨다. 조선 중기의 문신으로, 본관은 해주(海州)이며 자는 숙우(肅羽), 호는 천파(天坡)이다. 1612년(광해군4) 문과에 급제한 후 승문원 권지정자가 되어 명나라에 보내는 진주문(陳奏文)을 초안하였는데 그 문장이 뛰어나 바로 세자시강원 설서로 승진하고 병조 좌랑이 되었다. 이후 정언・교리를 지내고 사가독서(賜暇讀書)를 하였다. 이괄(李适)의 난 때 왕을 공주(公州)로 호종하였고 이듬해 사은 겸 주청부사(謝恩兼奏請副使)로 명나라에 다녀왔다. 1633년(인조11) 황해도 관찰사로 가도(椵島)의 분쟁을 수습하였고, 이듬해 명나라 사신 황손무(黃孫武)의 접반사(接伴使)로 활약하였다. 저서로 《천파집》이 남아있다.

이 경상도 관찰사에 그쳤으며 또한 좌찬성에 추증되었다. 할아버지 충정공(忠貞公) 휘 두인(斗寅)[12]은 우리 인조(仁祖)・효종(孝宗)・현종(顯宗)・숙종(肅宗) 4대의 조정을 섬겼으며 지위가 정경(正卿)에 이르렀는데, 인현왕후(仁顯王后)가 출궁(出宮)할 때 직간(直諫)하다가 화를 입었다.[13] 영의정(領議政)에 추증되었으며, 경신년(1680, 숙종6) 11월 초하루에 공을 낳았다.

공의 자(字)는 명중(明仲)이며, 어려서부터 노성(老成)하여 너그럽고 과묵하였다. 10세 때 집안의 화를 만났으나[14] 돌아가신 어머니 황부인(黃夫人)의 의범(儀範)이 가지런하고 엄숙하였으며 숙형(叔兄) 해창공(海昌公)[15]의 시례지훈(詩禮之訓)[16]이 잘 갖추어졌다. 15세 때 문

12 두인(斗寅) : 오두인(吳斗寅, 1624~1689)을 가리킨다. 조선 후기의 문신으로, 본관은 해주(海州)이며 자는 원징(元徵), 호는 양곡(陽谷)이다. 1649년(인조27) 문과에 장원으로 급제한 후 지평・사간・경기도 관찰사・공조 판서・형조 판서 등을 역임하였다. 1689년(숙종15)에 기사환국으로 서인이 실각하자 지의금부사(知義禁府事)에 세 번이나 임명되고도 나가지 아니하여 삭직 당하였고, 그해 5월에 인현왕후 민씨가 폐위되자 이에 반대하는 소를 올려 국문을 받고 의주로 유배 가다가 파주에서 죽었다. 곧 복관되었고 1694년 영의정에 추증되었으며, 덕봉서원・충렬사 등에 제향되었다. 저서로 《양곡집》이 있으며, 시호는 충정(忠貞)이다.

13 인현왕후(仁顯王后)가……입었다 : 1689년(숙종15) 5월에 기사환국이 일어나 인현왕후 민씨가 폐위되었다. 이에 오두인(吳斗寅)이 이세화(李世華)・박태보(朴泰輔)와 함께 반대하는 상소를 올려 국문을 받았고, 의주(義州)로 유배를 가다가 도중에 파주(坡州)에서 죽었다.

14 10세……만났으나 : 오진주(吳晋周)가 10살이 되던 해에 아버지 오두인(吳斗寅)이 작고한 것을 가리킨다. 자세한 내용은 바로 앞의 주석을 참조.

15 숙형(叔兄) 해창공(海昌公) : 오진주(吳晋周)의 셋째 형인 오태주(吳泰周, 1668~1716)를 가리킨다. 오태주는 조선 후기의 문신으로, 본관은 해주(海州)이며 자는

간공(文簡公) 김 선생 창협(金先生昌協)의 생관(甥館)에 나아가 가르침을 받았다.[17] 행실과 재주가 순일(純一)하고 넉넉하여 사림 사이에 이름이 널리 알려져 "틀림없이 충정공 집안의 뒤를 이을 것이다."라고들 하였는데 갑오년(1714, 숙종40)에 비로소 사마(司馬) 양시(兩試)에 합격하였다. 다음 해에 동궁 세마(東宮洗馬)에 제수되고 다섯 번 자리를 옮겨 공조 정랑(工曹正郞)이 되었으며, 통훈대부(通訓大夫)의 품계에 오르고 외직으로 금성(金城)의 수령을 지냈다.[18] 만년에 세상사를 사절하고 전원에서 소요하다가 갑진년(1724, 영조 즉위년) 9월 26일 서울 자택에서 병으로 작고하였으니, 용인현(龍仁縣) 구흥리(駒興里) 간좌(艮坐)의 언덕에 장사지냈다.

원배(元配)인 김씨(金氏)는 문충공(文忠公) 수항(壽恒)[19]의 손녀로,

도장(道長), 호는 취몽헌(醉夢軒)이다. 12세인 1679년(숙종5)에 현종의 딸인 명안공주(明安公主)와 혼인하여 해창위(海昌尉)에 봉해지고, 명덕대부(明德大夫)의 위계를 받았다. 그 후 광덕대부(光德大夫)로 품계가 올랐고, 오위도총부 도총관·조지서 제조·귀후서 제조 등을 역임하였다. 1689년에 희빈 장씨(禧嬪張氏) 소생 왕자를 세자로 책봉하려는 것에 반대하는 의견을 냈다가 관작이 일시 삭탈되고 직첩이 환급되기도 하였다. 예서와 시문(詩文)에 능하였으며, 시호는 문효(文孝)이다.

16 시례지훈(詩禮之訓) : 가정에서 받는 가르침을 말한다. 공자(孔子)의 아들 백어(伯魚)가 뜰을 가로질러 빠른 걸음으로 지나가는데 공자가 그를 불러 세우고 시(詩)와 예(禮)를 공부하라고 가르침을 내렸던 고사에서 나온 것이다. 《論語 季氏》

17 15세……받았다 : 생관(甥館)은 췌관(贅館), 즉 사위가 거처하는 방으로, 사위가 되었음을 비유하는 말로도 쓰인다. 오진주는 김창협(金昌協)의 사위이다.

18 금성(金城)의 수령을 지냈다 : 금성은 강원도 김화(金化)의 옛 이름이며, 오진주는 기해년(1719) 가을에 금성현(金城縣)의 수령으로 부임하였다.

19 문충공(文忠公) 수항(壽恒) : 김수항(金壽恒, 1629~1689)을 가리킨다. 조선 후기의 문신으로, 본관은 안동(安東)이며 자는 구지(久之), 호는 문곡(文谷)이다. 1651

현명하고 예법(禮法)을 준행하여 여사(女士 선비와 같은 여인)의 행실이 있었다. 공보다 1년 먼저 태어났으며 경진년(1700, 숙종26) 7월 17일에 작고하였다. 1남 원(瑗)을 두었는데, 원은 홍문관 교리(弘文館校理)를 지냈으며 해창공(海昌公) 댁으로 출계(出系)하였다.

계배(繼配) 정씨(鄭氏)는 군수(郡守) 희선(希先)의 딸이자 익헌공(翼憲公) 태화(太和)[20]의 증손녀로, 단아하고 자상하며 인자하고 검소하여 부도(婦道)에 매우 근신(謹愼)하였다. 공보다 1살 아래이며 무자년(1708, 숙종34) 4월 22일에 작고하였다. 1남 완(琬)을 두었는데, 큰아버님[21]의 후사(後嗣)가 되었다.

년(효종2) 문과에 급제한 후 정언·사간·도승지·우의정·세자부(世子傅)·영의정 등 요직을 두루 역임하였다. 송시열이 가장 아끼던 후배로 한때 사림의 종주로 추대되었으나 기사환국으로 남인이 집권하자 탄핵을 받아 진도로 유배되었다가 사사되었다. 1694년에 신원·복관되었으며, 1886년(고종23) 현종(顯宗)의 묘정에 배향되었다. 저서로 《문곡집》이 있으며, 시호는 문충(文忠)이다.

20 익헌공(翼憲公) 태화(太和) : 정태화(鄭太和, 1602~1673)를 가리킨다. 조선 중기의 문신으로, 본관은 동래(東萊)이며 자는 유춘(囿春), 호는 양파(陽坡)이다. 정광필(鄭光弼), 정유길(鄭惟吉), 정창연(鄭昌衍)의 후손이며 정치화(鄭致和), 정만화(鄭萬和)의 형이다. 1628년(인조6) 문과에 급제한 후 대사간, 대사헌, 도승지, 평안도·경상도의 관찰사, 육조의 판서, 우의정, 좌의정 등 요직을 두루 역임하였으며 5차례나 영의정에 올랐다. 사후 현종의 묘정에 배향되었으며, 시호는 익헌이다. 저서로 《양파유고》, 《양파연기》가 남아있다.

21 큰아버님 : 오진주(吳晋周)의 큰형인 오관주(吳觀周, 1645~1664)를 가리킨다. 오관주는 조선 중기의 유학자로, 본관은 해주(海州)이며 자는 대관(大觀)이다. 1662년(현종3) 생원에 합격하였다. 어려서 모친을 잃고 계모(繼母) 김씨(金氏)를 친모처럼 따르다가 계모가 병이 들자 직접 병간호를 하였다. 결국 상을 당하게 되었는데 그 과정에서 자신의 몸을 돌보지 않아 20세의 젊은 나이로 생을 마감하였다. 슬하에 아들이 없어 동생 오진주의 아들 오완(吳琬)을 양자로 들였다.

계배(繼配) 서씨(徐氏)는 통덕랑(通德郞) 명덕(命德)의 딸이자 충숙공(忠肅公) 성(渻)[22]의 6세손이다. 관(瓘)[23]과 찬(瓚),[24] 2남을 두었는데 찬(瓚)이 막내작은아버지 충정공(忠貞公)[25]의 양자가 되었으니,

22 충숙공(忠肅公) 성(渻) : 서성(徐渻, 1558~1631)을 가리킨다. 조선 중기의 문신으로, 본관은 달성(達城)이며 자는 현기(玄紀), 호는 약봉(藥峯)이다. 이이(李珥)・송익필(宋翼弼)의 문인으로 1586년(선조19) 문과에 급제한 후 암행어사・제용감 정・5개도의 관찰사・여러 조의 판서를 거쳐 판중추부사를 지냈다. 1613년(광해군5) 계축옥사에 연루되어 11년간 유배되었다가 1623년 인조반정으로 방환되어 형조 판서에 복직하고 이어 병조 판서가 되었다. 이괄(李适)의 난과 정묘호란 때 왕을 호종하였으며, 사후 영의정에 추증되고 구암서원(龜巖書院)에 제향되었다. 저서에 《약봉집》이 있으며, 시호는 충숙이다.

23 관(瓘) : 오관(吳瓘)을 가리키는 것으로, 오원(吳瑗)의 아우이나. 자는 형숙(瑩叔)이며, 자세한 내용은 미상이다.

24 찬(瓚) : 오찬(吳瓚, 1717~1751)을 가리킨다. 조선 후기의 문신으로, 본관은 해주(海州)이며 자는 경보(敬父), 호는 청수재(淸修齋)이다. 오진주(吳晉周)의 아들이자 오원(吳瑗)의 이복 아우로, 오이주(吳履周)에게 입적되었다. 1751년(영조27) 춘당대시에 장원으로 급제한 후 정언이 되어 징토를 엄히 할 것과 시비를 분명히 할 것 등을 상서(上書)하여 영조의 심기를 불편하게 만들었다. 이어서 사직 이종성(李宗城)이 흉역들과 어울린다는 상서를 올리고 내수사(內需司)를 파할 것을 청하였다가 영조의 진노를 사서 사판(仕版)에서 삭제되고 성문 밖으로 쫓겨났다. 후에 삼수(三水)로 귀양 가 그곳에서 죽었는데 관직에 오른 지 1년 만이었다.

25 막내작은아버지 충정공(忠貞公) : 오이주(吳履周, 1684~1709)를 가리킨다. 오이주는 조선 후기의 사인(士人)으로, 본관은 해주(海州)이며 자는 계직(季直)이다. 오이주가 6살 때인 1689년(숙종15)에 기사환국이 일어났고, 이때 아버지 오두인(吳斗寅)이 인현왕후(仁顯王后)의 폐위를 반대하는 상소를 올렸다가 국문을 받고 경기도 파주(坡州)로 귀양을 갔다가 그곳에서 세상을 떠났다. 장성해서 아버지가 처했던 상황을 알고는 늘 상복(喪服)을 입고 다녔으며, 후상(後喪)이 훼손되지 않도록 행동을 삼갔다고 한다.

다섯 아들 가운데 네 집안의 후사가 실로 공에게서 나왔다.

아! 공은 집에서는 효성스러운 아들이자 유순한 아우였으므로 집안 친척들이 칭송하였고, 직책을 수행함에 있어서는 청렴하고 조심하여 은택이 아전과 백성에게 끼쳤으며, 단정하고 간결하며 질박하고 정직하여 거짓이 없었으므로 친하거나 소원하거나 할 것 없이 사군자(士君子)라고 부르지 않는 이가 없었다. 불초한 원(瑗)이 어찌 감히 사사로운 정(情)으로 말한 것이겠는가. 그러나 식견이 밝고 신념이 확고하며 세상에 대한 근심이 깊고 생각이 원대하여 나라에 충성할 뜻을 간곡하게 품고 있었으나 불행하게도 당시에 쓰이지 못한 것을 아는 이가 또한 드물다.

아! 선조의 충과 효가 누적된 위에 공이 덕을 쌓고 선음(先蔭)의 나머지를 받았으니 의당 하늘의 베풂을 받아먹어야 마땅할 것이나 원(瑗)의 불효로 악이 쌓여 어버이로 하여금 능히 장수와 복록(福祿)을 향유하지 못하게 하였다. 천지신명이 재앙을 내려 어버이가 돌아가셨으나[26] 아직도 죽지 않았고 어리석고 변변치 못하여 잠덕(潛德 세상에 드러나지 않은 미덕)과 의행(懿行 아름다운 행실)을 이어받아 선양할 수가 없지만, 피눈물로 비석을 새겨 그 죄를 드러내고 또 어린 사람들에게 알리니 외려 후손들에게 기대하는 바가 있다.

황명(皇明) 숭정(崇禎) 후 두 번째 계축년(1733, 영조9)[27] 6월에

26 천지신명이……돌아가셨으나 : 원문의 '천할(天割)'은 '천강할(天降割)'의 줄임말로, 하늘이 크게 해(害)를 내려 부모가 별세함을 이르는 말이다. 《서경(書經)》〈대고(大誥)〉에 "하늘이 우리 집안에 해를 내려 조금도 기다려주시지 않았다.〔天降割于我家, 不少延.〕"라고 하였다.

27 황명(皇明)……계축년 : 중국 명(明)나라의 마지막 황제 의종(毅宗)이 숭정 17년

세우다.

(1644)에 자결한 후 두 번째 돌아오는 계축년이라는 뜻이다. 명나라가 망하고 중국에 청(淸)나라가 들어서 더 이상 명나라의 연호를 쓸 수 없게 되자 명나라와 의리를 지키기 위하여 이렇게 표현한 것이다.

행장 行狀

공인 양주 조씨의 행장 임자년(1732, 영조8)
恭人楊州趙氏行狀 壬子

공인(恭人) 양주 조씨(楊州趙氏)는 안동(安東) 김군 이건(金君履健)[28] 강백(剛伯)의 아내이다. 증조할아버지는 판서를 지낸 충정공(忠靖公) 휘(諱) 계원(啓遠)[29]이요, 할아버지는 군수를 지내고 영의정에 추증된

28 김군 이건(金君履健) : 김이건(金履健, 1697~1771)을 가리킨다. 조선 후기의 문신으로, 본관은 안동(安東)이며 자는 강백(剛伯), 호는 간옹(澗翁)이다. 김상용(金尙容)의 5대손이다. 1721년(경종1) 사마시에 합격하여 생원이 된 후 참봉에 기용되었고, 이후 여러 고을의 수령 및 청도 군수, 청주 목사 등을 지냈다. 성질이 곧고 기개와 의리가 남달라 조태채(趙泰采) 등의 사랑을 받았다고 한다. 후에 이조 참판에 추증되었다.

29 충정공(忠靖公) 휘(諱) 계원(啓遠) : 조계원(趙啓遠, 1592~1670)을 가리킨다. 조선 중기의 문신으로, 본관은 양주(楊州)이며 자는 자장(子長), 호는 약천(藥泉)이다. 신흠(申欽)의 사위이며, 이항복(李恒福)의 문인이다. 1628년(인조6) 문과에 급제한 후 정언·장령·수찬 등을 지내다가 1641년 심양(瀋陽)에 볼모로 가있던 소현세자(昭顯世子)가 청나라의 요구로 명나라 공격에 참가하게 되자 세자시강원 보덕으로서 그를 시종하였다. 귀국 후에 도승지·경기 감사·함경 감사·동지의금부사·개성부 유수·형조 판서 등을 두루 역임하고 사직하였다. 이후 보령(保寧)에 은거하며 조정의 부름에 응하지 않았다. 1671년(현종12) 장남 조진석(趙晋錫)이 원종공신의 훈록을 받자 좌찬성에 증직되었으며, 이어 1676년(숙종2)에는 다섯째 아들인 조가석(趙嘉錫)이

희석(禧錫)이요, 아버지는 돈녕부 도정(敦寧府都正)을 지낸 휘 태과(泰果)요, 어머니 연안 김씨(延安金氏)는 중원(重元)의 딸이다.

숭정(崇禎) 후 병자년(1696, 숙종22) 12월 7일에 태어나 17살에 김씨(金氏) 집안으로 시집가 관찰사 휘 시걸(時傑)[30]의 적손부(適孫婦)가 되었으니, 지금 영천 군수(榮川郡守)를 지내고 있는 영행(令行)[31]이 그의 시아버지이다. 3남 1녀를 낳았으며, 임자년(1732, 영조8) 정월 8일에 별세하여 37세를 살고 홍주(洪州) 조휘곡(朝暉谷)에 있는 김씨 집안 묘역 안 계좌(癸坐)의 언덕에 묻혔다.

강백은 나의 외형(外兄 고모의 아들)으로, 고모가 자주 공인을 효부(孝婦)라고 일컬었으며 딸이 죽었을 때보다 더 심하게 곡(哭)을 하였다. 얼마 후에 영천공(榮川公 시아버지 김영행(金令行))이 손수 공인의 유사(遺事)를 기록하여 나에게 명하기를,

참의가 되자 영의정에 가증(加增)되었다. 시호는 충정(忠靖)이다.

30 시걸(時傑) : 김시걸(金時傑, 1653~1701)을 가리킨다. 조선 후기의 문신으로, 본관은 안동(安東)이며 자는 사흥(士興), 호는 난곡(蘭谷)이다. 1684년(숙종10) 문과에 급제하여 검열이 되었으나 1689년 기사환국으로 파직되었다가 1694년 갑술환국 후에 지평으로 다시 등용되었다. 이후 수찬・교리・이조 정랑・사간・집의・승지・전라도 관찰사・대사간 등을 역임하였다. 시호는 헌간(獻簡)이며, 저서로 《난곡집》이 남아있다.

31 영행(令行) : 김영행(金令行, 1673~1755)을 가리킨다. 조선 후기의 문신으로, 본관은 안동(安東)이며 자는 자유(子裕), 호는 필운옹(弼雲翁)이다. 김창흡(金昌翕)의 문인으로, 음보(蔭補)로 현감이 되었다. 1723년(경종3) 소론의 김일경(金一鏡) 등에 의해 노론 김창집(金昌集)의 일당이라는 이유로 파직당하여 기장현(機張縣)에 유배되었다가 1725년에 영조가 즉위하자 풀려났다. 이후 우사어(右司禦), 임천 군수(林川郡守), 첨지중추부사 등을 역임하였다. 저서로 시문을 모은 《필운유고》가 전한다.

"우리 며느리의 행실은 자네가 알고 있는 바이나 내 스스로 이를 기술한다면 사사롭다는 의심을 받을 것이네. 자네가 차례로 엮어 행장을 짓도록 하게."

하였다. 아! 여자가 시집을 가서 시부모의 마음을 얻는 것처럼 어려운 것이 없으니, 공인의 어짊에 대해 누가 영천공의 말에 이론을 제기하겠는가.

공인은 어렸을 때부터 바르고 엄숙하며 단아하고 신중하여 발이 규중(閨中)을 벗어나지 않았으나 어버이와 어른을 모심에 효성과 공경이 돈독하고 지극하며 입으로 다른 사람의 장단점을 언급하지 않고 희로애락을 말투나 표정에 드러내지 않아 넉넉하게 장부(丈夫)의 재주와 도량을 갖추었다. 막내작은아버지인 충익공(忠翼公)[32]이 일찍이 말하기를,

"어린아이의 몸가짐이 간결하고 진중한데 속마음은 다시 편안하고 즐거우며 부드럽고 온화하니, 참으로 귀한 본보기이다. 남자로 태어나서 우리 집안을 번성케 하지 못하는 것이 아쉽구나."

하였다.

32 충익공(忠翼公) : 조태채(趙泰采, 1660~1722)를 가리킨다. 조선 후기의 문신으로, 노론사대신의 하나이다. 본관은 양주(楊州)이며 자는 유량(幼亮), 호는 이우당(二憂堂)이다. 소론인 조태구(趙泰耈)의 종제로, 당색을 달리하였다. 1686년(숙종12) 문과에 급제한 후 수찬, 정언, 경연동지사, 호조·공조·이조의 판서, 우의정 등을 역임하고 1720년(경종 즉위년) 사은사(謝恩使)로 청나라에 다녀왔다. 경종(景宗)에게 왕세제(王世弟) 책봉을 건의하여 실현시켰으며, 세제의 대리청정을 건의하였으나 소론의 강력한 반대로 철회되자 사직하였다. 이어서 소론의 사주를 받은 목호룡(睦虎龍)의 고변으로 역모를 꾀하였다 하여 진도(珍島)에 귀양 간 뒤 사사되었다. 1725년(영조1)에 복관되었다. 저서로 《이우당집(二憂堂集)》이 남아있으며, 시호는 충익(忠翼)이다.

시집을 가자 시부모가 특별히 사랑하였다. 공인은 이른 아침부터 밤늦게까지 공경하고 삼가기를 게을리 하지 않았는데, 무릇 기쁘고 유순하게 받드는 것이 한결같이 깊은 사랑에서 나와 터럭만큼도 억지로 하는 뜻이 없었다. 계묘년(1723, 경종3)에 영천공이 흉당(凶黨)의 미움을 받아 멀리 영해(嶺海)[33]로 귀양을 가게 되었다.[34] 공인은 영천공이 차마 생각할 수도 없는 재앙을 당하지나 않을까 근심하여 밤낮으로 초조해하며 먹고 자는 것을 거의 폐하다시피 하였으며, 눈물을 흘리며 시부모를 그리워하다 눈병이 났다. 제철에 나는 신선한 음식을 보면 그때마다 "영외(嶺外)에도 이러한 것이 있을까."라고 하며 차마 입에 가까이하지 못하였으니, 지극히 효성스럽기가 이와 같았다.

집안의 사당(祠堂)을 받들면서 홍주(洪州)[35]에 있는 무덤 아래에 우거(寓居)하였다. 매번 제사 지낼 때마다 반드시 때가 되기 전에 미리 뜰을 소제하고 손수 제기(祭器)를 깨끗이 닦았으며, 비복(婢僕)들에게는 반드시 깨끗이 빤 옷을 입고 깨끗이 씻은 연후에 제수(祭需) 장만을 돕도록 하라고 단단히 타일러 경계하였다. 제사 지내는 날에는 단정히 앉아서 밤을 새면서 사람들이 잠깐 눈이라도 붙이라고[36] 권하면

33 영해(嶺海) : 오령(五嶺)의 남쪽이나 근해(近海)의 변지(邊地)로 험난한 땅, 궁벽한 귀양지를 가리키는 말로 쓰인다.

34 계묘년에……되었다 : 김영행(金令行)은 1723년(경종3)에 소론 김일경(金一鏡) 등에 의해 노론 김창집(金昌集)의 일당이라 하여 파직되어 기장현(機張縣)에 유배되었다.

35 홍주(洪州) : 충청남도 홍성(洪城)의 옛 이름이다.

36 잠깐 눈이라도 붙이라고 : 원문의 '假寐'는 잠잘 채비를 갖추지 않고 옷을 입은 채 자는 것을 말한다. 《시경(詩經)》 〈소반(小弁)〉에 "가매하는 중에 길이 탄식하여 근심

말하기를,

"위아래 사람이 모두 잠들었다가 혹시라도 때를 놓치게 되면 어떻게 합니까."

하였다. 일찍이 말하기를,

"요사이 풍속이 무당과 점쟁이를 숭상하여 복(福)을 불리고 액(厄)을 쫓을 것을 구하면서 도리어 조상의 제사를 받드는 것에 소홀하니 미혹됨이 심하다. 만약 공경을 극진히 하여 제사를 받든다면 조상의 신령(神靈)께서 반드시 몰래 도와주실 것이니, 어찌 무당의 은밀한 보답에 견주겠는가."

하였다. 이따금 또 선영(先塋)에 올라 두루두루 알현하고 돌아와서 말하기를,

"부녀자의 몸으로 경사(京師)에서 나고 자라 선영을 뵐 수 있다는 것이 드문 일인데, 내 이제 시댁 선영에 참배할 수 있었으니 죽어도 여한이 없다."

하였다. 강백의 종조부(從祖父 할아버지의 형제)인 청송공(靑松公)[37]이

때문에 늙으니 마음에 근심하는지라 병듦이 머리가 아픈 듯하노라.〔假寐永嘆, 維憂用老. 心之憂矣, 疢如疾首.〕"라고 하였는데, 주자(朱子)가 이에 주를 달아 "의관을 벗지 않고 잠드는 것을 가매라 한다.〔不脫衣冠而寐曰假寐.〕"라고 하였다.

37 청송공(靑松公) : 김이건(金履健)의 할아버지인 김시걸(金時傑)의 아우 김시보(金時保, 1658~1734)를 가리킨다. 김시보는 조선 후기의 문신으로, 본관은 안동(安東)이며 자는 사경(士敬), 호는 모주(茅洲)이다. 김창협(金昌協)의 문인으로, 음보(蔭補)로 관직에 나아갔다. 공조 좌랑 · 무주 부사(茂朱府使) · 고성 군수(高城郡守) · 청송 부사(靑松府使) · 도정(都正) 등을 지냈으며, 충청도 홍주(洪州) 일대에 많은 논밭과 토지를 소유한 거부였다. 진경시(眞景詩)에 뛰어났으며, 저서로 《모주집》이 남아있다.

그 말을 듣고 감탄하며 말씀하기를,

"제사 지낼 때에는 공경을 다하고 묘소에 가서는 반드시 참배하는 이러한 효부(孝婦)를 두었으니 우리 큰형님의 영혼을 족히 위로할 수 있겠다."

하였다.

강백의 막내아우 이억(履億)이 공인을 따라갔는데 공인이 지극정성으로 어루만져 길렀다. 이억이 말하기를,

"우리 형수님이 나를 사랑하는 것이 나를 낳은 것과 다름이 없으셨습니다. 내가 마땅히 어머님처럼 모셔야 할 것이니, 반드시 기년복(朞年服)을 입어서 이 은혜를 갚을 것입니다."

하였다. 남편의 누이들이 가난한 것을 가엽게 여겨 곳간을 기울여 긴급함을 구제하면서 자신에게 있고 없음을 따지지 않았으니, 일가친척들이 모두 하기 어려운 일이라 여겼다.

무신년의 구란(寇亂)[38]이 일어났을 때 공인이 홍주(洪州)에서 시부모를 모시고 있었다. 당시에 창졸간에 시골마을이 소란에 휩쓸렸는데 강백은 경사(京師)에 있었고 아우들은 또 때마침 여기저기 흩어져 살고 있었다. 공인이 혼자 몸으로 시부모를 보호하고 이리저리 주선(周旋)하였는데 시부모가 편안하기가 마치 평상시와 같았다.

얼마 있다가 시어머니가 학질(瘧疾)에 걸려 매우 위독해지자 공인이 밤낮으로 시중을 들면서 여러 달 동안 밤에도 옷을 벗지 않았다. 어느 날 밤에 하늘을 우러러 몰래 기도하면서,

38 무신년의 구란(寇亂) : 1728년(영조4) 무신년에 일어난 이인좌(李麟佐)의 난을 가리킨다.

"하늘은 어찌하여 이 병을 나에게 옮기지 않습니까."

하니 영천공이 몰래 듣고 감탄하였다. 영천공이 뒤를 이어 학질에 걸렸는데 병이 더욱 위독하였다. 공인이 옆에서 탕약 시중을 들면서 정성을 다하여 게을리하지 않았다. 마침내 병이 나아 편안해지자 시부모가 기뻐하며 말하기를,

"우리 부부가 소생할 수 있었던 것은 효성스러운 며느리의 정성에 감응한 것이다."

하였다.

강백과 함께 살 때에 일을 만나게 되면 경계하여 보익(補益)하는 것을 잊지 않았다. 일찍이 말하기를,

"선비는 혼자 있을 때에도 스스로에게 부끄러울 일이 없고 일을 행할 때에는 숨기는 것이 없어야 하니, 이렇게 하여야 길한 사람〔吉人〕이 됩니다."

하였다. 또 말하기를,

"단정하지 못한 벗을 사귀면 반드시 자신을 그르치게 되니, 원컨대 교유를 신중하게 하시기 바랍니다."

하였다. 손님이 가면 반드시 물어보고 혹 옳은 사람이 아니다 싶으면 근심스럽게 말하기를,

"이러한 사람들과 교유하면 어찌 나의 행실에 도움이 되겠습니까."

하였다. 또 말하기를,

"말년에 과거에 급제하는 것은 함정에 빠지는 것과 같습니다. 내 집에 살면서 나의 책을 읽으면 가문(家門)은 보존할 수 있습니다. 집이 비록 넉넉하지는 않으나 당신은 변변찮은 음식이나마 부모님께 공양할 수 있고 저는 철따라 갖옷과 베옷을 지을 수 있으니, 영달

하는 것은 내가 원하는 바가 아닙니다."

하였다. 강백이 일찍이 참언(讒言)을 당하자 공인이 권면하여 말하기를,

"비방을 해명하는 것은 단지 비방만 더할 뿐이니, 문을 닫고 들어앉아 자정(自靖)[39]하는 것만 못합니다."

하였다. 강백이 공인의 말을 중히 여겨 항상 외우(畏友)를 보듯이 하였다.

말을 간략하게 하여 시부모의 곁에 있을 때에는 묻는 것이 아니면 하루 종일 입을 열지 않았으며, 비록 횡역(橫逆)을 만난다 하더라도 태연하게 순순히 받아들여 일찍이 한 마디도 구실을 대며 변명하지 않았다. 항상 말하기를,

"무릇 말이 많은 사람은 반드시 절도(節度)에 맞지 않기 마련이다. 또 다른 사람의 미덕을 칭찬하는 것은 아첨에 가깝고 다른 사람의 단점을 말하는 것은 나의 덕을 손상시킨다. 말을 적게 하는 것이 비록 재미가 없는 것 같으나 다른 사람의 입에 오르내리는 것을 면할 수 있다."

39 자정(自靖) : 은거하여 의리를 지키며 이를 편안히 여기는 것이다. 《서경(書經)》 〈미자(微子)〉에서, 미자가 말하기를 "부사(父師)여! 소사(少師)여! 우리 주왕(紂王)이 미친 짓을 하기에 우리 국가의 원로들이 황야로 도망하거늘 이제 당신들은 이것을 지시하여 나에게 넘어지고 떨어짐을 말해줌이 없으니 어찌하여야 합니까?"라고 말하자, 기자(箕子)가 대답하기를 "자정하여 사람마다 스스로 선왕에게 뜻을 바칠 것이니, 나는 길을 떠나 은둔함을 돌아보지 않겠다.〔自靖, 人自獻于先王, 我不顧行遯.〕"라고 한 데서 나온 말이다. 채침(蔡沈)은 여기에 주를 달아 "'정(靖)'은 편안함이다. 각기 의리에 마땅히 다해야 할 바에 편안한 것이다.〔靖, 安也. 各安其義之所當盡.〕"라고 하였다.

하였다. 이로써 온 집안 어른 아이 간에 이간질하는 말이 없었다.

질병과 근심·환란과 재앙으로부터 주머니와 상자에 돈이나 곡식이 있고 없는 일에 이르기까지 일찍이 한 번도 심려를 둔 적이 없었으니, 사람들이 그 얕고 깊음을 엿볼 수 없었다. 혹자가 고지식하다고 비웃으면 웃으면서 말하기를,

"모든 일은 사전에 미리 정해진 것인데 어찌 조급하게 마음을 쓸 필요가 있겠는가."

하면서 평생 자기 개인의 재산을 비축하지 않았다. 도정공(都正公)[40]이 여러 차례 주군(州郡)을 맡아 다스렸는데 혹 주는 것이 있을 경우에는 곧 시어머니에게 드렸다. 이전에 강백이 생일을 맞거나 사마시(司馬試)에 선발되었을 때 시댁에서 특별히 밭과 노복(奴僕)을 준 적이 있는데 끝내 개인적으로 쓰지 않았다. 혹자가 묻기를,

"시댁에서 준 것을 사양하고 가지지 않는 것은 어째서인가."

하면 공인이 말하기를,

"먹고 입는 것을 모두 시댁에 의지하고 있는데 또 어디에 개인 재산을 쓰겠는가. 나이 어린 부녀자가 개인적으로 재산을 비축하는 것을 나는 매우 부끄럽게 여긴다."

하였다.

영천공이 전후(前後)로 고을을 맡아 다스릴 때 한 번도 무엇을 요구한 바가 없었다. 공이 처음 영천에 부임하였을 때에 강백이 공인을 시험하여 말하기를,

40 도정공(都正公) : 돈녕부 도정(敦寧府都正)을 지낸 친정아버지 조태과(趙泰果)를 가리킨다.

"말을 내어 관(官)에서 쓰는 물품을 운반하면 그 세(貰)를 받을 수 있는데 어찌하여 개인적인 곤궁을 구제하지 않으시오."

하자 공인이 깜짝 놀라 말하기를,

"제가 만약 세가(貰價)를 받는다면 이는 실로 본가(本家)에서 가져 가야할 것입니다. 제가 어찌 감히 존귀하신 시아버님께 누를 끼치겠습니까."

하였다.

무릇 명분이 없고 의롭지 않은 물건은 일찍이 지푸라기 하나도 취하지 않았으나 친척들 가운데 빈궁한 이들을 보면 아까워함 없이 베풀어 주어 상자 안에 한 치의 베〔布〕도 남아있지 않았다. 시어머니가 근심할까 우려하여 가난하다고 말하지 않고 오직 새벽부터 밤늦게까지 부지런히 여공(女工)에 힘써 손가락에 혹이 생기기까지 하였으나 오히려 피곤한 줄 알지 못하고 맛있는 음식[41]으로 봉양하였다. 풍족하고 사치스러운 것에 힘쓰지 않았으나 정성을 다하여 부족함이 없어 사람들이 궁핍한 줄 알지 못하였다.

일찍이 시어머니의 수의(壽衣)에 비단 치마가 없는 것을 걱정하여 자신이 개인적으로 장만하여 상자 안에 넣어두었다. 비록 매우 군색하였으나 시집올 때에 가져온 의상(衣裳) 가운데 하나도 전당 잡히거나

41 맛있는 음식 : 원문의 '瀡滫'는 음식에 쌀뜨물을 넣어 부드럽게 만들어서 부모님께 봉양하는 것이다. 《예기(禮記)》 〈내칙(內則)〉에 "며느리가 시부모를 섬길 때에는 친부모를 섬기는 것과 같이 한다.……씀바귀와 환채와 느릅나무 잎은 햇것과 묵은 것을 섞어 쌀뜨물로 매끄럽게 하거나 혹은 기름을 사용해서 입에 맞도록 한다.〔婦事舅姑, 如事父母.……堇、荁、枌、楡免薧滫瀡以滑之, 脂膏以膏之.〕"라고 한 데서 나온 말이다.

판 것이 없어 별세한 후 염(斂)할 때에 미쳐서 시장에서 산 것이 하나도 없었다. 이 밖에 오직 몇 벌의 낡은 옷 및 시부모의 필찰(筆札), 또 몇 종류의 약 봉지가 있을 따름이었다. 아마도 부모의 병환에 필요한 바였던 것으로 보이니, 효성이 지극하여 자신의 사사로움을 잊었음을 알 수 있다.

병석에 있을 때 어떤 사람이 동서들 사이에 오간 말을 어쩌다 언급하였는데 두려워하면서 대답하지 않고 다만 말하기를,

"비복(婢僕)들이 혹 이 말을 들었습니까."

하였으니, 우애의 정이 죽음을 앞두고도 오히려 변하지 않았다. 위독해진 후에도 정신이 또렷하여 여종에게 명하여 어린아이들을 안고 나가게 하면서 슬프고 그리워하는 모습이 없었으니 시어머니의 마음을 아프게 할까 걱정해서였다. 또 강백에게는 문 밖으로 나가게 하고 언니들로 하여금 옆에 앉게 하고 절명(絶命)하였으니, 생사의 순간에 조용하기가 이와 같았다.

강백의 아우들이 슬프게 곡을 하며 모두 말하기를,

"우리 형수께서 돌아가셨으니 누가 우리 부모님을 편안하게 모시겠습니까."

하였으며, 김씨 집안의 친척들이 모두 입을 모아 말하기를,

"애석하다, 어진 며느리가 어찌하여 오래 살지 못하는가."

하였다. 하관(下棺)하려고 하자 마을 사람들이 다투어 와서 일을 하며 말하기를,

"옛날에 공인께서 우리 마을에 부쳐 사실 때 가난하고 궁한 이들을 구제해주셨던 은혜를 어찌 잊을 수 있겠습니까."

하였으니, 그 어진 마음이 멀고 가까운 곳에서 신뢰를 얻었음을 또

알 수가 있다.

강백이 어렸을 때 우리 아버님 밑에서 양육되어 나와는 형제와도 같은 정이 있다. 공인이 시집을 오자 아버님께서 기뻐하며 자주 칭찬하여 말씀하기를,

"나의 누이가 이렇게 어진 며느리를 두었으니 걱정이 없겠다."

하였다. 공인의 어짊은 과연 아버님께서 알아보신 바를 저버리지 않았으나 다만 불행하게도 요절하여 끝내 시부모님 봉양을 받들어 효심을 완료하지 못하였고, 강백으로 하여금 중도에 아름다운 짝을 잃어 갈팡질팡 함께 할 이가 없게 만들었다. 슬프다! 어찌 천명이 아니겠는가.

나는 공인의 효성은 참으로 족히 시부모를 모시는 세상 사람들의 법이 될 만하며, 식견이 밝고 마음이 넓으며 부지런하고 조심스럽게 스스로를 단속하는 것은 비록 책 읽는 군자(君子)라 할지라도 반드시 이보다 낫지는 못할 것이라고 생각한다. 어찌 규중(閨中)의 편협한 성품이 미칠 수 있는 바이겠는가. 세상에 동사(彤史)[42]의 붓을 쥔 이가 있어 공인의 아름다운 언행을 수집하여 나열하여 써도 의당 부끄러움이 없을 것이다. 그러므로 내가 공인의 말 한 마디, 일 하나하나를 갖추어 기록하지 않은 것이 없으니, 비록 번잡할지라도 덜어내지 않아 영천공의 명에 부응하였다.

수양(首陽) 오원(吳瑗)이 삼가 쓰다.

42 동사(彤史) : 동관(彤管), 즉 붓대를 붉게 칠한 붓을 가지고 주로 궁중의 정령(政令)과 후비(后妃)에 관해 기록하던 여사(女史)를 가리킨다. 후대에 궁중뿐 아니라 민간의 현숙한 여인에 대한 기록을 뜻하는 말로 쓰이게 되었다.

종숙부 좌윤공의 행장 병진년(1736, 영조12)

從叔父左尹公行狀 丙辰

공의 휘(諱)는 중주(重周)요, 자(字)는 자후(子厚)이다. 우리 오씨(吳氏)는 해주(海州)가 관향(貫鄕)이며, 고려 군기감 감(軍器監監)을 지낸 상조(上祖) 휘(諱) 인유(仁裕)[43]로부터 대대로 관직을 역임한 벌족(閥族)이다.

우리 목릉(穆陵 선조(宣祖))의 대에 이르러 휘 정방(定邦)[44]이란 분이 있었는데, 무과(武科)에 수석으로 급제하고 경상우도 병마절도사(慶尙右道兵馬節度使)를 지냈다. 광해군(光海君) 때의 혼란한 상황을 거치면서 정도(正道)를 지키며 흔들리지 않아 명신(名臣)이 되었으니 공의 고조할아버지이다. 증조할아버지 휘 사겸(士謙)[45]은 종친부 전부

43 인유(仁裕) : 오인유(吳仁裕, ?~?)를 가리킨다. 해주(海州) 오씨(吳氏)의 시조(始祖)로, 중국 송(宋)나라의 이름난 학사였다가 성종(成宗) 때 고려로 건너와 검교군기감(檢校軍器監)을 지내고 황해도 해주에 정착하였다고 한다.

44 정방(定邦) : 오정방(吳定邦, 1552~1625)을 가리킨다. 조선 중기의 무신으로, 본관은 해주(海州)이며 자는 영언(英彦), 호는 퇴전당(退全堂)이다. 1583년(선조16) 무과에 장원급제하자 이이(李珥)가 불러다 보고 칭찬하였다. 이탕개(泥湯介)가 종성 땅을 자주 침범하자 대사마 이일(李鎰)을 따라 종군하였으며, 임진왜란이 일어나자 도총부 도사로 의병 수천인을 이끌고 영흥 지방에서 공을 세웠다. 이후 서북 순변사·전라도 병마절도사·황해도 병마절도사·포도대장·경상좌도 병마절도사 등을 역임하였으며, 1603년 가선대부(嘉善大夫)에 올랐다. 광해군 때 인목대비(仁穆大妃)의 폐위를 반대하다가 삭직당한 바 있으며, 이괄(李适)의 난이 일어났을 때 왕을 공주까지 호종하였다. 사후 병조 판서에 추증되었으며, 시호는 정무(貞武)이다.

(宗親府典簿)를 지내고 의정부 좌찬성(議政府左贊成)에 추증되었는데, 효성스럽기로 이름이 났다. 할아버지 휘 상(翔)은 행실이 독실하고 문재(文才)가 있었으나 벼슬이 사복시 주부(司僕寺主簿)에 그쳤고, 이조 판서에 추증되었다. 아버지 휘 두흥(斗興)[46]은 일찍 작고하였으나 공이 귀하게 됨으로써 병조 참판에 추증되었으며, 나의 할아버지인 충정공(忠貞公)[47]의 형이다. 어머니 선산 김씨(善山金氏)는 고려의 충신 주(澍)[48]의 후손으로, 고령 현감(高靈縣監) 종윤(宗沇)의 딸이다.

숭정(崇禎) 갑오년(1654, 효종5) 4월 11일에 공을 낳았는데, 어려서부터 빼어나고 활달하며 장난치며 노는 것이 보통 아이들과 달랐다. 을사년(1665)에 참판공(參判公 아버지 오두흥(吳斗興))의 상(喪)을 당하자 슬퍼하기를 마치 어른처럼 하였고, 김부인(金夫人)이 자제들을 거

45 사겸(士謙) : 오사겸(吳士謙, ?~1628)을 가리킨다. 조선 중기의 문신으로, 자세한 내용은 14쪽 주10 참조.

46 두흥(斗興) : 오두흥(吳斗興, 1622~1667)을 가리킨다. 조선 중기 유학자로, 본관은 해주(海州)이며 자는 문징(文徵)이다. 과거에 뜻이 없어 평생 벼슬에 나아가지 않았으며, 아들 오중주(吳重周)가 호남 절도사가 되어, 병조참판 겸 동지의금부사에 추증되었다.

47 충정공(忠貞公) : 오두인(吳斗寅, 1624~1689)을 가리킨다. 조선 후기의 문신으로, 자세한 내용은 15쪽 주12 참조.

48 주(澍) : 김주(金澍, ?~?)를 가리킨다. 고려 말의 충신으로, 본관은 선산(善山)이며 자는 택부(擇夫), 호는 농암(籠巖)이다. 우왕(禑王) 대에 문과에 급제하였으며, 벼슬이 예의판서에 이르렀다. 1392년(공양왕4) 명(明)나라에 하절사(夏節使)로 갔다 돌아오던 중 고려가 망하고 조선이 들어섰다는 소식을 듣고 3일 동안 통곡하고 명나라로 되돌아가 은거하였다. 명나라 태조(太祖)가 그의 충절에 감동하여 관직을 제수하였으나 고사하였다. 의정부의 송산사(松山祠)에 배향되었으며, 《농암일고(籠巖逸稿)》가 남아있다.

느리고 안산(安山) 시골집에서 거상(居喪)하였는데 그때 이미 형들을 도와 능히 집안일을 주관하여 다스렸다. 어느 날 저녁에 강도가 들어 공이 급히 태부인(太夫人)[49]을 부축하여 나갔는데 큰형과 둘째형이 구타당하여 거의 죽게 되자 공이 다시 칼날을 무릅쓰고 들어가 구하다가 칼날에 맞아 왼쪽 어깨를 다쳤다. 큰형과 둘째형은 마침내 병석에서 일어나지 못하였고, 공 또한 몸을 심하게 다쳐 거의 폐인이 되어서 그로 인해 공부할 때를 놓쳤다.

17세에 비로소 떨치고 일어나 스스로 맹세하며 "대장부가 어찌 초목과 함께 썩어가겠는가."라고 하였다. 마침내 충정공에게 청하여 뜻을 굳게 먹고 무사(武事)를 익혀 여러 차례 과거에 응시하였는데 그때마다 동류들을 압도하여 충정공 또한 못하게 할 수가 없었다.

경신년(1680, 숙종6) 정시(庭試)에 병과(丙科)로 합격하였는데, 외려 고관들을 찾아다니며 인사하기를 일삼지 않고 날마다 충정공의 곁을 모시면서 공손하게 자제(子弟)의 직분을 수행하기를 매우 근면하게 하였다. 충정공의 집에 드나드는 공경(公卿)들이 반드시 공을 불러 함께 이야기를 나누었는데, 공의 용모가 준수하고 주선(周旋)과 응대(應對)가 민첩하면서 상도(常度 떳떳한 법도)가 있었으므로 그를 본 공들이 원대한 인물이 될 것이라 기대하지 않음이 없었다.

청성(淸城) 김공 석주(金公錫胄)[50]가 더욱 그의 재주를 중하게 여겨

49 태부인(太夫人) : 남의 어머니를 높여 부르는 말이다.

50 김공 석주(金公錫胄) : 김석주(金錫胄, 1634~1684)를 가리킨다. 조선 후기의 문신으로, 본관은 청풍(淸風)이며 자는 사백(斯百), 호는 식암(息庵)이다. 영의정 김육(金堉)의 손자이며 병조 판서 김좌명(金左明)의 아들이다. 1662년(현종3) 증광 문과에 장원으로 급제하였으나 서인 중의 한당(漢黨)에 속하여 집권당이던 산당(山黨)에게

충정공에게 하례하며 말하기를,

"공의 집안에서 무인(武人)이 나온 것이 축하할 만한 일은 아니나 이 아이가 장차 나라의 큰 그릇이 될 것이니 어찌 축하하지 않을 수 있겠습니까."

하였다. 그러고 나서 공에게 자주 찾아올 것을 권하였으나 공이 짐짓 가지 않았다. 김공이 누차에 걸쳐 말하였으나 공이 사양하며 말하기를,

"상공(相公)을 찾아뵙고 싶지 않은 것이 아니나 다만 상공 댁 문지기에게 아첨하여 상공을 뵙기를 청하는 것을 차마 할 수가 없을 뿐입니다."

하였다. 김공 집안의 노복(奴僕) 중에 권세와 명성을 믿고 거들먹거리면서 세력을 부리는 자가 있었으므로 공이 이와 같이 대답한 것인데, 충정공 또한 난처해하였다.

다음 해에 북관(北關 함경도(咸鏡道))에 부방(赴防)[51]하였는데 방백(方伯 관찰사)인 윤공 계(尹公堦)[52]가 공을 한 번 보고 기이하게 여겨

중용되지 못하였다. 1674년(숙종 즉위년) 2차 예송이 일어나자 허적(許積) 등과 결탁하여 송시열(宋時烈)·김수항(金壽恒) 등 산당을 숙청하고 수어사에 이어 도승지로 특진되었다. 그러나 남인의 정권이 강화되자 송시열과 손을 잡았고, 허적의 서자 허견(許堅)이 역모를 꾀하였다 고변하게 하고 그 공으로 보사 공신(保社功臣) 1등으로 청성부원군(淸城府院君)에 봉하여졌다. 1682년 우의정으로 호위대장을 겸하였다. 이 일로 같은 서인의 소장파로부터 반감을 사서 서인이 노·소로 분열하는 원인을 제공하였다. 기사환국 때 공신의 호를 박탈당하였다가 복구되었고, 숙종의 묘정에 배향되었다. 시호는 문충(文忠)이며, 저서로 《식암집》 등이 남아있다.

51 부방(赴防) : 조선 시대에 다른 지방의 병사가 서북 변경 지역에 파견되어 방위의 임무를 맡는 것을 말한다. 무과(武科) 출신으로 60세가 지난 자, 양친이 80세 이상인 자, 남한산성 근무자 등을 제외하고는 모두 한 번씩 부방하였다.

막하(幕下)에 머무르게 하여 두고 일이 생길 때마다 반드시 공을 불러 함께 의논하였으며, 자제들로 하여금 함께 어울리고 함께 생활하게 하면서 말하기를,

"이 사람은 너희에게 도움이 되는 벗이니 무인이라고 무시하지 말거라."

하였다.

임술년(1682, 숙종8)에 김부인(金夫人)의 상을 당하였고, 을축년(1685)에 비로소 선전관(宣傳官)에 제수되었다. 숙종(肅宗)이 선릉(先陵)을 배알하고 돌아오다가[53] 교차(郊次 교외(郊外)로 나왔을 때 머무는 곳)에서 군대를 사열하였다. 그때에 창졸간에 영을 내렸으므로 단상(壇上)의 집사자(執事者)가 갖추어지지 못해서 동료들이 당황하여 안색이 변하였다. 공이 어가(御駕)의 뒤에서 달려 나가 일을 주관하며 임금의 명령을 전달하였는데 행동거지가 절도에 맞아 온 군이 서로

52 윤공 계(尹公堦) : 윤계(尹堦, 1622~1692)를 가리킨다. 조선 후기의 문신으로, 본관은 해평(海平)이며 자는 태승(泰升), 호는 하곡(霞谷)이다. 영의정 윤두수(尹斗壽)의 증손이다. 1662년(현종3) 문과에 급제한 후 지평·정언 등을 거쳐 대사간·강화유수·평안도 관찰사·한성 판윤·공조 판서 등을 역임하였다. 1675년(숙종1) 황해도 관찰사로 있을 때, 중국 사신에게 선왕 효종(孝宗)이 신하의 견제를 받았다는 거짓말을 한 원접사 오시수(吳始壽)를 극론하다가 의금부에 하옥된 뒤 영광에 유배되었다. 1689년에 기사환국으로 남인이 정권을 장악하자 송시열(宋時烈)의 당으로 몰려 강진에 귀양 갔다가 그 곳에서 죽었다. 1694년에 신원(伸寃)되었으며, 시호는 익정(翼正)이다. 저서로 《하곡집》이 남아있다.

53 숙종(肅宗)이……돌아오다가 : 《숙종실록》 11년(1685) 8월 28일의 기사에, "임금이 숭릉을 배알하였다.〔上謁崇陵.〕"라고 하였다. 숭릉은 조선의 제18대 왕 현종(顯宗)과 그의 비 명성왕후(明聖王后) 김씨의 능이다.

돌아보며 칭찬하고 감탄하였으며 주상 또한 한참 동안 눈여겨보았다.

정묘년(1687)에 훈련원 주부(訓鍊院主簿)로 승진하고 도총부 도사(都摠府都事)로 옮겼다가 외직으로 나가 수성도 찰방(輸城道察訪)이 되었는데, 법금(法禁)을 엄격하게 지키니 역로(驛路)가 그로 인해 가지런히 정돈되었다. 역에 속한 어떤 아전이 세력을 부리며 법을 어지럽혔으나 관(官)에서 감히 문책하지 못하였는데 공이 곤장을 치다가 그 자리에서 죽게 하였다. 다음 해에 결국 천살(擅殺)[54]의 죄에 걸려 심리(審理)를 받고 해직당하였다.

기사년(1689, 숙종15)에 인현왕후(仁顯王后)가 궁에서 쫓겨나자 충정공이 직간(直諫)하다가 화를 당하였다.[55] 공이 눈물을 흘리며 아버지 잃은 고아들을 보호하고 몸소 장례(葬禮)를 치러 유감이 없게 하였다. 화를 당하였을 초기에 공 또한 금고(禁錮)[56]를 당하였는데 이미 또 풀어주라고 명하시니 공이 두문불출 자취를 감추고 사람들과 왕래하지 않았다.

신미년(1691)에 비로소 겸선전관(兼宣傳官)에 제수되었다가 훈련원 판관(訓鍊院判官), 첨정(僉正), 도총부 경력(都摠府經歷)으로 옮겼는데 비록 부지런히 종사(從仕)하였으나 그의 뜻은 아니었다. 다음 해에 외직으로 나가 초계 군수(草溪郡守)가 되었는데 황정(荒政 흉년에

54 천살(擅殺) : 법적 절차를 밟지 않고 사람을 제멋대로 죽이는 것을 말한다.

55 기사년에……당하였다 : 1689년(숙종15) 5월에 기사환국이 일어나 인현왕후 민씨(仁顯王后閔氏)가 폐위되자 오두인(吳斗寅)이 이세화(李世華), 박태보(朴泰輔)와 함께 반대하는 상소를 올려 국문을 받았다. 이어 의주(義州)로 유배를 가다가 도중에 파주(坡州)에서 죽었다.

56 금고(禁錮) : 종신토록 벼슬의 길을 막아 버리는 것이다.

백성을 구제하는 정치)을 잘하여 다시 상으로 말을 하사받았다.

공은 관직에 있으면서 일을 처리할 때 마음을 쓰거나 힘을 들이지 않는 것 같았으나 어려운 일, 큰 일 할 것 없이 기한보다 먼저 처리하였다. 아랫사람을 대할 때에는 침착하고 묵묵하여 권위를 부리지 않아도 위엄이 있었으므로 사납고 교활한 아전이 숨을 죽이고 감히 우러러보지 못하였다. 그 죄가 무거워 마땅히 죽어야 할 자는 정좌(正坐)를 하고 곤장을 치게 한 후 죽었다고 고하여야 이에 그만두게 하였는데, 또한 일찍이 목소리나 얼굴 표정을 크게 하지 않았다. 삼가 삼척(三尺)의 법[57]을 지켜 다툴 만한 일이 있으면 비록 상관(上官)이라 하더라도 위엄으로 임하며 끝내 동요하지 않았다.

병자년(1696)에 벼슬을 그만두고 돌아왔다가 정축년(1697)에 훈련도감 파총(訓鍊都監把摠)을 거쳐 정평 부사(定平府使)에 제수되었는데, 또 진정(賑政)[58]에서 상등(上等)의 고과(考課)를 받아 말을 하사한다는 명을 받았다.

기묘년(1699)에 내직(內職)으로 옮겨 훈련원정 겸 비변사낭청(訓鍊院正兼備邊司郎廳)이 되었다. 당시에 북계(北溪) 이공 세백(李公世白)[59]이 묘당(廟堂 의정부(議政府))에 있었는데 공의 재주가 마땅히 크게

57 삼척(三尺)의 법 : 원문의 '三尺法'은 곧 '법'이라는 뜻으로, 옛날에 석 자쯤 되는 대쪽에 법률을 기록한 데서 나온 말이다.

58 진정(賑政) : 진휼(賑恤)에 관한 정사, 곧 흉년을 만나 굶주린 백성들을 구제하는 정사를 말한다.

59 이공 세백(李公世白) : 이세백(李世白, 1635~1703)을 가리킨다. 조선 후기의 문신으로, 본관은 용인(龍仁)이며 자는 중경(仲庚), 호는 우사(雩沙) 또는 북계(北溪)이다. 1675년(숙종1) 문과에 급제한 후 정언・교리・동부승지・평안도 안찰사・대사간

쓰여야 하는데 오랫동안 하급 관료로 머물러 있다고 생각하여 힘껏 장려하고 이끌어주었다. 이공(李公)이 평소에 엄준(嚴峻)한 성격으로 사람들의 꺼림을 받았는데 공이 일찍이 공무(公務)로 인하여 이공과 쟁난(爭難)하였다. 이공이 크게 화를 내며 기다렸는데 공이 항변하며 종일토록 굽히지 않자 이공이 마침내 깨닫고 공의 말을 따랐으며 갈수록 더욱 중하게 여겼다.

이 해에 절충계(折衝階)에 오르고 홍주 토포사(洪州討捕使)에 제수되어 아직 미처 부임하지도 않았는데 다음 해에 내금장(內禁將)으로 옮겨졌다. 겨울에 강계 부사(江界府使)에 제수되어 아직 부임하지 않았는데 다음 해에 금위 천총(禁衛千摠)을 거쳐 전라우도 수군절도사(全羅右道水軍節度使)에 제수되어 가다가 천안(天安)에 이르러 본 도(本道)의 병마절도사로 승진하였다.

공이 외곤(外閫)[60]에 있을 때 기율(紀律)이 엄정하여 감히 범하는 자가 없었으나 군졸들을 위무하여 은전(恩典)을 베풀고 총포 사격을 시험하여 상을 후하게 내려서 군사들의 마음을 진작시켰다. 이로 말미암아 재임하고 있는 곳의 군사와 장교들이 사랑하여 받들지 않음이 없었으니 이미 떠난 후에도 그리워하며 칭송하지 않음이 없었다.

등을 지냈다. 1689년 기사환국 때 도승지로 있으면서 송시열을 유배시키라는 전지(傳旨)를 쓰지 않아 파직되었다. 1694년 갑술환국으로 서인이 집권하자 도승지로 복관되어 한성부 판윤·각 조의 판서·대사헌·우의정·좌의정 등 요직을 두루 역임하였다. 예학(禮學)에 밝아 인현왕후(仁顯王后)의 국상 등 국가의 중요 예론에 깊이 참여하였다. 노론의 중심인물이며, 아들 이의현(李宜顯)과 대를 이어 정승이 된 것으로 유명하다. 시호는 충정(忠正)이며, 저서로 《우사집》이 남아있다.

60 외곤(外閫) : 지방의 수영(水營)·병영(兵營)을 두루 이르는 말이다.

계미년(1703, 숙종29)에 임기가 만료되어 돌아갔는데 어영 별장(御營別將)이 되었다가 다시 내금장(內禁將)으로 옮겨졌다. 다음 해에 다시 금위 천총(禁衛千摠)을 거쳐 선전관(宣傳官)에 제수되었다가 함경남도 병마절도사에 제수되었는데 병에 걸려 부임하지 않았다.

을유년(1705)에 훈련도감 천총(訓鍊都監千摠)을 거쳐 외직으로 나가 영변 부사(寧邊府使)가 되었는데 조정에서 남솔(濫率)[61]의 법을 베풀자 공이 큰아들의 병이 위독하여 며느리를 데리고 부임하였다가 곧 자수하고 벼슬을 그만두고 돌아갔다.

다음 해에 훈련도감 별장(訓鍊都監別將)을 거쳐 다시 선전관에 제수되었으며, 정해년(1707)에 금군 별장(禁軍別將)에 발탁, 제수되고 가선계(嘉善階)에 올라 도총부 부총관(都摠府副摠管)을 겸임하였다. 얼마 있다가 금위 중군(禁衛中軍)이 되었고 이후로 여러 군영(軍營)의 중군(中軍)을 두루 거쳤으며 도총부에 들어가 근무한 것은 더욱 잦아 다 기록할 수가 없다.

이 해 가을에 천거를 받아 통제사(統制使)에 제수되어 바다의 방위를 대대적으로 닦았다. 이 충무공(李忠武公 이순신(李舜臣))의 거북선을 가지고 그 제도를 더욱 혁신하여 바다에서 타고 다니니 더욱 편리하였다. 이 일이 알려지자 임금이 모든 해로(海路)에 그 제도를 반포하라고 명하였다.

다음 해 가을에 대신(臺臣) 이정신(李正臣)[62]이 공이 술을 마시고

61 남솔(濫率) : 지방 수령이 부임할 때 제한된 수 이상으로 가속(家屬)을 데리고 가는 것을 말한다.

62 이정신(李正臣) : 1660~1727. 조선 후기의 문신으로, 본관은 연안(延安)이며 자

실수를 하였다 하여 탄핵하였다. 말에 잘못된 것이 많아 주상이 듣지 않았으나 공이 마침내 사직하여 체차(遞差)되었다. 공이 소싯적부터 시골에서 사는 것을 좋아하여 관직에 있는 여가에 반드시 시골집을 찾아 밭 갈고 고기 잡고 활을 쏘며 사냥하는 것을 낙으로 삼았다. 이에 이르러 스스로 관직이 높아 분수에 이미 족하다고 여겨 돌아가서 양성(陽城)[63] 천덕산(天德山) 아래에 있는 선영(先塋) 옆에 집을 짓고 살았다. 돌아가신 나의 아버지 해창부군(海昌府君)[64]이 사공표성(司空表聖)[65]의 말을 취하여 손수 그 편액을 쓰기를 '이의당(二宜堂)'이라고 하자 공이 기뻐하며 "이것이 바로 나의 뜻이다."라고 하였다.[66] 얼마

는 방언(邦彦), 호는 송벽당(松蘗堂)이다. 이명한(李明漢)의 증손이다. 1699년(숙종 25) 문과에 급세한 후 정언·수찬·응교·장령·헌납 등 심사의 청요직(淸要職)을 두루 역임하고, 이후 동래 부사·호조 참판·병조 참판·경기도 관찰사·함경도 관찰사 등을 지냈다. 도승지로 있을 때 조태구(趙泰耉) 등과 더불어 노론 세력을 탄핵하고 축출하는 데 앞장섰으며, 1724년 영조가 즉위하자 신임사화를 일으킨 주동자의 한 사람으로 지목되어 유배되었다.

63 양성(陽城) : 경기도 안성(安城)의 옛 이름이다.

64 해창부군(海昌府君) : 오원(吳瑗)의 양부(養父)인 오태주(吳泰周, 1668~1716)를 가리킨다. 오태주는 조선 후기의 문신으로, 자세한 내용은 15쪽 주15 참조.

65 사공표성(司空表聖) : 사공도(司空圖, 837~908)를 가리키는 것으로, 표성은 그의 자이다. 중국 당(唐)나라 말기의 시인으로, 호는 지비자(知非子)·내욕거사(耐辱居士)이다. 의종(懿宗) 때인 869년 진사에 급제하여 왕응(王凝)과 노휴(盧攜)로부터 실력과 높은 절개를 인정받아 예부원외랑·중서사인 등을 역임하였다. 그러나 소종(昭宗) 이후 조정에서 불러도 병으로 사직하고 가지 않았으며, 주전충(朱全忠)이 당나라를 찬탈하고 부르자 역시 가지 않았다. 908년에 애제(哀帝)가 살해되었다는 소식을 듣고 식음을 전폐하다가 죽었다. 그의 시는 당나라 말기에 으뜸으로 꼽혔으며, 《사공표성문집》과 《이십사시품(二十四詩品)》이 남아있다.

66 사공표성(司空表聖)의……하였다 : 사공도(司空圖)가 중조산(中條山) 왕관곡

후 여러 차례 벼슬에 제수하는 명이 있자 감히 사임하고 물러나지 않았으며, 관직이 없으면 일찍이 곧바로 돌아오지 않음이 없었다.

경인년(1710, 숙종36)에 훈련원 도정(訓鍊院都正)으로서 천거를 받아 평안도 병마절도사에 제수되었다. 배사(拜辭)[67]하는 날 주상이 불러다 보고 하교하기를,

"안주(安州)는 서도(西道 황해도와 평안도)의 요충지인데 성지(城池)[68]가 무너지고 군정(軍政)은 더욱 거칠고 엉성하니 내가 매우 근심스럽다. 경(卿)은 기회를 살펴 일을 잘 처리하여 내가 그대에게 위임한 뜻에 걸맞도록 하라."

하니 공이 절하고 하교를 받았다. 부임한 다음날 몸소 성첩(城堞)을 살펴본 후 날마다 영하(營下)의 군졸들을 거느리고 흙과 돌을 날라다가 보수하였는데 몸소 삼태기와 가래를 가지고 나가 독려하였다. 달을 넘겨 완성되었음을 고하였는데 백성들이 역사(役事)가 있었음을 알지 못하였다.

또 방백(方伯 관찰사)인 권공 성(權公愭)[69]과 의논하여 베[布] 2필을

(王官谷)에 은거하면서 자신이 벼슬에서 물러나 쉬어야 마땅한[宜休] 세 가지 이유를 들어 "나의 재주를 헤아려 보니 이것이 쉬어야 할 첫 번째 이유이고, 분수를 헤아려 보니 이것이 쉬어야 할 두 번째 이유이고, 늙어서 정신이 어지러우니 이것이 쉬어야 할 세 번째 이유이다.[量才, 一宜休; 揣分, 二宜休; 耄而聵, 三宜休.]"라고 하였으니, '이의당(二宜堂)'이라는 이름은 여기서 따온 말이다.

67 배사(拜辭) : 지방관이 부임할 때에 전정(殿庭)에 나아가 임금에게 숙배(肅拜)하고 하직하는 것을 말한다.

68 성지(城池) : 성(城)과, 적의 접근을 막기 위해 성의 둘레에 깊게 파놓은 연못을 아울러 말하는 것이니, 곧 튼튼한 성을 말하는 것이다.

69 권공 성(權公愭) : 권성(權愭, 1653~1730)을 가리킨다. 조선 후기의 문신으로,

내는 정부(丁夫)를 모두 반으로 줄이고 인하여 경번(更番 교대로 번을 서는 것)과 유둔(留屯)의 제도를 만들어서 방비를 견고하게 하니 온 도(道)의 병사와 백성들이 이미 북치고 춤을 추며 은혜를 칭송하였다. 그때에 변경에 사는 백성이 법을 어긴 일로 인하여 공이 권공과 더불어 함께 파직되어서 그 경영과 통변(通變 상황에 맞게 대처함)이 미처 공의 뜻과 같게 되지 못하였으니 논자들이 애석해하였다. 서도(西道)의 백성들이 지금까지도 공을 그리워하며 돌에다가 그 덕을 새겨놓았다고 한다.

임진년(1712, 숙종38)에 춘천 부사(春川府使)에 제수되었다. 다음해 여름에 대신(臺臣) 조명봉(趙鳴鳳)[70]이 갑자기 공을 파직시킬 것을 청하였는데 비방과 욕설이 지나쳐서 "백성들의 고혈을 짜 자신을 살찌

본관은 안동(安東)이며 자는 경중(敬仲), 호는 제월재(霽月齋)이다. 1687년(숙종13) 알성문과에 장원으로 급제한 후 지평·장령·집의·헌납·사간 등을 지내고, 평안·황해·강원·함경·경상·충청도 등의 관찰사를 역임하였다. 1703년 조광조(趙光祖)·이이(李珥)의 문집에서 현군(賢君)이 행하여야 할 일 18개 조목을 뽑아서 《국조명신주의집록(國朝名臣奏議輯錄)》을 편찬하여 바쳤는데, 특히, '득현상(得賢相)' 조에서 당시의 재상들을 비난하며 우의정 김구(金構)와 좌의정 이여(李畬)를 처벌할 것을 주장하였다. 1721년(경종1) 한성부 판윤으로 신임사화를 맞아 삭직되었다가 1725년(영조1) 노론이 집권하자 돌아와 부총관·판윤·공조 판서 등을 역임하였다. 1727년 정미환국으로 다시 물러난 후 다시는 벼슬에 나아가지 않았다. 시호는 정간(貞簡)이다.

70 조명봉(趙鳴鳳) : 1666~1737. 조선 후기의 문신으로, 본관은 양주(楊州)이며 자는 택지(擇之)이다. 1710년(숙종36) 문과에 급제한 후 장령·정언·헌납·장령·사간·집의·병조 참지·도승지 등을 지냈다. 그 후 안변 부사로 나갔다가 경종이 즉위할 때 고묘(告廟)를 저지한 노론의 영수 김창집(金昌集)과 친분이 있다는 이유로 탄핵되어 삭탈관직 당하였다. 영조 즉위 후 병조 참지에 제수되었으나 그 후 삭출당한 부제학 정호(鄭澔)를 비호하다 파직되었다.

운다."라는 말을 하기까지 하였다.[71] 동료 대관(臺官)들이 그 모함을 바로잡으려 하였으나 공이 누차에 걸쳐 사임하여 체차(遞差)되어 돌아갔다.

병신년(1716) 가을에 외직으로 나가 충청도 병마절도사가 되었고, 무술년(1718) 봄에 통제사(統制使)로 옮겨 제수되었다. 이 해 가을에 또 대신(臺臣) 박필정(朴弼正)[72]이 공을 탄핵하였는데 말이 더욱 사리에 어긋나고 망령되므로 여론(輿論)이 크게 놀랐는데, 공이 힘써 사양하여 벼슬을 내놓고 돌아갔다.

경자년(1720, 경종 즉위년) 가을에 경기도 수군절도사에 제수되었는데, 군영이 본디 피폐하고 기계와 도구가 썩고 부서져 공이 있는 힘을 다하여 수선하고 바닷가에 대변청(待變廳)[73]을 지어 우환의 방비를 굳건히 하였다. 수군절도사가 교동(喬桐)[74]을 아울러 다스렸는데 고을의

71 다음……하였다 : 《국역 숙종실록》 39년(1713) 3월 28일의 기사에 다음과 같은 기록이 보인다. "장령(掌令) 조명봉(趙鳴鳳)이 소를 올려 논하기를……하고, 또 논하기를, '……춘천 부사(春川府使) 오중주(吳重周)는 오로지 탐욕만 부려 주택(住宅)이 굉장히 사치스럽다고 하니, 청컨대 이 네 고을의 수령들을 체개(遞改)하든지 또는 파삭(罷削)을 하소서.'라고 하였다."

72 박필정(朴弼正) : 1685～? 조선 후기의 문신으로, 본관은 밀양이며 자는 계심(季心), 호는 일휴(逸休)이다. 1711년(숙종37) 문과에 급제한 후 정언, 장령 등을 지냈다. 1722년(경종2) 사과(司果)로 있을 때 소론 김일경(金一鏡)의 탄핵을 받았으나 이후 숙종 · 경종 · 영조의 3대 20년 동안 판결사 · 사직 · 한성부 좌윤 등 요직에 있으면서 임금의 신임을 받았다.

73 대변청(待變廳) : 조선 후기에 남해안의 군사력을 보완할 목적으로 김해도호부(金海都護府)에 설치하였던 관청으로, 전함(戰艦)과 군기(軍器)를 건조하던 곳이다.

74 교동(喬桐) : 경기도 교동현(喬桐縣)을 이르는 말로, 인천 강화(江華) 지역의 옛 이름이다.

역량이 매우 쇠잔하여 객사(客使)[75]가 왕래하는 데 드는 공억(供億 음식을 준비하여 접대함)을 오로지 백성의 세금에 책임을 지우니 백성들이 크게 곤궁하였다. 공이 전곡(錢穀)을 모은 것이 천(千) 단위로 계산되자 부고(府庫)를 설치하고 염산(斂散)[76]을 적절하게 운영하여 백성들의 부담을 크게 덜어주었으니, 지금까지도 그에 힘입고 있다. 신축년(1721) 가을에 병으로 체직되어 조정으로 들어가 금군별장 부총관(禁軍別將副摠管)이 되었다.

공은 처음 조정에 올랐을 때부터 이미 여러 거공(鉅公)들의 인정을 받은 바였으나 성품이 담박(淡泊)하고 강직하여 이미 세상 사람들이 다투어 남을 해치고 탐욕을 부리면서 부끄러운 줄 모르는 것을 보고 스스로 벼슬길에 뛰어든 것을 후회하였다. 공적(公的)인 일이 아니면 귀인(貴人)의 집에 발을 들이지 않았고, 또 고을 수령이나 병영(兵營)의 장수들이 선물 공세를 하며 요직에 있는 이들에게 잘 보여 줄을 대려는 것을 보고 더욱 깊이 부끄럽게 여겼다. 일찍이 말하기를,

"내가 비록 불초하나 활 쏘고 말 달리는 재주로 출세하였으며 또한 일찍이 선조(先祖)의 충의(忠義)의 가르침을 받들었다. 나로 하여금 부끄러움을 잊고 지조를 잃어서 한때의 이로움을 취하게 한다면 자중자애(自重自愛)하지 않는 것이야 그렇다 하더라도 선조를 욕되게 하는 것은 어떻게 하겠는가."

75 객사(客使) : 다른 나라에서 온 사신(使臣)을 이른다.

76 염산(斂散) : '염적(斂糴)과 산조(散糶)'의 줄임말로, 빈민 구제 정책의 한 가지이다. 염적은 쌀값이 쌀 때 관(官)에서 이를 사들이는 것이며, 산조는 쌀값이 폭등할 때 정부가 이를 싼 값으로 파는 것을 말한다.

하였다.

그러므로 어려서부터 늙어서까지 일찍이 자신의 뜻을 조금이라도 낮추어 다른 사람에게 받아들여지기를 구해본 적이 없었다. 이것 때문에 좋아하지 않는 이들이 많아 중간에 또한 여러 차례 참소(讒訴)를 만났으니, 사람들이 놀라고 분개하였으나 공은 태연해하며 개의치 않았다. 재신(宰臣)의 반열에 오르는 20년 동안 앞으로 나아갈 기회에 더욱 머뭇거렸고 소년 후배들은 대부분 빠르게 현달하여 번갈아 중요한 자리를 차지하였으므로 세상에서 모두 공을 보고 낮은 지위에 몸을 굽히고 있다고 일컬었으나 공은 그때마다 웃으며 "이는 나의 복이다."라고 말하였다.

일찍이 국가의 우악(優渥)한 은혜를 입어 죽음으로써 은혜를 갚을 것을 기약하였는데 숙종(肅宗)께서 병석에 눕자 초조하고 근심스러운 빛이 얼굴에 드러나기를 몇 년을 하루같이 하였다. 대상(大喪 임금의 상사(喪事))을 당함에 미쳐서는 슬퍼하며 그리워함이 마치 아버지를 잃은 것과 같았으니 말이 거기에 미칠 때마다 반드시 눈물을 흘리며 울었다. 경기도 감영에서 배를 타고 돌아오다가 지금의 주상(영조(英祖))께서 왕세제(王世弟)의 자리에 올랐다는 소식을 듣고 기쁨에 겨워 목을 놓아 울며 "지금 이후로 내가 죽어도 여한이 없다."라고 말하기를 거듭 거듭 하니 옆에서 모시는 자가 감동하였다.

이 해 겨울에 경종(景宗)께서 하교하여 세제(世弟)로 하여금 대리청정(代理聽政)케 하자 백관(百官)들이 대궐의 뜰에 나아가 명을 거두어들일 것을 청하였다. 조금 있다가 주상께서 비상(非常)한 하교를 내리자 대신(大臣)들이 여러 재신(宰臣)들과 의논하여 정청(庭請)[77]을 중지하기로 의논하였고 대리청정의 명 또한 거두어들였다. 소인(小人)[78]

들이 정권을 잡게 되자 장차 대신들[79]을 죽이려 하면서, 대신들에게 한 목소리로 동조하였다며 여러 재신(宰臣)들의 죄를 따져 물으니 재앙의 빛이 매우 급박하게 닥쳐왔다. 공이 그들과 죄를 함께 지었다고 자수하자 시배(時輩)[80]들이 사람을 보내어 "공은 무신이므로 다른 사람들과 행동을 같이 할 필요가 없다."라고 은근히 충고하였으나 공이 응하지 않고 마침내 삭출(削黜)[81]당하여 양성(陽城 경기도 안성(安城))으로 돌아갔으니, 그때가 임인년(1722, 경종2) 봄이었다.

세상사에 뜻을 끊고 동산과 못, 꽃과 대나무를 가꾸면서 '야은(野隱)'이라고 자호(自號)하고 인생을 마치려고 하였는데 계속해서 멀리 유배를 보내라는 계(啓)가 올라갔다. 계묘년(1723) 여름에 남원(南原)으로 귀양을 가 산촌(山村)에 집을 사서 날마다 물과 바위 사이에서 소요하면서 곤궁함을 편안히 여겨 터럭만큼도 관아나 민간에 누를 끼치지 않았으며, 매번 감사(監司)가 순찰하다가 고을에 이르면 반드시 몸소 고을 안으로 나아가 명령을 기다리기를 조심스럽게 하였다.

을사년(1725, 영조1) 봄에 간당(奸黨)이 축출되자[82] 귀양지에서 일

77 정청(庭請) : 국가에 중대사가 있을 때 세자나 의정(議政)이 백관(百官)을 거느리고 대궐에 나아가 임금에게 계(啓)를 올리고 전교(傳敎)를 기다리는 것이다.

78 소인(小人) : 여기서는 오원(吳瑗)과 반대 입장에 있는 소론(少論) 인사들을 가리킨다.

79 대신들 : 경종(景宗)이 병약한데다 후사가 없다며 연잉군(延礽君)을 왕세제로 책봉하게 한 건저사대신(建儲四大臣), 즉 노론사대신을 가리킨다.

80 시배(時輩) : 여기서는 당시 정권을 잡은 소론(少論) 인사들을 가리킨다.

81 삭출(削黜) : 관직을 삭탈하고 도성 밖으로 내쫓는 것이다.

82 을사년……축출되자 : 을사환국(乙巳換局)을 가리킨다. 영조는 1725년(영조1) 을사년에 경종 연간에 있었던 신임옥사(辛壬獄事)를 소론 측의 무고라 판정하고, 노론

어나 금군 별장(禁軍別將)에 제수되었고 조금 있다가 포도대장 부총관(捕盜大將副摠管)에 제수되었다. 처음에 주상께서 새로 즉위하여 은명(恩命)을 내리니 의리상 감히 조정에 나아가지 않을 수 없었던 것이지 오래 있을 뜻은 없었다. 다음 해에 늙고 병들었다 하여 벼슬을 그만두고 양성(陽城)으로 돌아갔으며, 이로부터 연달아 전라도 병마절도사·황해도 병마절도사·훈련원 도정(訓鍊院都正)·부총관(副摠管)·금군 별장(禁軍別將)·포도대장(捕盜大將)에 제수되었으나 모두 나가지 않았다.

무신난(戊申亂 이인좌(李麟佐)의 난)이 일어났을 때 역적이 양성 지경에서 일어나 옆에 있는 고을이 모두 솥이 끓듯 소란스럽고 도로가 또 꽉 막혔는데 공이 집안사람들에게 경거망동하지 말 것을 단단히 타이르고 노둔한 말을 채찍질하여 경사(京師)로 달려가 문안을 올렸다. 공이 의연하여 두려워하는 기색이 없었으니, 향리(鄕里)가 그에 힘입어 안정이 되었다. 조정에서 해로(海路)를 근심하여 다시 공을 경기도 수군절도사에 제수하였는데 공이 곧바로 가서 부임하여 1년 있다가 병을 이유로 체직을 허락받고 곧바로 양성으로 돌아갔다.

경술년(1730, 영조6)에 한성부 좌윤(漢城府左尹)에, 신해년(1731)에 동지중추부사(同知中樞府事)에, 임자년(1732)에 겸훈련원도정(兼訓鍊院都正)에 제수되었으나 곧 모두 사직하여 체직되고 부임하지 않

사대신을 위시하여 신임옥사에서 죽거나 처벌된 사람들의 관작을 회복하고 충절을 포상하였다. 이어서 소론을 축출하고 노론 측 관원을 대거 등용하였으며, 얼마 후 정호(鄭澔)와 민진원(閔鎭遠), 이관명(李觀命)을 정승으로 삼아 전격적으로 노론 정권을 구성하였다.

았으며 계축년(1733)에 80세가 되었다 하여 가의계(嘉義階)에 올랐다.

공은 벼슬을 그만둔 이후 복건(幅巾)을 쓰고 학창의(鶴氅衣)를 입고[83] 방에 앉아서 도서(圖書)를 좌우에 두고 가난한 선비처럼 조촐하게 살았다. 일체의 풍족함과 검소함, 얻음과 잃음 등을 그 마음에 들이지 않고 다만 책 읽는 것만을 좋아하여 옛사람들의 충효와 절개 있는 행실을 보면 반드시 무릎을 치고 감탄하면서 자제들에게 외워주고 권면하였다.

무릇 국조(國朝)의 전고(典故 전례(典例)와 고사(故事))와 선배들의 미담(美談)부터 변경을 방비하는 데 있어서 험이(險易 험난함과 평탄함)와 이해(利害)에 이르기까지 젊었을 때 보고 들은 일을 사람들을 만날 때마다 끊임없이 말하며 질려하지 않았다. 사이사이에 또한 평생의 출처(出處 벼슬에 나아감과 물러남)에 대하여 종횡무진 이야기하다가 신임(辛壬) 연간의 일[84]에 미치면 비분강개하며 큰 소리로 말하다 충분(忠憤 충의에서 생기는 분한 마음)이 격렬하여져 왕왕 눈물을 흘리며 옷깃을 적시기도 하였다. 기호(畿湖) 지역을 지나는 사대부들은 반드시 공의

83 복건(幅巾)을……입고 : 복건은 한 폭의 검은 천을 사용하여 머리를 싸매는 두건이며, 학창의(鶴氅衣)는 흰옷에 검은 헝겊으로 넓게 단을 두른 옷으로 마치 학의 깃을 연상시키는 데서 나온 이름이다. 원래 은사(隱士)나 도인(道人)의 평상복이었으나, 송(宋)나라의 주희(朱熹)가 《가례(家禮)》에 올린 후 유학자의 법복으로 숭상되었다.

84 신임(辛壬) 연간의 일 : 신축·임인(1721·1722) 연간에 일어난 신임사화를 가리킨다. 노론은 경종이 즉위한 지 1년 만에 연잉군(延礽君)을 세제(世弟)로 책봉하고 대리청정을 시행할 것을 주장하였다. 이에 소론이 이를 경종에 대한 불충(不忠)이라 탄핵하였고, 결국 노론을 축출하고 소론 정권을 구성하는 데 성공하였다. 이 과정에서 국청(鞫廳)이 설치되고 장장 8개월에 걸쳐 국문이 진행되면서 노론사대신(老論四大臣)이 사사된 것을 비롯하여 수백 명의 인원이 죽거나 처벌받았다.

거처에 들러 공의 담론을 들었고, 일찍이 안색이 시원하게 변하지 않음이 없었다.

도암(陶菴) 이공 재(李公縡)[85]가 평소에 공을 공경하고 소중하게 여겨 문득 멍에를 메게 하고 찾아가서 시를 지어 서로 창화(唱和)하였으며, 또 〈이의당기(二宜堂記)〉[86]를 지으면서 공이 만년에 절개를 지킴이 매우 훌륭하였음을 칭송하였다. 이에 당시의 인사들이 모두 공의 뜻을 어질게 여겨 그 풍모와 절조(節操)를 흠모하고 숭상하였으며 비록 추향(趨向)이 달라 서로 알지 못하는 자라 할지라도 또한 그 추구하는 바와 지조(志操)에 감복하지 않음이 없었다.

공은 이미 80세에 오른 후에도 정신과 기력이 건강하고 왕성하였으며 시력과 청력은 더욱 밝았다. 날마다 반드시 새벽에 일어나 문을 열고 앉아서 일가친척들을 불러 모았으며, 반드시 거문고를 타고 바둑을 두고 술과 음식을 먹고 마시며 저녁 내내 즐겁게 지냈다. 한가할 때에는 지팡이를 짚고 동산에 올랐으며 팔뚝에 매를 올리고 말을 달리며 사냥을 하다가 혹 하룻밤이 지나 돌아오기도 하였는데 눈보라가 치는 혹한(酷寒)에도 또한 그만두지 않았으니 듣는 사람들이 더욱 기

85 도암(陶菴) 이공 재(李公縡) : 이재(李縡, 1680~1746)를 가리킨다. 조선 후기의 문신으로, 본관은 우봉이며 자는 희경(熙卿), 호는 도암(陶庵) 또는 한천(寒泉)이다. 1702년 알성문과에, 1707년 문과중시에 급제하였다. 1722년 임인옥사(壬寅獄事) 때 중부 이만성이 옥사하자 사직하였고, 영조가 즉위한 뒤 복직하였다. 18세기 호락논쟁(湖洛論爭)에서 낙론(洛論) 계열의 대표적 인물이다. 저서에 《도암집》과 《도암과시(陶菴科詩)》·《사례편람(四禮便覽)》·《어류초절(語類抄節)》 등이 있다. 시호는 문정(文正)이다.

86 〈이의당기(二宜堂記)〉 : 《도암집(陶菴集)》 제24권에 실려 있다.

이하게 여겼다.

을묘년(1735, 영조11) 겨울에 한질(寒疾)을 느껴 11월 30일에 사우당(四友堂)에서 고종(考終)[87]하였으니 향년 82세였다. 병이 위독해지자 스스로 일어나지 못할 것을 알았으나 끝내 죽음을 슬퍼하는 뜻이 없었으며[88] 정신과 의식이 더욱 맑아지고 말이 조금도 어눌하지 않았다. 다음 해 2월 20일에 집 뒤 임좌(壬坐)의 언덕에 나아가 부인 이씨(李氏)의 무덤을 파서 합장하였으니, 서쪽으로 선영(先塋)과 두어 멧부리를 사이에 두고 있다.

공은 무인(武人)으로 진출하여 몸가짐이 조용하고 깨끗하여 나라를 충근(忠謹)하게 받들었으며 정도(正道)를 지키고 의(義)를 실천하여 영욕(榮辱)에 흔들리지 않았다. 여러 차례 세상의 변화를 겪었으나 명예와 절의(節義)에 흠결이 없었으며, 만년에는 고향에서 뜻을 지킴으로써 이름을 완전히 보존한 채 생을 마쳤다. 그 출처(出處 벼슬에 나아가고 물러남)의 본말(本末)이 하나라도 옛 법도에 부합하지 않음이

87 고종(考終) : 오복(五福)의 하나로, 제 명(命)대로 살다가 편안히 죽는 것을 이른다. 《서경(書經)》 〈홍범(洪範)〉에서 오복을 말하면서, "첫째는 장수요, 둘째는 부귀요, 셋째는 강녕함이요, 넷째는 덕을 좋아함이요, 다섯째는 바른 명으로 마치는 것이다.〔一曰壽, 二曰富, 三曰康寧, 四曰攸好德, 五曰考終命.〕"라고 하였다.

88 죽음을……없었으며 : 원문의 '無怛化之意'에서, '화(化)'는 '자연의 변화'라는 의미로 죽음을 이른다. 《장자(莊子)》 〈대종사(大宗師)〉에 나오는 말로, 원문과 내용은 다음과 같다. "얼마 있다가 자래가 병이 들어 숨을 몰아쉬며 죽으려 하자 아내와 자식들이 그를 둘러싸고 울었다. 자려가 위문하러 가서 말하기를, '쉿! 저리들 비키시오! 자연의 변화를 슬퍼할 것 없소.'라고 하였다.〔俄而子來有病, 喘喘然將死, 其妻子環而泣之. 子犁往問之曰 : "叱! 避! 無怛化!"〕" 사람이 죽고 사는 것은 자연의 변화에 따른 것이므로 슬퍼할 필요가 없다는 말이다.

없었으니, 논자들이 이르기를 "공이 이에 가히 절도공(節度公)[89]의 손자가 될 만하고 충정공(忠貞公)[90]의 가풍(家風)에 부끄럽지 않다."라고 하였다.

공은 집안에서의 행실이 실로 다른 사람들보다 뛰어났다. 자신의 녹(祿)으로 부모를 봉양하지 못한 것을 지극히 애통하게 여겨 자식들과 이야기할 때마다 눈물을 줄줄 흘리곤 하였다. 제사에 더욱 삼가 나이 든 후에는 무릇 조상의 사당에 일이 있으면 스스로 탁자를 펴고 음식을 베풀었으며 모두 몸소 임하여 반드시 가지런하게 정돈하였으니 작고하던 해에 이르기까지 또한 그렇게 하였다. 둘째아버지 내외분과 막내작은아버지 내외분을 마치 친부모 섬기듯이 하였다.

초계(草溪)[91]에서 돌아왔을 때에 그 읍의 기생을 데리고 왔는데 우리 할머님인 황부인(黃夫人)이 사람을 시켜 맞이하며 말하기를,

"창기(娼妓)의 무리가 문 안에 들어오면 그 집안은 반드시 어지러워진다. 네가 그렇게 하겠다면 나를 볼 생각을 하지 말라."

하였다. 공이 깜짝 놀라서 곧바로 남겨두고 돌아왔으며 종신토록 변하지 않았다.

일찍이 형제가 적은 것을 스스로 슬퍼하여 고아가 된 2명의 조카 내외를 어루만져 보살피되 은혜와 사랑이 돈독하고 지극하였다. 자신

89 절도공(節度公) : 오중주(吳重周)의 고조할아버지인 오정방(吳定邦, 1552~1625)을 가리킨다. 오정방에 대한 자세한 내용은 33쪽 주44 참조.

90 충정공(忠貞公) : 오두인(吳斗寅, 1624~1689)을 가리킨다. 오두인은 오중주(吳重周)의 아버지인 오두흥(吳斗興)의 아우이다. 오두인에 대한 자세한 내용은 15쪽 주12 참조.

91 초계(草溪) : 경상남도 합천(陜川) 부근 지역의 옛 이름이다.

의 집에서 기른 누이들의 자식들 또한 여러 명이었는데 의복과 음식부터 시집가고 장가갈 때 살림살이를 장만하여 보내는 것에 이르기까지 하나같이 자기 자식과 똑같이 하였으며, 한솥밥을 먹는 수십 명의 식구들 사이에 항상 터럭만큼도 이간질하는 말이 없었다.

서숙(庶叔 서출(庶出)인 숙부)이 가까운 이웃에 살았는데 한 살 차이인데도 높이고 예우하기를 매우 삼갔다. 특별한 일이 있지 않으면 반드시 날마다 가서 살펴보았으며, 늙고 가난한 것을 불쌍히 여겨 맛있는 음식과 따뜻한 옷이 생기면 반드시 나누어주었다.

사촌동생의 집이 산기슭 하나를 사이에 두고 있었는데 하루도 서로 만나지 않는 날이 없었다. 상을 같이 하여 밥을 먹고 추위와 더위를 살펴 옷을 주었으며, 혹 날이 늦었는데도 오지 않으면 그때마다 사람을 보내 부르면서 잠시도 떨어져 있으려고 하지 않았다.

돌아가신 우리 아버님과는 우애가 더욱 돈독하여 서로 지기(知己)라 허여하고, 무슨 일이 있으면 반드시 상의하고 말을 하면 따르지 않는 바가 없었다. 아버님이 병이 많았는데 날마다 와서 병석을 지키며 친척들을 모아서 즐겁게 웃고 떠들면서 그 마음을 기쁘게 하여주었다. 아버님이 작고하였을 때 공이 호서(湖西)의 군영(軍營)에 있었는데 얼굴을 보고 영결(永訣)하지 못한 것을 평생의 슬픔으로 여겼다.

오래된 친구를 대함에 신의(信義)가 있어 살아있거나 죽은 것을 가지고 마음을 바꾸지 않았으며, 다른 사람을 위하여 꾀할 때에는 충심(忠心)을 다하는 것이 자기 자신을 위하는 것보다 더하였다. 비록 평소에 알지 못하는 이라 할지라도 침체되어 있다는 말을 들으면 반드시 힘을 내어 끌어주었으며, 비방에 걸린 이가 있으면 반드시 그를 위하여 변론하여 씻어주기를 매우 부지런히 하였다.

베풀어 주는 것을 더욱 기뻐하여 재물 보기를 마치 흙이나 지푸라기 보듯 하였다. 곤궁한 사람을 구제하면서 집안에 살림살이가 있고 없음을 따지지 않았으니, 신진(新進) 가운데 가난하여 재물이 없는 이를 보면 혹 자신의 융복(戎服 군복(軍服)의 일종)과 안마(鞍馬 안장을 갖춘 말)를 거두어서 그에게 주어 집에 남아나는 물건이 없었다.

크고 풍요로운 지역에서 여러 차례 벼슬을 하였는데 사람들이 친소(親疎)를 막론하고 마치 자기 집에 가듯 가면 물 흐르듯 자연스럽게 대접하며 난색을 표하지 않았다. 사람들이 혹 그가 돈을 너무 많이 쓴다고 생각하였으나 공은 자기 자신을 매우 간결하게 다스려 한 치의 비단이나 작은 금붙이도 스스로 쓰는 바가 없었다. 그러므로 그가 지나간 곳의 공저(公儲 나라의 저축)는 처음 도착하였을 때보다 차고 넘쳤으나, 공은 벼슬을 그만두고 돌아갈 때에 한 섬의 쌀도 없어 관조(官糶 환곡(還穀))로 아침저녁 끼니를 이었으니 세상에서 그의 청렴함에 감복하였다.

임자년(1732, 영조8)에 기근이 거듭되어 집이 더욱 군색하여졌는데 공이 관(官)과 민간에서 가대(假貸 곡식이나 돈을 빌려줌)를 얻어다가 번번이 먹지 못하고 있는 가난한 친족에게 먹였으며, 굶주리고 있는 사람을 보면 혹 쌓아놓은 것을 다 털어 구제하였다. 당(堂) 앞에 솥을 설치하고 죽을 쑤어 종들을 먹였는데 이웃마을에까지 미쳤다. 집안사람들이 계속하기 어려울까 걱정하자 공이 말하기를,

"나는 그래도 다시 빌릴 수 있지만 저 곤궁한 자는 어찌 이를 얻을 수 있겠는가. 내 차마 그가 죽는 것을 볼 수가 없다."

하였다.

그를 찾아와서 보는 고을 사람은 현명하고 어리석음에 관계없이 한

결같이 응대하였으며, 입으로 다른 사람의 옳고 그름을 말하지 않고 노복(奴僕)들에게 감히 소리를 내어 사람들과 다투지 말 것을 신칙하였다. 이 때문에 마을 사람들이 기쁜 마음으로 따르지 않음이 없었으며 작고함에 미쳐서는 원근의 사람들이 마치 친척처럼 슬퍼하였다. 공은 평소의 태도가 평온하여 꾸밈이 없었으니, 효성스럽고 우애로우며 어질고 후덕함이 천성에서 나온 것이 이와 같았다.

공이 사람들과 담소할 때에는 즐겁고 편안하여 가까이 할 만하였으나 속마음은 참으로 엄정(嚴正)하여 다른 사람이 바르지 못한 것을 보면 마치 자신이 더렵혀지는 것처럼 여겼다. 평소 한가히 거할 때에도 의관(衣冠)을 반드시 정제(整齊)하고 안석(案席)과 자리, 갖가지 기물들을 반드시 가지런하게 정돈하여 어지럽히지 않았다. 말투가 편안하고 진중하여 비록 매우 놀라거나 당황하더라도 일찍이 변함이 있지 않았다.

통주사(統舟師 통제사(統制使))로 있을 때 바다 한가운데에서 대풍(大風)을 만났다. 뱃사공은 사색이 되고 배 안에 있는 사람들은 모두 엎어지고 거꾸러지고 하였는데, 공은 신기(神氣)가 태연하게 판옥(板屋)에 앉아서 지휘하여 해안에 배를 댈 수 있었으니 사람들이 모두 탄복하였다. 일에 임하면 확고하게 그 마음이 한 곳에 고정되어 다른 사람이 빼앗을 수 없었다. 차라리 지나치게 고집스러울지언정 바꾸지 않았으니 공이 마음을 기르는 바를 가히 알 수가 있다.

원(瑗)이 연거(燕居)하시는 공을 모신 것이 오래인지라 기록할만한 공의 선행이 매우 많으나 번다하여 감히 다 쓰지 않고 오직 몇 가지 단서만 대략 적어서 공이 성취한 것 가운데 큰 것만 보이는 것은 대개 본바탕이 없지 않기 때문이다.

이부인(李夫人)은 정릉(靖陵 중종(中宗))의 별자(別子 서자(庶子))인 덕양군(德陽君) 휘(諱) 기(岐)[92]의 5세손이며 용안 현감(龍安縣監) 휘 재(㦤)의 딸이다. 2남 1녀를 두었는데, 장남은 탁(琢)이고 차남은 박(璞)[93]이며 딸은 사인(士人) 김엽(金熀)에게 시집갔다.

탁은 사인 유명량(兪命亮)의 딸에게 장가들어 2녀를 낳았는데 각각 이성수(李聖洙), 박치규(朴致圭)에게 시집갔다. 박은 관찰사 한중희(韓重熙)[94]의 딸에게 장가들었으나 자녀를 낳지 못하였으며, 정자(正字) 정휘주(鄭徽周)의 딸에게 다시 장가들어 1남을 낳았는데 아직 어리다. 김엽은 2남을 낳았는데 재상(載尙), 재령(載齡)이다.

공은 첩에게서 3남 4녀를 낳았는데 큰아들은 담(琰)이고 딸 둘은 각각 허건(許蹇), 정운찬(鄭震贊)에게 시집갔다. 나머지는 모두 아직 어리며, 딸 하나는 유복녀(遺腹女)이다.

92 덕양군(德陽君) 휘(諱) 기(岐) : 이기(李岐, 1524~1581)를 가리킨다. 조선 전기의 왕자로, 본관은 전주(全州)이며 자는 백고(伯高)이다. 중종(中宗)의 다섯째 서자로, 어머니는 숙원 이씨(淑媛李氏)이다. 9살 때 덕양군(德陽君)에 봉해졌으며, 음률(音律)에 해박하였다 한다. 시호는 정희(靖僖)이다.

93 박(璞) : 오박(吳璞)을 가리키는 것으로, 오원(吳瑗)의 재종형(再從兄)이다. 자는 국보(國寶)이며, 자세한 내용은 미상이다.

94 한중희(韓重熙) : 1661~1723. 조선 후기의 문신으로, 본관은 청주(淸州)이며 자는 희보(熙甫)이다. 1702년(숙종28) 식년문과에 장원급제한 후 정언·지평·장령·집의·사간·승지 등을 역임하였다. 1713년 헌납으로 있으면서 사은사 이혼(李焜), 부사 권상유(權尙游)와 함께 서장관으로 청나라에 갔다 와서 동향을 보고하였으며, 1716년 동래 부사로 부임하여 일본과의 인삼 무역 등 외교적인 문제를 원만히 해결하였다. 1721년(경종1) 신임사화가 일어나자 김창집(金昌集)·이이명(李頤命)·이건명(李健命)·조태채(趙泰采) 등 노론사대신을 변호하다가 대간의 탄핵을 받아 파직되었다.

아! 세상에 공의 어짊을 아는 이들이 적지 않다. 그러나 오늘날 사람을 보는 것은 대개 엉성한 자취를 가지고 경중(輕重)을 따지니, 깊이 있게 알고 독실하게 논할 수 있기 또한 어려울 것이다. 가만히 생각건대 공의 아름다운 자질과 행실은 이미 책을 읽고 의리를 논하는 이들에게 부끄러울 것이 없는데, 세도(世道)가 쇠퇴한 이후로 염치가 날로 무너져 학사대부 가운데 능히 그 진퇴(進退 벼슬에 나아가고 물러남)의 절의를 끝내 온전히 하는 이가 드물다. 공과 같은 경우는 벼슬에서 물러난 10여 년 동안 처음부터 끝까지 하나의 의리〔一義〕로 일관하였으니, 비록 원우완인(元祐完人)[95]에 비긴다 하더라도 과장한 말이 아니다.

95 원우완인(元祐完人) : '원우당(元祐黨)의 완인(完人)'이라는 뜻으로, 유안세(劉安世, 1048~1125)를 가리킨다. 왕안석(王安石)의 신법(新法)에 반대하여 사마광(司馬光)을 추종하는 당파를 '원우당인(元祐黨人)'이라 하며, 덕행이 완미(完美)한 사람을 '완인'이라고 한다. 유안세는 중국 북송(北宋)의 문신이자 학자로, 자는 기지(器之)이며 호는 원성(元城)이다. 1073년(희녕6)에 진사가 되었으나 관료로 나가지 않고 구법당(舊法黨)의 영수인 사마광 아래에서 수학하였다. 사마광이 재상이 되자 추천을 받아 비서성 정자(正字)에 올랐고, 여공저(呂公著)의 추천으로 우정언이 되었다. 이후 신법당(新法黨)인 장돈(章惇)과 채확(蔡確), 범순인(范純仁) 등을 탄핵하였는데, 장돈이 집권하자 영주(英州)로 폄적되어 안치되었다가 해주(海州)로 옮겨졌다. 휘종(徽宗)이 즉위한 후 사면을 받았으나 다시 신법당인 채경(蔡京)이 재상이 되면서 연이어 유배를 당해 섬주(陝州)에 구속당하였다. 그 후 환관 양사성(梁師成)이 권력을 잡고 그에게 자식을 위해서라도 관직에 나오라는 편지를 보내자, "내가 자식을 위했더라면 이런 지경에 이르지는 않았을 것이다. 게다가 내가 밀려난 지 거의 30년이 되도록 일찍이 권력을 가진 자와 편지 한 자 주고받은 적이 없다. 나는 '원우의 완인'으로 그대로 남고 싶으니 그 마음은 결코 바뀌지 않을 것이다."라고 하고서 편지를 되돌려 보냈다. 《宋史 卷345 劉安世列傳》

세상에 군자(君子)가 있으면 마땅히 대서특필하여 밝게 드러내어서 풍교로 삼아 권면하여야 할 것이나 원(瑗)이 감히 사사로이 청(請)할 수 있는 것이 아니다.

사헌부 지평에 추증된 은곡처사 오공의 행장 정사년(1737, 영조13)

隱谷處士贈司憲府持平吳公行狀 丁巳

공의 휘(諱)는 두웅(斗雄)이며 자는 계명(季明), 호는 은곡(隱谷)이다.

우리 오씨(吳氏)는 관향이 해주(海州)로, 시조(始祖) 휘 인유(仁裕)[96]가 고려 시대에 군기감 감(軍器監監)을 지냈고 그 후 대대로 관직을 역임한 벌족(閥族)이 되었다. 휘 정방(定邦)[97]에 이르러 경상도 병마절도사 벼슬을 하였으며, 광해(光海)의 역란을 만나 정도(正道)를 지키고 흔들리지 않아 명신(名臣)이 되었다. 이가 휘 사겸(士謙)[98]을 낳았는데, 종친부 전부(宗親府典簿) 벼슬을 하였으며 의정부 좌찬성에 추증되었다. 거상(居喪)[99]을 잘 하다가 마침내 애훼(哀毁)[100]로 작고하였다.

이가 휘 핵(翮)[101]을 낳았는데, 어려서부터 문사(文詞)로 이름을 날

96 인유(仁裕) : 오인유(吳仁裕, ?~?)를 가리킨다. 해주(海州) 오씨(吳氏)의 시조(始祖)로, 자세한 내용은 33쪽 주43 참조.

97 정방(定邦) : 오정방(吳定邦, 1552~1625)을 가리킨다. 조선 중기의 무신으로, 자세한 내용은 33쪽 주44 참조.

98 사겸(士謙) : 오사겸(吳士謙, ?~1628)을 가리킨다. 조선 중기의 문신으로, 자세한 내용은 14쪽 주10 참조.

99 거상(居喪) : 부모의 상중(喪中)에 있으면서 상례(喪禮)를 잘 지키는 것을 가리킨다.

100 애훼(哀毁) : 부모의 죽음을 몹시 슬퍼하여 몸이 쇠약해진 것을 말한다.

101 핵(翮) : 오핵(吳翮, 1615~1653)을 가리킨다. 오핵은 조선 후기의 문신으로,

리다가 과거에 장원으로 급제하였다. 청렴한 이름과 곧은 도(道)로 세상의 추중(推重)을 받았으나 일찍 작고하여 벼슬이 사헌부 지평에 그쳤다. 원주 원씨(原州元氏)에게 장가들었는데, 대군(大君)의 사부(師傅)였던 진해(振海)[102]의 딸로 경상도 관찰사 황(鍠)[103]의 손녀이며 고려 말의 절사(節士 절개 있는 선비) 천석(天錫)[104]의 후예이다. 아들 셋을 두었는데 공이 그 막내이다.

본관은 해주(海州)이며 자는 일소(逸少), 호는 백천당(百千堂)이다. 14살에 아버지를 여의고 큰 형인 오숙(吳䎘)을 따라 공부하다가 장유(張維)의 문하에 들어갔다. 1646년(인조24) 문과에 장원으로 급제한 후 전적·병조 좌랑·정언(正言)·사서(司書) 등을 역임하였으며, 1654년에는 지평으로 있으면서 당시에 급히 하여야 할 일 8가지 조항을 들어 상소를 올렸다. 〈척화삼신전(斥和三臣傳)〉과 《만세감(萬世鑑)》·《백천당유고》 등의 저술이 남아있다.

102 진해(振海) : 원진해(元振海, 1594~1651)를 가리킨다. 조선 중기의 문신으로, 본관은 원주(原州)이며 자는 윤보(潤甫), 호는 장륙당(藏六堂)이다. 1616년(광해군8) 진사에 합격하였으며, 효종이 잠저(潛邸)에 있을 때 사부(師傅)를 지내고 후에 횡성현감(橫城縣監)을 지냈다. 학문에 힘쓰고 글씨를 잘 써 관아와 궁중의 문액(門額)을 쓴 것이 많았다.

103 황(鍠) : 원황(元鍠, ?~?)을 가리킨다. 조선 중기의 문신으로, 본관은 원주(原州)이며 자는 경명(警鳴), 호는 구정(龜汀)이다. 선조 때 경상도 관찰사를 거쳐 우윤(右尹)에 이르렀다.

104 천석(天錫) : 원천석(元天錫, 1330~?)을 가리킨다. 고려 말 조선 초의 은사(隱士)로, 두문동(杜門洞) 72현의 한 사람이다. 본관은 원주(原州)이며, 자는 자정(子正), 호는 운곡(耘谷)이다. 일찍이 진사에 합격하였으나 고려 말의 혼란한 정치 상황을 개탄하며 치악산에 들어가 은둔하였다. 이방원(李芳遠)이 왕자였을 때 가르친 적이 있어 태종(太宗) 즉위 후 여러 차례 벼슬을 내려 불렀으나 고려에 대한 충절을 지키며 끝까지 응하지 않았다. 만년에 《야사(野史)》 6권을 저술하였으나 국사와 저촉되는 점이 많아 화를 두려워한 증손이 불살랐다고 한다. 고려 왕조를 회고한 시조 1수가 남아있으며, 《운곡시사(耘谷詩史)》가 전한다. 강원도 원주의 칠봉서원에 배향되었다.

공은 숭정(崇禎) 무자년(1648, 인조26) 5월 21일 을유일에 태어나 병신년(1716, 숙종42) 3월 8일 기해일에 양성(陽城 경기도 안성(安城)) 덕산리(德山里)에 있는 집에서 작고하였다. 벼슬하지 않고 집에서 지내며 60여 년 동안 독서하여 향리(鄕里)의 흔적이 거의 없으나 양성 사람들이 지금까지도 그 효성스럽고 우애 있는 행실을 칭송(稱誦)하는 것이 노소(老少)를 막론하고 마치 한 입에서 나온 듯하였으니 일가친척들의 사사로운 말이 아니었다.

공은 6살에 아버지를 잃고 고아(孤兒)가 되어 어려서부터 모부인(母夫人)을 섬기면서 혼정신성(昏定晨省)·동온하정(冬溫夏凊)[105]의 절목에 이미 능히 정성과 힘을 다하고 어머니가 병이 들면 일찍이 잠시도 곁을 떠나지 않았으며 기꺼운 마음으로 순종하며 일찍이 털끝만큼도 그 뜻을 어기지 않았으니, 그 효(孝)에 독실함은 아마도 천성(天性)인 듯하다.

을묘년(1675, 숙종1)에 모부인이 병석에 눕자 공이 몇 달 동안 옷의 띠를 풀지 않은 채 지냈으며 병세가 위독해지면 문득 대변(大便)의 맛을 보아 안위(安危)를 살폈다. 그때가 엄동설한이었는데 날마다 꽁꽁 언 시내에서 목욕하고 울부짖으며 하늘에 빌었다.

다음 해 봄에 마침내 상(喪)을 당하였는데 밤낮으로 곡을 하고 발을 구르며 몇 번이나 혼절하였다가 깨어났다. 관(棺) 앞에서 노숙(露宿)하면서 여막(廬幕)[106]에 들어가지 않았으며 하루에 먹는 것이 미음 몇

105 혼정신성(昏定晨省)·동온하정(冬溫夏凊) : '혼정신성'은 저녁에는 부모님의 잠자리를 봐드리고 새벽에는 문안을 드리는 것이며, '동온하정'은 겨울에는 따뜻하게 해드리고 여름에는 시원하게 해드리는 것이다.

숟가락에 불과하였다.

장사지낸 후에는 항상 궤연(几筵)[107] 앞 흙섬돌에 엎드려 하루 종일 있었는데 비록 한겨울이라 해도 솜옷을 가까이하지 않았다. 공의 두 형이 추위에 떠는 것을 불쌍히 여겨 여막 옆에 흙집을 지어주니, 공이 밤에는 그 안에서 머물며 흙덩이를 베고 자다가 낮에는 반드시 나와 흙섬돌에 엎드려 있기를 처음처럼 하였다. 나물국조차 입에 대지 않고 곡을 하며 우는 것이 절제가 없어 심하게 야위고 몸이 모두 부어서 반걸음조차도 지팡이를 짚어야 일어날 수 있었다.

공의 둘째아버지인 지추공(知樞公)[108]이 눈물을 흘리며 생강과 계피

106 여막(廬幕) : 원문의 '倚廬'는 부모 상중(喪中)에 상주(喪主)가 거처하는 여막으로, 집의 중문(中門) 밖 동쪽 담장 아래에 나무를 비스듬히 세우고 풀로 지붕과 옆을 덮을 뿐 흙벽을 바르지 않는 데서 나온 이름이다. 《예기(禮記)》 〈상대기(喪大記)〉에 "부모의 상에는 의려에서 기거하는데, 그 곳에는 흙을 바르지 않고 거적자리에 누워 흙덩어리를 베고 잔다.〔父母之喪, 居倚廬, 不塗, 寢苫枕塊.〕"라고 하였다.

107 궤연(几筵) : '궤'는 죽은 사람의 혼백이 깃드는 영궤(靈几)를, '연'은 그 밑에 까는 자리를 가리킨다. 죽은 사람의 혼백이나 신주(神主)를 모셔두는 곳을 의미하며, 이렇게 궤연이 설치된 장소를 빈소(殯所)라고 한다.

108 지추공(知樞公) : 오빈(吳翻, 1602~1685)을 가리킨다. 조선 후기의 문신으로, 본관은 해주(海州)이며 자는 빈우(賓羽), 호는 농재(聾齋)이다. 1632년(인조10) 문과에 급제한 후 평안도 도사·지평·장령·문학·강계 부사·공조 참의 등을 역임하였으며, 1681년(숙종7) 가선대부(嘉善大夫)에 올라 동지중추부사 겸 총관이 되었다. 강계 부사로 있을 때 잠상(潛商)들을 없애는 등 치적을 쌓았으나 인조의 유모의 아들인 이신우(李信友)가 왕제인 인평대군의 문서를 가지고 와서 강계부 삼화(蔘貨)의 이권을 빼앗으려 하므로, 그 문서를 불태우고 이신우를 쫓아낸 일이 화가 되어 아산에 유배되고 연안에 이배되었다가 이듬해에 풀려나왔다. 1684년에 인조의 계비인 장렬왕후(莊烈王后)의 회갑을 계기로 자헌대부에 지중추부사로 승진하고, 기로소에 들어갔다. 시호는 숙헌(肅憲)이다.

를 권하였으나 끝내 억지로 할 수 없었다. 지추공이 또 흙집을 헐고 공에게 악려(堊廬)[109]에 들어가 거처할 것을 권하였으나 공이 이에 장례 지내기 전처럼 한데 나와서 거처하니 지추공이 어떻게 할 수가 없어 다시 흙집을 지어 거처하게 하였다.

아침저녁으로 반드시 무덤에 올라가 목을 놓아 곡을 하였으니 무덤 앞 항상 엎드리는 자리에는 그 때문에 풀이 나지 않았다. 무덤이 집과 조금 떨어져 있었는데 바람이 불거나 비가 오거나 춥거나 덥거나 간에 일찍이 하루도 그만두지 않았다. 질병에 걸리자 둘째형이 울면서 그만두라 하였는데 말을 듣지 않자 문득 그 상립(喪笠 상중(喪中)에 있는 사람이 쓰는 갓)을 빼앗아 감추었다. 공이 눈물을 흘리며 울면서 굳이 청하여 반드시 가고야말았다. 매양 눈이 내릴 때마다 반드시 몸소 나아가 비를 들고 소제하면서 다른 사람을 시켜 대신하게 하지 않았다.

마을에 사는 친척들이 공이 몸을 극도로 훼손하며 절도(節度)에 지나치는 것을 보고 모두 상을 이겨내지 못할까 걱정하였으며, 공 또한 기력이 소진하여 위험했던 적이 여러 번이었다. 그러나 능히 상제(喪制)를 마쳤으니 사람들이 모두 기이하게 여기면서 지극한 효성에 감응 받은 것이라고 하였다.

공은 어렸을 때 아버지가 돌아가셔서 참최복(斬衰服)을 입지 못한 것을 스스로 애통하게 여겨 이미 어머니의 상(喪)을 마친 후에도 오히려 담복(禫服)을 입고 밖에서 거처하는 것을 또 3년을 하였으니, 대개 추상(追喪)[110]하는 뜻이었다.

109 악려(堊廬) : 고대에 거상(居喪)하는 사람이 거처하던 집이다. 사방 벽을 흰 흙으로 바른 데에서 생긴 이름으로, 악실(堊室)이라고도 하였다.

제삿날을 만나면 6일 동안 고기를 먹지 않고 3일 동안 옷을 벗지 않고 지내면서 아침 내내 꼿꼿하게 앉아있었으며, 제삿날이 되면 부모님의 초상(初喪)을 치를 때[111]처럼 울부짖으며 통곡을 하였다. 심지어는 방계 친척의 제사에도 또한 목욕재계하기를 매우 삼가면서 늙고 쇠약하였다 하여 바꾸지 않았으니, 작고하던 해까지 또한 그렇게 하였다.

큰형과 따로 살았는데 날마다 반드시 새벽에 가묘(家廟)에 가서 참배하였다. 혹 겨울 추위를 만나면 여종이 아직 세숫물을 바치기 전에 반드시 손으로 눈〔雪〕을 떠서 얼굴을 씻고 갔으니 일찍이 촌각을 어긴 적이 없었다. 둘째아버지와 두 형을 섬기면서 예절을 깍듯하게 갖추어 나아가 모시면서 근실하게 복무하여 반드시 저녁이 지난 후에야 이에 물러났으니, 정성과 사랑이 한량없어 보는 사람들이 감탄하였다.

기미년(1679, 숙종5)에 같은 읍(邑)의 인사(人士)들이 합사(合辭)[112]하여 공의 행실을 들어 현(縣)에 고하여서 감사(監司)에게 상신(上申)하였으나 임금에게 알려지지 못하였다. 임오년(1702)에 많은 선비들이 또 합사하여 말하기를,

"모(某)의 효성과 우애 같은 지극한 행실로 정상(旌賞 정려(旌閭)하여 포상함)을 입지 못한다면 무엇으로 쇠퇴해가는 세상에 격려하고 권면

110 추상(追喪) : 어린 나이에 부모를 잃어 삼년상을 치르지 못한 사람이 장성한 뒤에 소급해서 삼년상을 치르는 것을 말한다.

111 부모님의……때 : 원문의 '袒括'은 부모의 초상(初喪)에 소렴(小斂)을 마치고 상주가 왼쪽 어깨를 드러내고 풀었던 머리를 묶는 것을 말한다.

112 합사(合辭) : 여러 관사(官司)나 또는 여러 관원이 임금에게 올리는 상소의 사연을 합하여 하나의 상소로 만드는 것이다.

하겠습니까."

하였다. 이에 감사가 조정에 갖추어 아뢰었고, 의정부에서 관직을 제수하여 그 행실을 포상(褒賞)할 것을 청하자 숙묘(肅廟 숙종(肅宗))가 윤허하였다.

전후(前後)에 걸쳐 읍의 수령들이 공의 행실을 흠모하여 폐백과 편지를 가지고 예를 극진히 갖춘 이가 많았는데 공이 그때마다 마치 몸 둘 데가 없는 것처럼 어쩔 줄 몰라 하면서 말하기를,

"가령 사람의 자식이 되어서 자식의 직분을 약간 수행하였다 하더라도, 어찌 감히 이것으로 이름을 삼을 수 있겠습니까."

하였다.

공이 별세한 지 15년이 되던 경술년(1730, 영조6)에 읍의 유자(儒者)들이 다시 공이 평생 동안 의(義)를 행한 것을 진술하여 포상의 은전(恩典)을 추가할 것을 청하였으니, 정사년(1737)에 조정에서 마침내 공에게 사헌부 지평을 추증하였다.

공의 성품이 조용하고 깨끗하며 욕심이 없어 집이 가난하여 부실한 음식이나마 끼니를 이을 수 없어도 편안한 마음으로 살았다. 소시에 여러 번 장인(丈人)을 따라 큰 군(郡)에 갔었는데 주는 것이 있으면 그때마다 번번이 사양하고 받지 않았다. 또 일찍이 둘째 형을 따라 신계현(新溪縣)에 갔는데 털끝만 한 일도 요구한 적이 없었으니 돌아올 때에 관인(官人)들이 서로 말하기를,

"모공(某公)은 단지 신계의 물만 마셨을 따름이다."

하였다.

평소에 말을 하거나 웃는 것이 매우 드물고 오직 밤낮으로 독서에 힘쓰기를 늙을 때까지 게을리 하지 않아 입으로 경전(經傳)을 외우는

것이 마치 자기 말을 하는 것 같았다. 평상시 한가히 있을 때에도 또한 반드시 옷깃을 가지런히 여미고 꿇어앉아 큰 손님을 대하듯 하였으니 그가 앉는 나무 걸상이 모두 뚫어질 정도였다.

사람을 대하는 것이 어질고 인자하여 비록 어리고 비천하다 하더라도 함께 이야기할 때에 마음을 상하게 할까 두려워하면서 한결같이 성심(誠心)으로 대하였다. 내로라하며 자랑하는 것을 더욱 좋아하지 않았으며 일찍이 모나고 과격한 행동을 한 적이 없어 같은 고을 사람들은 비록 부녀자나 갓난아이나 지극히 어리석은 이라 할지라도 공경하여 믿지 않음이 없었으니 처음부터 끝까지 한결같았다. 아! 이 어찌 부드러운 말씨와 웃는 얼굴로 꾸밀 수 있는 것이겠는가.

공의 배필인 공인(恭人) 동래 정씨(東萊鄭氏)는 충청도 수군절도사 한기(漢驥)의 딸이며 좌찬성 정절공(靖節公) 구(矩)[113]의 후손이다. 엄숙하고 부지런하게 부녀자의 도를 지키며 50년 동안 공을 섬기다가 병신년(1716, 숙종42) 2월 6일 정묘일에 작고하였으니, 향년 71세였다.

1남 5녀를 두었는데, 아들은 종주(宗周)이며 딸들은 각각 이수이(李

113 정절공(靖節公) 구(矩) : 정구(鄭矩, 1350~1418)를 가리킨다. 고려 말 조선 초의 문신으로, 본관은 동래(東萊)이며 자는 중상(仲常), 호는 설학재(雪壑齋)이다. 1377년(우왕3) 문과에 급제하여 전교시 부령(典校寺副令)이 되었으나 1382년 김극공(金克恭)의 옥사에 연루되어 유배되었다. 1392년 조선이 개국하자 출사하여 한성부 우윤을 지내고, 태조의 명으로 《법화경》 4부를 금니(金泥)로 썼다. 후에 태종이 된 정안군(靖安君)의 막료로 들어갔으며, 이후 도승지·대사헌·예문관 학사·공조 판서·호조 판서·판한성 부사·계림 부윤·개성부 유후 등을 역임하였다. 1417년(태종17) 성절사(聖節使)로 명(明)나라에 들어가 홍무(洪武) 연간에 만든 각궁(角弓)을 구입하여 왔다. 글씨를 잘 쓴 것으로 이름이 높았으며, 시호는 정절(靖節)이다.

壽頤)·한대진(韓大震)·심태은(沈兌殷)·정거(鄭鐻)·이태령(李台齡)에게 시집갔다.

종주는 본관이 청주(淸州)인 한유기(韓有箕)의 딸에게 장가들어 4남 1녀를 낳았는데, 아들은 위(瑋)·섭(瓔)·근(瑾)·경(璥)이며 딸은 아직 시집가지 않았다.

한대진은 5남 1녀를 두었는데, 아들은 후수(後洙)·후렴(後濂)·후락(後洛)·후속(後涑)·후문(後汶)이며 딸은 서명달(徐命達)에게 시집갔다.

심태은은 2남 1녀를 두었는데, 아들은 현(灦)·근(瑾)이며 딸은 이학로(李鶴老)에게 시집갔다.

이태령은 1남 섬(暹)을 두었다.

공은 처음에 양성(陽城) 구천리(九千里) 갑좌(甲坐)의 언덕에 장사지냈다가 경자년(1720, 경종 즉위년)에 같은 현(縣) 천덕산(天德山)에 있는 선영(先塋) 오른쪽 산등성이 경좌(庚坐)의 언덕으로 이장(移葬)하였으며, 정 공인(鄭恭人)은 그 왼쪽에 합장하였다.

공은 우리 할아버지 충정공(忠貞公)[114]의 사촌아우이다. 공이 경사(京師)에 들어가면 문득 돌아가신 우리 아버지 해창부군(海昌府君)[115]의 집에서 묵었는데 원(瑗)이 비록 어렸으나 외려 능히 공의 기거동작(起居動作)의 절의를 엿볼 수 있어 마음속으로 기뻐하였다. 이미 또

114 충정공(忠貞公) : 오두인(吳斗寅, 1624~1689)을 가리킨다. 조선 후기의 문신으로, 자세한 내용은 15쪽 주12 참조.

115 해창부군(海昌府君) : 오태주(吳泰周, 1668~1716)를 가리킨다. 조선 후기의 문신으로, 자세한 내용은 15쪽 주15 참조.

우리 아버지가 공의 집안에서의 행실을 말하며 자주 감탄하기를 "우리 숙부의 효성은 마땅히 옛사람에게서 찾아야 할 것이다."라고 하는 것을 들었다.

원이 이를 마음으로 기억하고 감히 잊지 못하였는데 이제 위(瑋)[116]가 족부(族父)의 명을 들고 와서 공에 대한 행장을 쓰게 하였다. 스스로 돌아볼 때 불초(不肖)하니 어찌 공의 숨은 덕을 족히 드러내어 밝힐 수 있겠는가. 오직 향리에서 공송(公誦 공론을 좇아 사람을 천거함)하고 국가에서 포상과 은전을 내린 것이 원(瑗)의 말이 아첨이 아님을 증명할 것이다. 공과 같은 이가 어찌 우리 부자(夫子)께서 일컬은 바 '일가친척들이 효성스럽다고 칭찬하고 마을 사람들이 공손하다고 칭찬하는'[117] 사람이 아니겠는가. 이에 감히 소싯적에 보고 들은 바를 가지고 위와 같이 차례로 서술하여 입언군자(立言君子)의 취재(取裁 소재로 취하여 글을 지음)에 대비한다.

아! 공의 아름다운 덕 가운데 쓸 만한 것이 많으나 그 효성과 우애의 행실을 특별히 상세하게 서술한 것은 또한 공이 근본을 세운 것이 이와 같아서 세세한 것들은 갖추어 나타낼 필요가 없기 때문이다.

116 위(瑋) : 오위(吳瑋)를 가리키는 것으로, 오원(吳瑗)의 친척 아우이다. 자는 백온(伯溫)이며, 자세한 내용은 미상이다.

117 일가친척들이……칭찬하는 : 《논어(論語)》 〈자로(子路)〉에 나오는 말이다. 자공(子貢)이 공자(孔子)에게 "어떠하여야 선비라 할 만합니까?〔何如, 斯可謂之士矣?〕" 라고 묻자 공자가 3단계의 인물을 제시하는데, 이는 그 중 2번째 단계의 인물형이다. 주자(朱子)는 이에 주를 달아 "이는 근본은 확립되었으나 재질이 부족한 자이다. 그러므로 그 다음이 되는 것이다.〔此, 本立而材不足者. 故其爲次.〕"라고 하였다.

시장 諡狀

장계부원군 지천 황공의 시장 정사년(1737, 영조13)
長溪府院君芝川黃公諡狀 丁巳

공의 휘(諱)는 정욱(廷彧)이요, 자(字)는 경문(景文)이다. 황씨(黃氏)는 본관이 장수(長水)로, 6세조 익성공(翼成公) 휘 희(喜)[118]는 우리 세종대왕(世宗大王)을 도와 태평성대를 이루어서 나라의 원신(元臣)[119]이 되었다. 증조할아버지 휘 섬(蟾)은 충무위 대호군(忠武衛大護軍)으로 병조 판서에 추증되었고, 할아버지 휘 기준(起峻)은 조지서 별제(造紙署別提)로 의정부 좌찬성에 추증되었으며, 아버지 휘 열(悅)[120]은 숙천 부사(肅川府使)로 의정부 영의정(議政府領議政) 장원

118 희(喜) : 황희(黃喜, 1363~1452)를 가리킨다. 조선 세종조의 명재상으로, 본관은 장수(長水)이며 자는 구부(懼夫), 호는 방촌(厖村)이다. 고려가 망하자 두문동(杜門洞)에 은거하였다가 태조의 요청으로 관직에 나와 성균관 학관·예문관 춘추관·우의정·좌의정·영의정 등을 역임하였다. 특히 벼슬에서 물러날 때까지 18년간 영의정의 자리에 있으면서 농사법 개량, 예법 개정, 천첩(賤妾) 소생의 천역(賤役) 면제 등 업적을 남겨 조선 왕조의 기틀을 다졌다. 사후 세종의 묘정에 배향되었다. 저서에 《방촌집》이 있으며, 시호는 익성(翼成)이다.

119 원신(元臣) : 나라에 큰 공이 있는 신하라는 뜻이다.

부원군(長源府院君)에 추증되었다.

공은 가정(嘉靖)[121] 연간 임진년(1532, 중종27) 4월 26일에 태어났다. 어려서부터 노는 것이 다른 아이들과 월등히 달랐으며 점점 자라면서 총명하기가 다른 사람들보다 훨씬 뛰어났다. 책을 좋아하고 글을 잘 지었으며 백가(百家)의 사상에 해박하였으나 경술(經術)에 더욱 힘을 들였는데 근본에 깊이 젖어들어 다만 장구(章句)만 일삼을 뿐만이 아니었다.

임자년(1552, 명종7)에 상상(上庠 성균관(成均館))에 오르고 무오년(1558)에 과거에 급제하여 승문원(承文院)에 분관(分館)되었다.[122] 천거를 받아 예문관 검열(檢閱)에 제수되었고 대교(待敎)로 승진하였으며 춘방(春坊 세자시강원(世子侍講院))에 들어가 설서(說書)가 되었다. 신유년(1561, 명종16)에 호조 좌랑으로 옮겼다가 예조 좌랑으로 고쳐 제수되었다. 임술년(1562)에 외직으로 나가 해미현(海美縣)에 보임(補任)되었고 뒤이어 충청도 도사(忠淸道都事)에 제수되었는데 어떤 일로 파직되었다가 다시 예조 좌랑으로 서용(敍用)되었다.

120 열(悅) : 황열(黃悅, 1501~?)을 가리킨다. 조선 중기의 문신으로, 본관은 장수(長水)이며 자는 중흡(仲洽), 호는 정관(靜觀)이다. 1536년(중종31) 문과에 급제하였다. 자세한 내용은 미상이다.

121 가정(嘉靖) : 중국 명(明)나라 세종(世宗)의 연호로, 1522~1566년에 해당한다.

122 승문원(承文院)에 분관(分館)되었다 : 조선 시대에 새로 문과에 급제한 사람을 권지(權知)라는 이름으로 승문원·성균관·교서관의 삼관(三館)에 배속시켜 실무를 익히게 하는 것을 분관이라고 한다. 박사(博士) 세 사람이 과거 합격자들을 채점하여 3점을 얻으면 승문원, 2점을 얻으면 성균관, 1점을 얻으면 교서관에 보냈으며, 점수를 얻지 못하고 대기하는 이들을 미분관인(未分館人)이라고 하였다.

명묘(明廟 명종(明宗)) 말년에 어질고 빼어난 인재를 불러 모으니, 사간원 헌납과 지제교에 제수되고 홍문관에 선발되어 들어가서 수찬과 교리가 되었으며 그 사이에 사헌부 지평과 장령에 제수되었다. 병인년(1566)에 교리로 있으면서 어떤 일에 연루되어 파직되었다가 얼마 안 되어 다시 제수되었다. 순회세자(順懷世子)[123]가 작고한 후에 주상이 병이 들어 편치 않았는데 대를 이을 세자가 없었다. 대신들이 근심스럽고 두려우나 감히 말하지 못하였는데 공이 장령(掌令)으로 있으면서 문학과 덕행이 있는 선비를 뽑아서 종실(宗室)의 자손들을 가르칠 것을 건의하여 주청하니 주상이 이를 따라 왕손(王孫)의 사부(師傅)를 두었다.

다시 교리가 되어 신 문장공 응시(辛文莊公應時)[124]와 의논하여 차자(箚子)를 올려서 세자의 자리를 일찍 정할 것을 청하였으나 다음날 장관(長官)이 병가를 내고 나오지 않아 차자가 올라가지 않았다. 선묘

123 순회세자(順懷世子) : 1551~1563. 조선의 제13대 왕인 명종(明宗)의 세자로, 본관은 전주(全州)이며 이름은 이부(李暊), 자는 중명(重明)이다. 인순왕후(仁順王后)의 아들로, 1557년(명종12)에 세자로 책봉되고 1559년 호군(護軍) 윤옥(尹玉)의 딸과 가례를 올렸다. 그러나 가례를 올린 뒤 얼마 되지 않아 후사도 잇지 못한 채 13살의 어린 나이로 죽었다. 순회(順懷)는 그의 시호이다.

124 신 문장공 응시(辛文莊公應時) : 신응시(1532~1585)를 가리킨다. 조선 중기의 문신으로, 본관은 영월(寧越)이며 자는 군망(君望), 호는 백록(白麓)이다. 백인걸(白仁傑)의 문하에서 배웠다. 1559년(명종14) 문과에 급제한 후 설서・정언을 지낸 뒤 사가독서(賜暇讀書)를 하였다. 1566년 다시 문과중시에 급제한 후 선조 초에 경연관을 지내고 전라도 관찰사・연안 부사・예조 참의・대사간・부제학 등을 역임하였다. 성혼(成渾)・이이(李珥)와 교분이 두터웠으며, 《주자대전(朱子大全)》 중에서 예(禮)에 관한 부분을 발췌하여 《주문문례(朱門問禮)》를 간행하였다. 저서로는 시집 한 권이 남아 있으며, 시호는 문장(文莊)이다.

(宣廟 선조(宣祖))가 들어가서 대통(大統)을 이음에 미쳐 공이 이에 대해 한 마디도 언급하지 않았으니 당시에 여러 공들이 모두 이를 탄복하였다.

정묘년(1567)에 헌납(獻納)에 제수되었다가 교리로 옮겼다. 선묘가 갓 즉위하여 정신을 가다듬고 좋은 정치를 구하여 널리 명유(名儒)를 받아들여서 날마다 세 번씩 강의를 들었다. 공이 매번 임금을 모시고 강론할 때마다 경전(經典)에 의거하여 일을 논하되 말은 간략하고 뜻은 곡진하니 주상이 귀 기울여 들으며 지루해하지 않았다. 그때에 노 문의공 수신(盧文懿公守愼)[125]이 공과 동료였는데 공이 강관(講官) 가운데 최고라고 자주 칭찬하였다.

이 문성공 이(李文成公珥 이이(李珥))가 일찍이 옥당(玉堂 홍문관(弘文館))에서 같이 글 읽던 친구들을 논하면서,

"신군망(辛君望)은 글을 읽지 않은 탓에 그 재주가 퇴보하였는데, 경문(景文)은 한결같이 학문을 좋아하니 재주가 날로 진보하여 당할

125 노 문의공 수신(盧文懿公守愼) : 노수신(盧守愼, 1515~1590)을 가리킨다. 조선 중기의 문신·학자로, 본관은 광주(光州)이며 자는 과회(寡悔), 호는 소재(蘇齋) 등이다. 1543년(중종38) 문과에 장원으로 급제한 후 사가독서하였다. 인종 즉위 후 대윤(大尹)의 입장에서 이기(李芑)를 논핵하였다가 명종 즉위 후 소윤(小尹)이 을사사화를 일으키면서 순천(順天)에 유배되었다. 이후 양재역 벽서사건(良才驛壁書事件)으로 가중 처벌되어 진도(珍島)로 옮겨져 19년 동안 귀양살이하였다. 1567년 선조가 즉위하면서 풀려나 대사간·대사헌·이조 판서·대제학·우의정·좌의정·영의정 등 요직을 두루 역임하고, 1588년 판중추부사가 되었다. 1589년(선조22) 기축옥사가 일어나자 과거에 정여립(鄭汝立)을 천거하였다 하여 대간의 탄핵을 받고 파직되었다. 정사룡(鄭士龍)·황정욱(黃廷彧)과 함께 관각문학의 삼걸(三傑)로 지칭된다. 저서로 《소재집》이 남아있으며, 시호는 문의(文懿)였다가 문간(文簡)으로 고쳤다.

수가 없었다."

하였으니, 군망은 문장(文莊 신응시(辛應時))의 자(字)이다. 기 문헌공 대승(奇文憲公大升)[126]이 공과 강론하면서 자주 그 정확함을 감탄하고 돌아가 그 문도들에게 말하기를,

"내가 너희들을 위하여 스승을 얻어 놓았으니, 훗날 도성(都城)에 들어가면 폐백을 들고 가서 수업을 청하도록 하여라."

하였다.

겨울에 서장관(書狀官)에 충원되어 경사(京師 북경(北京))에 조회를 드리러 갔다가 무진년(1568, 선조1)에 돌아왔다. 교리에 제수되었다가 부응교(副應教)로 승진하여 시폐십사(時弊十事)를 올렸다. 기사년(1569)에 사헌부 집의로 승진하였다가 또 면직되어 성균관사성 겸 춘추관편수관(成均館司成兼春秋館編修官)이 되어서 《명묘실록(明廟實錄)》을 편수하는 데 참여하였다. 교리를 거쳐 사간(司諫)으로 옮겼다가 경오년(1570)에 교리로 돌아왔는데 동료의 뜻을 거슬러 대간(臺諫)의 탄핵을 받고 체직되어 직강(直講)에 제수되었다. 주상이 연신(筵

126 기 문헌공 대승(奇文憲公大升) : 기대승(奇大升, 1527~1572)을 가리킨다. 조선 중기의 문신・학자로, 본관은 행주(幸州)이며 자는 명언(明彦), 호는 고봉(高峰) 등이다. 1558년(명종13) 문과에 급제한 후 사가독서하였다. 검열・주서 등을 지내다 신진사류의 영수로 지목되어 훈구파에 의해 삭직당하였다. 1567년 복직된 후 이조 정랑・교리・우부승지 등을 지내면서 조광조(趙光祖)・이언적(李彦迪)에 대한 추증을 건의하였다. 1570년(선조3) 대사성으로 있으면서 영의정 이준경(李浚慶)과의 불화로 해직당한 바 있으며, 이후 대사간・공조 참의 등을 지냈다. 이황(李滉)의 제자로 주자학에 정진하였으며, 특히 이황과 사단칠정(四端七情)을 주제로 8년 동안 주고받은 편지는 후대 유학에 지대한 영향을 미쳤다. 저서로 《고봉집》 등이 남아있으며, 시호는 문헌(文憲)이다.

臣)[127] 이해수(李海壽)[128]에게 묻기를,

"황모(黃某)가 오랫동안 내 곁에 있었는데 과실이 있는 것을 보지 못하였다. 어찌하여 논핵을 당하였는가."

하며 오랫동안 애석해하다가 종부시 첨정(宗簿寺僉正)으로 고쳐 제수하였다.

계유년(1573)에 모친상을 당하고 을해년(1575)에 상복을 벗었다. 외직으로 나가 양주 목사(楊州牧使)가 되었는데 얼마 안 되어 또 부친상으로 관직을 떠났다. 여막(廬幕)에 머물며 6년 동안 시묘(侍墓)하였는데 애훼(哀毁)[129]하였다 하여 학문을 폐하지 않아 학문이 더욱 진보하였다.

무인년(1578)에 상복을 벗고 군기시 정(軍器寺正)에 제수되었다. 기묘년(1579)에 진주 목사(晉州牧使)에 제수되었는데 아직 길을 떠나기 전에 해주(海州)로 고쳐 제수되었다. 경진년(1580)에 어떤 일에 연루되어 파직된 후 조정으로 들어가 장악원 첨정(掌樂院僉正)이 되었다. 또 진주 목사에 제수되었는데 진주에 이르기 전에 병이 나서 돌아

127 연신(筵臣) : 경연(經筵)이나 서연(書筵)에서 경전 등을 강론하는 신하를 말한다.

128 이해수(李海壽) : 1536~1598. 조선 중기의 문신으로, 본관은 전의(全義)이며 자는 대중(大仲), 호는 약포(藥圃)·경재(敬齋)이다. 1563년(명종18) 알성문과에 급제하고, 사가독서에 참여하였다. 호조 참의·대사간·도승지 등을 지내다 1585년(선조18) 동인의 세력이 커지면서 여주(驪州) 목사로 좌천되었다. 1587년에 충청도 관찰사로 나갔다가 대사간이 되었으나 다시 여주 목사로 밀려나고 서인인 정철(鄭澈)이 건저(建儲) 문제로 유배되자 이에 연루되어 종성(鍾城)에 유배되었다. 임진왜란 때 유배에서 풀려나 왕을 의주로 호종한 후 대사간·대사성·홍문관 부제학 등을 역임하였다. 시와 예서(隸書)에 뛰어났으며, 사후 이조 판서에 추증되었다.

129 애훼(哀毁) : 부모의 죽음을 몹시 슬퍼하여 몸이 쇠약해진 것을 말한다.

왔으니 그 일로 파직되었다. 이 문성공(李文成公 이이(李珥))이 그를 위하여 말하기를, '공의 문학이 다른 사람보다 뛰어나다. 지난번에는 실제로 병이 나서 부임하지 않은 것이니 이 일로 오랫동안 버려두는 것은 마땅하지 않다.'라고 하니 곧 서용하여 좌통례(左通禮)에 제수하였다.

공이 학문을 하면서 예(禮)에 더욱 조예가 깊어 고금(古今)의 상례(常禮)와 변례(變禮)에 정통하되 절문(節文)[130]에 얽매이지 않았다. 조정에 있을 때 예악(禮樂)을 고찰하여 논하면 무리들이 논란하지 못하였다. 전례에 국상(國喪)을 당하면 태묘(太廟)의 축문(祝文)에 '애손모(哀孫某)'라고 호칭하였는데 공이 소를 올려 말하기를,

"전하께서 태조(太祖)에게 '애증손(哀曾孫)'이라고 칭하시면 곧 이는 전하께서 신상(新喪 새로 일어난 상(喪))으로 태조를 심기는 것입니다. 열성(列聖 역대의 여러 임금)에 이르러서도 모두 그렇지 않음이 없습니다. 대저 선왕(先王)의 예는 길흉에 따라 달리 베풀어야 하는 것입니다. 종묘(宗廟)의 제사로 말하면 종과 북의 소리가 맑게 울리고 열성의 영혼이 양양(洋洋)히 위에 임하시는데[131] 어찌 슬프고 애통한 말을 써서 정성스럽게 공경하는 마음을 어지럽히십니까."

하였다. 주상이 대신에게 명하여 의논하도록 하니 모두 공의 말이 옳다고 하여 후에 마침내 '효손(孝孫)'이라고 고쳐 칭하였다.

130 절문(節文) : 예절에 관한 규정을 말한다.

131 열성의……임하시는데 : 《중용장구(中庸章句)》 제16장의 "제사를 받들 때면 귀신이 양양히 그 위에 있는 듯도 하고 좌우에 있는 듯도 하다.〔承祭祀, 洋洋乎如在其上, 如在其左右.〕"라고 한 데서 나온 표현이다.

계미년(1583)에 주상이 금원(禁苑)[132]에 거둥하여 문신들에게 20운(韻)의 시를 시험하였는데 공의 시가 더욱 뛰어나 통정대부(通政大夫)에 가자(加資)되고 장례원 판결사(掌隷院判決事)에 제수되었으며, 얼마 있다가 외직으로 나가 충청도 관찰사가 되었다.

국초(國初)에 반신(叛臣 임금을 배반한 신하)이 중국으로 도망가 우리 국계(國系)를 무함하여 더럽혀서 〈조훈(祖訓)〉[133]과 《회전(會典)》[134]에 실리기까지 하였는데 역대 조정에서 여러 차례 아뢰어 그것이 무함임을 변론하였으나 오히려 간정(刊正 산삭(刪削)하여 바로잡음)하지 못하였다.[135] 주상이 탄식하며 말씀하기를,

"국계가 무함을 받은 지 200년이 되었으니 어찌 하루라도 하늘 아래 편안할 수 있겠는가."

하고 마침내 문학이 뛰어난 선비를 엄선하여 사신(使臣)의 임무를 맡

132 금원(禁苑) : 궁궐(宮闕) 안의 후원(後苑)을 가리킨다.

133 〈조훈(祖訓)〉 : 〈황명조훈(皇明祖訓)〉을 말하는 것으로, 중국 명(明)나라의 태조(太祖)가 황실에 내린 유훈(遺訓)을 말한다.

134 《회전(會典)》 : 《대명회전(大明會典)》을 말하는 것으로, 중국 명(明)나라의 행정 법전이다.

135 국초(國初)에……못하였다 : 고려 말인 1390년(공양왕2)에 이성계(李成桂)의 정적이던 윤이(尹彝)·이초(李初)가 명(明)나라로 도망가서 이성계는 이인임(李仁任)의 후손이라고 모함하였다. 명나라에서는 이들의 말을 믿고 《태조실록(太祖實錄)》과 《대명회전(大明會典)》에 이성계가 고려의 권신 이인임(李仁任)의 후손이라고 기록하였으며, 또 《대명회전》 조선국(朝鮮國) 조항의 주에 명나라 태조의 유훈(遺訓)이라며 "이인임의 아들 단(旦), 즉 이성계가 사왕(四王), 즉 공민왕(恭愍王)·우왕(禑王)·창왕(昌王)·공양왕(恭讓王)을 시해하였다"라고 기록하였다. 이에 조선에서는 국초부터 수차례 주청사를 보내어 시정을 요청하였으나 번번이 묵살당하였다.

길 것을 명하였다. 이에 공을 불러 승정원 동부승지에 제수하고 주청사(奏請使)로 충원하였다. 장차 길을 떠나려고 하는데 주상이 공에게 일러 말씀하기를,

"이번에 주청하는 일은 오직 경만 믿겠노라."

하니 공이 일어나 절하고 사례(謝禮)하며 말하기를,

"신의 힘을 다하여 목숨 바쳐 일하겠습니다."

하였다.

경사(京師 북경(北京))에 이르렀는데 황제가 주본(奏本)[136]을 보더니 자세히 살피지 않고 관례대로 예부(禮部)로 내려 보냈다. 공이 예부에 나아가 머리를 조아리고 눈물을 흘리며 울면서 말하기를,

"배신(陪臣)이 왕명(王命)을 받들고 멀리서 온 것은 선대 임금의 원통함을 풀기 위해서입니다. 이번 일이 요청한 대로 되지 않으면 어떻게 돌아가서 과군(寡君)을 볼 수 있겠습니까."

하니 그 말이 슬프고 간절하여 상서(尙書) 우신행(于愼行)[137]이 듣고 감동하였다. 공이 또 정문(呈文)하여 사정을 빠짐없이 진술하니 상서가 읽어보고 두 번 세 번 무릎을 치며 문장이 좋다고 여러 번 칭찬하였다. 인하여 그 글을 가져다가 위에 알리니 황제가 크게 깨닫고 그 자리

136 주본(奏本) : 제후가 황제에게 상주(上奏)하는 글을 말한다.

137 우신행(于愼行) : 1545~1607. 중국 명(明)나라의 문신으로, 자는 가원(可遠) 또는 무구(無垢)이다. 1568년(융경2) 진사가 된 후 서길사(庶吉士)에 뽑혀 편수(編修)를 하사받았다. 장거정(張居正)이 탈정(奪情)하였다고 논했다가 분노를 사 병을 이유로 사직하였으며, 장거정이 죽은 후 복직하였다. 이후 관직이 예부 상서와 동각대학사(東閣大學士)에 이르렀다. 저서로 《곡성산관시집(穀城山館詩集)》·《곡성산관문집(穀城山館文集)》 등이 남아있다.

에서 무함을 당한 내용을 고치라 명하고 또 간정(刊正)한 《회전(會典)》의 내용을 베껴서 보여주라고 명하였다. 장차 칙서를 선포하려 하면서 공을 황극문(皇極門) 안으로 들어오게 하여 홍로시(鴻臚寺)의 관리들이 채홍전(彩紅氈 붉은색 담요)을 펼치고 한림학사가 예를 거행하였으니, 모두 특별한 은수(恩數)였다.

사신이 돌아오자 주상이 크게 기뻐하면서 하교하여 말씀하기를,

"왕업(王業)을 중흥하고 옛 땅을 회복하는 것을 옛날에는 성대한 일이라 하였으나 이 또한 외물(外物)이다. 어찌 오늘날 수백 년 동안 내려오던 지극한 통한을 시원하게 씻어서 이륜(彝倫)을 다시 펴고 동한(東韓)을 재건한 것만 하겠는가. 내가 이제 조종(祖宗 임금의 조상)에 할 말이 있게 되었다."

하였다. 이에 종묘사직(宗廟社稷)에 고하고 나라 안에 사면(赦免)을 크게 행하였다. 특별히 공을 동지중추부사(同知中樞府事) 가선대부(嘉善大夫)로 뛰어 오르게 하였으며, 논밭과 집·노비를 하사하고 어구(御裘 임금의 갖옷)를 벗어서 하사하였다. 이어 형조참판 겸 오위도총부부총관(刑曹參判兼五衛都摠府副摠管)으로 옮겼다가 예조 참판과 한성부 좌윤(漢城府左尹)을 역임케 하였다.

정해년(1587, 선조20)에 사신(使臣) 유홍(兪泓)[138]이 경사(京師)에

138 유홍(兪泓) : 1524~1594. 조선 중기의 문신으로, 본관은 기계(杞溪)이며 자는 지숙(止叔), 호는 송당(松塘)이다. 1553년(명종8) 별시문과에 급제한 후 지평·장령·함경도병마절도사 겸 회령부사·개성부 유수·평안도 관찰사·한성판윤 등을 역임하였다. 1587년 명나라에 사신으로 가서 조선의 시조가 고려의 권신 이인임(李仁任)의 아들로 잘못된 것을 바로잡았으며, 1589년 좌찬성으로 판의금부사를 겸해 정여립(鄭汝立)의 역옥(逆獄)을 다스렸다. 이러한 공으로 종계변무(宗系辨誣) 1등·토역(討逆)

서 《회전(會典)》을 받들고 돌아왔는데 본국(本國)의 종계를 기록한 것이 과연 이전의 무함을 남김없이 다 바로잡아 유감이 없었다. 주상이 공에게 유시(諭示)하기를,

"오늘날의 공(功)을 내가 경에게 갚을 방법이 없다."

하고 이에 공을 호조 참판에서 마침내 호조 판서(戶曹判書) 자헌대부(資憲大夫)로 특별히 승진시켰다.

그해에 마침 기근이 크게 들어 공사(公私) 간에 모두 곤궁하였는데 공이 힘껏 계책을 세워서 백성들로 하여금 생업에 안주하게 하였다. 주상이 또 의지하며 중히 여겼는데 갑자기 대신(臺臣)과 강관(講官)이 서로 뒤를 이어 믿지 못할 말을 하니 주상이 모두 준엄한 비답(批答)으로 배척하고 다시 '마음을 다해 시행하고 있다.'며 공을 격려하였다. 공이 힘껏 면직을 청하며 일곱 번 소장(疏章)을 올렸으나 주상이 끝내 윤허하지 않았고, 후에 병이 들어 체직하였다. 한성부 판윤(漢城府判尹)과 형조판서 겸 도총관(刑曹判書兼都摠管)을 거쳐 기축년(1589)에 다시 호조 판서에 제수되었다.

그해 겨울에 사신 윤근수(尹根壽)[139]가 경사에 조회를 올리고 돌아왔

2등에 책훈되어 평난 공신(平難功臣) 호를 하사받고 보국숭록대부(輔國崇祿大夫)·기성부원군(杞城府院君)에 봉하여졌으며, 이조 판서·우의정에 올랐다. 1592년 임진왜란 때 선조를 호종하고, 1594년 좌의정으로 해주에 있는 왕비를 호종하다가 객사하였다. 저서로 《송당집》이 남아있으며, 시호는 충목(忠穆)이다.

139 윤근수(尹根壽) : 1537~1616. 조선 중기의 문신으로, 본관은 해평(海平)이며 자는 자고(子固), 호는 월정(月汀)이다. 영의정 윤두수(尹斗壽)의 아우로, 1558년(명종13) 문과에 급제한 후 동부승지·대사성·부제학·황해도 관찰사·형조 판서·대사헌·이조 판서 등을 역임하였다. 명(明)나라에 가서 종계변무를 한 공으로 1590년 광국공신(光國功臣) 1등에 해평부원군(海平府院君)으로 봉하여졌다. 1591년 정철(鄭澈)

는데 종계의 무함을 씻은 것이 더욱 증험이 있었다. 이에 공이 판중추부사(判中樞府事) 숭정대부(崇政大夫)로 특별 승진하였으니 공이 여러 차례 사절하였으나 주상이 유시하여 말씀하기를,

"경의 공이 큰데 내가 주는 상이 작은 것이 아쉬울 따름이다." 하였다.

공은 임금의 은총을 입어 높은 지위에 올랐다고 스스로 생각하여 비록 한직(閑職)에 있다 하더라도 소장(疏章)을 올려 득실을 말한 것이 매우 많았다. 일찍이 말하기를,

"옛날에 정승 박순(朴淳)[140]이 적신(賊臣) 정여립(鄭汝立)[141]이 심하

이 광해군의 세자책봉을 건의한 일로 유배되자 형 윤두수와 함께 파면되었다가 임진왜란 때 예조 판서로 재기용되었다. 난중에 선조를 호종(扈從)하고 문안사·원접사·주청사 등에 임명되어 명나라와의 외교를 담당한 공으로 1604년 호성 공신(扈聖功臣) 2등에 봉하여졌다. 저서로 《월정집》 등이 남아있으며, 시호는 문정(文貞)이다.

140 박순(朴淳) : 1523~1589. 조선 중기의 문신으로, 본관은 충주(忠州)이며 자는 화숙(和叔), 호는 사암(思菴)이다. 서경덕(徐敬德)의 문인으로, 1553년(명종8) 문과에 장원으로 급제한 후 전적·수찬·교리 등을 지냈다. 1561년 임백령(林百齡)의 시호 제정 문제와 관련, 윤원형(尹元衡)의 미움을 받고 응교에서 파면되어 향리인 나주로 돌아왔다. 이듬해 다시 기용되어 한산 군수(韓山郡守)·동부승지·이조 참의 등을 지내고, 1565년 대사간으로 윤원형을 탄핵하여 제거하였다. 그 후 대사헌·이조 판서·우의정·좌의정 등을 역임하고, 1579년 영의정에 올라 약 15년간 재직하였다. 1585년(선조18) 정여립(鄭汝立)의 논핵을 받아 사직한 후 영평(永平)에 암자를 짓고 은거하였다. 중년에 이황(李滉)을 사사하고, 만년에 이이·성혼(成渾)·기대승(奇大升)과 교분이 두터웠다. 저서로 《사암집》이 남아있으며, 시호는 문충(文忠)이다.

141 정여립(鄭汝立) : 1546~1589. 조선 중기의 문신 겸 사상가로, 본관은 동래(東萊)이며 자는 인백(仁伯)이다. 1570년(선조3) 문과에 급제한 후 예조 좌랑과 수찬 등을 역임하였다. 원래 이이(李珥)의 문하에 있으면서 서인(西人)에 속하였으나 이이가 죽은 후 동인(東人)에 가담하여 이이와 박순(朴淳)·성혼(成渾) 등을 비판하였다. 이

게 자만하는 것[142]을 보고 주상 앞에서 역립을 대놓고 논척(論斥)하였다가 몸이 용납되지 못하고 황야로 물러났다가 죽었으니 참으로 가슴 아픈 일입니다. 이제 사직의 영령(英靈)에 힘입어 역립이 이미 복주(伏誅)되었으니 당 현종(唐玄宗)이 장구령(張九齡)[143]에게 제사를 지낸 고사[144]와 같이 사신을 보내 제사를 내려 구천(九泉)에

일로 선조의 미움을 사 관직에서 물러난 후 진안군의 죽도(竹島)에 서실(書室)을 세우고 대동계를 조직하여 무력을 길렀다. 1589년 황해도 관찰사 한준(韓準) 등이 연명하여 정여립 일당이 반란을 일으키려 한다고 고변하자 죽도로 도망하였다가 자살하였다. 이 사건으로 동인의 세력이 크게 약화되었으니, 이를 기축옥사라고 한다. '천하는 일정한 주인이 따로 없다.'는 천하공물설(天下公物說)과 '누구라도 임금으로 섬길 수 있다.'는 하사비군론(何事非君論) 등 혁신적인 사상을 가지고 있었으며, 서인과 동인 사이에 벌어진 당쟁의 희생자로서 그가 수도했다는 역모(逆謀)는 조작되었다는 설도 있다.

142 적신(賊臣)……것 : 《선조수정실록》 17년(1584) 11월 1일의 기사에 "정여립은 학문으로 이름이 있었으나 대부분의 사람이 불길한 인물로 의심했다. 노수신 역시 일찍이 정여립이 경연에서 오만하게 말하고 표정이 거만한 것을 보고는 물러나와 문객 이광(李洸)에게 말하기를 '내가 세 조정을 차례로 섬기면서 여러 번 시종이 되었으나 감히 상의 얼굴을 우러러본 적이 없는데, 오늘 정여립을 보건대 상의 앞에서 자주 올려다보았으니, 도대체 어떤 자인가?' 하면서 매우 의심했었다."라는 말이 보인다.

143 장구령(張九齡) : 673~740. 중국 당(唐)나라 현종(玄宗) 때의 재상으로, 자는 자수(子壽)이다. 장량(張良)의 후손으로, 712년 과거에 급제한 후 좌습유·중서사인·중서시랑을 거쳐 동중서문하평장사에 이르렀으며, 현상(賢相)이라는 평을 들었다. 그러나 권신 이임보(李林甫)의 모함으로 재상의 자리에서 물러나고, 외직으로 나가 형주장사(荊州長史)가 되었다. 저서에 《곡강집(曲江集)》이 남아있으며, 시호는 문헌(文獻)이다.

144 당 현종(唐玄宗)이……고사 : 736년에 안녹산(安祿山)이 거란을 토벌하는데 실패하고 당시 재상이었던 장구령(張九齡)을 알현하러 오자 장구령은 안녹산을 보고 "틀림없이 유주(幽州)를 어지럽힐 자이다."라고 하였다. 이때 마침 안녹산이 군법을 위반하자, 장구령은 안녹산을 도성으로 압송하여 중앙에서 이 문제를 판단하도록 하는 한편

있는 박순을 위로하시는 것이 마땅할 것입니다."

하였으나 따르지 않았다. 후에 또 5월 한여름에 서리가 내린 일로 인하여 진언하기를,

"역옥(逆獄 역모와 관련된 옥사(獄事))이 만연하니 어찌 억울함을 품은 자가 없겠습니까. 마땅히 경향(京鄕) 각지의 의심스러운 옥사(獄事)에 연관된 자들을 풀어주어 하늘의 경계에 답하셔야 할 것입니다."

하니 듣는 사람이 옳다고 여겼다. 예조판서 겸 지경연사(禮曹判書兼知經筵事)에 제수되었고, 주상이 원공(元功)[145]이 있는 3인을 먼저 봉하라고 명하여 공이 마침내 장계군(長溪君)에 봉하여졌다.[146]

도둑이 종묘에 들어가 새보(璽寶 임금의 도장)를 훔치고 불길이 번져 신어(神御 임금의 화상(畫像))와 기장(器仗 병기(兵器)와 의장(儀仗))을 태우는 일이 생기자 공이 임금과 신하가 변복(變服 옷을 갈아입음)하고 회곡

군법에 따라 안녹산을 참수하라고 지시하였다. 그러나 현종(玄宗)은 안녹산을 석방하였고, 장구령은 권신 이임보(李林甫)의 모함을 받아 고향으로 돌아갔다가 병으로 사망하였다. 755년에 과연 안록산이 안사(安史)의 난을 일으켰고, 이 사건은 당나라를 몰락의 길로 이끌게 되었다. 현종은 장구령의 의견을 묵살한 것을 매우 후회하고, 사자를 보내 장구령을 추모하고 사도(司徒)로 추서하였다.

145 원공(元功) : 나라를 위해 세운 공 가운데 으뜸가는 공을 말한다.

146 주상이……봉하여졌다 : 1590년(선조23)에 종계변무(宗系辨誣)에 공을 세운 관리들에게 광국 공신(光國功臣)의 호를 내렸는데, 1등 수충공성익모수기광국 공신(輸忠貢誠翼謨修紀光國功臣)에 윤근수(尹根壽)·황정욱(黃廷彧)·유홍(兪泓) 등 3인을, 2등 수충공성익모광국 공신(輸忠貢誠翼謨光國功臣)에 이후백(李後白)·홍순언(洪純彦)·홍성민(洪聖民)·윤두수(尹斗壽)·한응인(韓應寅)·윤섬(尹暹)·윤형(尹泂) 등 7인을, 3등 수충공성광국 공신(輸忠貢誠光國功臣)에 기대승(奇大升) 등 9인을 나누어 봉한 바 있다.

(會哭 모여서 곡을 함)하는 예에 대한 글을 지어 올렸다. 경인년(1590, 선조23)에 주상이 종계가 이미 바로잡힌 일로 몸소 제사를 지내며 태묘(太廟)에 일이 완수되었음을 고하였는데 예가 매우 성대하여 고례(古例)가 없는 일이었다. 공이 또 널리 고금의 예를 수집하여 그 의식(儀式)을 기초하고 제정하였는데 모두 그 인정(人情)과 예문(禮文)을 다하였다. 제사를 지내게 됨에 미쳐서는 공이 예의사(禮儀使)[147]로서 주상을 인도하였는데 나아가고 물러남이 법도에 맞아 한 자 한 치도 어긋남이 없었다. 주상이 물러나 악차(幄次)[148]로 들어가서 좌우에 있는 사람들에게 말씀하기를,

"오늘 종백(宗伯 예조 판서의 별칭)이 찬례(贊禮)[149]한 것이 또한 인정과 예문이 조화를 이루어 볼만하지 않았는가."

하고 안장(鞍裝)을 갖춘 말을 하사하도록 명하였다.

처음에 세종(世宗) 때에 태묘(太廟)의 악가(樂歌) 약간 편을 새로 지어 제정하였고 그 후에는 협률(協律)한 것이 없어 역대 임금의 실(室)에 악장(樂章)이 없었다. 그러므로 유사(有司)가 태조(太祖)와 태종(太宗)의 악장을 제실(諸室)에 나누어서 제사를 지냈다. 공이 건의하여 말하기를,

"조종(祖宗)의 덕이 아름다움이 같지 않고 이룬 공(功)이 각각 다른데 종묘의 음악을 국초에 정한 것이라고 하여 제실에 아울러 제사지

147 예의사(禮儀使) : 각종 제사의 의례(儀禮)를 관장하는 임시 관직으로, 주로 예조 판서가 겸임한다.

148 악차(幄次) : 임금이나 세자가 거둥할 때 임시 거처로 마련하는 장막이다.

149 찬례(贊禮) : 제향(祭享) 때 임금을 인도하여 제사 지내는 것을 돕는 것이다.

내니 공렬을 실어 소리를 표현하는 방법이 아닙니다. 청컨대 각 실마다 하나의 악장을 지어서 신도(神道)에 맞추시기 바랍니다."

하였다. 주상이 그 의논을 내려 보내고 결국 행하지 않았으나 그 일로 특별히 뽑아 홍문관 제학을 겸임시켰다.

그해 가을에 회맹(會盟)하여 책훈(冊勳)하면서[150] 수충공성익모수기광국(輸忠貢誠翼謨修紀光國)의 호를 하사하고 두 품계를 뛰어넘어 부원군(府院君)에 진봉(進封)하였으며, 구마(廐馬 임금을 위하여 기르는 말)와 금폐(金幣 금과 비단), 전동(田僮 밭과 노복(奴僕))을 하사하고 대궐 뜰과 태평관(太平館)[151]에서 두 번 잔치를 내렸다. 장자(長子)[152]에게도 가은(加恩)하여 통정대부(通政大夫)로 올리니 당시 사람들이 영광으

150 회맹(會盟)하여 책훈(冊勳)하면서 : 임금과 신하가 모여 단결과 충성을 맹세하고, 공신(功臣)의 이름을 책(冊)에 올리는 것을 말한다.

151 태평관(太平館) : 조선 시대에 중국 명(明)나라 사신을 접대하기 위해 만든 국영의 객관(客館)으로, 사신들이 머무는 숙소이자 연회를 여는 곳이기도 하였다. 숭례문 안 황화방(皇華坊)에 있었으며, 지금 서울의 태평로(太平路)에 해당한다.

152 장자(長子) : 황혁(黃赫, 1551~1612)을 가리킨다. 조선 중기의 문신으로, 본관은 장수(長水)이며 자는 회지(晦之), 호는 독석(獨石)이다. 기대승(奇大升)의 문인으로, 1580년(선조13) 별시문과에 장원으로 급제하여 사간·우승지 등을 역임하다가 1591년 정철(鄭澈)이 건저(建儲) 문제로 위리안치될 때 일당으로 몰려 삭직되었다. 임진왜란이 일어나자 아버지 황정욱과 함께 사위인 순화군(順和君)을 배종하여 회령으로 갔다가 모반자인 국경인(鞠景仁)에게 붙잡혀 왜군에게 인계되었다. 1593년 두 왕자와 함께 송환되었으나 왜장 가등청정(加藤清正)의 협박으로 항복 권유문을 쓴 사실 때문에 반대파의 탄핵을 받고 유배되었다. 또한 이이첨(李爾瞻)을 풍자한 시를 쓴 일로 미움을 받아 1612년에 순화군의 아들 진릉군(晉陵君)을 왕으로 추대하려 한다는 무고를 받고 투옥되어 옥사하였다. 인조반정 때 복관되어 좌찬성에 추증되고 장천군(長川君)에 추봉되었다. 저서로 《독석집》이 있다.

로 생각하였다. 영경연사(領經筵事)를 겸하게 하였으나 삼공(三公)이 아니면 불가하다 하여 얼마 있다가 고쳐서 판의금부사(判義禁府事)를 겸하게 하였다.

신묘년(1591, 선조24) 봄에 천거를 받아 병조 판서에 제수되었고 조금 있다가 홍문관대제학 예문관대제학 지춘추관성균관사(弘文館大提學藝文館大提學知春秋館成均館事)를 겸하게 하였다. 공이 소를 올려 사직하니 주상이 허락하지 않으며 말씀하기를,

"내가 비록 배우지 못하였으나 경의 깊은 학식과 뛰어난 재주를 안 지 오래되었다."

하였다. 공이 다시 사직하며 말하기를,

"신이 연로하여 만약 중국에서 사신이 오게 되면 반드시 노쇠하였다 하여 웃음거리가 될 것입니다."

하니 또 답하여 말씀하기를,

"만약 중화(中華) 사람들이 본다면 나이가 많은 만큼 덕도 높음을 더욱 잘 알게 될 것이다."

하고 마침내 허락하지 않았다.

이때에 조정에서 황윤길(黃允吉)[153] 등을 왜인(倭人)에게 통신사(通

153 황윤길(黃允吉) : 1536~? 조선 중기의 문신으로, 본관은 장수(長水)이며 자는 길재(吉哉), 호는 우송당(友松堂)이다. 1561년(명종16) 문과에 급제한 후 정언·지평·황주 목사·병조 참판 등을 역임하였다. 1590년(선조23) 통신정사(通信正使)로 선임되어 부사 김성일(金誠一), 서장관 허성(許筬)과 함께 일본에 다녀왔다. 이듬해 3월에 귀국하여 장차 반드시 일본의 내침이 있을 것이며 풍신수길은 담력과 지략이 있는 사람이라고 보고하였으나 유성룡(柳成龍) 등 동인에 의해 묵살 당하였다. 임진왜란이 일어나자 선조가 그의 말을 듣지 않은 것을 후회하였다고 하며, 이후 병조 판서를 역임

信使)로 보냈는데 왜추(倭酋 왜인(倭人)의 우두머리) 평수길(平秀吉)[154]이 답서를 보내 말하기를,

"대명(大明)이 우리가 조공(朝貢)을 바치러 들어가는 것을 허락하지 않으니 이는 커다란 수치이다. 내년 2월에 곧바로 대명으로 향할 것이니 조선 또한 우리를 도와 대명(大明)의 궁으로 날아 들어가지 않겠는가."

하였는데 그 말이 지극히 패역(悖逆)스러웠다. 주상이 다 읽고 나서 조정의 신하들에게 두루 묻기를,

"이 일을 마땅히 황조(皇朝 중국의 조정)에 아뢰어야 하지 않겠는가."

하니 좌의정 유성룡(柳成龍)[155] 이하 여러 신하들이 모두 아뢰지 말아야 한다 하고 공만 홀로 아뢰어야 한다고 하였는데 돌아보니 조정에는 공과 의견을 함께 하여 동조하는 이가 없었다. 마침내 대사헌 윤두수

하였다.

154 평수길(平秀吉) : 풍신수길(豊臣秀吉, 1536~1598)을 가리킨다. 어렸을 때 평신장(平信長, 1534~1582), 즉 오다 노부나가가 양아들로 삼아 성을 평씨(平氏)로 고쳐 길렀다. 평신장의 뒤를 이어 관백이 된 후에 풍신(豊臣)이라는 성을 썼다.

155 유성룡(柳成龍) : 1542~1607. 조선 중기의 문신으로, 본관은 풍산(豊山)이며 자는 이현(而見), 호는 서애(西厓)이다. 1566년(명종21) 문과에 급제한 후 대사간·대사헌·양관 대제학·병조 판서·우의정·이조 판서·좌의정 등 요직을 두루 역임하였다. 1592년(선조25) 임진왜란이 일어나자 병조판서 겸 도체찰사로 군무를 총괄하고 영의정이 되어 왕을 호종(扈從)하였다. 나라를 그르쳤다는 반대파의 탄핵을 받고 면직되었으나 다시 영의정으로 사도 도체찰사를 겸하여 군사를 총지휘하였다. 1598년 명나라 경략(經略) 정응태(丁應泰)의 무고를 받고도 사건의 진상을 변명하지 않는다는 북인의 탄핵으로 관작을 삭탈당하였다가 1600년에 복관되었으나 이후 벼슬을 하지 않고 은거하였다. 1604년 호성 공신(扈聖功臣) 2등에 책록되고 풍원부원군에 봉해졌다. 저서로 《서애집》·《징비록(懲毖錄)》 외 다수가 있으며, 시호는 문충(文忠)이다.

(尹斗壽)[156]를 불러서 의논할 것을 청하니 주상이 허락하여 공이 마침내 윤공과 함께 중국에 아뢰지 않을 수 없는 의리를 역설하였다.

그 후 주상이 다시 경연에 나아가 신하들에게 묻자 부제학(副提學) 김수(金睟)[157]가 당시 재상(宰相)[158]의 의중을 살펴 말하기를,

"평수길은 패악스런 미치광이 필부(匹夫)에 불과합니다. 그 말이 거짓 공갈에서 나왔는데 실상이 없는 말을 가지고 갑작스레 천조(天朝

156 윤두수(尹斗壽) : 1533~1601. 조선 중기의 문신으로, 본관은 해평(海平)이며 자는 자앙(子仰), 호는 오음(梧陰)이다. 우찬성 윤근수(尹根壽)의 형이다. 1558년(명종13) 문과에 급제한 후 대사간・도승지・한성부 좌윤・평안 감사・대사헌・호조 판서 등을 역임하였다. 명나라에 가서 종계변무를 한 공으로 1590년 광국 공신 2등에 해원군(海原君)으로 봉해졌다. 1591년 정철(鄭澈)이 광해군의 세자책봉을 건의한 일로 유배되자 아우 윤근수와 함께 파면되었다가 임진왜란 때 재기용되었다. 난중에 선조를 호종하고, 어영대장・우의정을 거쳐 좌의정에 올랐다. 명나라에 대한 원병 요청을 반대하고 평양성 사수를 주장하였으며, 함흥 대신 의주로 피난 갈 것을 주장하여 선조의 요동행을 막았다. 1595년에 왕비를 해주로 시종하고 해원부원군(海原府院君)에 봉해졌다. 1599년 관직이 영의정에 이르렀으나 곧 사직하였고, 1605년 호성 공신 2등에 추록되었다. 저서로《오음유고(梧陰遺稿)》등이 남아있으며, 시호는 문정(文靖)이다.

157 김수(金睟) : 1547~1615. 조선 중기의 문신으로, 본관은 안동이며 자는 자앙(子昻), 호는 몽촌(夢村)이다. 이황(李滉)의 문인으로, 1573년(선조6) 문과에 급제한 후 이조 정랑・순무어사・평안 감사・부제학 등을 지냈다. 1591년(선조24) 정철(鄭澈)의 건저(建儲) 의견에 반대하는 인사들이 남인과 북인으로 나뉠 때 남인이 되었다. 임진왜란이 일어났을 때 경상 우감사로 진주에 있다가 동래가 함락되자 도망갔으며, 당시 의령에서 의병을 일으킨 곽재우(郭再祐)와 불화가 심하여 많은 비난을 받았다. 전란이 끝난 후 한성부 판윤・경상도 관찰사・우참찬・호조 판서・경기 감사・부총관 등을 지냈으나, 1613년(광해군5) 손자인 김비(金秘)가 무고로 옥사할 때 탄핵을 받고 삭직당하였다. 인조반정 이후 복권되었다. 저서로《몽촌집》이 남아있으며, 시호는 소의(昭懿)이다.

158 당시 재상(宰相) : 좌의정 유성룡(柳成龍)을 가리킨다.

천자(天子)의 조정, 곧 중국)에 알리는 것은 옳지 않습니다."

하니 공이 말하기를,

"그렇지 않습니다. 국가가 지극한 정성으로 천조를 섬긴 지 200년이 되었습니다. 이제 이렇게 차마 들을 수 없는 말을 듣고 어찌 태연하게 아뢰지 않을 수 있겠습니까."

하였다. 수(睟)가 말하기를,

"만약 그 말에 어떤 흔적이 있다면 진실로 빨리 아뢰어야 마땅할 것입니다. 이제 그것이 참인지 거짓인지 알지 못하고 갑자기 위에 아뢰어 다만 천자에게 아침저녁으로 근심을 끼쳐 드리고[159] 또 혹시라도 국경에 일이 생긴다면 반드시 후회하게 될까 두렵습니다."

하니 공이 말하기를,

"이는 또 그렇지 않습니다. 만약 국가에 복(福)이 많아 가령 수길이 다만 큰소리만 치고 만다면 우리나라와 천조는 참으로 이로 인해 대비를 한 것이 해가 되지 않습니다. 만에 하나 불행하게도 과연 그 편지에서 가리킨 것과 같이 하였는데 신하된 자가 알고서도 말하지 않아 천자로 하여금 까맣게 모르게 하여 끝내 중하(中夏)를 어지럽히는 모욕에 이르게 된다면 이때에는 후회한들 무슨 소용이 있겠습니까."

하며 반복하여 굳게 간쟁(諫爭)하였다. 깊은 밤이 되자 주상이 말씀하기를,

159 아침저녁으로……드리고 : 원문의 '宵旰之憂'는 소의간식(宵衣旰食)에서 나온 말이다. 날이 밝기 전에 일어나서 옷을 입고 해가 진 후에야 저녁 밥상을 받는다는 것으로, 왕이 정사에 부지런하여 아침저녁으로 근심하는 것을 말한다.

"경의 말이 이와 같으니 아뢰지 않을 수가 없겠다."
하니 수가 이로 말미암아 말문이 막혔다.

당시 황조(皇朝)에 유구(琉球 오키나와) 사람의 말이 들어가서 우리나라와 왜가 모의함이 있는 것으로 굳게 의심하고 있었으니,[160] 당시에 우리가 먼저 스스로 아뢰지 않았더라면 말할 수 없는 문제가 생겼을 것이다. 처음부터 끝까지 임금을 힘껏 도와서 무리의 의논을 굽히고 본국(本國)의 울타리 역할을 하는 충성을 환히 드러내게 하여 마침내 천자의 구원의 은총을 입게 한 것은 공의 힘이 컸다.

주상이 배신(陪臣) 한응인(韓應寅)[161]을 보내 경사(京師 북경(北京))에 진주(陳奏)하게 하였다. 공이 주문(奏文)을 짓게 되자 여러 차례 말하기를,

"지금 왜와 통신(通信)한 사실을 사실대로 고하지 않으면 우리 임

160 당시……있었으니 : 이전에 풍신수길(豊臣秀吉)이 유구(琉球)의 왕에게 유언비어를 흘리기를, "조선이 이미 항복하였으니, 내 장차 황제의 나라로 들어갈 것이다."라고 하였다. 이에 유구국의 세자 상녕(尙寧)이 대부를 사신으로 보내어 중국에 이 말을 상주(上奏)하였고, 이 때문에 중국 병부(兵部)에서 요동(遼東)으로 하여금 조선에 자문(咨文)을 보내어 일본에 패하여 함락된 곡절을 묻게 한 적이 있었다.

161 한응인(韓應寅) : 1554~1614. 조선 중기의 문신으로, 본관은 청주(淸州)이며 자는 춘경(春卿), 호는 백졸재(百拙齋) 또는 유촌(柳村)이다. 1577년(선조10) 문과에 급제한 후 승지·팔도 도순찰사·이조 판서·병조 판서·우찬성·우의정 등 요직을 두루 역임하였다. 1590년 종계변무의 공으로 광국 공신(光國功臣) 2등에, 정여립(鄭汝立) 사건을 고변한 공으로 평난 공신(平難功臣) 1등에 각각 책록되었다. 1592년에 임진왜란이 일어나자 요동에 가서 명나라 원군의 출병을 요청하였고, 1595년에 주청사로 재차 명나라에 다녀왔다. 1608년에 유교칠신(遺敎七臣)의 한 사람으로 영창대군(永昌大君)의 보호를 부탁받았으며, 이 일로 1613년(광해군5) 계축옥사 때 관작을 삭탈당하였다가 후에 신원되었다. 저서로 《백졸재유고》가 남아있으며, 시호는 충정(忠靖)이다.

금이 황상(皇上)을 섬기며 기만하지 않는 정성을 밝힐 수가 없을 것이오."

하였으나 대신(大臣)이 끝내 듣지 않았다. 난(亂)이 일어남에 미쳐 황조에 군사를 청하였는데 황조에서 이미 그 사실을 알고 우리가 다른 뜻을 갖고 있다고 생각하여 지휘(指揮) 황응양(黃應暘)을 보내어 염탐하기까지 하였는데 조정에서 왜추(倭酋)의 오만한 편지[162]를 꺼내 보여준 연후에야 그 의심이 비로소 풀렸다.

그때에 왜구가 장차 조만간에 이르려고 하는데 온 나라가 태평세월이었다. 공이 주상에게 권하여 병사들이 경계와 대비에 힘쓰도록 신칙하게 하고, 또 이순신(李舜臣)에게 군권(軍權)을 위임할 만하다고 천거하여 낮은 지위에서 차례를 무시하고 이공을 발탁, 등용하여 후에 마침내 광복(匡復)의 공을 이루었다.

당시에 사림(士林)이 이미 붕당(朋黨)이 나뉘어 이 문성공(李文成公 이이(李珥))이 화합을 이루도록 힘썼으나 당론이 더욱 격렬하여져 도리어 문성공을 공격하고 조정이 분열되었는데 문성공이 또 작고하였다. 정 문청공 철(鄭文淸公澈)[163]이 외롭고 곧게 조정에 서서 시배

162 왜추(倭酋)의 오만한 편지 : 왜추는 풍신수길(豊臣秀吉)을 가리킨다. 1591년(선조24)에 통신사가 일본에서 돌아올 때 풍신수길이 편지를 보냈는데, 그 말이 매우 오만하고 조선에게 길을 빌려 명(明)나라를 침범하겠다는〔征明假道〕 내용이 들어있었다.

163 정 문청공 철(鄭文淸公澈) : 정철(鄭澈, 1536~1593)을 가리킨다. 조선 중기의 문신으로, 본관은 연일(延日)이며 자는 계함(季涵), 호는 송강(松江) 등이다. 을사사화 때 부친과 함께 유배되었다가 1551년(명종6)에 풀려나 담양에 내려가 살았다. 1562년 문과에 장원으로 급제한 후 수찬·좌랑·호남 어사 등을 역임하다가 동·서 분쟁에 휘말려 고향인 창평으로 내려갔다. 1578년(선조11) 조정에 다시 나왔으나 진도군수 이수(李銖)의 행뢰(行賂) 사건으로 탄핵을 당하여 고향으로 돌아갔다. 1580년에 재기

(時輩)들에게 더욱 미움을 받았는데 다만 공의 부자(父子)[164]와 윤 문정공 두수(尹文靖公斗壽) 형제[165]만이 시종 힘을 내어 서로 도우니 시배들이 눈을 흘겨보았다. 이에 이르러 문청공이 참소를 당하여 강계(江界)[166]에 안치(安置)[167]되고, 그 죄를 나열하여 조당(朝堂)에 방(榜)을 붙였는데 윤 문정(尹文靖) 이하 19명의 명사(名士)가 동시에 배척당하여 쫓겨났다.[168]

용되어 대사성·대사헌·우의정·좌의정 등을 역임하였으나 1591년 건저(建儲)를 하려다 이산해의 계략에 빠져 파직·유배되었다. 임진왜란 때 풀려나 선조를 호종하고 강화도 관찰사 등을 역임하였으나 동인과의 갈등으로 사직하고 강화(江華)에 내려가 만년을 보냈다. 저서로 《송강집》 등이 남아있으며, 시호는 문청(文淸)이다.

164 공의 부자(父子) : 황정욱(黃廷彧)과 황혁(黃赫)을 가리킨다.

165 윤 문정공 두수(尹文靖公斗壽) 형제 : 윤두수(尹斗壽)·윤근수(尹根壽) 형제를 가리킨다.

166 강계(江界) : 평안도 북동부에 위치한 땅의 이름이다.

167 안치(安置) : 유배의 종류 가운데 하나로, 귀양 간 곳에서 다시 거주의 제한을 받는 중형을 말한다.

168 이에……쫓겨났다 : 1591년(선조24) 윤3월 6일에 사헌부에서 유공진(柳拱辰)과 이춘영(李春英)이 재상의 집을 드나들며 아부한다고 논핵하였다. 선조가 그 재상이 누구를 말하는 것이냐고 묻자 정철(鄭澈)이라 대답하고, 정철이 당을 만들어 장차 사화를 일으키려 한다고 탄핵하였다. 이에 선조가 정철의 죄상을 열서(列書)하여 중외에 방시(榜示)하게 하였다. 또 선조가 "정철이 정암수(丁巖壽) 등을 사주하여 당대의 이름있는 재상을 역적의 당으로 몰아넣으려 한다."라고 하자 양사(兩司)에서 정철을 강계(江界)로 유배 보낼 것을 청하였다. 이어서 홍성민(洪聖民)·이해수(李海壽)·윤두수(尹斗壽)·윤근수(尹根壽)·이산보(李山甫)·박점(朴漸)·유공진(柳拱辰)·백유함(白惟咸)·장운익(張雲翼)·이춘영(李春英)·황정욱(黃廷彧)·황혁(黃赫)·김권(金權)·황신(黃愼)·유근(柳根)·이흡(李洽)·임현(任鉉)·구면(具葂) 등도 모두 연좌하여 유배 보내고, 이성중(李誠中)은 세자 책립을 정철과 함께 건의하고 우성전(禹性傳)은 평소 정철을 좋아하지는 않았으나 시론(時論)에 따르지 않았다하여 함께 유배

7월에 대간(臺諫) 홍여순(洪汝淳) 등이 공을 논하며 권세 있는 간신에게 붙어 심복(心腹)이 되어서 성세(聲勢 명성과 위세)를 조장한다고 하며 파직을 청하니 주상이 대답하기를,

"병조 판서는 원훈(元勳)인데 어찌 논할 수 있는가."

하고 허락하지 않았다. 3일 후에 양사(兩司)에서 다시 공을 탄핵하니 대답하기를,

"병조 판서가 병조에 있으면서 직분을 다하여 일을 처리하였고, 원훈으로 직질(職秩)도 높은 사람이 무슨 부족함이 있어서 간사한 자와 교제함을 이렇게까지 하겠는가."

하고 후에 또 하교하여 말씀하기를,

"내가 공신을 보호하여 체모를 지켜주고자 하니, 이는 실로 조정을 위한 것이다."

하였다. 그러나 공이 마침내 또한 파직되어서 전원으로 물러나 거처하였다.

진주사(陳奏使)가 경사(京師)에 이르자 천자가 그 주문(奏文)을 보고 아름답게 여겼다. 곧 황극전(皇極殿)에 거둥하여 사신을 불러 섬돌 앞에 서게 한 후 은근하고 간절하게 면유(面諭 얼굴을 보고 하유(下諭)함)하고 특별히 은과 비단을 하사하였으며 칙서를 내려 격려하였다. 사신이 돌아오자 주상이 크게 기뻐하며 공이 실제로 주문을 지었다 하여 관작(官爵)을 회복시킬 것을 급히 명하고 비단을 하사하라고 반포하였다.

임진년(1592, 선조25) 4월에 적이 과연 먼 길을 달려 곧바로 올라오

를 보냈다.《宋子大全 卷155 松江鄭公神道碑銘》

니 경보(警報)가 날로 급하였다. 공이 초야에서 말을 달려 대궐에 들어가 편의(便宜 때에 맞춰 취해야하는 조치)를 진달하고 또 말하기를,

"지금 도성 안의 백성들로 하여금 흩어져 나갈 수 없게 하는데 평소 굳게 결속된 뿌리가 없으면서 난리가 나자 법으로 다스리려고 하니 어려운 것입니다. 원컨대 덕음(德音)을 선포하시어 민중을 단합하여 경성(京城)을 굳게 지키시기 바랍니다."

하였으나 주상이 살피지 않았다.

충주(忠州)에서 패하였다는 소식[169]이 들려오자 주상이 서행(西幸)[170]하기로 결정하였다. 유성룡 등이 왕자를 나누어 보내어 근왕병(勤王兵)을 불러 모으게 할 것을 청하자 임해군(臨海君)[171]은 함경도로

169 충주(忠州)에서 패하였다는 소식 : 장수 신립(申砬)이 충주 탄금대(彈琴臺) 전투에서 대패한 사실을 가리킨다. 1592년(선조25) 4월, 부산에 상륙한 왜군이 파죽지세로 쳐들어오자 조정에서는 신립을 삼도순변사(三道巡邊使)로 임명하여 이를 막게 하였다. 충주에 도착한 종사관 김여물(金汝岉) 등이 아군의 수가 열세임을 들어 조령(鳥嶺)에 잠복하였다가 전투를 벌일 것을 주장하였으나 신립은 기병(騎兵)을 활용할 것을 극구 주장하여 탄금대로 나아가 배수진을 쳤다. 그러나 소서행장(小西行長)을 선두로 한 왜군이 대대적으로 공격해오자 바로 포위되어 참패를 당하였다. 군대가 섬멸되자 신립은 김여물 등과 함께 적병 수십 명을 사살한 후 강물에 몸을 던져 자결하였고, 그 결과 아군의 힘을 믿고 미처 피난하지 않았던 충주의 백성과 관속들 역시 많은 희생을 당하였다. 또한 신립이 대패하였다는 소식이 조정에 전해지자 민심이 극도로 혼란해지고, 결국 국왕은 서울을 떠나 평안도로 피난하게 되었다.

170 서행(西幸) : 임금이 서쪽으로 행행(行幸)한다는 뜻으로, 여기서는 선조가 평안북도 의주(義州)로 파천한 것을 가리킨다.

171 임해군(臨海君) : 1574~1609. 조선 선조의 첫째 서자(庶子)로, 어머니는 공빈김씨(恭嬪金氏)이다. 본관은 전주(全州)이며 이름은 이진(李珒), 자(字)는 진국(鎭國)이다. 서자이지만 서열이 첫째이므로 세자가 되어야 하나 성질이 난폭하여 아우인

보내고 순화군(順和君)[172]은 강원도로 보내되 공의 부자(父子)[173]로 하여금 순화군의 행차를 따라가게 하였다. 대개 논의한 자들은 비록 천보(天寶) 연간에 현종(玄宗)이 촉(蜀)으로 파천할 때에 제왕(諸王)을 나누어 제도(諸道)를 절도(節度)하게 한 일을 본받아서 이러한 계획을 했던 것이나, 왕자는 사실 병졸 한 명의 호위도 없어 당장에 무너져 패할 것이 뻔하였는데 기필코 공으로 하여금 따르게 한 것은 참으로 선의는 아니었다.

밤에 어떤 사람이 전호(傳呼)하기를,

"황모(黃某) 부자는 급히 들어가 주상의 명을 받는 것이 좋을 것이다."

하였다. 공이 그 아들 승지(承旨) 혁(赫)과 더불어 놀라고 두려워하며 왕명을 기다리고 있었는데 승여(乘輿 임금이 타는 수레)가 이미 출발하였

광해군에게 세자 자리를 빼앗겼다. 1592년(선조25) 임진왜란이 일어나자 근왕병을 모집하기 위하여 함경도로 갔다가 국경인(鞠景仁)에게 포로가 되어 왜장 가등청정(加藤淸正)에게 넘겨졌다가 풀려났다. 선조가 죽자 일부 대신들과 명(明)나라에서 왕으로 즉위시킬 것을 주장하자 이에 불안을 느낀 광해군에 의해 역모죄로 몰려 진도(珍島)로 유배된 후 사사(賜死)되었다. 인조가 등극한 후 복작신원(復爵伸冤)되었으며, 시호는 정민(貞愍)이다.

172 순화군(順和君) : 1580~1607. 조선 선조의 6번째 서자(庶子)로, 어머니는 순빈 김씨(順嬪金氏)이다. 본관은 전주(全州)이며 이름은 이보(李玒)이다. 부인은 승지 황혁(黃赫)의 딸이다. 1592년(선조25) 임진왜란이 일어나자 근왕병을 모집하기 위하여 황정욱(黃廷彧)·황혁 등을 인솔하고 함경도로 떠났다. 이후 국경인(鞠景仁)에게 포로가 되어 왜장 가등청정(加藤淸正)에게 넘겨졌다가 풀려났다. 성격이 포악하여 사람을 함부로 죽이고 재물을 약탈하는 등 불법을 저질러 양사(兩司)의 탄핵을 받고 1601년에는 순화군이라는 군호(君號)까지 박탈당하였으나 사후에 복구되었다. 시호는 희민(僖敏)이다.

173 공의 부자(父子) : 황정욱(黃廷彧)과 황혁(黃赫)을 가리킨다.

다. 그 뒤를 좇아 동파관(東坡館)[174] 가에 미쳐 알현하자 주상이 공에게 명하기를,

"경은 왕자를 보호하여 관동(關東)으로 들어가고, 인하여 사방에 호소(號召 군사를 불러 모음)하는 것이 좋겠다."

하고 그 자리에서 호소사에 제수하였다. 이때 임금의 수레가 파천(播遷)하여 사직(社稷)의 존망을 알 수 없는 때를 당하여 공이 중신(重臣)으로서 마땅히 임금의 수레를 따라야 할 것이나 이미 왕자를 호위하라는 명을 받았으므로 의리상 감히 사양하지 못하였다.

마침내 길을 떠나 철원(鐵原)에 이르러서 피를 마시고 군사들과 맹세한 후 성룡의 죄를 일일이 세며 말하기를,

"왜적이 길을 빌려 천조(天朝)를 범하고자 하는 반역의 상황이 이미 분명히 드러났는데 이에 혼자서 왜와 통호(通好)할 것을 주창하고, 우리 사신이 그 실정을 다 얻어서 돌아왔을 때에도 또 반드시 우환이 없을 것이라 보장하며 왜구를 깔보고 대비를 게을리 하였다가 국가로 하여금 일패도지(一敗塗地)하게 한 것이 과연 누구의 죄인가."

하고 그 자리에서 바로 격문(檄文)을 초하여 사방에 전하였다. 그 글에,

"묘당(廟堂)에서 금(金)과 화친할 것을 극력 주장하니 진회(秦檜)[175]

174 동파관(東坡館) : 임진강 근방인 동파에 있는 역관(驛館)의 이름이다.

175 진회(秦檜) : 1090~1155. 중국 남송(南宋)의 재상으로, 자는 회지(會之)이다. 1115년에 진사 시험에 합격하고, 좌사간과 어사중승 등을 역임하였다. 1127년(건염1) 휘종(徽宗)·흠종(欽宗)과 함께 금(金)나라로 끌려갔다가 1130년 배를 빼앗아 남송으로 돌아온 후 19년 동안 재상의 자리에 앉아 집정하였다. 장준(張浚)·한세충(韓世忠)·악비(岳飛) 등 세 장수의 병권을 회수하고, 주전파(主戰派)였던 악비를 무고한 후 처형하였다. 1142년에는 금나라와 남송이 중국을 남북으로 나누어 점유하고 남송이

의 고기를 먹을 만하고, 간신(姦臣)이 앞장서서 촉(蜀)으로 파천할 것을 주장하니 국충(國忠)[176]의 머리를 매달만 하다."[177]

금나라에 대해 신하의 예를 취하며 세폐(歲幣)를 바친다는 내용의 소흥화의(紹興和議)를 체결하였다. 또한 문자옥(文字獄)을 일으켜 반대파를 억압하였으므로 후대의 주자학파로부터 비판을 받기도 하였다. 사후에 신왕(申王)에 추증되고 충헌(忠獻)이라는 시호를 받았으나 영종(寧宗) 때 왕작(王爵)을 추탈당하고 시호도 유추(謬醜)로 고쳐졌다.

176 국충(國忠) : 양국충(楊國忠, ?~756)을 가리킨다. 중국 당(唐)나라의 재상으로, 본명은 소(釗)이다. 측천무후(則天武后)의 총신인 장역지(張易之)의 사위이자 양귀비(楊貴妃)의 친척으로, 학문은 없었으나 계수(計數)에 밝았다. 권신 이임보(李林甫)와 결탁하여 재정적 수완을 발휘함으로써 현종(玄宗)에게 중용되고 '국충'이란 이름도 하사받았다. 752년에 이임보가 죽자 재상이 되어 뇌물과 인사 비리로 국정을 문란케 하고 백성의 재물을 수탈하였다. 또 남조(南詔) 원정에 실패하고도 이를 황제에게 숨기고, 안녹산(安祿山)과의 반목으로 안사(安史)의 난을 자초하였다. 난이 일어나자 현종을 따라 사천(四川)으로 달아났으나 마외역(馬嵬驛)에서 군사들에게 살해당하였다.

177 묘당(廟堂)에서……하다 : 윤증(尹拯)은 "일찍이 선생이 지천 황정욱을 위해 초안한 군사를 일으키는 격문에 '묘당에서 화친을 주장하니, 진회의 고기를 먹을 만하다.'라는 구절이 있었는데, 이것은 유상(柳相)을 가리키는 말이었다.〔蓋先生嘗爲黃芝川廷彧草起兵檄, 有廟堂主和秦檜之肉足食之句, 指柳相也.〕"라고 하였다. 《明齋遺稿 卷42 秋浦先生黃公行狀》 진회는 중국 남송(南宋)의 유명한 간신으로, 충신 악비(岳飛)를 죽이고 금(金)나라와 굴욕적인 화의를 맺음으로써 송나라의 중흥을 방해하고 결국 위망의 지경에 이르게 한 인물이다. 황정욱은 일본과 화친할 것을 주장한 유성룡(柳成龍)을 진회에 비유한 것이다. 또한 김시양(金時讓)은 《부계기문(涪溪記聞)》에서 "판서 황신이 군민을 효유하는 교서를 찬술하였는데, '간신이 촉으로 가기를 주창하였으니 양국충의 머리를 베어 걸어야 하겠다.'라고 하였으니, 아계를 가리킨 말이다.〔黃判書愼撰諭軍民敎曰"奸臣首倡行蜀, 國忠之頭可懸", 指鵝溪也.〕"라고 하였다. 양국충은 재상으로서 안녹산(安祿山)과 반목하여 안사(安史)의 난을 불러일으켰으면서 난이 일어나자 누구보다 먼저 촉(蜀) 땅으로 피난 갈 것을 주장하였다. 황정욱은 임진왜란 당시 영의정이었던 이산해(李山海)가 누구보다도 먼저 선조에게 서쪽으로 피난할 것을 주창

하는 말이 있었다. 격문이 나오자 이를 본 이들의 목이 움츠러들었고, 공의 재앙이 여기에서 시작되었다.

그때에 적이 이미 동쪽을 침략하여서 이에 왕자를 따라 함경도로 들어갔다. 7월에 회령(會寧)에 이르렀는데 우리 백성 국경인(鞠敬仁)[178] 등이 반란을 일으켜 마침내 왕자와 신하들을 묶어놓고 적에게 항복하였다. 공이 이미 붙잡힌 후에 자살하려고 하며 아들에게 말하기를,

"우리 부자의 수염이 아름다운데 이것까지 아울러 상해를 입게 할 수 없다."

하며 곧 차고 있던 칼을 뽑아 수염을 끊었는데 나졸에게 발각되어 감시가 더욱 엄해졌다. 남으로 북으로 거처를 옮겨가며 장차 한 해가 지나려 하는데 공이 왕자를 보호하라는 명을 받았고 왕자가 아직 살아있으므로 감히 죽을 수가 없었다.

적이 땅을 할양할 것을 요구하자 공이 말하기를,

"제후의 토지는 천자에게서 받은 것이므로 사사로이 할양할 수 없다.

한 것을 양국충에 비유한 것이다.

178 국경인(鞠敬仁) : ?~1592. 조선 중기의 반란자이다. 전주에 살다가 죄를 지어 회령으로 유배되었고, 후에 회령부의 아전으로 들어가 재산을 모았으나 조정에 원한을 품고 있었다. 임진왜란이 일어나 가등청정(加藤淸正)의 군대가 회령에 이르자 무리를 모아 반란을 일으키고, 피난 와 있던 두 왕자 임해군(臨海君)과 순화군(順和君) 및 그들을 호종하였던 대신 김귀영(金貴榮)과 황정욱(黃廷彧)·황혁(黃赫) 부자, 남병사 이영(李瑛), 부사 문몽헌(文夢軒), 온성 부사 이수(李銖) 등을 그 가족과 함께 잡아 적진에 넘겼다. 이후 남쪽으로 퇴각하는 가등청정으로부터 회령 수비의 책임을 위임받았으나 북평사(北評事) 정문부(鄭文孚)의 격문을 받은 유생 신세준(申世俊)과 오윤적(吳允迪) 등에게 붙잡혀 참살당하였다.

우리나라는 기자(箕子)가 봉해진 후 역대로 모두 내복(內服)[179]으로 여겨지다가 대명(大明)에 이르러 국왕(國王)에게 어보(御寶)를 맡겨 일을 다스리게 하였으니 팔도(八道)의 군현(郡縣)이 모두 천조에 예속되어 있다. 기실 중국의 땅을 우리나라로 하여금 다스리게 한 것이니, 이제 천조의 군사가 적을 막으러 온 것은 바로 이 때문이다."

하였다. 적이 또 묻기를,

"조선의 토지를 천자가 잘라 주고자 한다면 이는 가능한가."

하니 공이 말하기를,

"너희 나라가 비록 아무 이유 없이 침범하였다 하나 천자께서 어찌 고황제(高皇帝)[180]께서 하사하신 땅을 잘라서 너희에게 주시겠는가."

하였다. 적이 다시는 감히 토지를 할양하는 일에 대하여 말하지 못하였고, 이에 돌아와서는 왕자가 화친을 구하였다.

다음 해 7월에 공이 비로소 부산(釜山)에서부터 왕자를 모시고 해주(海州)에 있는 행재소(行在所)로 돌아왔다. 공이 적진에 있을 때 적장 청정(淸正)[181]이 공을 별도의 장소에 유폐해놓고 매번 긴요한 일이 있

179 내복(內服) : '요복(要服) 이내의 땅'이라는 뜻으로, 천자가 직접 통치하는 지역을 가리킨다. 중국 고대의 우(禹) 임금이 9주(州)를 정할 때 왕기(王畿)를 중심으로 전 지역을 전복(甸服)·후복(侯服)·유복(綏服)·요복(要服)·황복(荒服)의 다섯 구역으로 나누었는데, 한 구간이 5백 리씩이었다. '요(要)'는 문교(文敎)로 요속(要束)한다는 뜻이며 '황(荒)'은 정교(正敎)가 거칠고 소홀하다는 뜻으로, 이 요복 이내의 땅을 '내복(內服)' 또는 '내지(內地)'라고 하였다.

180 고황제(高皇帝) : 중국 명(明)나라 태조(太祖) 주원장(朱元璋)을 가리키는 것으로, 고황제는 그의 시호이다.

181 청정(淸正) : 일본의 무장(武將) 가등청정(加藤淸正, 1562~1611)을 가리킨다.

을 때마다 반드시 공의 아들로 하여금 서장(書狀)을 짓게 하였다. 공의 아들이 항상 진짜와 가짜 두 개의 서장을 지어서 먼저 가짜 서장을 적에게 보여주고 몰래 진짜 서장을 전하여 적의 정황을 전달하고자 하였다.

그때 마침 창의사(倡義使) 김공 천일(金公千鎰)[182]의 사인(使人 심부름꾼)이 오자 청정이 공의 아들에게 행조(行朝 행재소에 있는 조정)에 서장을 지어 보내 화친을 청하게 하였는데 그 서장에,

"청정이 '대명(大明)이 화친을 허락했는데 귀국만 홀로 허락하지 않으니 관백(關白) 전하가 장차 바다를 건너 올 것'이라고 말하였습니다."

라는 말이 있었다. 또 따로 서장을 갖추어 적의 정황을 자세하게 진술하였는데, 서장을 건네주는 자가 창졸간에 잘못하여 두 개의 서장을 다 그 사람에게 주어버렸다.

그때에 유성룡이 체찰사(體察使)로 있었는데 마침내 가짜 서장을 가지고서 청정이 자기의 주인을 일컬은 말을 가지고 공의 아들이 한 말이라 하고, 또 공의 아들이 쓴 것을 공에게로 전가하여[183] 돌아오자

182 김공 천일(金公千鎰) : 김천일(金千鎰, 1537~1593)을 가리킨다. 조선 중기의 문신·의병장으로, 임진왜란 때 남강에 투신, 순국한 삼장사(三壯士) 중의 하나이다. 본관은 언양이며 자는 사중(士重), 호는 건재(健齋)·극념당(克念堂)이다. 1573년(선조6) 은일지사(隱逸之士)로 천거받아 군기시 주부가 된 후 경상도 도사·수원 부사 등을 역임하였다. 임진왜란이 일어나자 호남에서 가장 먼저 의병을 일으켰으며 양화도 전투, 행주산성 전투 등에 참가하여 공을 세웠다. 명나라와 일본 간에 강화가 제기되었을 때 이를 반대하였으며, 1593년에 가등청정(加藤淸正) 등이 진주성을 공격하자 최경회(崔慶會)·황진(黃進) 등과 함께 항전하다가 성이 함락될 때 남강에 투신 자결하였다. 사후 좌찬성에 추증되고 영의정이 더해졌다. 저서로 《건재유집》이 남아있으며, 시호는 문열(文烈)이다.

곧바로 하옥시켜 장차 무슨 일이 일어날 지 알 수 없게 되었다. 주상의 명성(明聖 슬기와 덕)이 그 억울함을 헤아림에 힘입었으나, 시배(時輩)들이 끈덕지게 주장하여 마침내 죄에 걸려 길주(吉州)에 유배되었다.

을미년(1595, 선조28)에 또 다른 일로 무고를 당하여 다시 하옥되었다. 주상이 하교하여 말씀하기를,

"머리 허연 원훈(元勳)으로 하여금 오랫동안 청실(請室 감옥)에 매이게 하는 것은 옳지 않은 일이 아니겠나."

하였다. 정 정간공 탁(鄭貞簡公琢)[184] 또한 공에게 죄가 없음을 밝히니

183 청정이……전가하여 : 가짜 서장(書狀)의 첫머리에 가등청정(加藤淸正)이 "대명은 화친을 허락하였는데 귀국만이 화친을 허락하지 않으니, 만약에 우리와 화친하지 않는다면 관백 전하가 앞으로 바다를 건너올 것이다.〔大明許和, 而貴國獨不許和, 若不與我相和, 則關白殿下將渡海而來.〕"라고 한 말이 있었는데, 조정에서는 황혁(黃赫)이 풍신수길을 '관백 전하'라고 불렀다고 공격하였고 이는 곧 황정욱의 잘못이기도 하다고 비난하였다. 이에 황정욱은 "이른바 '전하'라고 한 것은 가등청정이 자기 주인을 스스로 지칭한 말로, 저는 다만 그가 말한 대로 따라 써서 조정에 아뢰었을 뿐입니다.〔所謂殿下, 乃是彼賊自稱其主之辭, 我但依其所言以書之, 還我白于朝廷.〕"라고 변명하였다. 《芝川集 卷3 上都堂書》

184 정 정간공 탁(鄭貞簡公琢) : 정탁(鄭琢, 1526~1605)을 가리킨다. 조선 중기의 문신으로, 본관은 청주(淸州)이며 자는 자정(子精), 호는 약포(藥圃)·백곡(佰谷)이다. 이황(李滉)과 조식(曺植)에게서 학문적 영향을 받았다. 1558년(명종13) 문과에 급제한 후 정언·헌납·대사헌·우찬성·우의정·좌의정 등 요직을 두루 역임하고 중추부 판사·중추부 영사에 올랐다. 임진왜란 때 좌찬성으로 왕을 호종하였으며, 정유재란 때 노령으로 전장에 나가 독려하려는 것을 임금이 말렸다. 이순신(李舜臣)·곽재우(郭再祐)·김덕령(金德齡) 등 명장을 발탁하고, 이순신이 전장에 나아가지 않았다는 죄목으로 한산도에서 압송되었을 때 그를 변호하는 신구차(伸救箚)를 올렸다. 1604년(선조37) 호종 공신(扈從功臣) 3등으로 서원부원군(西原府院君)에 봉해지고, 봉조하가 되었다. 저서로 《약포문집》 등이 남아있으며, 시호는 정간(貞簡)이다.

유배지로 돌아가게 하였다가 정유년(1597)에 특별히 유배를 풀고 고향으로 돌아가게 놓아주었다.

주상이 말씀하기를,

"황모(黃某)는 이에 태조(太祖)의 공신이지 나의 공신이 아니다." 하며 여러 차례 수복(收復)시킬 것을 명하였으나 번번이 논자에게 저지당하였는데, 전후로 어제시(御製詩)와 음식물을 하사하여 존문(存問 윗사람이 위문함)한 것이 4번이고 병이 났다는 말이 들리자 곧바로 태의(太醫)를 보내 약물(藥物)을 하사하였으니 공이 번번이 전(箋)을 올려 사은(謝恩)하였다.

정미년(1607, 선조40) 여름에 병든 몸을 수레에 싣고 서울 입구 노량(露梁)으로 가서 의원에게 치료를 받다가 8월 14일에 우거하던 집에서 작고하였으니 향년 76세였다. 처음에 파수(坡州) 낙하(洛河) 가에 장사 지냈다가 임자년(1612)에 교하(交河) 금승리(金繩里) 태향(兌向)의 언덕에 이장(移葬)하였다. 인조대왕 2년(1624)에 비로소 공의 억울함을 씻고 관직과 작위를 회복시켰으며 효종(孝宗) 때 의정부 영의정에 추증하였으니 원훈(元勳)의 은례(恩例)를 쓴 것이다.

부인 순창 조씨(淳昌趙氏)는 양성 현감(陽城縣監) 전(詮)의 딸로 5남 2녀를 낳았다. 장남 승지(承旨 황혁(黃赫))는 광해군 임자년(1612)에 신율(申慄)[185]에게 모함을 받아 고문을 당하다 죽었는데,[186] 인조(仁

185 신율(申慄) : 1572~1613. 조선 중기의 문신으로, 본관은 평산(平山)이며 자는 구이(懼而)이다. 1595년(선조28) 문과에 급제하여 주서가 되었고 임진왜란으로 소실된 실록의 중간(重刊)에 참여하였다. 병조 정랑·헌납·전적·지평·평안도 어사·예조 정랑 등을 역임하였으며, 광해군 즉위 후 《선조실록》의 편찬에 참여하였다. 《국역 광해군일기》 4년(1612) 2월 15일의 기사에 신율에 대한 다음과 같은 기록이 보인다.

祖)가 즉위한 후 가장 먼저 그 억울함을 씻어주고 좌찬성에 추증하였다. 차남 석(奭)[187]은 정자(正字)를 지냈으며 임자년(1612)에 또한 귀

"신율이란 자는 판서 신점(申點)의 손자이다. 남이 지어준 글로 급제하여 일이 비록 발각되지는 않았으나 사류들이 상대를 해주지 않아 조정의 여망이 매우 가벼우니 항상 앙앙불락하며 뜻을 이루지 못하였다. 봉산 군수가 되어서 군에 좀도둑이 많자 신율은 하나하나 끝까지 체포하여 혹독한 고문을 가하였는데, 심지어는 대나무 못으로 열 손가락의 끝을 찔러 자복을 받아냈다. 작은 절도도 반드시 큰 도둑으로 몰아 조작하였으며, 이로 인하여 당상관의 품계에 올랐다."

186 장남……죽었는데 : 황혁(黃赫)이 김직재(金直哉)의 무옥에 연루되어 죽은 것을 말한다. 김직재의 무옥은 조선 광해군 때 정권을 장악하고 있던 대북파가 영창대군(永昌大君)을 지지하던 소북파를 제거하려고 일으킨 옥사로, 1612년(광해군4) 2월 황해도 봉산군수 신율(申慄)이 어보(御寶)와 관인(官印)을 위조해 군역을 피하려고 하였던 김경립(金景立)을 체포한 뒤 무옥을 꾸민 데서 비롯되었다. 신율은 김경립 형제에게 팔도에 각각 대장·별장을 두고 불시에 서울을 함락하고자 하였는데, 팔도도대장은 김백함(金白緘)으로 아버지 김직재의 실직(失職)에 불만을 품고 역모를 꾀하였다고 진술하게 하였다. 이전에 김직재의 아버지 김흠(金欽)이 왜적에게 희생되자 김직재가 아버지의 원수를 갚기 위해 종군하다가 상중(喪中)에 주육(酒肉)을 먹은 사실이 알려져 대간의 탄핵을 받아 실직한 바 있는데, 신율이 이를 이용한 것이다. 신율은 김직재가 황혁과 손을 잡고 황혁의 사위인 순화군(順和君)의 양자 진릉군(晉陵君) 이태경(李泰慶)을 추대하고 이이첨(李爾瞻) 등의 대북파를 제거하려 하였다고 무고하게 하였다. 황혁이 이에 연루된 데에는 그가 과거에 이이첨을 풍자한 시를 썼던 사실도 작용하였다. 이로 인해 김직재와 김백함 부자는 물론, 김직재의 사위 황보신(皇甫信)과 일족이 모두 체포되어 모진 고문을 받고 처형당하였으며, 황혁도 다른 이들과 함께 국문을 받다가 곤장을 맞고 죽었다.

187 석(奭) : 황석(黃奭, 1569~1621)을 가리킨다. 조선 중기의 문신으로, 본관은 장수(長水)이며 자는 존외(存畏), 호는 노정(鷺汀)이다. 황정욱(黃廷彧)의 아들이나 그의 형 황정식(黃廷式)에게 아들이 없어 출계하였다. 임진왜란이 일어나자 황정욱·황혁(黃赫) 부자와 함께 왕자 순화군(順和君)을 배종하여 관동으로 피신하였다. 그러나 국경인(鞠景仁)의 모반으로 왕자와 함께 포로가 되어 안변의 토굴에 감금되었다가

양 갔다가 죽었다. 딸은 군수(郡守) 이욱(李郁)[188]에게 시집갔으며, 나머지는 일찍 죽었다. 측실의 딸은 판관(判官) 박유신(朴由新)에게 시집갔다.

승지는 아들 하나를 두었는데 이름이 곤후(坤厚)이며, 딸 넷은 각각 좌랑(佐郎) 윤천구(尹天衢), 영의정 홍서봉(洪瑞鳳),[189] 왕자 순화군(順和君) 보(玒),[190] 군수 신희업(辛喜業)에게 시집갔다. 서자(庶子)

1593년(선조26) 왜군이 부산으로 철수할 때 석방되었다. 1611년(광해군3) 문과에 합격한 후 성균관 학유, 승문원 정자 등을 지냈다. 그러나 황혁이 순화군의 아들 진릉군(晉陵君) 이태경(李泰慶)을 왕으로 추대하려 한다는 무고를 받았고, 이에 연루되어 체포된 후 사형에서 감면되어 종성부(鍾城府)에 안치되었다가 흥양현(興陽縣)에 양이되었다. 인조반정 후 통훈대부(通訓大夫) 사간원사간 겸 춘추관편수관에 추증되었다.

188 이욱(李郁) : 1558~1619. 조선 중기의 분신으로, 본관은 전주(全州)이며 사는 질부(質夫), 호는 팔계(八戒)이다. 광평대군(廣平大君) 이여(李璵)의 6세손으로, 성혼(成渾)의 문인이다. 1588년(선조21) 천거를 받아 봉선전(奉先殿) 참봉이 된 후 분호조 좌랑·안음 현감·봉산 군수 등을 지냈다. 사후에 영의정으로 추증되고 완산부원군(完山府院君)에 봉해졌으며, 진주의 충민사(忠愍祠)에 제향되었다.

189 홍서봉(洪瑞鳳) : 1572~1645. 조선 중기의 문신으로, 본관은 남양(南陽)이며 자는 휘세(輝世), 호는 학곡(鶴谷)이다. 1608년(광해군 즉위년) 문과에 급제한 후 강원도 관찰사를 거쳐 동부승지에 올랐으나 장인 황혁(黃赫)이 김직재(金直哉)의 옥사(獄事)에 관련되어 삭직당한 뒤 칩거하였다. 1623년 김류(金瑬) 등과 함께 인조반정을 일으켜 그 공으로 정사 공신(靖社功臣) 3등에 책록되고 익녕군(益寧君)에 봉해졌다. 이후 대사간·대사헌·병조 참판·대제학·우의정·좌의정 등 요직을 두루 역임하였으며, 병자호란 때 화의(和議)를 주장하고 청나라 진영에 가 항복절차를 협의하였다. 1639년 부원군(府院君)이 되고, 이듬해 영의정에 올랐다. 1645년 소현세자(昭顯世子)가 급사한 후 봉림대군(鳳林大君)의 세자 책봉을 반대하고 소현세자의 아들로 세손을 삼자고 주장하였으나 받아들여지지 않았다. 저서로 《학곡집》이 남아있으며, 시호는 문정(文靖)이다.

190 왕자 순화군(順和君) 보(玒) : 1580~1607. 조선 선조의 6번째 서자(庶子)로,

곤건(坤健)은 임자년(1612)에 죽었다.

정자(正字 황석(黃奭))는 아들 하나를 두었는데 이름이 곤재(坤載)[191]이며, 딸 둘은 각각 부사(府使) 이성항(李性恒),[192] 군수 김익렬(金益烈)에게 시집갔다.

이욱은 아들 셋을 두었는데, 후재(厚載)[193]는 첨지(僉知)를 지내고 후배(厚培)는 부사(府使)를 지냈으며 후원(厚源)[194]은 우의정을

자세한 내용은 95쪽 주172 참조.

191 곤재(坤載) : 황곤재(黃坤載, 1590~1612)를 가리킨다. 조선 중기의 유생으로, 본관은 장수(長水)이며 자는 재겸(載謙)이다. 임진왜란을 당해 가족들이 왕자를 모시고 회령부(會寧府)로 피난 갈 때 여종의 등에 업혀가다 가족과 헤어져 깊은 산속에서 풀잎의 이슬을 마시며 겨우 죽음을 면하였다. 영특하고 책 읽기를 좋아하였으나 1610년(광해군2) 진사에 합격한 후 대과 공부에 힘쓰다 요절하였다.

192 이성항(李性恒) : 1603~1660. 조선 후기의 문신으로, 본관은 전주(全州)이며 자는 성구(聖久)이다. 양녕대군(讓寧大君) 이제(李禔)의 후손으로, 성혼(成渾)의 문인이다. 광해군 때 과거제도가 문란하여지자 응시하지 않다가 인조반정 후에야 벼슬에 나아갔다. 1639년(인조17) 문과에 급제한 후 장령·헌납·사간·선천 부사 등을 역임하였다. 김자점(金自點)에 의해 강빈(姜嬪)의 옥에 연루되어 사직한 바 있으며, 숙종 즉위 초 예송(禮訟)이 일어나자 송시열(宋時烈)의 편에 서서 기년설(朞年說)을 주장하였다. 정평 부사로 있을 때 일을 잘못 처리하였다는 죄목으로 도성으로 끌려오다 도중에서 병을 얻어 고양(高陽)의 여사에서 죽었다.

193 후재(厚載) : 이후재(李厚載, 1580~1661)를 가리킨다. 조선 중기의 문신으로, 본관은 전주(全州)이며 자는 대유(大有)이다. 광평대군(廣平大君)의 7세손으로, 인조반정에 참여하여 정사 공신(靖社功臣)이 되었다. 종부시·사옹원·전생서의 주부와 여러 관아의 첨정(僉正) 및 부정(副正) 등을 지내고, 노년에는 첨지중추부사에 올랐다.

194 후원(厚源) : 이후원(李厚源, 1598~1660)을 가리킨다. 조선 중기의 문신으로, 본관은 전주(全州)이며 자는 사진(士晋)·사심(士深), 호는 우재(迂齋)이다. 광평대군(廣平大君)의 7세손으로, 김장생(金長生)의 문인이다. 인조반정에 참여하여 정사 공신(靖社功臣) 3등으로 완남군(完南君)에 봉하여졌으며, 이괄(李适)의 난을 수습하

지냈다.

내외(內外 친손과 외손)의 증손과 현손(玄孫) 약간 명이 있다.

공은 사람됨이 엄정하여 바라보면 마치 범접할 수 없는 것 같으나 그 언사(言辭)를 접하게 되면 사랑하고 흠모하지 않는 이가 없었으며, 사려가 깊어 사물의 이치에 따라 계책을 내는 것[195]을 다른 사람들이 헤아릴 수가 없었다. 집에 있을 때에는 효성과 우애에 독실하였으며, 평소 기호(嗜好)하는 것이 없고 다만 경서(經書)와 사서(史書) 읽는 것을 즐겼으며 교유하는 것으로 성세(聲勢 명성과 위세)를 삼는 것을 좋아하지 않았다. 만년에 충성스런 노고로 임금의 인정을 받아서 마침내 높은 지위에 올랐으니, 다른 사람들이 주선해준 도움에 힘입은 것이 아니었다. 그러나 성품이 겉치레를 하지 않아 다른 사람과 말할 때에 직설적이고 거리끼는 것이 없었으므로 세상에 또한 시기하고 미워하는 이들이 많았다.

공의 문장은 대개 육경(六經)에 뿌리를 두어 웅준(雄俊)하고 골기(骨氣)가 있다. 시가 더욱 깊이 있고 굳센데 노두(老杜)[196]를 본받되

는 데 앞장서고 정묘호란 때에는 총융사로 활약하였다. 1635년(인조13) 문과에 급제한 후 강화부 유수·한성부 판윤·대사간·이조 판서·우의정·세자좌부빈객 등 요직을 두루 역임하였다. 심기원(沈器遠)의 역모를 수습한 바 있으며, 효종의 북벌 계획에 앞장섰다. 시호는 충정(忠貞)이다.

195 사물의……것 : 원문의 '方物出謀'는 《예기(禮記)》 〈내칙(內則)〉에 나오는 말로, "40에 벼슬살이를 처음 시작하여 사물의 이치에 따라 계책을 내되 임금과 도가 맞으면 따르고 맞지 않으면 떠난다.〔四十始仕, 方物出謀發慮, 道合則服從, 不可則去.〕"라고 하였다.

196 노두(老杜) : 중국 당(唐)나라의 시인 두보(杜甫, 712~770)를 가리킨다.

착상이 기발하고 독보적이며 또한 전대의 사람들을 답습하지 않았다. 세상에서 공을 정공 사룡(鄭公士龍)[197], 노공 수신(盧公守愼)[198]과 더불어 대가(大家)라고 일컬었는데 이 문성공(李文成公 이이(李珥))만이 홀로 이르기를,

"경술(經術 경서(經書)에 관한 학술)에서 발하였으되 스스로 터득한 바가 깊으니 마땅히 김공 종직(金公宗直)[199]과 나란히 말을 달릴 만하

197 정공 사룡(鄭公士龍) : 정사룡(1491~1570)을 가리킨다. 조선 전기의 문신・문인으로, 본관은 동래(東萊)이며 자는 운경(雲卿), 호는 호음(湖陰)이다. 1509년(중종4) 문과에 급제한 후 사가독서(賜暇讀書)하였다. 1516년에 황해도 도사로 문과중시에 장원으로 급제한 후 사간・예조 판서・공조 판서・대제학・판중추부사 등을 역임하였다. 1554년(명종9) 대제학으로 있을 때 과거시험의 문제를 누설하여 파직된 바 있으며, 1563년 사화를 일으킨 이량(李樑)의 일당으로 지목돼 삭탈관직당하였다. 1534년(중종29)에 동지사(冬至使)로 명나라에 다녀왔는데, 중국 사신과 시를 주고받으며 문명을 떨쳤다. 칠언율시에 특히 뛰어나 당시 문단에서 그와 신광한(申光漢)을 한시의 쌍벽으로 꼽았다. 저서로 《호음잡고》・《조천록》 등이 남아있다.

198 노공 수신(盧公守愼) : 노수신(盧守愼, 1515~1590)을 가리킨다. 조선 중기의 문신・학자로, 자세한 내용은 73쪽 주125 참조.

199 김공 종직(金公宗直) : 김종직(金宗直, 1431~1492)을 가리킨다. 조선 전기의 문신이자 성리학자로, 본관은 선산(善山)이며 자는 계온(季昷)・효관(孝盥), 호는 점필재(佔畢齋)이다. 1459년(세조5) 문과에 급제한 후 사가독서 하였으며, 도승지・이조 참판・경연동지사・한성부윤・형조 판서・중추부지사 등을 역임하였다. 부친인 김숙자(金叔滋)를 사사하여 조선 초 성리학을 대성하고, 이후 영남학파의 종조가 되어 정여창(鄭汝昌)・김굉필(金宏弼)・김일손(金馹孫) 등 제자를 양성하였다. 이들은 도학정치를 펼치기 위해 급진적 개혁을 요구하다 훈구파 세력과 대립하였으며, 이에 훈구파가 그가 생전에 지은 〈조의제문(弔義帝文)〉을 빌미로 무오사화를 일으켜 그를 부관참시하고 사림파를 제거하였다. 중종 즉위 후 사림파가 다시 정권을 잡자 신원이 회복되고 영의정에 추증되었다. 저서로 《점필재집》・《청구풍아(靑丘風雅)》 등이 남아있으며, 시호는 문충(文忠)이다.

고 나머지 사람들은 그에 미치지 못한다."
하였다. 저술한 글들이 재앙과 환난에 흩어지고 《지천집(芝川集)》 4권이 있어 세상에 전하니, 지천은 공의 호(號)이다.

아! 명종·선조의 즈음에 성세(盛世)를 이루었는데 공은 문학으로 조정에 이름을 날렸다. 경서(經書)를 논하고 예(禮)를 기술하였으며 보불문장(黼黻文章)[200]으로 사명(詞命 임금의 명(命))을 지었으니 찬란하여 볼 만하였는데 나라가 무함당한 일을 변론하고 종계(宗系)를 바로잡아서[201] 국가의 시조(始祖)로 하여금 간책(簡冊)에 환히 실리게 하였으니[202] 이미 위대하였다.

정도(正道)를 지키고 아첨하지 않았으며 충의(忠義)를 따르고 간사함을 미워하였는데 마침내 이 때문에 문망(文罔 필화(筆禍))에 억울하게 걸려들어[203] 한을 품은 채 작고하여 그 쓰임을 다하지 못하게 되었으니 군자들이 슬퍼하였다.

신묘년(1591, 선조24)의 의론[204] 같은 것은 강개(慷慨)하게 절개를

200 보불문장(黼黻文章) : 원래 옛날 예복(禮服)의 화려한 무늬를 말하는 것으로, 전하여 아름답고 격조 높은 문장을 뜻하게 되었다.

201 나라가……바로잡아서 : 종계변무(宗系辨誣)를 가리킨다.

202 국가의……하였으니 : 원문의 '商契周棄'는 각각 중국 상(商)나라의 시조 설(契)과 주(周)나라의 시조 기(棄)를 가리킨다. 조선을 건국한 이성계(李成桂)의 시조들이 이제야 역사책에 제대로 실리게 된 사실을 말하는 것이다.

203 문망(文罔)에 억울하게 걸려들어 : 임진왜란 때 황정욱(黃廷彧)·황혁(黃赫) 부자가 적진에 잡혀가 강제로 항복 문서를 쓰고, 이 때문에 평생 비난에 시달린 사실을 가리킨다.

204 신묘년의 의론 : 일본과 통호한 사실을 중국에 사실대로 다 말하여야 한다고 주장한 것을 가리킨다.

지켜 경사(京師 중국을 가리킴)를 높이고 숭상하는 의리가 해와 별과 같이 환히 빛나 선왕(先王 선조(宣祖))의 사대(事大)의 정성을 마침내 천하에 크게 펼침으로써 실로 천자의 총애와 격려를 입어 마침내 중흥(中興)의 업을 이루었으니 비록 백대(百代) 후에 할 말이 있다고 하여도 가할 것이다.

삼가 집안에 내려오는 기록을 수집하고 학사대부들이 외우고 있는 것을 참고하여 대략적인 내용을 기술하여서 태상(太常)[205]에게 고한다. 삼가 시장을 쓴다.

205 태상(太常) : 봉상시(奉常寺)를 가리키는 것으로, 제사와 시호(諡號)를 의정(議定)하는 곳이다. 태상시(太常寺)는 같은 관청의 고려 때의 이름이다.

유사 遺事

행록을 덧붙이다 行錄附

돌아가신 아버님의 유사[206] 정유년(1717, 숙종43)

先考遺事 丁酉

부군(府君 돌아가신 아버님)께서는 키가 작고 하관(下觀)이 풍만하셨으며,[207] 아름다운 수염에 눈빛이 형형(炯炯)한 것이 광채가 있으셨다.

평소 조용히 앉아 계실 때에 용체(容體 얼굴과 몸가짐)와 의관(衣冠)이 저절로 정제되었다.

만년에 항상 질병이 있어 꼿꼿이 앉아계시지 못하고 하루 종일 자리에 누워 지내셨으나 정신은 잠시도 혼몽하거나 흐트러지지 않으셨다.

206 돌아가신 아버님의 유사 : 이 글을 짓기 바로 전 해인 1716년(숙종42) 10월에 오원(吳瑗)의 셋째아버지이자 양부(養父)인 오태주(吳泰周)가 작고하였다. 오태주에 대한 자세한 내용은 15쪽 주15 참조.

207 하관(下觀)이 풍만하셨으며 : 원문의 '豐下'는 아래턱이 두툼하고 넓적하게 생긴 것을 이르는 말로, 이런 턱을 가진 사람을 귀상(貴相)이라고 하였다.

평소 말수가 적고 진중하시어 멀리서 바라보면 경건해 보이셨으나 사람을 접하게 되면 기쁘게 웃고 말씀하시는 것이 매우 온화하셨다. ○천성이 자상(慈詳)하여 사람을 대하고 사물을 접함에 곡진(曲盡)하고 주밀(周密)한 것이 터럭만큼도 미진함이 없으셨으며, 또 성의(誠意)를 다하시어 일찍이 자리나 채우고 책임이나 때우려는 생각이 조금도 없으셨다.

무릇 사물을 응접함에 거의 모든 경우 당위성이 있고 사리에 들어맞았으며, 지나치게 자부한다거나 구차하게 남의 뜻에 따르는 일이 터럭만큼도 없으셨다.

정기(精氣)가 다른 사람들보다 월등하게 뛰어나시어 만년에 비록 다병(多病)하여 잘 잊어버리시는 것을 근심스러워하셨으나 평소 말씀을 나누시면서 놓치거나 잃는 바가 거의 없으셨으며, 비록 매우 바쁜 때라 하더라도 자질구레한 일 또한 모두 마음에 두시어 일찍이 데면데면하게 지나치지 않으셨으며 또한 착오를 일으키신 적도 없으셨다.

상중(喪中)에는 아침저녁으로 곡읍(哭泣 소리 내어 욺)을 하면서 일찍이 만면(滿面)에 눈물을 줄줄 흘리지 않은 적이 없으셨다.

대기(大忌)를 만나면 하루 종일 의관(衣冠)을 갖추고 단정히 앉아 죽을 드셨으며 웃거나 말씀을 하지 않으셨다.

선영을 찾아 성묘할 때에는 목을 놓아 곡(哭)을 하면서 슬픈 마음을

극진히 하셨다. 일찍이 말씀하시기를,

"내가 듣건대 장횡거(張橫渠)[208]는 항상 부모의 무덤에서 곡을 하였다고 하는데 대개 부모의 무덤에서는 인정과 도리상 곡을 하는 것이 마땅하다."

하셨다.

일찍이 말씀하시기를,

"나는 항상 다른 사람을 조문(弔問)할 때에 슬픔이 지극한 이를 보면 마음이 감복하여 마치 무언가를 얻은 듯 뿌듯하고, 슬퍼하는 모습이 없는 자를 보면 참으로 미워하는 마음이 들며 조문 온 것을 후회하게 된다. 맹자(孟子)께서 이른바 '조문하는 이들이 대단히 흡족해하였다.'[209]라고 하신 것은 그 모습의 참되고 간절함이 성인(聖人)이 아니

208 장횡거(張橫渠) : 장재(張載, 1020~1077)를 가리킨다. 중국 송(宋)나라의 문신이자 사상가로, 자는 자후(子厚)이며 호는 횡거(橫渠)이다. 1058년 진사에 합격한 후 운암(雲岩) 현령·위주(渭州) 군사판관·숭문원 교서 등을 역임하였다. 이후 왕안석(王安石)을 피해 벼슬을 그만두고 고향인 횡거로 돌아와 독서와 강학을 병행하였다. 1077년에 여대방(呂大防)의 천거로 지태상례원(知太常禮院)이 되었으나 병으로 사직하고 돌아오는 도중에 죽었다. 이학(理學)을 창시한 오현(五賢) 가운데 한 사람으로, 《주역》과 《중용》을 탐구하여 신유학의 기초를 세웠다. 그의 기일원론(氣一元論)은 왕정상(王廷相)·왕부지(王夫之)·대진(戴震) 등에 의해, 인성론(人性論)은 주희(朱熹)에 의해 계승·발전되었다. 저서로 《숭문집(崇文集)》·《정몽(正蒙)》·《횡거역설(橫渠易說)》 등이 남아있으며, 시호는 명공(明公)이다.

209 조문하는……흡족해하였다 : 《맹자(孟子)》 〈등문공 상(滕文公上)〉에 나오는 말이다. 전국 시대의 등 문공(滕文公)이 부왕 정공(定公)의 상을 당하여 맹자에게 거상(居喪)의 예를 묻고 삼년상을 거행하기로 하였다. 이에 부형(父兄)과 백관이 모두 따르려 하지 않았으나 그대로 강행하여, "5개월 동안 여막에 거처하며 명령과 경계를 내리지

면 능할 수가 없는 것이다."
하셨다.

일심(一心)으로 나라를 걱정하고 임금을 사랑하는 것이 지극한 정성에서 나왔으며, 성상(聖上)의 체후(體候)가 편치 않으실 때면 매번 소보(小報)[210]가 이를 때마다 비록 한밤중이라 하더라도 반드시 촛불을 밝히고 일어나 앉아 보셨으며 병세가 더하고 덜함에 따라 근심과 기쁨이 문득 얼굴에 드러나셨다. 해마다 후반(候班 임금에게 문후(問候)하는 반열)에 나아가셨는데 이미 피로한 기색이 보이셨으나 거꾸러질 지경이 아니면 오히려 조금도 게을리하지 않으셨다.

무릇 조청(朝請)[211]이 있으면 비록 병이 있다 하더라도 조금이라도 스스로 힘을 쓸 수 있으면 문득 나아가 참여하셨다.

선영에 왕래하실 때에 일찍이 한 번도 은가(恩暇 임금이 내리는 휴가)를 청하지 않으시면서 말씀하시기를,

않으니 백관과 족인들이 '예를 안다.'라고 하였고, 장례 때에 이르러 사방에서 와서 구경하더니 안색의 슬퍼함과 울음의 애통해함을 보고는 조문하는 이들이 크게 흡족해하였다.〔五月居廬, 未有命戒, 百官族人可謂曰知, 及至葬, 四方來觀之顔色之戚、哭泣之哀, 弔者大悅.〕"라고 하였다.

210 소보(小報) : 소식을 전하는 짧은 글로, 조선 시대에 승정원에서 그날 중에 처리된 일을 간추려 각 벼슬아치에게 알리던 문서를 이른다. 분발(分撥)이라고도 한다.

211 조청(朝請) : 조정에 들어가 문안하는 것으로, 봄에 하는 것을 '조(朝)', 가을에 하는 것을 '청(請)'이라고 한 데서 나온 말이다.

"내가 아무 공덕(功德)도 없이 나라의 은혜를 두터이 입고 있는데 비록 분주히 달려가 은혜를 갚을 수는 없다 하더라도 어찌 감히 사사로운 일로 상청(上聽 임금에게 들림)을 번거롭게 하여 현도(縣道)에 폐를 끼치겠는가.[212]"

하셨다.

관직에 계시면서 일을 처리함에 반드시 삼가 법도를 따르며 흔들리지 않아서 공사(公私)로 하여금 다 편하게 하시니 아랫사람들이 기뻐하며 따랐다. 피폐한 백성을 소생시키고 폐단을 제거하는 정사를 귀후서 제거(歸厚署提擧)로 계실 때에 볼 수 있었다.

어떤 사람이 관직에 있으면서 개인의 이익을 도모하느라 법을 굽히고 윗사람을 기만하고 백성을 착취하는 것을 보시고는 마치 당신이 더럽혀지는 것처럼 여기셨을 뿐 아니라 꾸짖어 마지 않으셨다.

낭료(郎僚)[213]를 접할 때에는 반드시 의관(衣冠)을 갖추고 일찍이 연복(燕服 평상복)으로 만나지 않으셨으며, 앉아서 맞이하셨지 일찍이 절하거나 일어나지 않으셨다.

212 현도(縣道)에 폐를 끼치겠는가 : 지방에 있는 관원이 자신이 거주하는 고을에 상소를 바치면 고을 수령이 다시 감사에게 상소를 보내고 감사가 승정원으로 올려 보내는 것을 말한다. 이러한 과정을 통해 올리는 상소를 '종현도상소(從縣道上疏)', 또는 줄여서 '현도소(縣道疏)'라고 불렀다.

213 낭료(郎僚) : 낭관요속(郎官僚屬)의 준말로, 각 관서의 당하관을 가리킨다.

어떤 사람에게 작은 선(善)이라도 있으면 비록 미천한 자라 할지라도 반드시 입이 닳도록 칭찬하여 마지 않으셨다. 다른 사람의 잘못을 들으시면 반드시 그를 위하여 마음을 다하여 경계하시고 비록 소원(疎遠)한 사이라 할지라도 또한 그를 위하여 꾸짖으며 안타깝게 여기셨다. 만약 커다란 과오가 있으면 마치 당신이 더럽혀지는 것처럼 여기셨을 뿐만 아니라 질책하며 조금도 용서하지 않으셨다.

후배를 한 번 보면 그가 어진지 그렇지 않은지, 곤궁할 것인지 영달할 것인지를 알아보셨는데 들어맞는 경우가 많았다.

어떤 사람에게 재앙이나 근심거리가 있다는 말을 들으시면 비록 정의(情義 인정과 의리)가 서로 통하지 않는 사이라 할지라도 반드시 그를 위하여 구제할 방법을 생각하셨다.

어떤 사람에게 한 가지 재주가 있다는 말을 들으시면 비록 시문(詩文)이나 서화(書畵)와 같은 작은 일이라 할지라도 반드시 그를 위하여 도와주고 장려하며 성취하기를 바라셨다.

무릇 친지(親知)의 상을 만나면 비록 비천한 이라 할지라도 또한 반드시 그를 위하여 고기를 들지 않으셨다.

하늘이 낸 물건을 함부로 멸하는 것[214]을 깊이 경계하시어 항상 송

214 하늘이……것 : 원문의 '暴殄天物'은 《서경(書經)》 〈주서(周書) 무성(武成)〉의

(宋)나라 인종(仁宗)이 양고기를 찾지 않았던 것과 같은 일[215] 등을 들어 경계하셨다.

명분이 없는 선물은 비록 작은 것이라 할지라도 받지 않으셨으며, 물리쳐도 말을 듣지 않으면 반드시 그에 상응하는 다른 물건으로 답례하셨다.

노복(奴僕)을 부리기를 은혜롭고 위엄 있게 하셨다. 굶주리거나 춥지 않은지 살피고 노동과 휴식을 균형 있게 하셨으며, 죄가 있으면 문득 매질을 하였으나 일찍이 혹시라도 정도에 지나치게 한 적이 없으셨으니 형장(刑杖)을 가하는 일이 비록 드물었으나 모두 두려워하고 조심하였다.

친구와 생사(生死)가 갈려도 그 마음이 변하지 않으셨다. 친소(親疎)에 따라 문병(問病)과 조문(弔問)과 장사(葬事)와 제사를 챙기셨는데 질병이나 사고가 아니면 소홀히 하거나 폐한 적이 없으셨다. 곤궁한

"지금 상나라의 왕 수는 무도하여 하늘이 낸 물건들을 함부로 멸하고 백성들을 해치고 학대한다.〔今商王受無道, 暴殄天物, 害虐蒸民.〕"라고 한 데서 나온 말이다.

215 송(宋)나라……일 : 중국 송나라의 인종(仁宗)이 하루는 가까운 신하에게 "어젯밤에 잠이 안 와 배가 고파서 양고기를 구워먹는 생각을 하였다."라고 하였다. 신하가 "어찌 내오라고 하지 않으셨습니까?"라고 하자 인종이 "전례가 될까 걱정되어 그러하였다. 어찌 하루 저녁의 식욕을 참지 못하여 허다한 살육의 길을 열 수 있겠느냐."라고 대답하였다. 이를 듣던 신하들이 모두 인종의 인자한 마음에 감동하여 만세를 불렀다고 한다.《遣愁集 卷5 知足》

자에게는 의약(醫藥)의 도움을 받을 수 있도록 구제하시고 장사 지내는 데 필요한 용품을 장만해주시기를 힘이 닿는 데까지 하셨다.

자제를 가르치실 때에는 비록 어리다 할지라도 반드시 예법(禮法)을 보이셨다. 불초한 제가 모친상을 당하였을 때 9살이었는데 시를 읽고 글을 짓는 것을 금(禁)하셨다.

문예(文藝)를 일찍 이루시어 12세에 이미 사서(四書)와 《시경(詩經)》·《서경(書經)》에 통하시고 그 후 다시는 글을 읽지 않으셨으나 당시의 문인들이 모두 부군께서 지으신 글을 칭찬하며 세상에 없는 뛰어난 재주라 이르고 힘을 쏟을 것을 권하는 이들이 많았지만 부군께서는 그때마다 능력이 없다며 사양하셨다.

일찍이 선대 유학자들의 격언을 벽에다 걸어놓으시고 책을 보다가 긴요한 말이 있으면 반드시 써놓고 기억하셨으며 볼 만한 행실을 만나면 반드시 다른 사람에게 말씀하셨다.

책을 볼 때에는 한 번에 여러 줄씩 읽어 내려가셨으며 한 번 보면 기억하는 것이 많으셨다. 손에서 책을 놓지 않고 밤이 깊을 때까지 촛불을 밝히고 계셨다.

다른 사람과 이야기할 때에 일찍이 국조(國朝)의 고사(故事)와 선배들의 언행을 끊임없이 줄줄 말씀하여 마지 않으셨으며, 일찍이 한 번도 비루하고 더러운 것을 언급하지 않으셨다.

평소 일이 없으실 때에는 오직 붓글씨 쓰는 것을 즐거움으로 삼으시어 질병이나 사고가 아니면 종일토록 쉬지 않으셨으며 혹 밤중이 되어도 피로한 줄 모르셨다. 그러나 다른 사람에게 보이고 싶어 하지 않으시어 반드시 먹으로 종이를 다 뒤덮어 지운 후에야 그만두셨으며 구하는 사람이 있어도 일찍이 허락하지 않으셨다. 그러므로 평소의 필적이 집안에 남아있는 것이 없다.

평생 동안 잡술(雜術)을 좋아하지 않으시어 의약(醫藥) 외에는 일찍이 한 마디도 술수(術數)에 대하여 언급하신 적이 없으셨다.

의복을 조금이라도 아름답게 꾸민 자를 보시면 좋아하지 않으시면서 자제들에게 그렇게 하지 말라고 경계하셨다.

둘째아버님[216]께서 연로하시자 부군께서 수의(壽衣)를 갖추어드리셨다. 병이 위독해지시자 다시 스스로 점검하시면서 미진한 것이 있으면 몸소 살피어 상구(喪具)를 장만하셨다.

둘째아버님께서 와서 머물며 문병하시겠다고 하자 부군께서 여러 차례 청하여 말씀하시기를,

"날씨가 이리 추우니 왕림하지 마시고 댁으로 돌아가 편안히 조섭(調攝)하시는 것이 좋겠습니다."

216 둘째아버님 : 오정주(吳鼎周)를 가리킨다. 오정주에 대한 자세한 내용은 미상이다.

하셨다.

선대의 비갈(碑碣) 가운데 비석은 마련하였으나 미처 세우지 못한 것이 있고 또 다시 세워야하는 것이 있었다. 병이 위독해지시자 하나하나 들어 가엄(家嚴)[217]에게 말씀하시면서 빨리 일을 완수하도록 하셨다.

병환 중에 불초한 저에게 가르치며 말씀하시기를

"나는 나라를 위하여 목숨을 바침으로써 은혜를 갚고자하는 뜻을 가져왔다. 이제 다행히 태평한 세상에 죽게 되었으나 지금 세상 돌아가는 것을 보니 나라의 형세가 근심할 만한 것이 많다. 너는 명예와 절개를 잘 보전하여 조상들을 욕되게 함이 없도록 하여라."

하셨다.

병이 위독하실 때에 서종질(庶從姪)이 때마침 향관(享官 제관(祭官))에 차임(差任)되어 대제(大祭)[218]를 지내러 가게 되었는데 병구완 때문에 체직(遞職)을 청하고자 하였다. 부군께서는 가당치 않다고 하시며

217 가엄(家嚴) : 남에게 자기의 아버지를 이르는 말로, 여기서는 오원(吳瑗)의 생부인 오진주(吳晋周, 1680~1724)를 가리킨다. 오진주는 조선 후기의 문신으로, 본관은 해주(海州)이며, 자는 명중(明仲), 호는 무위재(無爲齋)이다. 오두인(吳斗寅)의 아들이자 김창협(金昌協)의 사위로, 문학(文學)으로 이름이 났다. 1714년(숙종40) 생원에 합격하고, 이후 진사로 관직에 나아가 군수(郡守) 등을 지냈다.

218 대제(大祭) : 국가에서 지내는 큰 규모의 제사로, 종묘(宗廟)와 사직(社稷)의 제향 등이 이에 해당한다.

누누이 재(齋)를 올리러 가라고 타이르셨다.

대제를 지낸 후에는 항상 양(羊)의 간을 하사받았는데 어떤 사람이 눈병 때문에 사전에 미리 구하자 부군께서 곁에서 모시는 이에게 말씀하시기를,

"양의 간이 만약 내려오면 모름지기 아무개의 집에 보내도록 하여라."

하셨는데, 이 날이 임종하신 날이었다.

병환이 위독해지자 사람들에게 말씀하시기를,

"내가 천지간(天地間)에 죄인이라 마땅히 죽어야하는 지 오래되었는데 지금 죽게 되었으니 도리어 무엇을 한스러워 하겠는가."

하셨다.

또 말씀하시기를,

"내가 죽어도 한스러운 바가 없다. 다만 노형(老兄)께서 연로하신 것과 종질(宗姪)이 아직 어리고 약한 것이 마음에 걸릴 따름이다."

하셨다.

병중에 다시는 일어나지 못할 것을 스스로 아시고 손수 유훈(遺訓)을 쓰셨는데 미처 완성하지 못하셨다. 임종하시기 이틀 전에 가엄(家嚴)에게 집필하라 하시며 입으로 열다섯 조목을 불러주셨다.

아! 아버님의 평소 사행(事行 일과 행동) 가운데 큰 것은 이미 가대인(家大人)[219]께서 찬술하신 행장(行狀)에 갖추어 실려 있고 한 마디

말씀이나 하나의 사건 같이 작은 것은 후인(後人)이 눈으로 보고 기억한 것에 있다. 모두 잊어버릴 수 없는 것인데 불초한 제가 어리고 몽매하여 이미 살펴 아는 것이 없고 한두 가지 아는 것도 또한 오래되면 흘리고 잊어버릴까 두려웠다. 이에 감히 개인적으로 수십 조목을 기록하여 부족하나마 그런대로 자나 깨나 그리워하는 마음[220]을 깃들였다.

이는 모두 직접 귀로 듣고 눈으로 본 바에 근거하였고 감히 억지로 추측하고 망령되이 말하는 바를 두어서 어버이를 미화(美化)하는 옛사람들의 경계에 빠지지 않았다. 다만 식견이 어둡고 문사가 졸렬하여 하나만 걸고 나머지 만 가지는 다 빠뜨렸으니 참으로 있는 그대로 묘사하여 환히 드러낼 수 없는 것이 오직 두렵다.

아! 이는 아버님에게 있어 다만 기거동작의 작은 것일 따름이다. 모두 족히 후인(後人)들이 보고 본받을 만한데, 어렴풋이 눈에 뵈는 듯 숙연(肅然)히 귀에 들리는 듯[221] 또한 반드시 여기에 계시지 않음

219 가대인(家大人) : 남에게 자기의 아버지를 이르는 말로, 여기서는 오원(吳瑗)의 생부인 오진주(吳晋周, 1680~1724)를 가리킨다.

220 자나……마음 : 원문의 '羹墻之慕'는 죽은 사람을 사모하고 그리워하는 마음을 말한다. 중국 고대의 요(堯) 임금이 죽은 후에 순(舜) 임금이 3년 동안이나 그를 그리워하여, 앉아서는 요 임금을 담장〔墻〕에서 보고 밥을 먹을 때면 요 임금을 국〔羹〕에서 보았다고 한 데서 온 말이다. 《後漢書 卷63 李固列傳》

221 어렴풋이……듯 : 《예기(禮記)》〈제의(祭義)〉에 나오는 말로, 돌아가신 부모를 잊지 못하고 그리워하는 모습이다. "제삿날에 방에 들어가면 어렴풋이 그 자리에 모습이 보이는 것이 반드시 있고, 주선(周旋)하며 문을 나가면 숙연히 목소리가 들리는 것이 반드시 있고, 문을 나가 들으면 개연히 탄식하는 소리가 들리는 것이 반드시 있다. 그렇기 때문에 선왕의 효는 눈에서 모습이 떠나지 않고, 귀에서 소리가 끊이지 않고,

이 없다. 삼가 기록하여 보관한다.

마음에서 심지와 기욕이 잊히지 않는 것이다.〔祭之日入室, 僾然必有見乎其位; 周還出戶, 肅然必有聞乎其容聲; 出戶而聽, 愾然必有聞乎其歎息之聲. 是故先王之孝也, 色不忘乎目, 聲不絶乎耳, 心志嗜欲不忘乎心.〕"라고 하였다.

작고한 아내 유인 안동 권씨의 행록[222] 무술년(1718, 숙종44)
亡室孺人安東權氏行錄 戊戌

아내가 16살에 처음 우리 집에 들어와 절하고 뵙던 날 돌아가신 아버님께서 크게 기뻐하며 말씀하시기를,

"이 며느리의 덕과 재주가 진중하고 성숙하니 참으로 수옹(遂翁)[223]의 손녀로다."

하셨다.

아버님의 성품이 과묵하고 차분하시어 집안의 부녀자들에게 허여하

222 작고한……행록 : 안동 권씨(安東權氏)는 오원(吳瑗)의 첫 번째 부인으로, 권정성(權定性)의 딸이며, 권상하(權尙夏)의 증손녀이다. 오원은 16세이던 1715년(숙종41)에 권씨와 혼인하였고, 19세이던 1718년에 사별하였다. 이에 살아생전 권씨의 언행을 기록하여 그를 추모하였다.

223 수옹(遂翁) : 권상하(權尙夏, 1641~1721)를 가리킨다. 조선 중기의 학자로, 본관은 안동이며 자는 치도(致道), 호는 수암(遂菴)·한수재(寒水齋)이다. 1660년(현종1) 19세에 진사에 합격하였으나 송시열(宋時烈)·송준길(宋浚吉)을 스승으로 학문에 전심하여 송시열의 수제자가 되었다. 1675년(숙종1) 송시열이 자의대비(慈懿大妃)의 복상(服喪) 문제로 덕원부(德源府)에 유배되자 청풍(淸風)의 산중에서 학문에 힘쓰며 제자들을 양성하였다. 1689년 기사환국으로 송시열이 사사되자 그의 의복과 책을 유품으로 받고, 그의 유언에 따라 만동묘(萬東廟)를 세우고 숙종의 뜻을 따라 대보단(大報壇)을 세웠다. 우의정·좌의정 등에 임명되었으나 모두 사양하였다. 이이(李珥)를 조종으로 한 기호학파의 학통을 계승하였고, 그의 문하에서 한원진(韓元震)과 이간(李柬)에 의해 호락논변(湖洛論辨)이 전개되기도 하였다. 저서로 《한수재집》 등이 남아있으며, 시호는 문순(文純)이다.

는 바가 적으셨는데 다만 입이 닳도록 아내를 칭찬하며 말씀하시기를,

"덕용(德容)[224]을 다 갖추었으니 참으로 나의 어진 며느리가 반드시 우리 집안을 복되게 할 것이다."

하셨다.

아내는 아버님을 섬김에 효성을 극진히 하였다. 낮에는 곁에서 모시면서 특별한 일이 없는 한 잠시도 곁을 떠나지 않았는데, 말하고 행동하고 심부름하는 것이 아버님의 뜻에 부합하지 않음이 없어 아버님께서 매우 편안해하셨다. 일찍이 나에게 말씀하시기를,

"네 처가 능히 나의 뜻에 들어맞게 행하는 것은 너도 도리어 미치지 못하는 바이다."

하셨다.

아내는 아버님을 섬김에 일찍이 터럭만큼도 숨기는 것이 없었다. 하루는 친정에 갔다가 돌아왔는데 아버님께서 어찌 그리 늦게 왔냐고 물으시니 아내가 대답하기를,

"늦게 일어나는 바람에 미처 세수하고 머리 빗지도 못하였습니다."

하였다. 아버님께서 그 말을 듣고 말씀하시기를,

"솔직하여 숨김이 없으니 요즘 세상에 부녀자들이 꾸며대는 것과 비할 바가 아니다."

하며 칭찬하여 마지 않으셨으니, 대개 시집온 지 겨우 한 달 남짓 되었

224 덕용(德容) : '덕언용공(德言容功)'의 준말로, 부녀자가 갖춰야 하는 네 가지 덕행, 즉 부인의 덕 · 부인의 말씨 · 부인의 용모 · 부인의 일을 가리킨다. 《禮記 昏義》

을 때였다.

아내는 아버님 곁에 있을 때 온화하고 상냥한 얼굴로 즐겁게 웃으며 이야기하였다. 내가 엄숙과 공경이 부족하다고 경계한 적이 있었는데 아내가 대답하기를,

"부모님을 모시는 도리가 오로지 엄숙과 공경만을 위주로 하여야 하는 것은 아닌 듯싶습니다."

하니 내가 이를 듣고 탄복하였다.

아내가 일찍이 어떤 일로 아버님께 잘못을 저지른 적이 있었다. 내가 그때 마침 들어가서 아내를 보자 아내가 근심스런 기색을 띠며 조용히 나에게 일러 말하기를,

"당신이 스스로 말하기를, 오직 내가 부모님을 어떻게 모시느냐에 따라 나를 대하겠다고 하였습니다. 이제 내가 아버님에게 꾸중을 들었고 아버님의 뜻이 아직 풀리지 않으셨는데, 당신이 나에게 경계와 책망을 가하지 않고 다른 날과 똑같이 왕래하니 이것이 옳겠습니까?"

하였다. 내가 이 말을 듣고 나도 모르게 부끄러운 빛이 들었다.

아버님께서 항상 병이 있으시어 아내가 밤낮으로 노심초사하였는데 잠시도 말이나 용모에 흐트러진 모습을 보이지 않았다. 반드시 아버님께서 드신 후에야 먹고 반드시 아버님께서 주무신 후에야 잠자리에 들었으며 혹 병세가 위중해지시면 매번 한밤중에도 자지 않고 기거(起居)를 받들었다.

아내가 아버님을 모심에 효성과 사랑이 참으로 지극하여 아버님께서 사랑하심이 특별히 깊으셨다. 매양 아내가 모시고 앉아있을 때마다 흔연(欣然)히 기뻐하는 모습을 보이셨으며, 친척들을 만나면 아주 작은 일이라도 하나하나 거론하며 자랑하셨다. 일찍이 말씀하시기를,

"만년의 병중에 다행히도 이러한 며느리를 얻어 나의 마음이 기쁘고 즐거우니 병이 거의 다 나은 것 같다."

하셨으며 병이 위독해지자 말씀하시기를,

"내 이렇게 훌륭한 며느리를 얻었으니 죽어도 걱정이 없다."

하셨다.

아내는 나의 본생(本生) 부모님[225] 섬기기를 아버님을 섬기는 것과 같이 하였다. 아내가 죽자 집안사람들이 말하기를, 아내가 어머님에 대하여 자애와 효성이 아울러 지극하였다고 하였다. 집안에 본디 두 말이 없었으며 혹 터럭만큼이라도 있으면 아내가 그때마다 얼굴빛을 바로하고 엄한 말로 꾸짖어 후에는 곧 감히 입에 꺼내는 이가 없었다. 그러므로 어머님께서 일찍이 말씀하시기를,

"이 며느리가 나를 섬김이 참으로 내가 직접 낳은 자식과 다름이 없으니, 내가 참으로 이 아이의 지극한 행실에 감동하였다."

하셨다.

아내는 일찍이 여자가 시집을 가면 항상 부모와 멀리 떨어져 지내게

225 나의 본생(本生) 부모님 : 오원(吳瑗)의 생부모(生父母)인 오진주(吳晋周) 내외를 가리킨다. 오진주에 대한 자세한 내용은 119쪽 주217 참조.

되는 것을 한스럽게 여겨 거의 잠시도 마음을 풀고 즐거워하지 못하였다. 또 일찍이 말하기를,

"평생 마음 쓰는 것이 별로 없는데, 다만 언니 하나가 나이가 서로 비슷하여 차마 잠시도 잊을 수가 없습니다."

하였다.

아내는 나와 함께 살 때 행동거지가 분명하고 언사(言辭)가 부드러워 끝내 실수를 한 적이 없었다. 일찍이 말하기를,

"제가 군자(君子 남편을 높여 부르는 말)를 섬김에 어찌 감히 옛날의 어진 부인들을 닮기를 바라겠습니까. 오직 순종을 정도(正道)로 삼는다는 것[226]을 알 따름입니다."

하였다. 그러나 단정하고 바르게 스스로를 단속하고 한 번도 구차하게 남의 뜻을 따른 적이 없었으며, 일에 따라 권장하거나 경계하되 조용한 가운데 논리가 분명하여 사람으로 하여금 쉬이 깨닫게 하였다.

아내는 성품이 매우 어질고 후덕하여 일찍이 스스로 이르기를 평생 한 번도 '노(怒)' 자(字)가 없었다고 하기에 내가 말하기를,

"노여움〔怒〕은 칠정(七情)[227] 중의 하나인데 어떻게 없을 수가 있단 말이오."

226 순종을……것 : 맹자(孟子)가 "순종을 정도로 삼는 것은 첩부의 도리이다.〔以順爲正者, 妾婦之道也.〕"라고 한 데서 온 말이다. 《孟子 滕文公下》

227 칠정(七情) : 사람이 가지고 있는 7가지 감정으로, 보통 희(喜)·노(怒)·애(哀)·락(樂)·애(愛)·오(惡)·욕(欲)을 가리킨다.

하였다. 그러나 내가 아내와 살면서 성난 표정을 짓거나 빠르게 말하는 것을 참으로 한 번도 본 적이 없으니, 이는 그의 천성이 그러한 것이다. 시기 질투나 분통 원망의 뜻 같은 것은 더욱 말이나 모습에 두지 않았으며, 비록 격동시키더라도 또한 싹도 트지 않았다.

아내는 평생 뜻과 소원을 스스로 말한 적이 없었으며, 비록 묻는다 하더라도 그때마다 겸손하게 사양하며 대답하지 않았다. 내가 일찍이 집안을 다스리는 도(道)는 마땅히 무엇을 우선으로 해야 하냐고 묻자 아내가 대답하여 말하기를,

"저는 부녀자라 참으로 아는 것이 없습니다. 다만 상하(上下)를 바루고 내외(內外)를 엄격하게 구분하는 것, 이와 같이 하면 거의 가까울 것입니다."

하였다.

한 번은 내가 아내의 내외(內外) 가문의 의덕(懿德)에 대하여 말하였더니, 아내가 곧 즐겨 들으려하지 않았다. 내가 그 까닭을 물었더니 대답하여 말하기를,

"제가 매우 어리고 몽매하여 능히 가문의 가르침을 받들 수 없으니 참으로 부끄럽습니다. 무엇이 영예롭겠습니까."

하였다. 무릇 과시와 오만의 습성이 일찍이 조금도 가슴속에 싹튼 적이 없었다.

아내는 입으로 영화(榮華)와 현달(顯達)을 말하지 않았고 그 뜻을 살펴보면 또한 담백하였다. 무릇 사물에 대하여 탐내고 부러워하거나

반드시 그렇게 되어야한다고 고집하는 뜻이 전혀 없었으며 일찍이 말하기를,

"얻고 잃는 것에는 운수가 있으니 다만 맡겨두어야 할 따름입니다."

하였다.

아내가 나와 이야기할 때에 보면 모두 조리가 있어 들을 만하였으며, 차라리 한담(閑談)을 할지언정 절대로 다른 사람의 잘못을 논하고 장단점을 따지지 않았다.

아내는 평소에 겉치레를 일삼지 않아 행동거지가 법도에 맞고 용모와 거동이 단정하였으니 아버님께서 일찍이 칭찬하며 말씀하시기를,

"며느리의 움직임 하나하나가 합당하지 않음이 없다."

하셨다. 나와 함께 살 때에도 혹시라도 게을러서 예의를 잃는 모습을 보지 못하였다.

아내는 아버님의 상(喪)을 당하자 슬픔이 지극하여 한결같이 예법(禮法)[228]에 따라 몸을 단속하였다. 상을 당한 초기에 병을 얻었다가

228 예법(禮法) : 원문의 '禮防'은 예로써 혼란이 일어나지 못하게 막는 것이다. 《예기(禮記)》 〈경해(經解)〉에, "예가 환란이 일어나는 것을 막는 것은 마치 홍수가 발생하는 것을 막는 것과 같다. 그러므로 오래된 제방을 쓸모없다고 여겨서 무너뜨리는 자에게는 반드시 홍수의 낭패가 있고, 오래된 예를 쓸모없다고 여겨서 버리는 자에게는 반드시 어지러워지는 근심이 있다.〔夫禮禁亂之所由生, 猶坊止水之所自來也. 故以舊坊爲無所用而壞之者, 必有水敗; 以舊禮爲無所用而去之者, 必有亂患.〕"라고 한 데서 나온 말이다.

곧바로 나았으나 손상이 실로 깊어 연제(練祭)[229]를 지낸 후에 병이 나서 마침내 일어나지 못하게 되었다. 나의 친척들이 모두 마음아파하며 말하기를,

"이 며느리가 시아버지의 상을 잘 치르더니, 애석하다. 마침내 애훼(哀毁)[230]로 죽었구나."

하였다.

아내는 병이 위독해진 후에도 매번 가군(家君)[231]께서 진찰하러 오실 때마다 반드시 일어나 앉아 평소와 같이 몸가짐을 수습하였다. 임종하기 7~8일 전부터는 내가 들어가서 보면 이미 할 수 있는 것이 없었다. 그러나 혼수상태에 빠져 헛소리를 하는 와중에도 문득 가군이 어디 계신지 묻고 걱정을 끼칠까 근심하였다. 그때에 아내의 부모님께서는 충청도에서 상중(喪中)에 계셨다. 아내가 나에게 말하기를,

"내가 날마다 어머니가 오시기를 바랐는데 오늘날 병세가 이러하니 비록 와서 보신다 하더라도 다만 근심과 속상함만 더할 뿐이라 와서 보시지 않는 것이 낫겠습니다."

하였다. 임종할 때에 통곡하며 어머니를 부르더니 소리가 그치자 절명(絶命)하였다.

229 연제(練祭) : 부모의 상(喪)을 당한 지 1년 만에 지내는 제사인 소상(小祥)을 말한다. 초상(初喪)에는 마전하지 않은 거친 삼베로 상복(喪服)을 만들어 입다가 소상 때가 되면 마전한 삼베〔練〕로 만든 상복으로 갈아입기 때문에 연제라고 일컬었다.

230 애훼(哀毁) : 부모의 죽음을 몹시 슬퍼하여 몸이 쇠약해진 것을 말한다.

231 가군(家君) : 남에게 자기 아버지를 이르는 말로, 여기서는 오원(吳瑗)의 생부인 오진주(吳晋周, 1680~1724)를 가리킨다.

아내는 이미 자신의 병을 어찌 할 수 없음을 스스로 알고서 나를 향하여 오직 부모님이 그립다고 말한 것 외에는 끝내 다른 일에 대해서는 한 마디도 언급하지 않았다. 간병하던 집안사람이 말하기를, 아내가 여러 달에 걸쳐 병으로 고생하다가 증세가 매우 심하여져 옆에 있는 사람이 차마 눈뜨고 볼 수 없을 지경에 이르렀으나 슬퍼하는 기색이나 괴로워하는 말은 전혀 없고 다만 부모님을 뵙지 못하는 것을 한스럽게 여겼다고 하였다. 성품과 도량이 광달(曠達 대범하고 툭 트임)한 것이 참으로 보통의 부인들과 같지 않았다.

아내의 병이 이미 위독해진 후에도 정신은 오히려 흐려지지 않고 또렷하였다. 임종하던 날 밤에도 매번 내가 안부를 물을 때마다 아내가 말하기를,

"밤이 이미 깊었는데 어찌하여 잠자리에 들지 않으십니까."

하였다. 내가 들어가서 보면 아내가 들어와서 보지 말 것을 권하였으니, 아마도 혐의(嫌疑)로움을 멀리하고 임종을 바르게 맞이하고자 해서였을 것이다.[232] 옆에서 시중을 드는 여종을 돌아보며 이르기를,

"새로 들어오는 안주인을 잘 모시고, 내가 없다고 해서 혹시라도 업신여기지 말거라."

하였다.

아내가 이미 작고한 후에 장모인 송씨(宋氏)께서 눈물을 흘리며 나

232 내가……것이다 : 조선 시대에는 남녀가 유별(有別)하므로 아내나 남편이 병석에 누워있거나 임종할 때에 배우자가 보지 않는 것이 예(禮)에 맞는 것이다.

에게 말씀하시기를,

“나에게 딸이 다섯이 있는데 이 딸이 가장 어질어 부모의 사랑 또한 가장 깊었는데, 이제 딸을 잃었으니 애석하다. 우리 딸의 성품이 매우 효성스럽고 유순하여 어렸을 때부터 차마 잠시도 부모 곁에서 떨어지지 않았으며 형제간에 있어서도 또한 비교하고 다툰 적이 없으니 부모의 뜻을 조금도 거스르지 않았다네. 시집가서는 이러한 행동을 미루어 시부모를 섬겼으니, 하루는 집에 왔다가 문득 그리워하는 마음을 견디지 못하였고 말과 행동 하나하나에도 감히 시부모를 잊지 못하였으며 시댁에 대하여서는 터럭만한 일도 언급하지 않았으니, 그 지극한 성품이 이와 같았다네.”

하셨다.

또 말씀하시기를, 아내는 어렸을 때부터 기쁘거나 화나는 감정을 곧 드러내지 않았으며 몸가짐을 매우 삼가 7~8세에 능히 깊숙이 거처하며 밖으로 나가지 않을 수 있었다고 하셨다.

또 말씀하시기를,

“우리 딸의 식견과 도량이 넓고 깊어 내가 어떤 일을 만나 근심하고 괴로워할 때마다 우리 딸이 천천히 한 마디 말로 풀어서 나의 가슴을 시원하게 트이게 하여주었다네. 성품이 비록 부드럽고 온화하나 실은 엄격하고 진중하여 시집가기 전에 우리 집의 남녀종들이 숙연하게 두려워하지 않음이 없었는데, 이제 비록 다시 보고자 한들 그럴 수 있는가. 이것이 내가 매우 애통해하는 바일세.”

하셨다.

아내가 작고한 지 이미 몇 년이 지났으나 나의 애도와 안타까움은 아직 끝나지 않았다. 고모님과 이모님 등 여러 어른들께서 나를 보시면 그때마다 또한 가슴아파하며 탄식하시고 또 말씀하시기를,

"이 사람이 비록 요절하였으나 아름다운 이름이 일찍 드러나 죽은 후에도 더욱 사람들이 안타깝게 여기니, 족히 슬픔을 완화할 수 있을 것이다."

하시니, 아! 이것이 더욱 슬퍼할 만한 까닭인 것이다.

위의 글은 죽은 아내 안동 권씨(安東權氏)의 행록(行錄) 25조목으로 내가 손수 기록한 것이다.

아! 아내는 가히 어질다 이를 수 있다. 돌아보건대 여자로 태어났고 또 불행히도 일찍 죽어 그 아름다운 덕과 지극한 행실이 마침내 규방의 사이에 파묻혔으니, 아! 어찌 차마 이럴 수 있는가. 내가 아내의 어짊에 대하여 참으로 마음속 깊이 감복하였으나 다만 같이 산 세월이 오래지 않고 그때 나이가 어려서 식견과 사려가 부족하였기 때문에 무릇 아내의 자질과 식견·뜻과 취향을 오히려 다 표현할 수 없는 것이 있으니, 이것이 내가 한스러워 하는 바이다.

이제 기록하는 즈음에 혹시라도 사사로운 감정에 가려서 말에 넘치는 바가 있을까 두렵다. 그러므로 감히 나의 견해로 칭찬할 수가 없는데, 오직 아버님께서 살아계실 때 일찍이 칭찬하고 허여하신 바를 내가 기억하고 감히 잊지 못하는 데다가 아내가 작고한 후에 집안 친척들께서 입을 모아 칭송하고 애석해하시는 말씀을 왕왕 듣고 아내 생전에 보고 기억나는 것과 맞추어본즉 모두 지나친 칭찬이 아닌 것으로 보인다. 그러므로 이제 내가 기록하는 것은 오직 아버님

의 말씀과 친척들이 읊어주신 것 및 내가 직접 보고 들은 것을 삼가 기록한 것으로 감히 한 마디도 꾸미거나 과장하지 않았으니, 내가 이에 부끄러움이 없을 수 있다.

아! 내가 아내를 참으로 속속들이 다 알지 못하고 이 글은 또 내가 아는 것을 다 기록하지 못하나 오직 순일한 행실과 아름다운 자질, 높은 뜻과 툭 트인 식견을 또한 족히 여기서 얻을 수 있으니 빈 말로 칭찬하는 것과 견줄 바가 아니다. 아! 오래 살지 못하고 단명(短命)하는 것이 어찌 아내만의 불행이리요.

내가 이 행록을 쓴 후 친지 가운데 이 글을 보기를 구하는 이들이 있어 문득 꺼내 보여주니 모두 말하기를,

"애석하다. 참으로 어진 부인이로다."

하였으며 일찍이 아내의 행실을 들었던 사람은 문득 말하기를,

"이는 참으로 사실을 기록한 것이다. 혹시 빠트린 것이 없는가."

하였다. 아! 아내의 미덕이 사람들에게 신뢰를 얻음이 이와 같은 데에 이르렀도다.

제13권

제문 祭文

죽은 아내를 제사하는 글 무술년[1]

祭亡室文 戊戌

유세차 무술년 2월 27일 병오에, 죽은 아내 안동(安東) 권씨(權氏)[2]의 영구를 이날 발인하여 돌아가신 부모님[3]의 묘소를 따라 광주(廣州) 월곡(月谷) 오좌(午坐)[4]의 언덕에 영원히 안장하려고 한다. 나 수양(首陽)[5] 오원(吳瑗)은 아직 발인하기 전에 한마디 말로써 영결하고자 하는데, 악점(堊苫)의 슬픔[6] 중에 이내 새로운 슬픔[7]을 더하게 되었으니, 더욱 슬퍼서 긴 말을 할 수가 없으나 끝내 차마 말이 없을 수도

1 무술년 : 1718년(숙종44)으로 오원이 19세 되던 해이다.

2 안동(安東) 권씨(權氏) : 권정성(權定性, 1677~1751)의 딸로, 오원은 16세(1715)에 그와 혼인하였고, 19세에 상처하였다. 권정성은 권상하(權尙夏)의 손자로 고성 군수(高城郡守), 장악원 주부(掌樂院主簿) 등을 역임하였다. 《월곡집》 권1의 시 〈오강에서 느낌을 적다[梧江志感]〉에는 죽은 권씨 부인을 그리워하는 정이 드러나 있다.

3 돌아가신 부모님 : 오원의 양부모인 해창위(海昌尉)와 명안공주(明安公主, 1667~1687)를 가리킨다. 해창위는 공조 판서를 지낸 오두인(吳斗寅)의 아들 오태주(吳泰周, 1668~1716)로 오원의 백부이다. 명안공주는 현종과 명성왕후 사이에 셋째 딸로 태어났으며 숙종의 누이동생으로 1679년(숙종5)에 오태주와 혼인하였다.

4 오좌(午坐) : 묏자리나 집터에서 오방(午方)을 등진 방향을 말한다. 오방은 24방위에서 정남(正南)을 중심으로 15도 안쪽을 말한다.

5 수양(首陽) : 작자 오원(吳瑗)의 본관인 해주(海州)의 옛 이름이다.

6 악점(堊苫)의 슬픔 : 악점(堊苫)은 벽에 진흙을 바르고 거적을 깐 곳으로 어버이의 상중에 있는 것을 뜻한다. 오원이 17세인 1716년(숙종42) 10월에 양부 해창위(海昌尉)의 상을 당하여, 무술년인 1718년에는 거상 중에 있었다.

7 새로운 슬픔 : 자신이 부인을 잃은 것을 말한 것이다.

없다. 그래서 슬픈 것 중에 심한 것만을 모아서 그 하루 전날인 을사일(26일)에 조전(祖奠)[8]을 차림으로 인하여 고한다.

아, 슬프다! 그 누가 죽지 않을 것이며 죽음을 그 누가 슬퍼하지 않으랴만, 그 무엇이 그대의 죽음만큼 슬프리오. 내가 슬퍼하는 바는 그대의 죽음뿐만이 아니라 나의 삶도 스스로 슬퍼하는 것이라. 아! 그대가 이 세상에 머문 것은 겨우 20년인데 오히려 그 1년을 채우지도 못하였으니, 어찌 그리도 명이 짧단 말이오? 그대는 죽으면서 오직 세 살 어린애를 두었으나 또한 아들이 아니니, 어찌 그리도 복이 없단 말이오? 그대가 부모님을 떠나 와 해를 넘긴 지 오래 되었으나 친정이 며칠 만에 갈 수 없는 먼 곳에 있다 보니,[9] 아플 때도 의지할 수 없었고 임종 때도 대면하여 영결하지 못한 채 끝내 한을 머금고 관속에 누웠으니, 아! 심하도다. 그 잠담함이.

아! 슬프다. 부부의 의리는 또한 중하다고 하였소. 한 몸으로 합해진[10] 처음부터 진실로 장차 백년해로하여 큰 복을 길이 품고자 하였건만 그대가 나의 아내로 산 세월은 실로 4년이 채 되지 못하였으니, 지금 그대의 죽음으로 인생의 지극한 슬픔이 모두 갖추어졌고 천하의

8 조전(祖奠) : 발인 전날 저녁에 영결을 고하는 제사를 말한다.

9 며칠……보니 : 권씨의 친정은 충청도 청풍의 오취강(梧翠江) 부근에 있었다. 오취강은 곧 오강(梧江)다. 〈오강에서 처남 권형숙의 시운을 따라 지어서 주다〔梧江次贈婦弟權亨叔韻〕〉에는 권정성의 아들인 권진응(權震應, 1711~1775)에 대한 정이 드러나 있다. 《월곡집》 권10의 〈호좌일기(湖左日記)〉에서 '오취강의 외구댁(外舅宅)'이라 하였다.

10 한……합해진 : 원문의 '牉合'은 반쪽과 반쪽이 합하는 것으로 결혼을 의미한다. 《의례》 〈상복전(喪服傳)〉에, "부부는 반합이다.〔夫婦牉合也〕"라고 하였다.

지극한 곤궁함에 이르렀소. 가슴 먹먹한 이 사정은 행인들조차 슬프게 하기에 충분한데, 하물며 나는 마음이야 응당 어떠하겠소?

아, 애통하여라. 나의 슬픔은 여기에 미칠 겨를도 없이 또 이보다 더한 것이 있소. 아! 나의 기박한 운명, 일찍부터 흉악한 허물에 걸리어, 태어난 지 7일 만에 어머니를 여의고 할머니[11] 손에서 키워지다 다섯 살에 할머니를 잃었고, 아홉 살에 또 어머니를 여의었으니,[12] 그 인생이 지극히 처량하다고 할 만하오.

돌아가신 아버님께서 힘을 다해 가르치고 길러주셨으니, 실로 자애로운 어머니요 엄한 스승이었소. 무릇 사람이 부모의 호천망극(昊天罔極)한 덕에 대하여 어찌 경중(輕重)을 말할 수 있겠소만, 선군께서 나를 사랑하여 키워주신[13] 노고는 실로 다른 집 아들보다 백배는 될 것이오. 나 소자(小子)는 덕분에 생명을 보전하여 장성함에 이를 수

11 할머니 : 황부인(黃夫人)으로 상주 황씨(尙州黃氏) 부사(府使) 황연(黃埏)의 딸이며 정경부인에 봉해졌다. 오원의 조부 오두인(吳斗寅, 1624~1689)의 세 번째 부인으로 해창위 오태주(吳泰周), 오원의 생부 오진주(吳晉周), 오이주(吳履周) 등을 낳았다.

12 아홉……여의었으니 : 생부 오진주의 재취인 동래 정씨(東萊鄭氏)를 말한 것 같다. 오진주는 세 번 장가를 갔다. 초취는 농암 김창협의 딸로 오원의 생모이고, 재취는 동래 정씨 정희선(鄭希先)의 딸이며, 삼취는 대구 서씨(大邱徐氏) 서명덕(徐命德)의 딸이다.

13 사랑하여 키워주신 : 원문의 '拊鞠顧復'은 어루만져 길러주고 돌보아 키워준 부모의 은혜를 말한 것이다. 《시경》〈육아(蓼莪)〉에 "아버지는 나를 낳으시고, 어머니는 나를 기르셨다. 나를 다독이시고 나를 기르시며, 나를 자라게 하고 나를 키우시며, 나를 돌아보시고 나를 다시 살피시며, 출입할 땐 나를 배에 안으셨다. 이 은혜를 갚으려면 하늘이라 한량이 없도다.〔父兮生我, 母兮鞠我. 拊我畜我, 長我育我. 顧我復我, 出入腹我. 欲報之德, 昊天罔極.〕"라고 하였다.

있었고, 이에 선군의 명을 받들어 그대를 아내로 맞이하였소.

선군께서 화를 겪으신[14] 후로 늘 세상에 흥미를 잃으시고 또 병까지 걸리셨는데, 돌아보건대 미련하고 어리석은 나는 일찍이 추호도 정성과 공경을 다하여 그 뜻을 따르지 못하였소. 선군께서 자애로운 정[15]으로 보듬어 사랑해주심이 지나칠 정도였으나, 나의 불효의 죄로 말하자면 이미 이루 다 헤아릴 수가 없소. 그대가 처음 우리 집안에 들어올 때부터 우리 부모님도 매우 기뻐하셨지만 선군의 기쁨은 각별하셨소. 그대는 우리 부모님을 잘 모셨고, 사랑과 존경도 지극하여 우리 부모님께서 특히나 사랑하셨소. 선군께서는 자주 칭찬하여 말씀하시기를,

14 화를 겪으신 : 기사환국 때 오두인을 비롯하여 그 아들인 해창위까지 화를 입은 일을 가리킨다. 《숙종실록》 15년(1689) 4월 25일 기사에 의하면, 전 사직(前司直) 오두인 등 86인이 후비(后妃) 문제로 상소하자 임금이 노하여 한밤중에 이들을 잡아들여 친국하였는데, 해창위 오태주가 오두인의 아들이므로 편안히 둘 수 없으니 삭탈관직하라고 명하였다. 이 일은 숙종이 인현왕후를 폐위하려고 하자 노론에서 반대하는 상소를 올린 일로 인하여 옥사가 일어났다. 오두인・박태보(朴泰輔) 등은 친국 후 즉시 유배되었는데 오두인은 의주로 유배 가던 도중 5월 7일 파주에서 사망하였다. 5월 2일에, 인현왕후는 폐해져 서인이 되었고, 오두인・박태보 등의 아들・사위・동생 및 숙질을 아울러 영구히 삭탈・금고하라고 명하였다. 5월 12일에는 오태주의 직첩을 돌려주라고 명하였다.

15 자애로운 정 : 원문은 '止慈之情'으로 부모의 사랑을 뜻한다. 지자(止慈)는 《대학장구》 전 3장에, "《시경》 〈문왕(文王)〉에 이르기를 "목목(穆穆)하신 문왕(文王)이여, 아! 계속하여 밝혀서 공경하여 그쳤다.' 하였으니, 인군(人君)이 되어서는 인(仁)에 그치시고, 인신(人臣)이 되어서는 경(敬)에 그치시고, 인자(人子)가 되어서는 효(孝)에 그치시고, 인부(人父)가 되어서는 자(慈)에 그치시고, 국인(國人)과 더불어 사귐엔 신(信)에 그치셨다.〔詩云穆穆文王, 於緝熙敬止. 爲人君止於仁, 爲人臣止於敬, 爲人子止於孝, 爲人父止於慈, 與國人交止於信.〕"라고 한 데서 나왔다. 그 주에, "경지(敬止)는 공경하지 않음이 없어서 그치는 바에 편안함을 말한다."라고 하였다.

"이렇게 잘 섬기다니, 참으로 우리 어진 며느리이로다."라고 하셨소. 예사로운 사소한 일이라도 반드시 이야기하며 사람들에게 자랑하셨고, 친척을 대할 때마다 그대의 어짊을 칭찬해 마지않으셨으니, 그 사랑이 나에 대한 사랑을 거의 넘어설 정도였소. 음식을 먹을 때면 반드시 함께 먹게 하였고[16] 앉아 있을 때면 반드시 함께 앉게[17] 하셨소. 만년에 병이 깊어지신 중에 위로와 기쁨을 받으신 바 극히 많았고, 그대 또한 선군의 뜻을 받들어, 빈객이 오거나 별다른 일이 없으면 차마 잠시도 그 곁을 떠나지 않았소.

무릇 내가 하지 못하는 일을 그대는 다 잘 해냈소. 내가 선군 옆에 있을 때 항상 보면 그대는 부드러운 음성과 평온한 마음으로[18] 선군의 뜻을 먼저 알아차려 따랐는데,[19] 늘 온화한 얼굴에 유순한 기색으로

16 함께……하였고 : 원문의 '侍食'은 윗사람을 모시고 함께 음식을 먹는 것을 말한다. 《논어》〈향당〉에 "임금을 모시고 식사할 때, 임금이 제를 올리면 먼저 밥을 맛보셨다.〔侍食於君, 君祭先飯.〕"라고 하였다.

17 함께 앉게 : 원문의 '侍坐'는 윗사람을 모시고 함께 앉아 있는 것을 말한다. 《예기》〈곡례 상(曲禮上)〉에 "군자를 모시고 앉았을 때 군자가 하품을 하거나 기지개를 켜며, 지팡이나 신발에 손을 대거나 해가 저무는 것을 보면 앉은 사람이 물러날 의사를 말한다.〔侍坐於君子, 君子欠伸, 撰杖屨, 視日蚤莫, 侍坐者請出矣.〕"라고 하였다.

18 부드러운……마음으로 : 원문의 '怡聲下氣'는 《예기》〈내칙(內則)〉에 나온다. "며느리가 시부모의 거처에 가서 마음을 가라앉히고 목소리를 부드럽게 해서 입고 있는 옷이 춥고 더운지를 묻고 아프고 가려운 데는 없는지 여쭈어 공경히 안마도 하고 긁어 드리기도 한다. 출입할 때는 앞서기도 하고 뒤서기도 하여 공경히 부축해 드린다.〔及所, 下氣怡聲, 問衣燠寒, 疾痛苛癢, 而敬抑搔之. 出入則或先或後, 而敬扶持之.〕"

19 뜻을……따랐는데 : 부모를 잘 봉양하는 것을 말한다. 원문의 '先意順旨'는 《예기(禮記)》〈제의(祭義)〉에 "군자에게 있어서 이른바 '효'라는 것은 부모님이 말씀하시기 전에 미리 그 뜻을 받들어 행하는 것이다.〔君子之所謂孝者, 先意承志.〕"라고 한 데서

즐겁게 행하였소. 그때 또 선군의 안색을 우러러보면 기뻐하시며 흡족해하셨고, 마치 무엇을 얻은 것처럼 만족해 하셨으니, 나 또한 내심 흐뭇하여 기쁨을 금할 수 없었소. 가끔 그대가 친정에 부모님을 뵈러 가서 선군 곁에 없을 때면 나는 문득 서글퍼져서 마치 무언가를 잃어버린 것만 같았소. 내가 혹 산방(山房)에서 공부하느라 잠시 부모님 곁을 떠나 있어야 했을 때, 부모님을 생각할 때마다 마음이 든든하여 믿는 구석이 있었던 것은 또한 그대가 있었기 때문이었소.

비록 나는 선군에게 외아들이었지만 그대가 시집온 뒤로는 마치 형제 있는 것처럼 즐겁고 화목하여 세월이 흘러감을 알지 못한 것이 또한 2년이었소. 아, 내가 비록 불초하여 스스로 자식의 본분을 다하지 못하였어도, 그대가 나의 부모에게 효성을 다함이 이와 같았소. 이는 진실로 당연한 사람의 도리임에도 나의 마음은 기뻤나니, 내가 직접 해낸 것과 무슨 차이가 있겠으며, 진정으로 그대에게 감사하는 것이 어찌 단지 예사로운 정도겠소. 하물며 선군께서 그대를 사랑하심이 여기에 이르렀으니, 내가 그대를 소중히 여김이 응당 어떠해야 하겠소?

물러나 방안에서 항상 서로 말하기를, "우리가 만약 능히 오래도록 세 어른을 봉양하여 슬하에서 해로할 수 있다면, 인생의 즐거움 중 이보다 더한 것이 없을 것이오."라고 하였소. 그대 또한 돌보아 주시는 은혜를 입어 부모님 마음을 편안하고 기쁘게 해드릴 수 있었다고 하면서 다 자신의 복으로 돌렸고, 매번 나의 돌아가신 어머니[20]와 생모를

나왔다.

20 돌아가신 어머니 : 양모(養母)인 명안공주(明安公主, 1667~1687)를 가리킨다. 137쪽 주3 참조.

섬기지 못한 것을 한스러워 하였소.

지난 병신년[21] 여름에 돌아가신 어머니의 기제사를 맞았을 때, 선군께서 병으로 참여하지 못하시고 나에게 대신 주관하도록 하셨는데, 그대가 실로 잘 도와주었소. 제례가 끝나고 선군께서 생부(生父)[22]를 돌아보며 이르시기를, "내 이미 아들과 며느리가 있어 제사를 받들 수 있게 되었으니 이젠 걱정할 게 없다."라고 하셨소. 임종하실 때 그대를 돌아보며 당부하고 기대하던 바는 더욱 간절하였소. 나는 몹시도 불효하여 정성으로 하늘을 감동시키기에 부족해 끝내 선군께서 여러 해 앓으신 열병(熱病)을 낫게 해드리지 못하였으나, 그대의 지극정성과 근심걱정은 잠시도 얼굴빛과 말에서 사라진 적이 없었소.

오로지 나의 행실이 천지신명을 저버린 탓에, 죄가 천지에 닿아 끝내 흉화(凶禍)가 위로 선군에게 뻗치고, 고생하며 길러주신 망극한 은혜를 추호도 갚지 못하게 되었으니, 그 불효하고 불초한 죄는 여기에 이르러 더더욱 용서받기 어렵소. 그러나 나는 몹시도 흉악하고 포악하여 즉시 스스로 목숨을 끊지 못하고, 오히려 눈으로 보고 입으로 숨쉬고 배고프면 밥 먹고 목마르면 물 마셨거니와 게다가 살기를 탐하고 죽음을 두려워하여 스스로 예제(禮制)에 극진하지도 못하였소.

하늘의 해 아래 뻔뻔한 낯으로 구차하게 살아온 것이 어느새 이미 해가 두 번 바뀌었소. 세월이 깊어질수록 음성과 얼굴은 더욱 아득해지는데도 슬픔은 도리어 사라지고 마음은 편안해져서, 마치 지극한 아픔

21 병신년 : 1716년(숙종42)으로 오원이 17세이며 혼인한 이듬해이다. 이해 10월에 양부(養父)의 상을 당하였다.

22 생부 : 오원의 생부인 오진주를 가리킨다.

이 내게 있음을 알지 못하는 것처럼 지냈소. 이와 같으니 그 흉악하고 포악함을 어찌 타인에게 비하겠소.

그러나 상도(常道)를 지키는 천성(天性)[23]만은 끝내 없어지지 않아 때때로 한밤중에 나의 죄를 반성하였으니, 첫째는 불효요 둘째는 은혜를 잊음이라! 마음 깊이 저미는 슬픔으로 마치 칼날에 찔린 듯하였소. 가만히 생각해보건대, 불효하고 불초하여 부모님의 안색을 살펴 모시고 그 뜻을 받드는 효도[24]는 이미 다하지 못했으나, 제사를 엄숙히 모시며 죽은 이를 산 사람처럼 섬기는 도리는 아직 남아있으니, 생전에 다하지 못한 효를 나중에 만분의 일이나마 속죄할 길은 오직 여기에 정성을 다하는 것뿐일 것이오. 그대라면 분명 부지런한 효심[25]으로 평생에 선군을 섬기던 뜻을 옮겨 제사드리는 예에 사랑과 정성을 다하고, 빈번(蘋蘩)[26]을 깨끗이 씻고 다듬어 제수와 술을 장만하여 바치되, 선

23 상도(常道)를……천성(天性) : 원문은 '秉彝之天'으로 병이(秉彝)는 《시경(詩經)》〈증민(烝民)〉에 "하늘이 여러 백성을 내시니 사물이 있음에 법이 있도다. 백성이 떳떳한 성품을 갖고 있는지라, 이 아름다운 덕을 좋아하도다.〔天生烝民, 有物有則. 民之秉彝, 好是懿德.〕"라는 구절이 나온다.

24 부모님의……효도 : 원문은 '承顔養志'로 승안(承顔)은 부모님의 안색을 살펴 기분을 맞추어 드리는 것을 말한다. 양지(養志)는 《맹자》〈이루 상(離婁上)〉에 나오는 말로, 증자(曾子)가 아버지 증석(曾晳)을 봉양할 때 반드시 술과 고기를 올리고 상을 물릴 때에는 반드시 남은 것을 누구에게 주고 싶은지를 여쭈었으며 증석이 "남은 음식이 있느냐?"라고 물으면 반드시 있다고 대답하였는데, 맹자가 이러한 증자의 행동을 가리켜 "부모의 뜻을 잘 받들었다.〔養志〕"라고 칭송하였다.

25 효심 : '孝思'는 효심으로 사모하는 것을 말한다. 《시경》〈하무(下武)〉에 "길이 효심으로 사모하니, 효심으로 사모하는 것이 곧 법칙이 되니라.〔永言孝思, 孝思維則.〕" 하였다.

26 빈번(蘋蘩) : 마름과 쑥으로, 귀하지는 않으나 정성껏 올리는 제수를 말한다. 《춘

군께서 평상시에 하신 말씀하신대로 정성과 엄숙함을 다할 수 있으리라. 그리하여 선군의 혼령이 혹 그대의 효심을 흠향하시고 나의 죄를 잊으신다면, 하늘에 사무치는 나의 원통함을 혹 조금이라도 풀 수 있을 것이며, 망극한 은혜를 혹 조금이라도 보답할 수 있으리라. 나의 구구한 바람은 오직 이것뿐이었소. 그런데 누가 생각이나 했겠소? 오늘 그대가 갑작스럽게 내 앞에 죽음으로써 선군께서 당부하고 기대하신 것과 나의 소원을 하나같이 모두 허사로 돌아가게 만들 줄이야.

슬프고 슬프도다. 애통하고 애통하도다. 그대의 병은 실로 초상을 당하여 심신이 피폐해진 초기에 발단되었고, 이어서 친정에 대한 그리움이 맺혀 더욱 신지(神志)[27]가 상하였으며, 지난겨울 연사(練事)[28] 때 병을 무릅쓰고 제사를 지내는 바람이 병이 크게 도져 기이한 증세가 되더니 마침내 다시는 일어나지 못하고 말던 것이오.

아, 슬프다. 선군께서 세상을 버리시던 날, 나와 그대는 비록 살아 있어도 죽은 것과 같았소. 나같이 몹시 흉악한 자가 아니었다면 아마 목숨을 부지하지 못했을진대, 하물며 그대처럼 평생 효도하고 사랑한

추좌씨전》 은공(隱公) 3년 조에, "참으로 이 마음이 명백하고 신실하기만 하다면, 산골 도랑이나 늪가에 난 풀, 개구리밥, 흰쑥, 조류(藻類)와 같은 변변치 못한 나물, 투박한 대광주리와 솥 같은 기물(器物), 웅덩이에 잠겨 있거나 길에 고인 빗물도 귀신에게 올릴 수 있고 왕공에게 바칠 수 있는 것이다.〔苟有明信, 澗谿・沼沚之毛, 蘋蘩・薀藻之菜, 筐筥・錡釜之器, 潢汙・行潦之水, 可薦於鬼神, 可羞於王公.〕"라고 한 데서 나온 말이다.

27 신지(神志) : 정신(精神)과 지기(志氣)를 말한다.

28 연사(練事) : 연제(練祭), 즉 소상(小祥)으로, 죽은 지 한 돌 만에 지내는 제사이다. 연(練)은 삼베를 마전하는 것으로 소상부터는 마전한 삼베로 만든 상복을 입기 때문에 붙여진 이름이다.

사람이 어찌 종천(終天)의 애통함[29]을 견디며 오래 살아남을 수 있었겠소. 그러니 그대의 오늘 죽음은 진실로 한스러워 할 것이 없소. 그러나 저 하늘에 과연 선한 이에게 복을 내리고 악한 이에게 화를 내리는[30] 이치가 있는지 유독 괴이하거니, 지금 어찌하여 모든 것이 이와 반대인 것이오? 생각해봐도, 흉악한 자를 죽게 하지 않고 도리어 그대같이 지극히 효성스럽고 순일하게 행한 자를 죽게 하다니, 하늘이여! 하늘이여! 이 무슨 까닭입니까?

오호라! 내가 알겠도다. 내가 흉악함을 쌓아 하늘에 죄를 얻었음에도 요행히 민흉(愍凶)[31]의 끝에 목숨을 보전하고 조금이나마 산 사람의 즐거움을 누리는 것을 하늘이 또한 미워하여 종천의 지극한 아픔을 안게 하였는데, 여전히 미련하게 스스로 죽을 줄을 몰랐으니, 그 불효한 죄는 죽고도 남음이 있소. 하늘이 비록 벌을 내려 죽인다 하더라도 단지 그 몸만 죽여서는 진실로 그 죄를 족히 징계할 수는 없을 터, 기어이 먼저 선군께서 몹시도 사랑하시던 자에게 화를 옮겨 불효의 죄를 드러내고 갖은 고통을 다 맛보게 한 연후라야 바야흐로 징계라 할 수 있을 것이소. 그러니 나 때문이 아니라면 그대가 어찌 이 지경에 이르렀겠소.

아, 슬프다. 선군께서 세상을 떠나신[32] 후 내가 비록 미련하여 죽지

29 종천(終天)의 애통함 : 종신토록 애통함으로, 부모상을 뜻한다.

30 선한……내리는 : 《서경(書經)》 〈탕고(湯誥)〉에 "하늘의 도는 선인에게 복을 내리고 악인에게 화를 내린다. 그래서 하나라에 재앙을 내려 그 죄를 드러나게 한 것이다.〔天道, 福善禍淫. 降災于夏, 以彰厥罪.〕"라고 하였다.

31 민흉(愍凶) : 부모를 여의는 불행을 말한다.

32 세상을 떠나신 : 원문의 '見背'는 '등을 보이다'로, 부모나 웃어른의 죽음을 뜻한다.

는 못했지만, 매번 나와 그대가 좌우에서 같이 모시며 함께 사랑을 받던 날을 추억할 때면 처음에는 멍하니 꿈만 같다가 이어서 번민과 원통함으로 가슴이 먹먹해졌다오.

아, 슬프다. 이번 생 이 세상에서는 비록 이런 날을 다시 잠깐 만나보려 해도 할 수 없으니, 나와 그대가 선군을 그리워하는 애통한 마음은[33] 진실로 장차 천지와 더불어 끝이 없을 것인데, 지금 그대가 또 나를 버리고 떠나가 나를 더욱더 의지할 곳 없게 하니, 내가 어떻게 이 슬픔을 견디리오.

아! 내가 지금 다시 선군을 뵐 수는 없지만, 무릇 선군께서 일찍이 사랑하셨던 것이라면 비록 개나 말처럼 천한 것이라 할지라도 아끼고 보호하는 마음이 전날의 배가 되어야 마땅하거늘, 하물며 사람에게 있어서이리오. 또 하물며 부부처럼 소중한 관계에 있어서이리오. 그러니 내가 그대에게 감사하고 그대를 소중히 여기는 마음이 어찌 감히 선군이 계시지 않는다고 해서 혹 조금이라도 달라질 수 있었겠소. 그러나 더 잘해준 것이 있었다고 한들, 지금 내가 그대의 죽음을 보면서도 끝내 구해 살려내지 못하였으니, 내가 어떻게 이 슬픔을 견디리오.

아, 나는 흉화(凶禍)를 당한 이래로, 집안 소소한 경조사에 일찍이 애달프게 추모하며 애통하게 마음 아파하지 않은 적이 없었소. 하물며 오늘 그대의 죽음은 최마복(縗麻服)[34]을 아직 벗지 못한 때에 맞이했으

33 선군을……마음은 : 원문의 '孺慕'는 어린아이가 부모의 죽음을 슬퍼하듯 깊이 사모함을 말한다. 《예기》 〈단궁 하(檀弓下)〉에 유약(有若)이 자유(子游)와 함께 어린애처럼 사모하는 자를 보고 자유에게 말하기를 "나는 상중에 발을 구르는 의미를 전혀 몰라서 없애고자 한 지가 오래였는데, 슬퍼하는 정이 이 발 구르는 데에 있음을 이제야 알겠다."라고 한 데서 유래하였다.

니, 내 어떻게 이 슬픔을 견딜 수 있으리오. 하물며 내가 마땅히 죽어야 하는데도 오래도록 죽지 않아 누적된 재앙을 불렀고, 이에 그대를 요절이라는 재앙에 걸리게 한 것 아니겠소! 이는 곧 그대가 나 때문에 죽은 것이라, 내가 또 어떻게 이 슬픔을 견딜 수 있으리오.

무엇보다도 내가 불효하기 더할 수 없는 것은 선군의 하실(下室)의 궤식(饋食)[35]이 끝나지 않았는데 내외(內外)의 관(官)[36]을 갖추지 못한 것이니, 뇌준(罍尊)[37]의 잔질은 누가 하며, 자성(粢盛)[38]의 올림은 누가

34 최마복(縗麻服) : 삼년상에 입는 복이다. 부모의 상중임을 뜻한다.

35 하실(下室)의 궤식(饋食) : 상중에, 하실(下室)에 음식을 올리는 일을 말한다. 하실은 연침(燕寢) 또는 내당(內堂), 정침(正寢)이라고도 하는데 망자가 생전에 생활하던 곳을 말한다. 궤식은 상식(上食)을 의미하는데, 부모가 살아계실 때와 같이 조석으로 때맞추어 음식을 올리는 것이다.

36 내외(內外)의 관(官) : 제사 지낼 때 부부(夫婦)가 각기 일을 맡아서 하는 것을 말한다. 《상변통고》 권23 〈제례(祭禮) 시제(時祭)〉의 '주인과 주부〔主人主婦〕'에, "제사는 반드시 부부가 친히 하는데, 이는 내외의 관직을 갖추기 위함이다. 관직이 갖추어지면 제물이 갖추어진다.〔夫祭也者, 必夫婦親之, 所以備外內之官也. 官備則具備.〕" 하였다. 이에 대한 방씨(方氏)의 주에, "부부가 친히 하는 것은, 군(君)이 제제(制祭 희생의 간을 잘라 제함)하면 부인이 앙(盎 앙제)을 올리고, 군(君)이 할생(割牲 익힌 희생을 자름)하면 부인이 술을 올리며, 경대부가 군을 도우면 명부(命婦 경대부의 아내)가 부인을 돕는 것과 같은 것이니, 이것이 내외의 관직이다. 관직은 일을 집행하는 것이고, 일은 물건을 갖추는 것이다. 그러므로 '관직이 갖추어지면 제물이 갖추어진다'고 한다.〔夫婦親之, 若君制祭, 夫人薦盎; 君割牲, 夫人薦酒, 卿大夫相君, 命婦相夫人, 此內外之官也. 官所以執事, 事所以具物. 故曰'官備則具備'.〕" 하였다. 그리고 "퇴계가 말하기를, '아버지가 죽었으면 아들이 제사를 주관하는 것이 마땅하고, 아들이 제사를 주관하면 아들의 처가 주부(主婦)가 되어 전헌(奠獻)을 행한다.〔退溪曰 : 父旣死, 則子當主祭, 子旣主祭, 子之妻爲主婦, 行奠獻.〕"라고 하였다.

37 뇌준(罍尊) : 예식에 쓰는 주기(酒器)로 구름과 우뢰의 무늬를 새긴 것이다. 《예

하리오. 오직 내가 외로이 홀로 제사를 받들어야 하니 어찌 나의 통한만 끝이 없겠소. 만약 선군의 혼령에 지각이 있다면 강림하여 흠향하실 때 어찌 서글프지 않겠소. 이것은 나의 불효의 소치가 아닐 수 없소.

애통하고 애통하다. 슬프고 슬프다. 아! 삶을 즐거워하고 죽음을 슬퍼함은 인지상정이건만, 나의 삶을 그대의 죽음에 비교해 보면 내 삶이 어찌 즐겁겠으며, 그대의 죽음도 반드시 슬프지만은 않을 것이오.

아, 애통하여라! 선군께서 우리를 버리신 이후로는 앞서 이른바 "즐겁고 화목하였던"[39] 것 모두 도리어 지극한 아픔과 원망이 되었소. 그러니 설령 우리가 백세[40]의 장수를 누린다 한들 이 죽지 못한 세월은 곧 근심을 품고 사는 나날들이라, 부질없이 세상에 남은 지루함만 느껴질 뿐, 생각건대 무슨 낙이 있으리오. 설령 우리가 둔 자손들이 안전에 가득하다 한들 선군께 우리 아들을 한 번 보여드리지도 못했으니, 유감만 더할 뿐, 생각건대 무슨 낙이 있으리오. 또한 자식이 부모에게 할

기》〈예기(禮器)〉에 "남편은 동쪽으로 가서 희준(犧尊)과 상준(象尊)을 잔질하고, 부인은 서쪽으로 가서 뇌준을 잔질한다.〔君西酌犧象 夫人東酌罍尊〕"라는 말이 나온다.

38 자성(粢盛) : 기장과 피로, 제사를 지낼 때 그릇에 담아 올리던 곡물을 말한다. 《춘추공양전(春秋公羊傳)》 하휴(何休)의 주(註)에, "서직(黍稷)을 자(粢)라고 하고, 그릇에 담겨 있는 것을 성(盛)이라고 한다."라고 하였다.

39 즐겁고 화목하였던 : 원문의 '怡怡融融'은 앞에서 말한 바 있다. "비록 나는 선군에게 외아들이었지만 그대가 시집온 뒤로는 마치 형제 있는 것처럼 즐겁고 화목하여 세월이 흘러감을 알지 못한 것이 또한 2년이었소.〔雖余於先君爲一子, 而自子之歸, 蓋不異於有兄弟者焉, 怡怡融融, 不自知日月之逝者且二載矣.〕" 142쪽 참조.

40 백세 : 원문 '期頤'는 백세의 나이로 장수하는 것을 말한다. 《예기》〈곡례 상(曲禮上)〉의 "백 년은 인간이 살 수 있는 최고의 수명이니, 자손들은 최대한으로 봉양을 해야 마땅하다.〔百年曰期頤.〕"라는 말에서 나온 것이다.

수 있는 것은 효도뿐인데, 불효하면서 오래도록 죽지 않느니보다 차라리 온전하게 이 세상 떠남으로써 효도를 하는 것만 못할 것이오. 그러니 그대가 오래 살지도 못하고 아들도 없이 부모를 두고 죽은 것은 모두 그대의 슬픔이 될 만하지 못하며, 슬퍼할 사람은 오직 살아남은 나일뿐이오.

하물며 지금 그대는 삼 년 안에 시부모를 따라 죽어 조상의 발치에 묻혔으니, 나의 할머니와 돌아가신 부모님 및 두 분 어머니[41]를 모시고 좌우에서 부지런히 섬기느라 그 즐겁고 화목함이 장차 인간세상과 차이가 없을 것이오. 그런즉 이처럼 불효 불초하게 구차히 목숨만 보전하면서, 하늘에 사무치는 원통함을 하루도 풀지 못하고 망극한 은혜를 갚지도 못한 채 외로운 여생 죽느니만 못하게 질질 끌고 있는[42] 자와 비교해 어찌 나란히 놓고 말할 수 있겠소. 생삭이 여기에 미치니 애간장이 끊어질 듯하다오.

슬프고 슬프도다! 애통하고 애통하도다! 내가 지금 비록 나의 살아있음으로 그대의 죽음을 부러워하고자 하나, 이것이 어찌 가능한 일이겠소. 그러니 내가 슬퍼하는 것은 단지 내가 살아있는 것의 불행함을 스스로 슬퍼할 뿐, 또 무슨 겨를에 그대를 슬퍼하겠소.

아, 애통하여라. 생각해보니 그대는 평소에 나의 완악하고 패려한

41 두……어머니 : 생모인 김씨와 후모(後母) 정씨를 말한 것이다. 김씨는 김창협(金昌協)의 딸이며, 정씨는 정희선(鄭希先)의 딸로 생부 오진주의 재취이다. 139쪽 주12 참조.

42 죽느니만……있는 : 《시경》 〈육아(蓼莪)〉에 "외로운 백성의 삶이 죽느니만 못한 지가 오래되었네.〔鮮民之生, 不如死之久矣.〕"라고 하였다. '외로운 백성〔鮮民〕'은 부모를 여의고 의지할 곳 없는 외로운 백성을 말한다.

성질은 알지 못하고, 내 목숨 위태로운 것을 걱정하여 혹 목숨을 잃을까 염려하며 죽을 때까지 맘 놓지 못하였소. 상상하건대 저승에서도 분명 자신의 죽음을 슬퍼할 겨를 없이 나를 위해 슬퍼하겠지요. 아! 그대여 너무 염려 마시오. 나는 실로 완악하고 패려하오. 더구나 나에게는 집에 부모님이 계시오.[43] 나는 대인(大人)의 대상(大喪)으로 가슴이 이미 찢어진 데다 이어서 또 그대를 곡하노라니 가슴에서 북바치는 슬픔을 거의 감당할 수 없을 지경이오. 그러나 내가 어찌 차마 소용없는 슬픔에 지나치게 빠져 나의 부모님의 마음을 거듭 상하게 하겠소.

아, 애통하여라. 나의 종천의 지극한 슬픔이 간장에 뭉쳐있어 그대와 함께 그 만에 하나라도 풀어보길 기대했건만, 그대는 지금 죽어 다시 일어나지 않으니, 장차 누구와 더불어 내 슬픔을 풀어볼까. 하물며 지금 생사로 영영 이별하는 마당에 참으로 마땅히 가슴속 회포를 다 풀어야 하겠지만, 할 수 있는 말을 길게 늘어놓자니 정신이 먹먹히 떨어지는 것만 같아 다 펼 수가 없구려. 내가 눈을 감았을 때 저승[44]에서 그대와 더불어 다시 선인(先人)[45]을 모실 수 있다면, 종천의 지극한 슬픔도 아마 잊을 수 있는 날이 있을 것이오. 다만 염려되는 바는 불효하고 불초한 내가 비록 죽은 뒤라 할지라도 장차 무슨 낯으로 선군을 다시 뵐까 하는 것이오.

비통하고 비통하도다! 아, 슬프도다! 원일(遠日)[46]은 이르렀고 길일

43 집에……계시오 : 오원의 생부와 후모(後母) 서씨(徐氏)를 가리킨다.

44 저승 : 원문은 '九地之下'로 '九地'는 구천(九泉)과 같이 지하를 말하며, 저승을 가리킨다.

45 선인(先人) : 선친(先親)을 말한 것이다.

〔吉辰〕은 머물지 않으니, 이에 조도(祖道)[47]를 열고 영거(靈車)[48]를 법식에 따라 엄숙히 준비하였소. 훗날 한 무덤에서 만나기를 맹세하며, 한 잔 술을 조촐하게 갖추어 그대와 길이 이별하노니, 영이 반드시 지각이 있다 생각해서가 아니라 또한 애오라지 나의 슬픔을 풀기 위함일 뿐이오.

아, 슬프다. 부디 흠향하소서.

46 원일(遠日) : 발인할 날을 말한다. 《예기》〈곡례 상(曲禮上)〉에 "무릇 날짜를 점칠 때에는 열흘 밖의 날을 '먼 어느 날'이라고 하고, 열흘 안의 날을 '가까운 어느 날'이라고 한다. 상사에는 먼 날을 먼저 점치고 길사는 가까운 날을 먼저 점친다.〔凡卜筮日, 旬之外曰遠某日, 旬之內曰近某日. 喪事先遠日, 吉事先近日.〕"라고 하였다.

47 조도(祖道) : 먼 길을 떠나는 사람을 위하여 도로(道路)의 귀신에게 제사를 지내고, 떠나는 자에게 술대접을 하면서 전송하는 것을 말한다.

48 영거(靈車) : 상여를 말한다.

죽은 아내의 묘에 제사하는 글 경자년[49]

祭亡室墓文 庚子

경자년 2월 무술삭(戊戌朔) 한식 하루 전날 갑자일(27일)에, 수양(首陽)[50] 오원(吳瑗)이 망실(亡室) 안동 권씨(安東權氏)[51]의 묘에 와서 곡하노라. 또한 장차 묘 앞에 석상(石床)을 놓고 석주(石柱)를 세우려 하여 술과 안주를 마련하여 고한다.

아!	嗚呼
그대가 이곳에 묻힌 지	子之宅斯
어느덧 두 해	歲適再環
마른 풀뿌리에서 풀이 돋아나	草生枯荄
이슬 둥글게 맺혔구려	零露其溥
인간사란 것이	亦知人事
가면 돌아오지 않음을 또한 알면서도	有逝無回
바야흐로 봄 되어 만물이 소생하니	方春發生
혹여 그대도 돌아올까 의심해보오	輒疑其來

49 경자년 : 1720년(숙종46)으로 오원이 21세 되던 해이다. 2년 전에 부인 권씨가 별세하였고, 그 이듬해에 증광 문과 초시에 합격하였으며, 전주 최씨(全州崔氏) 최식(崔寔)의 딸과 재혼하였다.

50 수양(首陽) : 작자 오원(吳瑗)의 본관인 해주(海州)의 옛 이름이다.

51 망실(亡室)……권씨(安東權氏) : 권정성(權定性, 1677~1751)의 딸. 137쪽 주1 참조.

시간은 어찌하여 머물지 않고	時胡不淹
자취는 어찌하여 쉬이 묵어지는지	迹胡易陳
그대가 살던 곳에도	居子之居
또한 다른 사람이 살고 있다오	亦有他人
때때로 옛집을 지날 때면	時經舊戶
마치 휘장을 걷고서	若將披帷
나긋나긋 어린 소녀가	婉婉穉女
뜰에서 노닐고 있을 것만 같았소	在庭以嬉
새 것을 통해 옛일을 더듬노라니	由新撫故
망연자실 마음이 쓰리지만	怳焉傷神
끝내 사람의 정을 어찌하리오	終奈人情
가면 멀어지고 오면 가까워지는 것을	去疏來親
내 눈물 마르고	我淚之乾
내 마음 무뎌지니	我腸之剛
서로 잊어버리는 슬픔이	相忘之悲
못 잊는 슬픔보다 더하구려	甚於不忘
아득해진 모습과 음성	昧昧容聲
꿈에서조차 뜸해지며	夢亦不頻
이승과 저승으로 막힌 채로	幽明掩抑
영원히 깊은 땅속에 머물겠지요	終古窮泉
장차 돌을 다듬어서	將治石功
묘도[52]를 꾸미려다	以飾墓道

52 묘도 : 무덤길로, 무덤으로 통하는 길이니 묘소 앞에 난 길을 말한다.

이에 말을 고하며	肆因告語
남은 회포를 좀 풀어보았소	略洩餘抱

죽은 아우를 제사하는 글 신축년[53]

祭亡弟文 辛丑

죽은 아우 공염(公琰)[54]의 영구를 장차 신축년 4월 4일에 발인하여 양성(陽城)[55]의 선산(先山)으로 옮겨가려 함에, 사흘 전인 신묘일 초하루 아침에 형인 내가 제물을 진설하고 술을 부어, 흐르는 눈물을 훔치고 슬픔을 쏟으며 차마 영결을 고하노라.

아, 슬프다. 나는 20여 년을 살아오면서 죽음의 고통을 유독 많이도 맛보았다. 비록 몹시도 어리석고 완고하여 태연자약 살아왔지만, 늘 재앙이 지극히 깊음을 염려하며 감히 살아있는 것으로 즐거워하지 않았다. 오직 다행스럽게도 두 어른을 모실 수 있었고 또한 형제가 많아 부모님 슬하에서 단란하였기에, 내가 산 사람으로서의 즐거움으로 믿었던 것은 오직 이것뿐이었다. 그러나 지금 네가 죽어 우리 형제의 단란한 기쁨 또한 더 이상 온전할 수 없게 되었으니, 대저 하늘이 나를 모질게 괴롭힘이 어찌하여 이처럼 심하단 말인가.

53 신축년 : 1721년(경종1)으로 오원이 22세 되던 해이다.

54 죽은……공염(公琰) : 오원의 바로 아래 아우인 오완(吳琬, 1703~1721)이다. 오원의 생부 오진주(吳晉周, 1680~1724)의 재취인 동래 정씨(東萊鄭氏) 소생이다.《월곡집》 권1의 시 〈장연사에 노닐며 중제 공염과 함께 송 자 운을 얻다〔遊長淵寺 同仲弟公琰 得松字〕〉에 기해년(1719, 숙종45, 20세) 오원의 생부 오진주가 금성(金城) 현감으로 있을 때 형제들이 모두 함께 찾아가서 즐거운 한 때를 보낸 일이 나와 있다. 오완은 오원의 조부 오두인(吳斗寅)의 장자인 백부 오관주(吳觀周)가 후사 없이 일찍 별세하였으므로 그 집안의 양자가 되었다.

55 양성(陽城) : 경기도 안성(安城)의 옛 이름이다.

아! 죽어 장례를 치를 때의 크나큰 슬픔[56]은 참으로 사람이 견디기 어려운 것이라지만, 그 정이 슬프고 불쌍하기로 실로 너에 대한 나의 심정만 한 것은 없으리라. 불쌍하게도 나는 박복하여 태어난 지 이레 만에 어머니를 잃었는데, 너는 또 여섯 살 때 어머니[57]가 돌아가셨다. 내가 그때 아홉 살이었는데 비록 어렸지만 오히려 너를 가련히 여길 줄 알았고 너 또한 나를 의지하였다. 가끔 아침저녁 조용할 때면 꾸짖음과 편달 뒤에 서로 바라보며 저도 모르게 눈물을 흘린 적이 한두 번이 아니었다. 참으로 사정이 측은하기는 너도 나나 마찬가지였으나, 다행히도 차례차례 성장하여 관례도 올리고 장가도 갔다. 어머니를 잃고[58] 남은 목숨으로 함께 오늘이 있을 수 있었음을 적이 기뻐하였으며, 나란히 뒤따르는 모습이 비목어(比目魚)[59] 같았기에, 나는 늘 뒤를 돌아보며 기쁘고 흡족해하였다. 내게만 유독 이 즐거움이 있고 타인은

56 크나큰 슬픔 : 원문의 '孔懷'는 형제간에 서로 그리워하는 정을 뜻한다. 《시경》〈상체(常棣)〉에 "상체의 꽃이여, 악연히 빛나지 않는가. 무릇 지금 사람들은, 형제만 한 이가 없느니라. 사상의 두려운 일에, 형제간이 매우 걱정하며, 언덕과 습지에 시신이 쌓였을 때, 형제간이 찾느니라. 할미새가 언덕에 있으니, 형제가 급난을 당하였도다. 매양 좋은 벗이 있으나, 길이 탄식할 뿐이니라.〔常棣之華, 鄂不韡韡. 凡今之人, 莫如兄弟. 死喪之威, 兄弟孔懷. 原隰裒矣, 兄弟求矣. 脊令在原, 兄弟急難. 每有良朋, 況也永歎.〕"라고 하였다.

57 어머니 : 오원의 생부인 오진주의 재취 정씨 부인을 말한다.

58 어머니를 잃고 : 원문의 '失恃'는 어머니를 여읨을 말한다. 《시경》〈육아(蓼莪)〉에 "아버지가 없으면 누구를 믿으며, 어머니가 없으면 누구를 믿을까.〔無父何怙? 無母何恃?〕" 한 데서 유래하였다.

59 비목어(比目魚) : 한 마리에 각기 한쪽 눈만 있어 두 마리가 나란히 서야만 비로소 유영(游泳)을 할 수 있다는 물고기 이름으로, 서로 떨어질 수 없는 관계를 비유한다.

없으리라 생각했었다. 얼마 안 가서 네가 갑자기 병이 나 내가 출입할 때도 너는 뒤에 있지 않았으니, 단 하루도 슬픔에 잠겨 너의 병이 낫기를 바라지 않은 날이 없었다. 누가 생각이나 했으랴. 네가 마침내 이 병으로 죽어서, 나 홀로 막막히 의지할 곳 없는 신세 되게할 줄이야.

나와 너는 모두 나이가 어려 세상 일이 없었기에, 어릴 때부터 지금까지 한 달도 떨어져 본 적이 없었다. 기해년(1719, 숙종45) 겨울에 가대인(家大人)을 따라 금성(金城)에 갔을 때,[60] 내가 먼저 돌아오는 통에 대략 몇 달가량 헤어지게 되었는데, 이별에 닥쳐 슬픔을 감당하지 못해 내가 시를 지어 네게 주었고, 너는 피금정(披襟亭)[61]까지 전송하러 왔다가 난간에 기대어 내가 가는 것을 바라보았다. 나 또한 자꾸만 뒤돌아보며 길이 막혀 서로 보지 못하게 되어서야 그만두었고, 너는 나중에 시를 지어서 보내며 이별의 정을 읊었다. 그날로부터 너는 금성 관아에 주로 머물렀고 나는 서울에 주로 머물러 있어 서로 떨어져 있는 때가 많았다. 매번 친척들이 모여 대화할 때마다 네가 없는 것을 보면 종일토록 마치 무엇을 잃은 듯 허전하였다.

금성은 또한 협곡에 위치해 있는지라 기후가 서울과 달랐기에 큰 추위와 더위, 큰 폭풍우가 이를 때면 혹여 네가 조섭(調攝)을 제대로 하지 못할까 조마조마 염려하지 않은 적이 없었다. 작년 겨울에 네가 찾아왔을 때, 비록 몸이 아팠으나 장차 나와 함께 거처하면서 조섭하며

60 가대인(家大人)을……때 : 가대인(家大人)은 오원의 생부 오진주를 가리킨다. 금성(金城)은 강원도 김화(金化)의 옛 지명이다. 그때 오진주가 금성 현감으로 있었다.

61 피금정(披襟亭) : 강원도 김화에 있는 정자의 이름으로, 금강산 가는 길목에 있다. 《월곡집》 권3에 시 〈피금정〉이 있다.

학업을 익혔고, 금년 여름에 이르러서는 글방에서의 자잘한 일들까지 서로 의논하였다. 어찌 생각이나 했으랴. 한 번 든 병이 고질 되어 네가 결국 나를 버릴 줄을.

너는 나를 지극히 삼가며 정성스럽게 받들었고, 나의 말을 독실하게 믿어 한결같이 가르침을 준수하였다. 내가 혹 너에게 과실이 있음을 들었으나 미처 마주 보고 질책할 수 없을 때면, 가슴에 무언가가 막힌 듯하여 차마 보지도 못하고 번번이 엄한 말로 모질게 꾸짖으며 조금의 관용을 베풀지 않았는데, 너는 모두 조용히 받아들여서 조금도 낯빛을 거스르는 법이 없었다. 나이가 서로 비슷한 형에게 이처럼 공경하고 삼가는 경우는 실로 세상에 없었을 것이다.

너는 어려서 놀기만 좋아하였고 문장 또한 일찍 깨치지 못하여 부형께서 근심하셨다. 그러나 돌아보건대 그 자애롭고 신실하고 어질고 순한 마음은 말과 모습에 넘쳤으니, 이로써 몸을 닦고 가정을 지키기에 족하였은즉 나는 세상에서 일컫는 '재주 있고 논변 잘하는' 사람을 부러워하지 않았다. 그러다 근자에 다시 문득 이전의 습관을 고쳐 자못 스스로 단속하기 시작했고, 문장 또한 조금씩 진보하여 지은 글귀 중에 빼어난 것들이 많았다. 그래서 나는 네가 행실을 닦고 배움에 나아갈 때가 바로 지금이니, 앞으로 더욱 절차탁마하면 날로 진보하는 모습을 보겠구나 생각했다. 네가 처음 병났을 때도 나는 여전히 네가 학업을 닦지 못할까 걱정하고 나이가 점차 많아지는 것을 두려워하였을 뿐, 네가 갑자기 이 지경에 이를 줄 어찌 생각이나 하였으랴!

아! 슬프다. 잠시 앓은 작은 병에도 안부를 묻고 불안해하며 염려하던 것이 다 혹시라도 몸이 상할까 염려해서가 아니었겠느냐. 한 마디 말 한 가지 행동만 틀려도 반드시 중언부언하여 간곡히 타일러 마지않았던 것이 다 네가 남들과 같아지기를 바라서가 아니었겠느냐. 그러나 오늘에 이르고 보니, 내가 마음을 다하고 생각을 기울여 도와 이끌고 가르쳐 인도한 것이 모두 헛수고가 되어버렸구나.

아! 처음에 내가 너에게 기대했던 것이 과연 이런 것이었겠느냐. 너는 본디 병이 없어 사람들은 모두 네가 제일 강건하다고 칭찬하였다. 무술년(1718)과 기해년(1719) 두 해에 거듭 위중한 병을 앓고 난 후로 풍채도 기력도 이전만 못하였으나 그래도 다른 병이 없었기 때문에 집안사람들 모두 크게 걱정하지 않았다. 그러나 모르는 사이에 남은 병독이 몰래 극성을 부려 원기가 암암리에 손상된 지 이미 몇 년이었는데, 그것이 재발했을 때 또 제대로 치료하지 못하여 어떻게 해 볼 수 없는 지경에 이르고 말았으니, 내가 아무리 가슴 치며 통탄한들 어찌 돌이킬 수 있으랴.

생사는 하늘에 달려있다고 말하지만, 사람으로서 할 일을 다 하지 못하고 이 지경에 이르렀으니 살아있는 사람의 통한이야 응당 또 어떠하리오. 너는 병중에 나와 함께 거처하며 모든 조섭의 범절과 일거수일투족을 반드시 나에게 물었다. 나는 너의 병이 위독해지는 것을 알았으나 혹 네 마음이 동요될까 염려되어 좋은 말로 위로하였다. 너도 병을 염려하긴 하였으나 그래도 병리(病理)를 잘 알지 못하였으므로 매번 나의 말을 믿고 들으며 차도가 있으리라 생각했다. 돌아보건대 내가 변변치 못하여 깊은 정성과 지극한 정이 일찍이 신명(神明)에 감통함이 없었기에, 끝내 너의 죽을 운명을 만회하지 못한 것이다. 대저 너는 평생 나를 믿고 따른 자로서 죽음이 임박한 중에서도 마음으로 반드시 나를 의지하면서 살을 수 있으리라 여겼을 것이건만, 내가 너를 속이고 저버려서 결국 이 지경에 이르게 하다니, 아! 슬프고 슬프다.

형제지간은 한 기운을 받은 이어진 가지[62]라, 성쇠(盛衰)와 호흡이 실로 서로 통하거늘, 하물며 나와 너는 평소에 서로 보기를 어떻게 했더냐? 그러나 너의 병을 나는 나눌 수 없었고 너의 죽음을 나는 구제할 수 없었다. 여전히 말하고 여전히 웃으며, 여전히 보통 사람과 같이 지내온 것이 지금 또한 23일째, 너의 발인은 이제 사흘 밤 남았다. 너를 땅속으로 들여보내면서 마치 예삿일 보듯 해야 하다니, 사람의 삶이 본디 이처럼 잔인한 것이더냐?

아, 살아있는 자의 슬픔이야 날로 멀어져서 잊히겠지만, 애처롭고 불쌍한 것은 오직 너의 죽음뿐이로구나. 너는 어려서 어머니를 잃고 11세에 또 백모(伯母) 상을 당하여 외롭고 고단함이 어린 시절부터 극심하더니, 19년 세월이 바다의 물거품처럼 되어 자모(慈母)의 독자(獨子)[63]는 이로부터 끊어졌고, 고당(高堂)의 백년의 기쁨[64]은 다시 받들 수가 없게 되었구나. 넉 달 동안 병을 앓아 방안의 즐거움을 알지 못했으니 후사는 더욱 논할 것 없다. 세상에 요절한 사람이 어찌 한량이 있으랴만 너와 같은 궁박함은 실로 견줄 데가 없구나.

가련한지고! 가련한지고! 하늘이 만약 이와 같이 할 것이었다면 애초에 무엇 하러 너를 태어나게 했던가? 더구나 네 아내는 아직 묘현(廟

62 한……가지 : 원문의 '同氣連枝'는 형제를 의미한다. 동기(同氣)는 부모로부터 같은 기운을 물려받았다는 뜻이며, 연지(連枝)는 같은 뿌리에서 나란히 갈라져 나온 줄기로 형제를 비유한 것이다. 천자문(千字文)에, "깊이 아껴주는 형과 아우는 기운이 같으며 나뭇가지같이 이어져 있다.〔孔懷兄弟, 同氣連枝.〕"라고 하였다.

63 독자(獨子) : 원문의 '一塊'는 '一塊肉', 즉 '한 덩이 혈육'으로 독자를 지칭한다.

64 고당(高堂)의……기쁨 : 부모가 평생 자식의 봉양을 받는 기쁨을 말한다. 고당은 여기서 부모님께 계시는 곳으로 부모를 뜻한다.

見)[65]도 하지 않았는데 갑자기 마(痲)로 쪽을 짓고[66]와 쑥대머리를 한 채 미망인이라 불리게 되었으니, 사람의 정리가 참혹하기로 이와 같을 수는 없다. 무릇 이 정경의 원통함은 이른바 "길가는 사람도 콧등이 시큰해진다."라는 말도 오히려 딱 들어맞지 못하거늘,[67] 하물며 부자와 형제지간에 장차 어떻게 스스로 위로하랴.

하늘의 모짊과 귀신의 미워함이 이 지경까지 이르렀단 말인가. 이것은 일단 말할 것도 없거니와, 백부[68]께서 일찍 세상을 떠나시고 할아버지[69]께서 작고하신 후 제사[70]에 제주(祭主)가 없은 지 40년이 되어 가는

65 묘현(廟見) : 혼례를 치른 지 석 달 뒤에 며느리가 사당에 나아가 인사드리는 것을 말한다. 《예기(禮記)》 〈증자문(曾子問)〉에 "공자가 말하기를 '딸을 시집보낸 집이 3일 밤을 촛불을 끄지 않는 것은 서로 헤어짐을 생각해서이고, 며느리를 취하는 집이 3일 동안 풍악을 듣지 않는 것은 어버이의 대를 이음을 생각해서이다. 혼인한 지 3개월 만에 사당에 알현하고 내부라 칭하며 날을 가려서 아버지 사당에 제사하니, 며느리가 되었다는 뜻이다.' 하였다.〔孔子曰 : "嫁女之家, 三夜不息燭, 思相離也; 取婦之家, 三日不擧樂, 思嗣親也. 三月而廟見, 稱來婦也, 擇日而祭於禰, 成婦之義也."〕"라고 하였다. 내부(來婦)는 신부를 칭하는 말이다.

66 마(痲)로……짓고 : 원문의 '髽痲'는 비녀와 머리싸개를 제거하고 마(痲)로 상투를 트는 것으로, 부모상 때의 복식이다.

67 딱……못하거늘 : 원문의 '歇後語'는 긴절하게 딱 들어맞지 않고 대략 뜻만 통하는 말을 가리킨다.

68 백부 : 오관주(吳觀周)를 가리킨다. 김창협이 쓴 〈양곡 오공 신도비명(陽谷吳公神道碑銘)〉에 의하면, 오관주는 오두인(吳斗寅)의 5남 6녀 중의 장남으로 생원이고 재행(才行)이 있었으나 일찍 죽었다고 하였다.

69 할아버지 : 오두인(吳斗寅, 1624~1689)을 가리킨다. 기사환국 때 인현왕후 폐비를 반대하는 상소를 올려 국문을 받고 유배되어 가던 도중에 사망하였다. 15쪽 주12 참조.

70 제사 : 원문의 '烝嘗'은 본래 가을에 지내는 제사를 증(烝), 겨울에 지내는 제사를

데, 백모의 초상 때 너를 후사로 세우니, 매번 사철 향사(享祀) 때마다 네가 신위에 나아가 무릎 꿇고 절하는 것을 보고 제부(諸父)[71]들에게 흔연히 기뻐하는 기색이 있었다. 네가 비록 어리고 약하였지만 오히려 묘사(廟祀)[72]의 중함을 알아서 능히 자물쇠를 지니고[73] 재소(齋素)[74]를 공경히 하였기에 나도 매번 마음에 기억하고서 제사 주관할 인물이 있는 것을 기뻐하였다. 네가 장가들어 좋은 아내를 얻음에 내외의 관(官)[75]이 비로소 갖추어졌기에, 종가를 지키고 제수를 직접 관장할 날이 장차 이르리라 기대하였다. 친척과 친구들도 우리 집을 위하여 하례하지 않음이 없었으며, 온 집안이 기뻐하여 바야흐로 더할 나위 없는 경사로 여겼다.

그러나 얼마 되지 않아 네가 죽는 바람에 종가의 제사도 다시 의탁할 곳 없게 되고, 장차 끊어진 대를 이을 방도도 망연히 기약 없이 되었기

상(嘗)이라 하였는데, 널리 제사의 뜻으로 쓰인다. 《시경》 〈천보(天保)〉에 "길일을 택하여 술과 밥을 정결히 지어 이것을 효도로 제향하며, 약(禴)·사(祠)·증(烝)·상(嘗)을 선공과 선왕께 올리니 군께서, '너에게 기약하노니 만수무강하라.' 하시다.〔吉蠲爲饎, 是用孝享, 禴祀烝嘗, 于公先王, 君曰 : '卜爾, 萬壽無疆.'〕"라고 하였다. 약(禴)·사(祠)·증(烝)·상(嘗)은 각기 봄·여름·가을·겨울에 지내는 제사를 말한다.

71 제부(諸父) : 아버지와 한 항렬의 당내지친(堂內至親)을 말한다.

72 묘사(廟祀) : 사당(祠堂)을 세워 위패를 모셔 두고 제사를 지내는 것을 말한다. 여기서 사당은 가묘(家廟), 즉 한 집안의 사당으로 그 조상을 제사 지내는 곳이다.

73 자물쇠를 지니고 : 제사 지내는 데 필요한 도구 등을 보관하는 별실의 자물쇠를 지니고 관리를 엄중히 한다는 뜻이다.

74 재소(齋素) : 몸과 마음을 정결히 하여 육식을 피하고 소찬을 먹는 것을 말한다.

75 내외의 관(官) : 제사 지낼 때 부부가 각기 일을 맡아서 하는 것을 말한다. 자세한 내용은 148쪽 주36 참조.

에 가대인께서 지극히 슬퍼하셨다. 어찌하여 너는 혼자 아득히 멀어지고 사람들에게 이처럼 큰 근심을 끼친단 말이냐. 아! 인정(人情)의 지극한 바로 부모보다 더한 것이 없고, 백성의 지극한 즐거움으로 부부보다 더한 것이 없으니, 너의 고운 마음으로 어찌 차마 부모와 아내에게 하루인들 이러한 슬픔을 주었겠느냐. 더구나 너는 참으로 일찍이 종가 제사의 지대함을 생각하여 짐 지는 것[76]을 근심으로 여겼고, 어머니를 일찍 여읜 것을 비통해하며 기구한 운명을 스스로 슬퍼하였으니, 지금 묘사(廟祀)를 무너뜨리고 핏줄을 끊어놓게 된 마당에 네가 어찌 걱정하지 않을 수 있으랴. 네가 병중에서도 노심초사 마음을 다하여 조섭을 삼가고, 입에 쓴 약조차 꺼리지 않으면서 오로지 죽을까 두려워했던 것도 혹 이것 때문이 아니겠느냐! 부모형제가 애간장을 태우며 그래도 만일의 요행을 바란 것도 또한 이것 때문이 아니겠느냐! 그러나 너는 끝내 죽음을 면하지 못하였구나. 네가 만약 지각이 있다면 저 세상에서 어찌 편히 눈 감을 수 있겠느냐. 잔인하도다. 하늘이여! 잔인하도다. 하늘이여!

너의 병이 위독해졌을 때 나는 백방으로 머리를 쓰며 갖은 생각을 다 해보았는데, 오직 마음속으로 되뇌던 말은 "천리가 있다면 할아버지와 백부의 제사를 주관하는 자가 어찌 갑자기 요절하겠는가?"라는 것이었다. 비록 그렇다 해도 바로 마음 놓을 수는 없어 사사로운 정에

76 짐……것 : 원문의 '負荷'는 짐을 등에 진다는 말로, 선업(先業)을 계승하는 것을 뜻한다. 《춘추좌씨전》 소공(昭公) 7년 조의 "아비가 장작을 쪼개 놓았는데, 아들이 등에 지지 못한다.〔其父析薪, 其子弗克負荷.〕"라는 말에서 유래한 것이다. 이 말은 선업을 계승하기가 쉽지 않다는 뜻이다.

가려져 한마음으로 올리는 묵묵한 기도가 없을 수 없었건만, 너는 끝내 일어나지 못하였다.

너의 자애롭고 어짊으로 스스로에게 복을 내릴 수 없었다 치더라도, 어찌 할아버지와 백부의 은택으로 그 윤자(胤子)[77]를 덮어주지 못하였단 말인가. 백부께서는 지극한 행실과 아름다운 자질을 지니셨으나 약관에 요절하셨기에, 내 비록 늦게 태어났어도 매번 추억할 때마다 애통해 마지않았는데, 어찌 생각이나 했으랴! 네가 그 후사가 되어 또한 이 지경에 이를 줄을. 너의 어질고 겸손한 자질이 신명에게 무슨 시기를 받았기에, 우리 조종(祖宗) 때부터 쌓아온 덕의 보답이 단번에 이처럼 어긋나버렸단 말이냐.

하늘은 어찌 그리도 막막하며 귀신은 어찌 그리도 모진가. 내가 더욱 애통하고 마음 아픈 것이 있다. 옛날 선군께서 살아 계실 때 네가 종자(宗子)[78]라 하여 너를 아끼고 중히 여기심이 특히 심하셨으며, 가르치고 독려하심에 수고를 마다하지 않으셨다. 계사년(1713)[79] 백모의 장례를 치르고 나서 친척들에게 자랑하시기를, "둘째[80]가 하관할 때 구덩이에서 울부짖으며 곡하고 눈물을 비 오듯 흘렸으니 기특하도다. 기특하도다."라고 하셨으며, 매번 한 가지 잘한 일을 볼 때마다 이루 말할 수 없이 기뻐하시고 다행스러워 하셨다. 병이 위독해지자 나를 돌아보

77 윤자(胤子) : 대를 이을 아들을 말한다. 오완이 백부인 오관주의 후사가 되었기에 이렇게 말한 것이다.

78 종자(宗子) : 종가의 맏아들을 말한다.

79 계사년(1713, 숙종39) : 오완(吳琬, 1703～1721)이 11세 때이다.

80 둘째 : 오완을 가리킨 말이다. 오완은 오진주의 둘째 아들이다.

며 말씀하시기를, "나는 죽어도 한이 없으나, 다만 둘째가 아직 성인이 되지 못한 것이 한이 될 뿐이다."라고 하셨다. 나는 매번 너를 깨우칠 때마다 눈물을 흘리며 이 말을 고하곤 하였는데, 네가 관례를 올리고 장가까지 들어 인사(人事)에 점점 나아가는 것을 볼 때마다 옛날을 떠올리며 슬퍼하다가도 오히려 선군의 유지(遺志)를 마침내 이루게 된 것을 기뻐하지 않은 적이 없었다.

아아! 나는 선군께서 세상을 떠나신 후 세월이 지나면서 차마 미련하게 멀쩡히 살아왔지만, 매번 작은 근심을 만날 때마다 오히려 아픔을 떠올렸다. 네가 죽자 나의 비통함은 묵은 불씨가 되살아난 듯 거의 스스로 가라앉힐 수 없는 지경에 이르렀는데, 너는 일찍이 나의 쌓인 슬픔을 불쌍히 여기지도, 내가 상심하는 것을 염려해주지도 않았다. 내가 아프면 너는 바로 얼굴빛에 근심 어린 빛을 띠었고, 내가 슬프면 너 또한 그로 인해 슬퍼했건만, 지금 어찌 차마 나를 거듭 이 참혹함에 걸리게 한단 말이냐? 아! 너는 이미 죽었으니 더 이상 바랄 것도 없도다.

내 비록 마음을 느긋하게 하여 무익한 슬픔을 잊고자 하였으나, 근년 이래로 외로움을 견디지 못해 이따금 홀로 있을 때면 몹시도 심란하여 반드시 사람을 곁에 두어 이야기를 나누어야만 했다. 네가 죽고 나서 고향에서 온 족제(族弟)들도 돌아가고, 나는 부모 곁을 모시며 안색을 바라볼 때마다 늘 슬플 따름이었다. 돌아보아서 네가 좌우에 있지 않으면 내 얼굴이 실로 펴질 때가 없었고, 걸을 때 문득 그림자를 돌아보면 어렴풋이 네가 뒤를 따르는 것만 같았다. 물러나 서실에 있을 때 우두커니 홀로 앉았노라면 봄날도 괴롭게 길기만 하고 무료하기 이를 데 없었다. 19년 동안 끌어주고 따름이 또렷이 눈에 남아있고, 일상생활

중에 보이는 것 중 너의 손때가 남은 자취 아닌 것이 없구나. 더구나 네가 병으로 신음하던 때와 내가 부축하고 지켜주던 일이 생각날 때마다 심장이 마디마디 찢어진다. 그러나 너의 단정한 얼굴과 고운 자태는 끝내 다시 접할 수가 없고, 현관(玄棺)[81]이 한 번 닫혀 후수(厚隧)[82]가 영원히 닫히고 나면, 내가 비록 어렴풋이나마 너를 보려 해도 더욱 찾을 데가 없으리라.

가슴속 슬픔을 속 시원하게 풀어서 내 마음을 유쾌하게 하는 것이 오히려 안으로 애통함을 쌓아두는 것보다 낫다는 것을 모르는 바 아니다. 그러나 가대인께서 너를 잃고부터 겉으로는 비록 너그럽게 마음먹고 슬픔을 잘 다스려 푸시는 것 같아도 가만히 안색을 우러러보면 전날과 크게 다르니, 아마도 가슴속으로부터 솟는 슬픔을 스스로 금하지 못해서일 것이다. 어머니께서는 금성 관아에서 너의 병이 위중하다는 소식을 들으시고 이틀 길을 하루에 서둘러 서울로 올라오셨으나, 결국 너를 보고 영결하지 못하였기에 더욱 큰 슬픔으로 여기고 계신다. 나는 차마 무절제한 슬픔으로 부모 마음을 거듭 상하게 할 수 없기에, 아침저녁으로 곡하고 제물을 올릴 때 참석하지 않은 적이 많았다. 내가 장차 어디에 나의 정을 쓰려 하는가.[83] 장차 마음에 맺어두고 억누른 채 평생을 마치고 말 것인가.

81 현관(玄棺) : 시신을 넣은 관을 말한다.

82 후수(厚隧) : 깊은 지하의 길, 저승길을 말한다.

83 내가……하는가 : 증자(曾子)의 제자인 악정자춘(樂正子春)은 어머니가 죽자 5일 동안 음식을 먹지 않다가 말하기를, "내 이것을 후회하노라. 내 몸이 훼손되어 어머니께 나의 정을 다하지 못한다면 내가 어디에 나의 정을 쓰겠는가.〔吾悔之. 自吾母而不得吾情, 吾惡乎用吾情?〕"라고 하였다. 《禮記 檀弓下》

지금 너를 묻을 곳은 백부모의 묘역(墓域)에 정하였으니 지하에서 혼백이 서로 편안할 수 있으리라. 바야흐로 봄기운이 발하여 초목과 만물이 무성하게 우거지지 않음이 없는데, 너만 유독 무슨 죄를 지어 이 현목(玄木)[84]에 들어가 긴긴 밤으로 영원히 들어가느냐.

아, 원통하다! 아, 원통하다! 수명의 길고 짧음이 같지 않지만 결국엔 같은 곳으로 돌아가나니, 슬퍼한 시간은 많지 않고 슬퍼하지 않는 시간은 무궁하겠지. 그러나 이 19년의 세월 동안, 강보에 싸였을 적에 어루만지고, 다박머리 소년 적에 이끌어 가르치며, 장성하여서는 마치 몸뚱이와 그림자처럼 어깨를 나란히 하고 옷자락을 나란히 하다가, 지금 한 사람은 담소하고 먹고 마시며 세상에 몸 붙이고 있는데, 한 사람은 묻혀서 땅속의 재가 되려 한다. 인정이 비록 모질다고 하지만, 내 숨이 끊기기 전에 너를 그리워하고 너를 가엾이 여기는 마음을 그 언제나 잊을 수 있겠느냐.

애통하고 원통하다! 내가 오늘 이 잔을 들어 너의 이 행차에 부을 줄을 어찌 추호라도 꿈속엔들 생각했겠는가. 이승과 저승이 영결함에 내 말은 여기서 그칠 뿐이다. 정신이 절박하고 막혀있어 그 십분의 일도 펴지 못하였으나, 깊은 마음 쓰라린 정을 잘 알아서 흠향하시라. 아, 슬프도다.

84 현목(玄木) : 관(棺)을 말한다.

중부[85]를 제사하는 글 임인년[86]

祭仲父文 壬寅

유세차 임인년(1722, 경종2) 3월 2일이 실로 중부 통정대부 돈녕부 도정 부군(通政大夫敦寧府都正府君)의 두 번째 기일이기에, 조카 원(瑗)이 하루 전날 병술일에 삭전(朔奠)[87]을 차리고서 삼가 글을 지어 슬픔을 고합니다.

아, 슬프다. 공께서 저를 버리신 것이 지금 얼마 되지 않은 듯하나, 25개월의 상기(喪期)[88]가 어느새 닥쳐왔습니다. 비록 음성과 모습이 눈앞에 삼삼하고 지팡이며 신발이며 모두 만질 것만 같지만, 사당(祠堂)에 유연(帷筵)을 펼칠 날이 앞으로 며칠 남지 않았으니, 종천(終天)의 이별을 해야 할 때가 지금인 것입니다. 그런즉 소자의 깊은 슬픔과

85 중부 : 오정주(吳鼎周, 1648~1720)이다. 오원의 조부 오두인(吳斗寅)의 둘째 아들로, 자는 중경(重卿)이다. 이재의 《도암집(陶菴集)》에 〈도정 오공 묘갈(都正吳公墓碣)〉이 실려 있다.

86 임인년 : 1722년(경종2)으로 오원이 23세 되던 해이다.

87 삭전(朔奠) : 상기(喪期) 중 매월 초하룻날에 망자에게 올리는 제사를 말한다. 매월 초하룻날과 보름날의 조전(朝奠) 때에는 여느 때보다 음식을 더 차린다. 조전(朝奠)은 해돋이 때 망자에게 음식을 올리는 것을 말한다.

88 25개월의 상기(喪期) : 《예기》 〈삼년문(三年問)〉에 "삼년상은 스물다섯 달이면 끝나니, 그 기간은 마치 사마가 좁은 틈새를 지나기와 같다.〔三年之喪, 二十五月而畢, 若駟之過隙.〕"라고 하였다. 《가례》 〈대상조(大祥條)〉에서 "2주기 만에 대상을 지낸다.〔再期而大祥.〕"라고 하였는데, 그 주(註)에서 "초상부터 이때까지 윤달을 계산하지 않으면 모두 25개월이다. 또한 단지 두 번째 기일을 사용하여 제사를 지낸다.〔自喪至此, 不計閏, 凡二十五月. 亦止用第二忌日祭.〕"라고 하였다.

지극한 애통함을 무슨 수로 억누를 수 있겠습니까.

아! 공은 비록 일찍 집안의 화를 만나 이 세상에 흥미가 없으셨으나 다른 사람 입장에서 보면 일흔을 넘은 나이에 대부의 작위에 올랐고, 늦은 나이에 아들을 두어 또한 이미 장성하였으며, 덕을 순일하게 하여 온전히 돌아가면서 초연히 아무런 누가 없을 수 있은즉, 자손들은 마음으로 무궁토록 추모할 것이요, 조화(造化)를 타고[89] 영영 세상을 떠나심에 공 역시도 슬픔이 없으리라.

그러나 소자의 깊고 지극한 슬픔이 세월이 흘러도 끝날 수 없는 것은, 제부(諸父)의 형제는 모두 다섯인데 백부와 계부께서 이미 불행히도 일찍 세상을 떠나 선군과 가친[90]이 의지하여 우러러 믿으며 어버이 여읜[91] 슬픔을 위로받을 곳은 오직 공뿐이었기 때문입니다.

생각건대 소지의 죄악이 깊고 무거워 선군께서 미처 연로하시기도 전에 세상을 떠나셨는데, 아무리 소리쳐 천지를 불러 봐도 이미 어찌할 수 없었습니다. 선군께서 공을 섬기시는 모습을 소자 비록 어리고 어리석었어도 보고 알 수 있었으니, 공을 우러러 의지한 바는 응당 또 어떠하였겠는지요. 선군께서 병이 한창 위독하셨을 때 말씀하시기를, "내가 죽은들 또한 무엇이 한스러우랴. 오직 노형(老兄)께서 종년(終年)

89 조화(造化)를 타고 : 원문의 '乘化'는 죽음을 뜻하는 말로, 도잠(陶潛)의 〈귀거래사(歸去來辭)〉에 "애오라지 조화를 타고 죽음으로 돌아가거니, 천명을 즐길 뿐 다시 그 무엇을 의심하랴.〔聊乘化以歸盡, 樂夫天命復奚疑?〕" 한 데서 온 말이다.

90 선군과 가친 : 여기서 '선군'이라 지칭한 사람은 오원이 입양된 오태주(吳泰周)를 가리키고, 가친은 생부인 오진주(吳晉周)를 가리킨다. 오태주가 1716년에 세상을 떴기에 선군이라고 부른 것이다.

91 어버이를 여읜 : 원문의 '孤露'는 부모가 세상을 떠나 보호해 줄 사람이 없는 외로움을 말한다.

에 임박하셨는데 종질(宗姪)이 어려 이 때문에 근심스러울 뿐이다."라고 하시면서, 공의 수의(壽衣)를 거듭 하나하나 살펴보시고 그 미비한 것을 보완하셨습니다. 소자 가슴이 턱 막히어 차마 상세히 여쭙지 못하였으나, 뼛속 깊이 새겨진 바를 어찌 차마 순간인들 소홀히 할 수 있었겠습니까.

선군의 초상 때 공의 비통함이 심하여 매번 영연(靈筵)[92]에 이를 때마다 장시간 목 놓아 곡하시고, 소자를 대할 때면 종종 망연자실 탄식하시었기에, 소자 물러나 몰래 슬퍼하였습니다. 다행스럽게도 공은 신관(神觀)[93]이 여전히 왕성하고 기력도 나쁘지 않으시어, 구구한 생각으로 이렇게 백년을 사시기를 바랐거늘, 누가 생각하였으리오. 삼년이 겨우 지나 공이 이어 세상을 떠나실 줄이야.

경자년(1720) 봄에 감기 기운이 있었으나 그리 대단하지는 않더니, 한식날[94] 성묘하고 돌아와서 병이 나셨습니다. 공이 소자에게 이르시기를, "내 병은 참으로 위독하지 않으니, 단지 경아(慶兒)[95]의 병이 위중한 것이 근심스러울 뿐이다."라고 하셨습니다. 여전히 예전처럼 앉고 일어나 말씀하실 수 있었으나, 병세는 더욱 심해진 것 같았으므로 소자가 옆에 머무르며 병간호를 하였습니다. 이튿날 공은 이미 말조차 할 수 없게 되었는데, 소자의 손을 잡으시는 것이 마치 이를 말씀이

92 영연(靈筵) : 영좌(靈座)와 같은 말로, 시신을 떠난 혼령이 머물 수 있도록 마련한 자리를 말한다.

93 신관(神觀) : 정신과 모습을 말한다.

94 한식날 : '冷節'은 한식의 다른 이름이다.

95 경아(慶兒) : 오원의 동생 오완(吳琬)을 가리키는 듯하다. 오완은 백부 오관주의 양자로 입양되었는데 경자년(1720) 다음 해인 신축년(1721) 3월에 요절하였다.

있는 듯하였으나 이내 흐느끼며 하염없이 눈물만 흘리셨으니, 아마도 선군을 생각하신 것이겠지요. 정성도 부족하고 약도 효험이 없어, 채 며칠 안 되어 공은 마침내 돌아가시고 말았습니다. 그때 가친께서는 동협(東峽)[96]에서 관직에 매여 계셨는데, 급히 사람을 보내어 병고(病故)를 알렸음에도 때맞춰 오시지 못하였습니다. 이에 효금(絞衾)[97]과 의대(衣帶) 등 선군께서 몸소 갖추어 놓으신 것들을 소자가 직접 점검하여 관 속에 들였으니, 그때의 그 심정이야 어찌 차마 말로 할 수 있겠습니까.

아, 애통하여라! 선군께서 우리를 버리고 가셨는데도 소자가 태연히 생활하였으니, 이는 미련함입니다. 그러나 몇 년 동안 무릇 집안에 자잘한 기쁨과 슬픔이 있을 때마다 참으로 일찍이 선군을 생각하지 않은 적이 없거늘, 공이 어찌 다시 갑작스럽게 영영 가시어 소자의 끝도 없는 슬픔을 더 커지게 한단 말입니까.

아! 소자가 가만히 살펴보니, 공은 평소 기거하심에 과묵하였고, 담담하여 도모하는 바도 없으셨으나, 너그럽고 온화하고 중후하고 간명함이 절로 말씀과 밖으로 넘치었기에, 돈후하고 순정한 자질이 참으로 옛날의 장덕(長德)[98]에 비교해도 부끄러움이 없을 것이라 망령되이 생각하였습니다. 우뚝한 가문의 노(魯)나라 영광전(靈光殿)[99]이 되어

96 동협(東峽) : 강원도를 가리킨다. 오원의 생부 오진주가 이때 강원도 금성 현감(金城縣監)으로 재임하였다.

97 효금(絞衾) : 시신을 묶는 삼베 끈[絞]과 시신을 싸는 삼베 홑이불[衾]을 말한다.

98 장덕(長德) : 나이가 많고 덕이 있는 사람을 말한다.

99 노(魯)나라의 영광전(靈光殿) : 한 경제(漢景帝)의 아들 노 공왕(魯恭王)이 많은 궁전을 건립했는데, 뒤에 다 무너지고 말았으나 영광전만은 홀로 남아 우뚝 서 있었다.

주셨기에, 어른 아이 할 것 없이 모두 나이와 덕망이 높은 분으로 우러렀건만, 하루아침에 돌아가시자 모두 마치 무언 가를 잃은 듯 허전해하고 있습니다. 하물며 가친의 크나큰 슬픔[100]과 소자의 우러르고 의지하던 마음이야 장차 무엇으로 위로를 삼겠습니까.

공이 묘혈에 들어가던 날, 소자는 병에 걸려 거의 죽을 지경이어서 상여 줄을 붙들고 가 묘혈에 둘러섬으로써 슬픔을 다하지도 못하고, 제문을 지어 관 앞에 몸소 술을 올리지도 못하여 평생의 한을 남기고 말았습니다. 그러나 세월의 흐름은 틈새로 바라보는 사마(駟馬)를 따라갈 수 없어 마침내 오늘에 이르렀습니다. 소자의 깊고 지극한 슬픔 이때를 놓치면 다시 풀지 못하겠기에, 맑은 술과 제물을 삼가 영전(靈前)에 진설하였습니다.

아! 기해년(1719) 동짓달에 공의 생신을 맞아 가친께서 동쪽 고을[101]로부터 오셔서 공을 위해 잔치를 여니, 친척과 빈객이 모두 모였습니다. 소자와 사촌 아우들이 몇 차례 잔을 올렸는데, 가만히 공의 안색을 우러러보건대 마치 슬픔이 있는 것 같았기에, 소자 또한 물러나와 눈물을 머금지 않을 수 없었습니다. 백세토록 장수하여 자손의 봉양 받으시길 공을 위해 축원하면서 길이 우리 가문의 복과 경사가 되리라 여겼건만, 세월이 얼마 되지 않아 또 이 잔을 들게 되다니요.

즉 많은 형제들이 다 죽고난 후 홀로 남은 것을 비유하는 말로 쓰였다.

100 크나큰 슬픔 : 원문의 '孔懷'는 형제간에 서로 그리워하는 정을 뜻한다. 157쪽 주 56 참조.

101 동쪽 고을 : 오원의 생부 오진주가 현령으로 재임하고 있던 강원도 금성(金城)을 가리킨다.

아, 우리 집안의 재앙은 가혹합니다. 공이 돌아가신 뒤 일 년 만에 아우[102]가 또 요절하였는데, 오늘이 죽은 지 일주기 되는 날입니다.[103] 종사(宗祀)는 맡길 데가 없어지고 고택(古宅)은 처량하기 짝이 없어 인사(人事)가 또 한 번 크게 변하였으니, 애간장이 찢어지는 것이 어찌 다만 형제간의 우애[104] 때문이겠습니까. 선군께서 병중에 하신 고심어린 말씀을 돌이켜 보면 더욱 슬픔을 견딜 수 없습니다. 삼가 생각건대 공의 혼령 또한 반드시 저승에서 슬퍼하시겠지요.

아! 상신(祥辰)[105]이 이미 닥쳐와서 제물(祭物)이 바야흐로 정갈하게 장만되었으나, 현풍(玄風) 종숙(從叔)[106]의 상을 또 이즈음 당하여 예제(禮制)에 구애되어 제사 시기를 다시 잡아야 했으니, 집안에 이어지는 재앙이 그저 정리(情理)만이 결여된 것이 아님을 거듭 생각하게 됩니다. 다만 이 월초(月初)의 제사[107]만은 시공(緦功)으로 그칠 수

102 아우 : 오원의 바로 아래 동생인 오완을 말한다. 백부에게 입양되었으나 1721년에 요절하였다. 156쪽 주54 〈제망제문〉 참조.

103 오늘이……날입니다 : 오완은 1721년 4월 4일에 발인하였다. 156쪽 〈제망제문〉 참조.

104 형제간의 우애 : 원문은 '鴒原之私'로 '영원(鴒原)'은 '척령재원(鶺鴒在原)'의 준말로 형제간의 우애를 뜻한다. 《시경》 〈상체(常棣)〉에 "저 할미새 들판에서 호들갑 떨듯, 급할 때는 형제들이 서로 돕는 법이라오. 항상 좋은 벗이 있다고 해도, 그저 길게 탄식만 늘어놓을 뿐이라오.〔脊令在原, 兄弟急難. 每有良朋, 況也永歎.〕"라고 하였다. '척령(脊令)'은 할미새로 '척령(鶺鴒)'과 같다.

105 상신(祥辰) : 기일(忌日)이다.

106 현풍(玄風) 종숙(從叔) : 현풍은 경상북도 달성군의 옛 이름이다. 오원의 종숙부 중 현풍에서 관직을 한 사람인 듯한데, 누구인지는 자세히 알 수 없다.

107 월초(月初)의 제사 : 삭전(朔奠)으로, 상기(喪期) 중 매월 초하룻날에 망자에게 올리는 제사를 말한다. 매월 초하룻날과 보름날의 조전(朝奠) 때에는 여느 때보다 음식

없어[108] 이어 슬픔을 간략히 고하였으되, 초상의 우환으로 경황이 없어 글을 이루지 못하였습니다. 그렇다고는 하나 괴로운 마음과 깊은 정이 어찌 꼭 말이 있어야 전달되겠습니까.

아! 때는 바야흐로 봄기운이 발하여 만물은 다시 꽃을 피우건만, 유독 인사(人事)의 변화만은 일월과 더불어 아득히 흘러가버리고, 가는 것만 보일 뿐 돌아오는 것은 보이지 않으니, 이를 장차 어찌하겠습니까. 장차 어찌하겠습니까. 이 잔을 드는 것도 또한 다시 할 수 없을 것이오니, 삼가 존령(尊靈)은 부디 굽어 흠향하소서. 아! 슬픕니다.

을 더 차린다.

108 시공(緦功)으로……없어 : 가볍게 할 수 없다는 뜻이다. 시공(緦功)은 오복(五服) 중에서 가장 낮은 시마복(緦麻服)과 소공복(小功服)을 가리킨다. 시마복은 3월복이며, 소공복은 5월복이다. 《맹자》 〈진심 상(盡心上)〉에 "삼년상은 제대로 행하지 못하면서 시마복과 소공복만을 살핀다.〔不能三年之喪, 而緦小功之察.〕"라고 하였는데 이는 근본은 제쳐 두고 지엽만을 논함을 비유한 것이다.

본생 외조부모의 묘에 고하는 글 계묘년[109]

告本生外祖考妣墓文 癸卯

유세차 계묘년 3월 경진삭 9일 무자일에, 외손 오원(吳瑗)은 삼가 술과 과실을 차려서 본생 외왕고(本生外王考)이신 농암 선생(農巖先生)[110]과 외왕비(外王妣)이신 정부인(貞夫人) 연안 이씨(延安李氏)의 묘에 고하나이다.

삼가 아뢰옵니다. 소자는	伏以小子
나면서부터 박복하여	生而不吊
갑자기 어머니[111]를 잃었으니	奄失天只
사랑해 주시는 은혜를 입어	憑荷愛恤
어머니같이 믿었습니다	若母氏恃
스승에게 나아갈 나이도 안 되어	年不就傅
두 분이 이어서 돌아가셨으니	棄背相繼
아득한 나의 슬픔은	悠悠我哀

109 계묘년 : 1723년(경종3)으로 오원이 24세 되던 해이다.

110 농암 선생(農巖先生) : 농암 김창협(金昌協)을 가리킨다.

111 어머니 : 원문의 '天只'는 어머니를 말한다. 《시경》 〈백주(栢舟)〉에 "두둥실 떠 있는 저 잣나무 배여. 저 황하 가운데 떠있네. 두 갈래 머리 더펄거리는 저 분이, 진실로 내 배필이니, 죽음을 걸고 맹세컨대 딴 데 시집가지 않으리. 어머니는 곧 하늘이시거늘, 어이하여 이 마음 헤아려 주지 않으시나요.〔汎彼柏舟, 在彼中河. 髧彼兩髦, 實維我儀, 之死矢靡他. 母也天只, 不諒人只.〕"라고 하였다.

근심에 쌓인 채 위로받을 곳 없네　恤恤靡慰
때로 상자 속 편지를 열어보면　時啓篋札
흐르는 눈물이 종이를 적십니다　有淚漬紙
기대하심이 깊고　期待之深
가르치심이 지극하셨으나　勉誨之至
거칠고 나약함으로　自懼荒懦
어찌 그 뜻 받들까 두려웠습니다　曷承厥志
남기신 글을 품에 안고서　遺編在抱
삼가 읽으며 흐느끼다가　伏讀以欷
마침 이번 과시에 입격하였기에[112]　適玆升庠
묘소에 찾아와 뵈옵니다　來謁塋隧
소나무 가래나무[113] 눈에 들어오자　松梓入目
슬프고 애통함은 처음과 같은데　感畫猶始
맑디맑은 미수[114] 강물　泠泠渼水
놀며 쉬던 곳 생각납니다　憶所遊止
봄바람 살살 불어오고　春風舒遲
언덕의 풀은 푸르른데　原草交翠
방황하며 두려워 조심하는 속에　彷徨怵惕

112 과시에 입격하였기에 : 오원은 1723년(경종3) 2월에, 24세의 나이로 증광 회시(增廣會試)에 입격하였다.

113 소나무 가래나무 : 모두 무덤가에 심던 나무들이다.

114 미수 : '渼水'는 경기도 남양주시에 있는 물 이름으로, 이 근처에 김창협의 묘소가 있다. 또한 이 부근에 석실서원이 있었으니, 석실서원에서 김창협과 김창흡이 학문을 연마하고 후진을 양성하였다. 농암의 시에 '미수'가 많이 나와 있다.

기침 소리 들리는 듯합니다	若聆謦咳
이 세상 살아가다 보니	此世俯仰
온갖 슬픔 다 모인 것만 같아	百愴互萃
한잔 술을 올리오며	單觴以薦
깊은 슬픔을 부치나이다	深悰所寄

황여명[115]을 제사하는 글 갑진년[116]

祭黃汝鳴文 甲辰

유세차 갑진년 4월 30일 계유일, 상산(商山)[117] 황군(黃君) 여명(汝鳴)이 병으로 세상을 떠나[118] 후 4월 23일 병신일[119]에 현택(玄宅)[120]으로 영원히 돌아가게 되어, 그 하루 전날 수양(首陽) 오원(吳瑗) 백옥(伯玉)[121]이 양산(陽山)[122]으로부터 와서 영구 앞에 잔을 놓고 통곡하며

115 황여명 : 황종(黃鐘, 1696~1724)으로, 자가 여명(汝鳴)이다. 동지중추부사 황종서(黃宗瑞)의 아들로 29세에 요절하였다. 《월곡집》 권1, 2에는 그에 관한 시가 5편 실려 있어서 친밀한 사이임을 알 수 있다. 권11의 〈황여명 묘지명(黃汝鳴墓誌銘)〉에 의하면, "황여명의 조부인 증참판 황연(黃埏)은 오원의 선군(先君)의 외조(外祖)가 된다〔君祖考府使 贈參判諱埏, 吾先君外祖也.〕"라고 하였다. 여명은 4세에 모친을 잃었고, 오원의 양부인 해창위 오태주가 기르며 가르쳤는데, 그때 오태주를 좇아 배우는 오원의 일가 형제가 6, 7명이었다고 하였다. 《국역 국조인물고》 〈황우한(黃佑漢)〉에 의하면 황여명의 부친인 황종서(黃宗瑞)는 황연의 측실 소생이라고 하였다.

116 갑진년 : 1724년(경종4)으로 오원이 25세 되던 해이다.

117 상산(商山) : 황여명의 본관인 상주(尙州)의 옛 이름이다.

118 유세차……떠나 : 《월곡집》 권11의 〈황여명 묘지명〉에는 황여명이 갑진년 4월 29일에 죽었다고 되어있는데, 여기서는 30일이라고 적고 있다. 어딘가 착오가 있는 듯하다.

119 후……병신일에 : 이해에 윤달이 들었으니, 여기 4월 23일은 윤4월 23일을 말한다.

120 현택(玄宅) : 사람이 죽은 뒤에 그 혼령이 가서 산다고 하는 세상으로 저승을 뜻한다.

121 수양(首陽)……백옥(伯玉) : 수양은 오원의 본관인 해주(海州)의 옛 이름이다. 백옥은 오원의 자이다.

122 양산(陽山) : 경기도 양주(楊州)의 별칭이다.

이별하여 이르노라.

아, 여명이여! 갑신년(1704, 숙종30)에 여명은 실로 처음으로 나의 선부군(先府君)[123]에게 와서 길러졌습니다. 친척 관계로는 내제(內弟)[124]이자 내가 배우고 있던 것은 구두 떼는 것이었기에, 의지하여 우러르고 복종하여 섬기기를 마치 아들이 아버지를 대하듯 하였습니다. 그때 여명은 아홉 살이었고 나는 다섯 살이었는데, 형제가 그러하듯 같이 어울리며 따라다닌 지 지금 21년이 되었습니다. 어릴 때부터 죽마(竹馬) 타고 무리를 지을 때나, 매장하고 물건 파는 시늉하던[125] 곳에서나, 머리를 나란히 하고[126] 손잡고 다니며 서로 부르고 서로 따르며, 누가 나이고 누가 너인지 거의 깨닫지 못하였으니, 하물며 친소(親疏)를 논할 수 있었겠습니까.

나는 어렸을 때 화를 잘 내었는데, 화가 나 혹 여명을 때려도 여명은

123 선부군(先府君) : 오원의 양부인 해창위(海昌尉) 오태주(吳泰周, 1668~1716)를 말한다.

124 내제(內弟) : 외사촌 아우를 말한다. 황여명은 황연(黃埏)의 손자이고, 오태주는 황연의 외손자이다. 황여명은 오태주의 외숙(外叔)의 아들이므로 오태주에게 외종(外從)이 되며, 오태주는 황여명의 고모의 아들이므로 황여명에게 고종이 되는 사이이다.

125 매장하고……시늉하던 : 어렸을 적 아이들의 놀이를 말한 것이다. 유향(劉向)의 《열녀전(列女傳)》에 '맹모삼천지교(孟母三遷之敎)'의 고사가 실려 있다. 맹자 어머니가 무덤 근처에 집을 정하자 맹자가 매장하는 놀이를 하고, 저잣거리에 집을 정하자 맹자가 장사하는 놀이를 했으므로, 아들의 교육을 위해 결국 학교 가까이로 이사를 했다는 내용이다.

126 머리를……하고 : 원문의 '交頸'은 사이좋은 모습을 말한 것이다. 당(唐)나라 진자앙(陳子昂)의 시 〈원앙편(鴛鴦篇)〉에 "맑은 강가에서 꼬리를 문지르고, 짙푸른 산봉우리에서 서로 목을 맞댄다.〔刷尾淸江浦, 交頸紫山岑.〕"라고 하였다.

마치 맞지 않은 사람처럼 젊잖게 있었고, 이내 화가 풀려 내가 부끄러워하며 사과하면 여명은 더욱 흔연히 기뻐하였습니다. 그래서 나는 여럿이 노는 중에서도 유독 여명과 놀기를 좋아하였습니다. 이때 여명의 존부공(尊府公)[127]께서 먼 지방에 벼슬하고 계셨기 때문에 여명이 우리 집을 자기 집 삼아 하루도 떨어져 있는 때가 없었기에, 오늘도 이와 같고 내일도 또 이와 같으며 평생토록 또한 이와 같을 줄만 알았습니다.

우리 모두 15살 무렵이 되었을 때 자못 능히 우도(友道)로써 서로를 대하게 되면서 여명의 자질과 행의(行誼)는 따라갈 수 없는 것임을 차츰 알게 되었습니다. 고요한 등불 아래에서 끝도 없이 속마음을 논하거나, 글공부하고 편안하게 얘기를 나누면서 날마다 즐거움으로 삼았습니다. 그런데 이로부터 여명은 때때로 고향으로 돌아가 부모님을 뵈었으므로 나와 여명은 비로소 인생에 만나고 헤어짐이 있다는 것을 깨달았으니, 열흘이나 달포쯤 보지 못한 적도 또한 때때로 있었습니다.

나는 불효하기 그지없어 갑자기 나의 선부군(先府君)을 잃었는데,[128] 여명은 차마 나를 버려두지 못하고 나의 점실(苫室)[129]에 머물렀

127 존부공(尊府公) : 황여명의 부친인 황종서(黃宗瑞)를 가리킨다. 《국역 국조인물고》〈황우한(黃佑漢)〉은 오진주가 쓴 황우한(黃佑漢, 1541~1606)의 묘표(墓表)에 의한 것으로 이에 따르면, 황종서는 황연(黃埏)의 측실 소생으로 동지중추부사(同知中樞府事)라고 하였다. 황연은 무과에 급제하여 부사(府使)를 지내고 참판에 추증되었다고 하였다.

128 나의……잃었는데 : 양부(養父) 해창위 오태주(1668~1716)의 별세를 말한다. 이때 오원이 17세였다.

129 점실(苫室) : 거적자리를 깐 방으로, 상주(喪主)가 머무는 곳을 말한다.

습니다. 내가 미련하여 죽지도 못하고 피눈물 흘리며 나날을 보내자 여명은 나를 부축하고 위로하며 혹 내가 죽기라도 할까 두려워하였습니다. 내가 끝내 모질고 사나워서 마침내 상제(喪制)를 마쳤는데, 여명은 이미 불행히도 병에 걸리고 말았습니다. 그때 나는 더욱 자랐고 여명의 행실은 더욱 성숙하여, 서로 마음을 나누고 허여함이 더욱 정중해졌습니다.

신축년(1721, 경종1) 여름 존부공께서 해도(海島)를 절제(節制)하고 계실 때[130] 여명은 오가며 부친을 뵈었고, 그 사이는 시골의 집에서 요양하였습니다. 이에 나와 여명은 떨어져 있는 때가 많고 만난 때는 적었으니, 이따금 한가로운 밤 외로이 홀로 있을 때 어릴 적 놀던 일들을 손꼽아 보노라면 지난날이 눈에 선하였습니다.

여명은 본디 기질이 약하여 처음 병이 났을 때부터 증상이 이미 우려할 만하였습니다. 나는 참으로 마음속으로 놀랐고 약으로 손써볼 바가 아님을 알았습니다. 5, 6년 사이에 비록 혹 호전되기도 하고 혹 악화되기도 하였으나 그 진원(眞元)은 날로 사그라져서, 때때로 서로 만나 안색과 기력을 살펴보면 더 이상 예전의 여명이 아니었기에, 염려하며 애태우지 않은 적이 없었습니다. 다만 여러 해를 끌기에, 하늘이 불쌍히 여기시어 십여 년 수명을 연장할 수 있기를 바랐습니다. 금년 정월에 여명의 병이 위독하다는 소식을 듣고 한번 찾아가서 묵었는데, 이미 어찌할 도리가 없는 상태였기에 돌아와서 두려운 마음에 잠들지 못하였습니다. 3월 초에 다시 가서 이틀 밤을 묵었는데, 병이 더욱 위독해졌음에도 정신은 오히려 멀쩡하여, 계속 무슨 말인가 하려고 하였으나

130 해도(海島)를……때 : 아마도 수군절도사(水軍節制使)로 재임한 것 같다.

다하지 못하였습니다. 나 또한 여명이 몸 상할까 염려되어, 감히 길게 말하지 못하고서 쓸쓸히 돌아왔습니다. 아무리 생각해도 살아날 도리가 없었건만, 사사로운 정에 가려서 오히려 한두 달 안에 갑자기 세상을 떠날 줄은 생각지도 못하였습니다.

아, 애통합니다. 참으로 이럴 줄 알았더라면 내가 여명에게 어찌 3사(舍)[131]의 거리와 며칠의 머무름을 아껴서 가슴속에 쌓인 정을 다 토해내지 못했단 말입니까. 유명(幽明)이 가로막혀 있는 것이 천고의 한입니다. 아! 세상 운세가 추락하고 음양이 어지러워져 순명(純明)한 기운이 참으로 사악한 기운에 꺾이었으니, 여명의 담박하여 탐함이 없고 온화하여 해침이 없는[132] 미덕이 신명(神明)에게 위로를 받지 못했다 해도 족히 이상할 것도 없습니다. 나는 갈팡질팡 헤메며[133] 세상과 어긋났는데, 평생 교유함에 어찌 또한 사람이 없으리오마는 그 맑고 깨끗하며 편안하고 온화함을 구함이 여명만 한 자가 몇 사람이나 되겠습니까. 그러니 이 생에 벗을 잃고[134] 슬퍼하는 것이 단지 20년간 동포

131 3사(舍) : 90리 길을 말한다. 1사(舍)는 30리이다.

132 담박하여……없는 : 《시경》 〈웅치(雄雉)〉에, "모든 군자들이 덕행을 모르실까. 해치지 않고 탐하지 않는다면 어찌 선(善)하지 않으리오.〔百爾君子, 不知德行? 不忮不求, 何用不臧?〕"라고 하였다. 〈웅치〉는 위(衛)나라 선공(宣公)을 풍자한 시이다.

133 갈팡질팡 헤메며 : 원문의 '倀倀'은 어디로 가야 할지 알지 못하는 모습을 형용한 말이다. 《예기(禮記)》 〈중니연거(仲尼燕居)〉에 "예법이 없이 나라를 다스리는 것은 마치 소경이 혼자서 길을 가는 것과 같으니, 창창하여라 과연 어디로 가겠는가.〔倀倀乎其何之〕"라는 말이 있다.

134 벗을 잃고 : 원문의 '亡質'은 벗의 죽음을 슬퍼함을 뜻한다. '풍근망질(風斤亡質)'은 《장자(莊子)》 〈서무귀(徐無鬼)〉에, "영(郢) 지방 사람이 자기 코끝에 백토를 파리 날개처럼 묻혀 놓고 장석(匠石)을 시켜 그것을 깎아 내게 했다. 그러자 장석이 바람을

(同袍)[135]의 지극한 정 때문만은 아닐 것입니다.

아! 여명이 간 것도 어찌할 수 없는 일이고, 내가 비록 하늘에 호소하고 귀신을 꾸짖는다 해도 미칠 수 없습니다만, 여명의 돈독한 효심으로 어찌 차마 칠순의 노부(老父)를 외로이 의지할 데 없이 만들었단 말입니까. 목 놓아 통곡하는 소리가 밤낮으로 이어져 길가는 사람도 차마 듣지 못하는데, 어찌 나에게 차마 듣게 한단 말입니까. 나도 차마 듣지 못할 바인데, 어찌 존부공으로 하여금 차마 스스로 마음 쓰게 한단 말입니까. 참으로 여명에게 지각이 있다면 저 세상에서 어찌 차마 스스로 눈 감을 수 있단 말입니까. 고당(高堂)의 숙수(菽水)[136]는 누구를 의지하여 올리며, 남편 잃은[137] 젊은 처는 누구를 믿고 살며, 삼척(三

일으키며 자귀를 휘둘러 마음대로 깎아 내기 시작했는데, 백토를 다 깎았는데도 코를 다치게 하지 않았고 그 영 지방 사람도 조금도 동요하지 않고 그대로 서 있었다. 그런데 송(宋)나라 임금이 이 말을 듣고 장석을 불러 이르기를 "과인(寡人)에게도 한번 해보라." 하니, 장석이 말하기를 "신(臣)이 그전에는 그것을 깎아낼 수 있었습니다. 그러나 지금은 신의 질(質)이 죽은 지 오래이기에 할 수가 없습니다."라고 한 데서 나왔다. 질(質)은 도끼질을 받는 바탕으로, 지기(知己)를 의미한다.

135 동포(同袍) : 의리를 지키면서 형제처럼 지내는 벗을 뜻하는 말이다. 《시경》 〈무의(無衣)〉의 "내가 어찌 입을 옷이 없어서 그대와 함께 군복을 입고 전쟁터로 나가는 것이겠는가.〔豈曰無衣 與子同袍〕"라는 말에서 나온 것이다.

136 고당(高堂)의 숙수(菽水) : 부모를 극진히 봉양하는 것을 말한다. 고당(高堂)은 부모님이 계시는 곳을 말한다. 숙수(菽水)는 콩죽과 물이라는 뜻으로, 가난하지만 어버이를 극진하게 봉양하는 효자의 음식을 비유할 때 쓰는 말이다. 공자의 제자 자로(子路)가 집안이 가난해서 효도를 제대로 하지 못한다고 탄식을 하자, 공자가 "콩죽을 끓여 먹고 물을 마시더라도 기쁘게 해 드리는 일을 극진히 행한다면, 그것이 바로 효이다.〔啜菽飲水盡其歡, 斯之謂孝.〕"라고 한 데서 나온 말이다. 《禮記 檀弓下》

137 남편 잃은 : 원문의 '崩城'은 남편을 잃은 아내의 슬픔을 뜻한다. 춘추 시대 제(齊)

尺)의 어린 고아는 누구를 믿고 자란단 말입니까. 생각이 여기에 이르니 내 마음이 찢어지려 합니다.

아! 나와 여명이 어려서부터 장성함에 이르기까지, 이끌고 좇으며 웃고 장난치는 중에 생사(生死)의 갈림길에 이른 때도 많았습니다. 그러나 일찍이 백발로 함께 돌아가기를 굳게 기약하였건만, 대관절 누가 생각이나 했으리오. 20년의 세월 동안, 나에게만 서글피 인간 세상의 존몰(存沒)의 슬픔을 품게 할 줄을.

아! 서문(西門)의 집에는 꽃이며 나무가 있으니 여기는 나와 그대가 예전에 같이 즐기던 곳이요, 초당의 정원엔 달이며 바람이 좋으니 여기는 나와 그대가 예전에 서로 노닐던 곳입니다. 동정(東亭)[138]의 숲과 못은 노닐 만하였으니, 샘과 바위 사이에 그대가 있으면 내가 반드시 따랐고 그대가 시를 읊으면 내가 화답하였으며, 내가 잔을 들면 그대가 술을 권하였으니, 유유자적한 호복(濠濮)의 뜻[139]을 나와 그대는 알았지요. 그러나 이제 와 지난 일은 서글프기만 하고 즐거웠던 마음은 시들어 버렸습니다. 상자 가득했던 글엔 그대의 문필이 남아 있고,

나라 장공(莊公)의 대부인 기량(杞梁)이 전사하자 그 아내가 그의 시체를 얻어 성 아래에서 열흘 동안 통곡하니 성이 무너졌다 한다. 《列女傳 卷4 齊杞梁妻》

138 동정(東亭) : 서울 종암(鐘巖)에 있었던 오원의 별장 내의 정자 이름으로, 이곳에서 남유용, 이천보, 황경원 등을 비롯한 여러 문사들이 모여 자주 시주회(詩酒會)를 열었다.

139 호복(濠濮)의 뜻 : 자연 속에서 한가롭게 소요하며 무위자적(無爲自適)하는 마음을 뜻한다. 호복(濠濮)은 호량(濠梁)과 복수(濮水)의 병칭이다. 호량은 장자(莊子)가 혜시(惠施)와 함께 물고기의 즐거움에 대해서 서로 논란한 곳이다. 복수는 장자가 낚시를 하던 곳으로 초 위왕(楚威王)이 대부를 보내어 초빙하자, 거북의 비유를 들어 "나는 장차 진흙탕에서 꼬리를 끌며 살겠다."라고 말하며 거절하였다. 《莊子 秋水》

찌지[140] 잔뜩 붙인 서적은 그대의 손길을 생각나게 합니다. 금상(禽尙)의 오악(五嶽)의 기약[141]과 양구(羊求)의 삼경(三徑)의 약속[142]은 지금 다시 생각할 수 없게 되었으니, 나의 생이 끝나도록 슬픔과 답답함만 있을 따름입니다.

아! 예전에 나와 여명은 백 리 길 이별이나 열흘간 헤어짐에도 반드시 머뭇거리고 연연해하며 차마 곧바로 헤어지지 못하고, 두 번 세 번 소매를 붙들고 장차 만날 날을 물었으며, 글을 지어주며 이별의 뜻을 표현했습니다. 그런데 지금 여명의 이번 가는 길이 장차 어디로 가는 것이며 장차 언제 돌아올 것이기에, 어찌 조금도 머뭇머뭇 돌아보며 연연해하지도 않는단 말입니까.

여명은 일찍이 내 문장을 매우 좋아하여 내가 한 글자라도 써내면 변화(卞和)의 박옥(璞玉)[143]보다 더 감상하였건만, 지금 영원히 이별의

140 찌지 : 기억할 것이나 중요한 내용을 써서 붙이는 작은 종이를 말한다.

141 금상(禽尙)의……기약 : '禽尙'은 금경(禽慶)과 상장(尙長)의 병칭이다. 둘 다 후한(後漢) 때 사람으로, 상장이 은거하여 조정의 부름에 응하지 않고 자녀들을 모두 결혼시킨 뒤에 금경과 함께 오악(五岳) 명산을 두루 돌아다녔는데 끝내 그 마지막을 알 수 없었다고 한다. 《後漢書 卷83 逸民列傳》

142 양구(羊求)의……약속 : '羊求'는 양중(羊仲)과 구중(求仲)의 병칭으로, 전한(前漢) 때의 은자(隱者)이다. 왕망(王莽)이 정권을 쥐고 농단하자 장후(蔣詡)는 벼슬을 내놓고 향리 두릉(杜陵)으로 돌아가서 모든 교분을 끊은 채 정원에다 오솔길 세 개〔三徑〕를 만들어 놓은 뒤에 오직 양중(羊仲)과 구중(求仲) 두 사람과 어울려 노닐었다는 고사가 있다. 《三輔決錄 逃名》

143 변화(卞和)의 박옥(璞玉) : 아주 좋은 옥을 말한다. 이 옥이 다듬어진 것이 천하의 보배 화씨벽(和氏璧)이다. 춘추 시대 초나라 사람 변화(卞和)가 형산(荊山)에서 직경 한 자 되는 박옥(璞玉)을 얻어 여왕(厲王)과 무왕(武王)에게 바쳤으나, 옥을 감정하는 사람이 돌이라 하니 왕을 속인 죄로 두 발이 잘리고 말았다. 그 후 문왕(文王)이

말을 고하자니 슬퍼서 글을 지을 수가 없습니다. 나의 깊은 슬픔과 지극한 즐거움, 여명의 질박한 행실의 아름다움으로써도 불행히 하늘의 복을 받지 못한 것에 관해서는 외려 훗날을 기다려 따로 서술하여 후사자(後死者)[144]의 슬픔을 조금이나마 막아보고자 하나, 여명은 알지 못하리라.

아, 여명을 다시는 볼 수 없도다. 아, 이 잔을 다시는 함께할 수 없도다. 애통하고 애통한지고. 부디 흠향하소서.

즉위하자 화씨는 형산 아래서 박옥을 안고 사흘 밤낮을 울어 피눈물이 흘렀다. 문왕이 사람을 보내 "천하에 발이 잘린 사람이 많은데 그대만이 이렇게 우는 것은 어째서인가?" 하고 묻자, 그가 대답하기를 "나는 발이 잘린 것을 슬퍼하는 게 아니라 보배로운 옥을 돌이라 하고 곧은 선비를 미치광이라 하니, 이 때문에 슬피 우는 것입니다."라고 하였다. 이에 왕이 옥공(玉工)을 시켜 다듬으니 직경 한 자의 티 없는 옥이 나왔다 한다.《韓非子 卷4 和氏》

144 후사자(後死者) : 뒤에 죽을 사람이라는 뜻으로, 작자 오원(吳瑗) 자신을 지칭한 것이다.

외형 남 대간[145] 도규 을 제사하는 글 갑진년

祭外兄南大諫 道揆 文 甲辰

해는 갑진년 중추에, 원임 대사간(原任大司諫) 의춘(宜春)[146] 남공(南公)이 국상(國喪)[147]을 당하여 양근(楊根)[148]의 시골집에서 급히 올라오던 중 길에서 갑자기 위독해지셨습니다. 내제(內弟)[149] 되는 수양(首陽) 오원(吳瑗)이 서울에 있는 집으로 급히 달려가 문후하였는데, 공은 이미 말씀을 못하시더니 마침내 9월 초하룻날 세상을 떠나셨습니다. 나의 선친 정랑 부군(正郎府君)[150]도 그때 병중에 계셨는데, 소식

145 외형……대간(南大諫) : 남도규(南道揆, 1662~1724)로 자는 상일(尙一), 호는 삼족(三足) 또는 여일(汝一)이다. 남택하(南宅夏)의 아들이다. 1717년 승지가 된 후 대사간이 되었고, 경종 즉위 후 승지와 충청도 관찰사를 거쳐 다시 대사간을 지냈다. 외형(外兄)은 고종형을 말하는데, 남도규는 오원의 고모 아들이다. 《농암집》 권28 〈오충정공의 원배 민부인의 묘갈명〔吳忠貞公元配閔夫人墓碣銘〕〉에 의하면, 오원의 조부 오두인(吳斗寅)의 초취인 여흥 민씨(驪興閔氏) 민성휘(閔聖徽)의 딸은 1남 1녀를 두었는데 아들 오관주(吳觀周)는 일찍 별세하였고 딸은 남택하에게 시집가서 진사인 남도규(南道揆)와 남도진(南道振) 등 두 아들과 민승수(閔承洙)에게 출가한 딸 하나를 낳았다고 하였다.

146 의춘(宜春) : 경상남도 의령(宜寧)의 별칭으로, 남대규의 본관이다.

147 국상(國喪) : 경종(景宗, 1688~1724)의 죽음을 가리킨다. 《경종실록》 4년(1724) 8월 25일 기사에, 경종이 오전 3시 경에 환취정(環翠亭)에서 승하하여 내시가 지붕에 올라가 고복(皐復)을 하고 곧 발상(發喪)을 하였다고 하였다.

148 양근(楊根) : 현재는 경기도 양평군에 속하는 곳이다.

149 내제(內弟) : 외사촌을 말한다. 남도규(南道揆)는 오원에게 고종 사촌이 되고, 오원은 남도규에게 외사촌이 된다.

을 듣고 놀라 부르짖으며 억지로 일어나 가시려고 하였으나, 아들과 조카가 안 된다며 힘껏 말렸습니다. 부군께서 그달 26일에 갑자기 또 자식들을 버리시니, 원(瑗)은 그 때 빈소(殯所)에서 호벽(號擗)[151]하고 있었는지라 공의 상여를 끌고 묘혈로 보내드리지 못하였습니다. 어리석고 미련하여 죽지도 못하고, 세월만 쉬지 않고 흘러서 3년 상기가 어느덧 끝나 공의 연궤(筵几)[152]를 장차 먼저 거두게 되었기에, 슬픔을 머금고 정성을 다하여 지금 병오년[153] 8월 26일 을유일에 한잔 술을 올리며 긴 이별을 고하나이다.

아! 지금 세상에 살면서 고인의 마음을 지니셨고, 높은 벼슬에 올랐어도 포의의 절조를 지키셨습니다. 담박하게 지조를 지키니 오래된 우물엔 물결 일지 않았고, 온화돈후하게 만물에게 베푸니 진한 술은 사람을 취하게 하였습니다. 효우와 화목함은 말로 꾸밀 필요 없었고, 온화함과 겸손함과 평이함과 정직함은 모두 참된 정성에서 나왔습니다. 요직에서 물러나서는 아득히 아무 소리도 듣지 않는 듯하였고, 곤궁한 벗[154]에게 마음을 기울일 때는 급급하여 마치 미치지 못할까 두려워하는 듯하였습니다. 〈주아(周雅)〉의 "화락한 군자"[155]와 〈위풍

150 정랑 부군(正郎府君) : 오원의 생부 오진주(吳晉周)가 공조 정랑을 지냈으므로 이른 말이다.

151 호벽(號擗) : 부모의 상을 당하여 슬픔으로 울부짖으며 가슴을 치는 것을 말한다. 이해 9월에 오원은 생부상을 당했다.

152 연궤(筵几) : 삼년상 동안 신주를 모셔두는 곳을 말한다.

153 병오년 : 병오년은 1726년이므로, 이 글이 지어진 해는 갑진년(1724)이 아니라 병오년(1726)이어야 맞다.

154 곤궁한 벗 : 원문의 '窮交'는 빈천지교(貧賤之交)를 뜻한다.

〈위풍(衛風)〉의 "해치지 않고 탐내지 않는다."[156]는 찬사를 공의 덕이 아니면 그 누가 차지하리오. 육순이면 요절한 것 아니고 간의(諫議)[157]면 낮은 지위 아니니 '지족(知足)'이라는 말이 공에게 있어서는 어짊의 표현이겠으나, 고령에 높은 지위 누리는 자도 세상에 또한 많으니, 공의 나이와 공의 지위가 어찌 공의 덕에 대한 보답이 되리오.

아! 공은 선고(先考)[158]보다 6년 연장이셨으니 어찌 조카와 삼촌뻘이라 하리오. 실은 큰아버님과 같았으나, 죽마 타고 같이 놀던 때부터 흰 머리로 대하실 때까지 그 즐거움을 함께하셨고 그 모임에도 잘 어울려주셨습니다. 동정(東亭)[159]에서 활쏘기를 하건, 북성(北城)[160]에서 술병을 끼고 노닐건, 선고 형제들의 놀이라면 반드시 함께 어울리시며 혹 뒷전에 계신 적이 없었습니다. 형체를 잊고[161] 흥이 올라 한껏 장난치고 웃을 때면, 원(瑗)은 모퉁이에 앉아 슬며시 보면서 속으로 흔연히 즐거워하였습니다.

아! 소자 하늘이 도와주지 않아 갑자기 선고를 잃었고, 공도 만년에

155 〈주아(周雅)〉의……군자 : 〈주아(周雅)〉는 《시경》의 〈대아(大雅)〉, 〈소아(小雅)〉를 말한다. '화락한 군자[愷悌君子]'는 〈대아〉의 〈형작(泂酌)〉, 〈한록(旱麓)〉 등과 〈소아〉의 〈청승(靑蠅)〉 등에 나오는 말로, 훌륭한 덕을 지닌 인물을 뜻한다.

156 〈위풍(衛風)〉의……않는다 : 〈위풍(衛風)〉은 〈패풍(邶風)〉의 오류이다. 〈패풍 웅치(雄雉)〉의 구절이다. 183쪽 주132 참조.

157 간의(諫議) : 간의대부(諫議大夫)로, 대사간(大司諫)의 직임이 옛날의 간의대부에 해당되므로 이른 말이다. 남도규가 대사간을 지냈다.

158 선고(先考) : 오태주(吳泰周, 1668~1716)로, 오원의 백부이며 양부(養父)이다.

159 동정(東亭) : 185쪽 주138 참조.

160 북성(北城) : 북한산성을 말한다.

161 형체를 잊고 : 원문의 '形忘'은 형체에 구애되지 않는다는 뜻이다.

길이 서주(西州)의 슬픔[162]을 안았으나, 저는 친족 중에서 다행히 영광(靈光)을 우러를 수[163] 있었기에 때때로 가서 공에게 문안을 드렸는데, 물러나서 일찍이 슬퍼하지 않은 적이 없었습니다.

유세차 임인년(1722, 경종2)에 세상의 일[164]로 헤어지게 되어, 공은 용문산(龍門山)[165]의 별장으로 가족을 이끌고 가고, 나는 천덕산(天德山)[166]의 시골집으로 나의 부모를 따라간 후로, 새벽 별처럼 서로 떨어

162 서주(西州)의 슬픔 : 친한 이의 죽음을 슬퍼하는 것을 말한다. 서주(西州)는 진(晉)나라의 명재상인 사안(謝安)이 살던 곳으로, 양주 자사(揚州刺史)의 치소(治所)가 있던 곳이다. 사안은 평소 그의 생질인 양담(羊曇)을 애지중지하였는데, 사안이 죽자 양담은 수년 동안 슬픔에 잠겨 음악을 듣지 않고 사안이 있던 서주의 길을 다니지 않았다. 그러다가 한번은 술에 취하여 자신도 모르는 사이에 서주의 성문에 이르니, 좌우 측근들이 "이곳은 서주의 성문입니다." 하였다. 이에 양담은 슬픈 감회를 이기지 못하여 말채찍으로 문을 두드리고 통곡한 다음 돌아왔다. 이후로 서주를 지난다는 말은 친지나 친구 등의 죽음을 애도하는 뜻으로 쓰인다.

163 영광(靈光)을……수 : 영광을 우러른다는 것은 홀로 남은 어른을 받든다는 뜻이다. 영광은 노(魯)나라의 영광전(靈光殿)으로, 한 경제(漢景帝)의 아들 노 공왕(魯恭王)이 많은 궁전을 건립했는데, 뒤에 다 무너지고 말았으나 영광전만은 홀로 남아 우뚝 서 있었다. 여기에서 전용하여 홀로 남은 인물이나 건물 등을 비유하는 말로 쓰인다. 《文選 魯靈光殿賦》

164 임인년……일 : 임인옥사(辛壬獄事)를 가리킨 것으로 보인다. 신축년(1721)에 이어서 임인년에 일어난 임인옥사는 목호룡(睦虎龍)의 고변에 의해서 발생한 것으로, 노론 측에서 경종을 시해하려 했다는 것이다. 이로 인해 노론 4대신은 사사되었고 수백 명의 노론 인사들이 제거되었으며, 왕세제였던 연잉군(延礽君)도 정치적으로 곤경에 처하게 되었다. 남도규는 신축년에 대사간, 승지를 지냈다. 《경종실록》 2년(1722) 1월 3일 기사에, 사직(司直) 남도규가 올린 상소문이 실려 있는데 세제를 잘 보호할 것을 청하는 내용이다.

165 용문산(龍門山) : 경기도 양평군에 있는 산이다.

166 천덕산(天德山) : 경기도 양성(陽城)에 있는 산이다. 양성은 지금의 안성(安城)

져 지내며 여러 해 동안 그리워하였습니다. 두 집안의 흉악한 변고가 하루아침에 이처럼 극심한 지경에 이르렀으니, 아득하기만 한 저 하늘, 홀로 남은 자식의 남은 인생, 어린 시절을 추억하니 애통함만 더하고 지극한 슬픔을 하소연하려니 할 곳이 없습니다.

변변치 않은 제수와 재주 없는 글로 영연(靈筵)[167] 아래에서 울부짖으며 눈물 흘리지만, 또한 미칠 길 없습니다. 다만 마음속에 새겨진 풍류 해학과 눈 속에 어리는 정원과 못의 경치가 눈물을 마르게 하고 목도 쉬게 하는데, 이는 단지 공을 애도해서일 뿐만 아니라 실로 저 자신을 슬퍼하기 때문입니다. 공께서 저세상에서 혹 두 분 선인(先人)[168]을 다시 뵙게 된다면 소자를 위해 이 하늘에 사무치는 망극한 슬픈 심정을 말씀해 주시지 않겠습니까.

아! 애통합니다. 부디 흠향하소서.

지역에 해당된다.

167 영연(靈筵) : 시신을 떠난 혼령이 머물 수 있도록 마련한 자리이다.

168 두……선인(先人) : 생부 오진주(吳晉周)와 양부 오태주(吳泰周)를 가리킨다.

본생비 안동 김씨[169]를 천장[170]할 때의 제문 을사년[171]

本生妣安東金氏遷葬時祭文 乙巳

유세차 을사년 10월 을축삭 초10일 갑술일에 나의 본생 선비(本生先妣)이신 안동 김씨(安東金氏)의 관을 광주(廣州) 월곡(月谷)의 옛 선영으로부터 꺼내어, 13일에 용인(龍仁) 구흥산(駒興山) 아래로 향해 가서, 15일에 본생 선고 부군(本生先考府君)[172]의 묘에 합장하려 합니다. 아들 원(瑗)은 출계하여 숙부의 뒤를 이었으므로, 예(禮)에 감히 면복(緬服)[173]을 입고 제전(祭奠)을 주관할 수 없습니다. 이에 발인(發靷) 하루 전인 병자일에 특별히 잔을 올리며 고하나이다.

아, 비통합니다	嗚呼痛矣
저는 막 태어나자마자	兒之初生
죄가 이미 가득하였고	罪已貫盈
슬픔을 품고 근심을 쌓아온 지	含哀積恤
이십육 년입니다	二十六年

169 본생비……김씨 : 오원의 생모로 김창협(金昌協)의 딸이다. 오원의 생부 오진주의 첫 부인으로 오원을 낳은 지 7일 만에 세상을 떠났다.

170 천장(遷葬) : 무덤을 옮기는 것을 말한다. 이장(移葬), 개장(改葬)과 같다. 이때 초상을 치를 때의 예와 같이 한다.

171 을사년 : 1725년(영조1)으로 오원이 26세 되던 해이다.

172 본생……부군(本生先考府君) : 오원의 생부(生父) 오진주(吳晉周)를 가리킨다.

173 면복(緬服) : 부모를 천장할 때 입는 복(服)을 말한다. 시마복(緦麻服)이다.

아들의 얼굴을	兒之面目
어머니는 응당 기억 못하실 것이요	母應不記
어머니의 의범을	母之儀範
제가 무슨 수로 알겠습니까	兒何由識
이레간의 짧았던	七日之間
모자의 인연은	母子之緣
하늘 끝닿는 원통함이요	窮天之寃
땅에 사무치는 애통함입니다	徹地之痛
망망하게 그리웁거니[174]	茫茫孺慕
아득할손 저 구천이여	漠矣重泉
인적 없는 낮이나	無人之晝
잠들지 못하는 밤에	不寐之夕
곰곰이 생각하노라면	昧昧我思
가슴이 턱 막힙니다	五情抑塞
새 묘지로 이장하게 되어	新阡旣襄
현택을 다시 열려고 합니다	玄宅復啓
바야흐로 처음 열 때는	方其始啓
우러를 수 있을 듯하였고	若有所望
온화하신 용모와 음성을	溫然容聲
장차 친히 모실 듯하였으며	若將親承
종천의 지극한 한이	終天至恨

174 그리웁거니 : 원문의 '孺慕'는 어린아이가 부모를 그리듯이 어버이의 죽음을 슬퍼하며 사모하는 것을 말한다.

장차 위로가 될 듯하였습니다	若將以慰
그러나 울부짖으며 찾아도	呼號以求
끝내 볼 수 없고	終莫能覿
고요히 우러러 사모하여도	靜言瞻想
장차 어떻게 어렴풋이나마 뵈오리까	將何彷彿
아들이 지금 여기 있건만	兒今在此
어머님은 어찌하여 듣지 못하십니까	母何無聞
옛날 응애응애 울던 아이가	昔之呱呱
지금 칠 척이 되었건만	今長七尺
어찌하여 어머님께서	胡不見母
어루만지며 기뻐하시는 모습을 볼 수 없습니까	撫之而喜
아들의 죄가 하늘에 사무쳐	兒罪通天
혹독한 벌이 이 한 몸에 모였기에	酷罰萃躬
쓸쓸히 남은 목숨	零丁餘命
다시 선군을 잃었습니다	又失先君
이 넓은 천지간에	廓然穹壤
더는 의지할 곳 없어	無復依怙
외로이 가슴 치고 울부짖으며	孑立叩叫
삶을 독으로 여기건만	以生爲毒
어찌하여 어머님께서	胡不見母
애통해 하고 근심하는 모습을 볼 수 없습니까	畫以恤之
산사람의 일은	生人之事
아들 혼자 누리고 있어서	兒乃獨有
집에는 아내가 있고	有妻于室

아들도 딸도 있건만	有子有女
어찌하여 어머님께서	胡不見母
그리워하여 물으시는 모습을 볼 수 없습니까	念而問之
황망하게 가슴 치며 슬퍼하건만	皇皇摽擗
어찌하여 응답을 받을 수 없습니까	胡不承答
어찌하여 밝게 강림하여	胡不昭降
꿈속에 보이지 않으십니까	見于夢寐
고생하며 낳아주신 지극한 은혜가	劬勞至恩
어찌 이같이도 아득하단 말입니까	胡若是邈
영유[175]에 의지하신 것이	憑依靈帷
얼마간의 세월인지요	曾幾日夕
상여가 이미 준비되어	輀車旣戒
장차 새 묘소에 이르리니	將詣新岡
선군과 만나시면	先君與會
신리[176]가 편안하시리나	神理則安
외로운 이 세상에서	煢煢人世
아들더러 누구를 의지하라는 것입니까	俾兒何仰
길 가는 사람조차 긍휼히 여길 터인데	行路所矜
어찌 조금도 돌아보지 않으십니까	何莫少顧
말씀 올리는 자는 아들이옵고	陳辭惟兒
제수를 차린 이는 며느리이온데	設羞惟婦

175 영유 : 영실(靈室)의 휘장, 즉 위패(位牌)를 모신 곳을 말한다.

176 신리 : 죽은 사람의 영혼을 말한다.

어찌하여 무심하게	云何漠然
강림하여 흠향하지 않으십니까	不臨而嘗
이 사흘을 지나	歷玆三日
깊은 무덤으로 돌아가시면	言復玄壤
아련한 그 정삽[177]에	僾其旌翣
장차 영영 닫히고 말 터	亦將永閟
무슨 수로 지금 세상에서	何由今世
자애로우신 얼굴을 한번 뵙겠습니까	一識慈顔
무슨 수로 조금이나마	何由少報
호천망극의 은혜를 보답하겠습니까	昊天之恩
그만입니다 그만입니다	已矣已矣
다시 바랄 수 없습니다	無復望矣
오직 죽을 날을 기약하여	惟期死日
구천으로 돌아가 절하옵고	歸拜九地
얼굴을 뵙고 음성을 들으며	承顔聆音
여러 어른들을 받들어 모시면	奉侍諸尊
기쁨과 지극한 즐거움이	怡愉至樂
다른 사람들과 비슷해질 터이지요	庶比人類
아득하기만 한 이 일을	冥茫此事
누가 기약하고 누가 알아주겠습니까	孰期孰知
하물며 아들의 죄가	況兒罪逆

177 정삽 : 정(旌)은 붉은 천에 망자의 관직과 성명을 쓴 조기(弔旗)이고, 삽(翣)은 네모진 화포(畫布)에 다섯 자 길이의 자루를 붙여 상여의 양옆에 세우고 가는 기구이다.

천지에 용납받기 어려운데　天地難容
무슨 낯으로　其何顔面
부모님을 뵙겠습니까　見我父母
마음이 괴로워 창자가 찢어지고　心煩腸裂
피가 마르고 소리가 끊어집니다　血竭聲短
하늘이 무너지고 땅이 갈라져도　天荒地裂
이 애통함은 끝나기 어려울 것이나　此哀難窮
아들은 목석같이 미련하여　兒頑如石
결코 죽지도 않을 것입니다　必無死理
지극 정성으로 저를 키워주신[178]　至情顧復
어머님이 집에 계시니　母氏在堂
저 구천지하에서　九泉之下
어머님은 아들 걱정 마소서　母無兒念
아! 애통합니다　嗚呼痛矣
부디 흠향하소서　尙饗

178 저를 키워주신 : 원문의 '顧復'은 '고아복아(顧我復我)'의 줄임말이다. 즉 "나를 돌아보고 나를 다시 살폈다."라는 뜻으로, 자신을 보살펴 준 어버이의 은혜를 말한다. 《시경》〈육아(蓼莪)〉에 "아버지는 나를 낳으시고, 어머니는 나를 기르셨도다. 나를 다독이시고 나를 기르시며, 나를 자라게 하고, 나를 키우시며, 나를 돌아보시고 나를 다시 살피시며, 출입할 땐 나를 배에 안으셨다. 이 은혜를 갚으려면 하늘이라 한량이 없도다.〔父兮生我, 母兮鞠我. 拊我畜我, 長我育我. 顧我復我, 出入腹我. 欲報之德, 昊天罔極.〕"라는 말이 나온다.

본생비 동래 정씨[179]를 천장할 때의 제문

本生妣東萊鄭氏遷葬時祭文

유세차 을사년(1725, 영조1) 10월 을축삭 초열흘 갑술일에 본생 선비(本生先妣)이신 동래 정씨(東萊鄭氏)의 영구를 광주 월곡의 옛 선영으로부터 꺼내어, 장차 13일에 용인의 구흥산(駒興山) 아래로 향해 가서, 15일에 본생 선고 부군(本生先考府君)의 묘 옆에 종장(從葬)[180]하려고 합니다. 아들 원(瑗)은 출계하여 숙부의 후사가 되었으므로 예에 감히 면복(緬服)[181]을 입고 제사를 주관할 수 없습니다. 이에 발인하기 하루 전날인 병자일에 이별하며 잔을 올려 고하나이다.

아! 애통합니다	嗚呼痛矣
제가 태어나 일 년 되어	兒生一朞
어머니께서 아들의 어머니가 되시었는데	母爲兒母

179 본생비……정씨 : 오원의 계모이며 생부 오진주(吳晉周)의 재취이다. 오진주는 세 번 장가를 갔다. 초취는 농암 김창협의 딸로 오원의 생모이고, 재취는 동래 정씨(東萊鄭氏) 정희선(鄭希先)의 딸이며, 삼취는 대구 서씨(大邱徐氏) 서명덕(徐命德)의 딸이다. 오원의 바로 아래 아우인 오완(吳琬, 1703~1721)의 생모이다. 오원이 오태주(吳泰周)에게 입양되었기 때문에 본생비(本生妣)로 일컬었다.

180 종장(從葬) : 묘 가까이에 매장하는 것을 말한다. 《영조실록》 22년(1746) 12월 23일 기사에, 영돈녕(領敦寧) 조현명(趙顯命)이 말하기를, "두 왕비의 능은 비록 대왕의 능과 산등성이는 다르다 하더라도 하나의 국(局)에 같이 봉안하였으니, 이를 일러 종장이라고 합니다.〔今玆二王妃陵, 雖與大王陵異岡, 而同奉一局, 是謂從葬.〕" 하였다.

181 면복(緬服) : 부모의 천장(遷葬)을 할 때 입는 복(服)을 말한다.

자애로운 정을 쏟으심이	慈情所鍾
친히 낳으신 것과 똑같았습니다	宛若親出
어머니를 잃었으나[182] 믿을 곳을 얻어	失恃有恃
입은 은혜가 망극하였건만	蒙恩罔極
십 년이 되지 않아	曾未十歲
갑자기 또 돌아가셨습니다	奄又捐背
지극한 은혜 지극한 정을	至恩至情
추호도 보답하지 못하였고	無毫末報
자애로운 얼굴 어렴풋하여	慈顔髣髴
눈으로 자세히 기억하지 못합니다	目不能詳
인간 세상에 홀로 남은	孑然人世
제 삶도 궁박하였기에	我生之窮
외로운 어린 아우[183]와	伶俜弱弟
피눈물 흘리며 서로 의지했습니다	血泣相持
부지런히 이끌고 보듬어	辛勤提撫
장성하기를 기대하며	以期成立
훗날 구천으로 가서	九泉他日
돌아가 다시 만나뵈옵기를 바랐습니다	庶歸以復
그러나 쌓인 악이 하늘에 닿아	積惡通天

182 어머니를 잃었으나 : 원문의 '失恃'는 어머니를 여읨을 말한다. 《시경》〈 육아(蓼莪)〉에 "아버지가 없으면 누구를 믿으며, 어머니가 없으면 누구를 믿을까.〔無父何怙, 無母何恃?〕" 한 데서 유래하였다.

183 외로운……아우 : 동래 정씨 소생으로 오원의 바로 아래 아우인 오완(吳琬, 1703~1721)을 가리킨다.

하늘이 이마저 빼앗아가니 天又奪此
모자의 혈맥이 母子血脉
하루아침에 마침내 끊어졌습니다 一朝遂絶
애통하다, 선비께서는 哀我先妣
하늘이 낸 자애로움이시며 出天慈仁
내 죽은 아우는 及吾亡弟
마음 지극하고 자질 순한데 至心馴質
하늘에게 무슨 미움을 받았기에 何惡於天
하나같이 이처럼 혹독하단 말입니까 一是之酷
생각하니 나에게 내릴 재앙으로 惟我之殃
그 벌이 사랑하는 이에게 미친 것이니 罰及其愛
울부짖으며 귀신을 불러본들 號呼鬼神
또한 장차 어찌 대속하겠습니까 亦將何贖
죄악이 가득 찼건만[184] 惡貫罪盈
끝내 스스로 죽지 않고서 終不自滅
마침내 흉액이 遂令凶禍
위로 선군에게 뻗치게 한 것입니다 上延先君
하늘에 호소하고 땅에 물어봐도 呼穹叩壤
다시 의지할 데라곤 없이 更無依怙
미련하게도 목숨을 보존하여 冥然視息
세월은 이미 일주기가 되었습니다 歲已一周

184 죄악이……찼건만 : 원문 '惡貫罪盈'은 '죄악관영(罪惡貫盈)'에서 온 말로, 죄악이 찰 대로 가득 차서 마치 돈이 꿰미의 마지막까지 가득 찬 것에 비유한 것이다.

흉악하고 잔인함을　凶頑忍戾
저 또한 스스로 알고 있으니　兒亦自知
비록 죽은들 무슨 낯으로　雖死何顏
부모님께 가서 절하겠습니까　歸拜父母
지독한 슬픔을 어루만지며　撫躬痛毒
감히 하늘을 원망하지 못하오나　不敢怨天
평생의 자애로우심으로　平生慈愛
응당 아들의 삶을 불쌍히 여기시겠지요　應憫兒生
길한 묘지로 이미 이장하게 되어　吉阡旣襄
천장할 기일이 정해졌습니다　遷祔有期
그윽한 묘혈이 거듭 열려　重開幽隧
정삽[185]이 다시 보이니　載覩旌翣
어렴풋한 모습과 음성을　僾僾容聲
마치 장차 다시 받들 듯하고　若將復承
어슴푸레한 슬픈 정을　怳怳哀情
기대할 수 있을 듯한데　如有所期
황망히 구하여도　皇皇以求
아득하여 볼 수가 없고　邈邈無覿
소리쳐 불러 본들 누가 응답하며　叫呼誰應
가슴을 친들 누가 듣겠습니까　摽擗誰聞
우러러 관 머리[186]를 부여잡고 울어도　仰攀前和

185 정삽(旌翣) : 197쪽 주177 참조.

186 관 머리 : 원문의 '前和'는 관의 앞부분을 말하는데 전화두(前和頭)라고도 한다.

더욱 원통하기만 할 뿐입니다	秖益寃痛
영유가 진설되어	靈帷之設
마치 믿을 곳[187]이 있을 듯하지만	猶若有恃
내일 발인하여 상여 줄을 들고	明發擧紼
저 새 묘소로 향해 가면	指彼新塋
얼마의 세월 만에	曾幾日夕
장차 중천으로 돌아가	將復重泉
선군의 묘 옆에 묻히시어	從先君藏
처음같이 만나시겠지요	會遇如初
슬프디 슬픈 고아[188]는	哀哀鮮民
홀로 따를 수 없어	獨不能從
종천의 슬픔[189] 안고 다시 영결하며	終天再訣
이 한 잔 술을 올리옵니다	奉玆一觴

화(和)는 관 양옆의 돌출된 부분이다. 《여씨춘추(呂氏春秋)》 〈개춘(開春)〉에 "옛날 주(周)나라의 왕 계력(季歷)을 초산의 끝에 장사지냈는데, 난수(欒水)가 그 묘를 침식하여 관의 앞부분이 보였다.〔昔王季歷葬于楚山之尾, 欒水齧其基, 見棺之前和.〕"라고 하였다.

187 믿을 곳 : 어머니를 뜻한다. 《시경》 〈육아(蓼莪)〉에 "아버지가 없으면 누구를 믿으며, 어머니가 없으면 누구를 믿을까.〔無父何怙, 無母何恃?〕" 한 데서 유래하였다.

188 고아 : 원문의 '鮮民'은 부모를 잃은 곤궁하고 외로운 백성을 말한다. 《시경》 〈소아(小雅) 육아(蓼莪)〉에 "작은 병의 텅 빔은 큰 병의 수치라네. 곤궁한 백성의 삶이 죽음만 못한 지 오래되었네. 아버지가 없으면 누구를 믿으며 어머니가 없으면 누구를 믿을까. 나가면 근심을 품고 들어오면 이를 곳이 없어라.〔甁之罄矣, 維罍之恥. 鮮民之生, 不如死之久矣. 無父何怙, 無母何恃? 出則銜恤, 入則靡至.〕"라고 하였다.

189 종천의 슬픔 : 종신토록 슬퍼함으로, 부모상을 뜻한다.

뒤를 돌아보아도 回顧于次
아우를 볼 수 없으니 不見吾弟
지금 어디로 갔기에 伊今何適
저와 함께 하지 않는 것입니까 不與兒同
과부 며느리가 통곡하며 가슴을 치건만 孀媳號擗
영령께서는 어찌 듣지 못하십니까 靈何無聽
생민 이래로 生民以來
이러한 비통함은 없었거늘 莫此之憯
하늘은 어찌하여 아무 말도 않하고 天何漠漠
귀신은 어찌 그리 악하단 말입니까 鬼何其惡
외로이 홀로 남은 목숨은 煢煢孤命
지각 없는 아우가 부럽습니다 羡弟無知
자애로운 가르침 다시 받드는 일은 重承慈誨
이 생에서는 방법이 없으리니 此生無路
아득히 만고토록 茫茫亘古
지극한 슬픔 어찌 끝이 있으리오 至痛何窮
하늘에 닿는 통곡 소리 徹天之聲
땅에 사무치는 피눈물 徹地之血
슬프고 슬프옵나니 존령이시여 哀哀尊靈
혹 조금이라도 불쌍히 여기시어 돌아보실는지요 儻少憐顧

원여수[190] 경록 를 제사하는 글 병오년[191]

祭元汝綏 景祿 文 丙午

유세차 병오년 12월 15일에 수양(首陽) 오원(吳瑗) 백옥(伯玉)이 동교(東郊)의 정사(亭舍)로부터 조촐한 제물과 짧은 글을 갖추어, 죽은 벗 원군(元君)의 영연(靈筵)에 와서 곡하노니 그 다음 날이 바로 대상(大祥)[192]이기 때문이다.

이르노라.

아, 여수여!	吁嗟汝綏
지난 기해년[193]	昔在己亥

190 원여수 : 원경록(元景祿, 1704~1724)의 자가 여수(汝綏)이다. 본관은 원주이며, 오원과 친밀하게 교유한 원경하(元景夏, 1698~1761)의 종제(從弟)이다. 원경하의 《창하집(蒼霞集)》 권8 〈종제여수묘지명(從弟汝綏墓誌銘)〉이 실려 있다. 이에 의하면 "원경록은 갑신년(1704) 9월 28일에 태어나 갑진년(1724) 12월 16일에 요절하였다. 부사(府使) 심수(沈澍)의 딸에게 장가들었는데 아들이 없었다. 원경록은 거상 중에 매우 근신하였다. 임종 때 계부가 그 처에게 명하여 들어가 보도록 하니 벽 쪽으로 돌아누워 처와 말을 하지 않았다.〔汝綏以甲申九月二十八日生, 甲辰十二月十六日夭. 娶府使沈澍女, 竟無子. 汝綏居喪甚謹. 臨沒, 季父命其妻入視, 反壁不與語.〕" 한다.

191 병오년 : 1726년(영조2)으로 오원이 27세 되던 해이다.

192 대상(大祥) : 죽은 지 만 2년이 되는 두 번째 기일(忌日)에 지내는 상례(喪禮)이다. 대상이 끝나면 망자의 궤연(几筵)을 철거하므로, 사당에 새 신주를 모신다는 것을 고하고 대상을 마친 후 즉시 부묘(祔廟)한다. 상주는 상복을 벗고 일상적인 생활로 돌아간다.

193 기해년 : 1719년(숙종45)으로 오원이 20세 때이다.

섣달 겨울에　維季之冬
나는 그대 손을 잡고　我携君手
성곽 동쪽에 갔었지　于郭之東
뾰족한 눈 덮인 봉우리며　雪峰巑岏
맑고 싸늘한 얼음 시내에서　氷澗清泠
깊은 우정으로　心期瀾漫
술 마시고 시 지으며 노닐었지　酒賦徜徉
그간 삶과 죽음을 겪으며　中間死生
세월은 여덟 번이나 바뀌었으니　八改星霜
달 지는 산속 집에서　落月山齋
나의 꿈 꿀 때마다 놀라 깨었다네　我夢則驚
교외 얼음 덮인 길로　莽蒼氷路
나는 와서 그대를 그리워하건만　我來思君
그대는 어찌도 막막하게　君胡邈然
내 목소리를 듣지 않는가　不我之聞
아! 여수여　吁嗟汝綏
천도가 너무도 어두워　天道太昏
저 음란하고 사특한 자들은　相彼淫嬰
종신토록 장수와 복록을 누리는구나　壽祿終身
온화하기론 아름다운 옥이요　溫然良玉
순수하기론 천진이며　粹然天眞
선을 좋아하는 정성에다　好善之誠
배움에 힘쓰는 돈독함 갖추었지　攻學之敦
그대의 재주와 그대의 뜻　君才君志

누가 그대 앞길을 막으리오만	孰阻君進
너무 맑고 연약하여	惟其淸脆
장수를 기약하지 못하였도다	未期長筭
약관에 자식도 없으니	弱冠無兒
선한 사람을 무엇으로 권장하리오	善者何勸
아! 여수여	吁嗟汝綏
귀신이 너무도 잔인하거니	鬼神太忍
그대 집안의 재앙은	君家禍創
인도의 지극한 변고로다	人道至變
원통하게 부르짖고 피눈물 흘려	寃呼血泣
뼈만 남은 채 마음이 피폐해지니	骨立心隕
치달려오던 요사한 기운이	駸駸沴氣
이에 그 틈을 탔도다	乃乘其隙
바야흐로 그대의 부고가 왔으나	方君訃來
나는 그때 상중[194]에 있었기에	我在荼毒
반함(飯含)[195]과 발인에	其含其靷
나는 가보지를 못하였네	我未匍匐
지금 나는 죽지 않고 살아서	今我不死
그대에게 이 술을 붓는다마는	酹君斯酌

194 상중 : 원문의 '荼毒'은 참기 힘든 심한 고통으로 부친상을 뜻한다. 이때 오원은 생부 오진주(吳晉周)의 상중에 있었다.

195 반함(飯含) : 죽은 사람을 염습(殮襲)할 때 입에다 구슬과 쌀을 물리는 것을 말한다.

그대가 효를 다해 순절함이 부럽고	羨君殉孝
내가 살아있음이 부끄럽거니	慙我視息
화백[196]의 손을 잡고서	執華伯手
가슴속 깊이 눈물짓는도다	我淚在臆

196 화백 : '華伯'은 원경하(元景夏, 1698~1761)의 자이다. 망자인 원경록(元景祿)의 종형이며, 오원과 친밀한 관계로 《월곡집》 권1에 시 〈유산유목 3장을 지어 화백에게 답하다〔維山有木三章答華伯〕〉 등이 있다. 원경하의 본관은 원주(原州), 호는 창하(蒼霞)·비와(肥窩)이다. 1736년(영조12) 문과에 장원급제한 후 영조의 뜻을 받들어 붕당의 폐해와 탕평책을 진언하였다. 이후 예문관 제학·이조 참판·부제학 등을 역임하였으며 판돈녕부사로 치사하여 봉조하가 되었다. 노론·소론만의 탕평인 소탕평(小蕩平)을 반대하고 동서남북을 다 포함한 대탕평(大蕩平)을 창도함으로 인해 이천보(李天輔)와 절교하였다. 노론들은 그가 남인·소북들과 결탁하였다고 비난하였으나 그를 칭송하는 사람들도 많았다. 영조의 신임이 두터워 그가 죽자 왕이 친히 제문을 지었으며 치제(致祭)하게 하였다. 사후 영의정에 추증되었다. 저서로 《창하집 蒼霞集》이 남아있으며, 시호는 충문(忠文)이다.

감사 이공[197] 집 을 제사하는 글 정미년[198]

祭監司李公 潗 文 丁未

유세차 정미년 6월 병술삭 11일 병신일에, 시생(侍生)[199] 수양(首陽)[200] 오원(吳瑗)이 선친의 벗으로 근래에 작고하신 관찰사 한주(韓州)[201] 이공(李公)께서 먼 길 떠나실 날이 다가왔기에,[202] 삼가 조촐한 제물을 가지고 영연(靈筵) 아래에 재배하고 곡하여 영결하나이다.

아! 소자는 천지간에 곤궁한 백성[203]입니다. 하늘이 도와주지 않아

197 감사 이공 : 이집(李潗, 1670~1727)으로 호는 한주(韓州)이다. 이색(李穡)의 11대손으로 아버지는 이조 참판에 증직된 이정룡(李廷龍)이다. 형인 이욱(李澳)·이택(李澤)·이협(李浹) 등과 함께 아버지에게 배웠다. 1699년(숙종25) 생원시에 합격하였고, 1703년 음공(蔭功)으로 목릉 침랑(穆陵寢郎)에 제수되었다. 1725년(영조1) 증광문과에 을과로 급제하였으며, 당쟁의 와중에서 청주 목사·한성부 우윤을 역임한 뒤 이듬해 승정원 승지에 제수되었다. 그해 5월 황해도 관찰사에 전임되어 민생구제에 심혈을 기울이다가 임지에서 별세하였다. 저서로는 『한주고』 7책 영본(零本)이 있다.

198 정미년 : 1727년(영조3)으로 오원이 28세 되던 해이다.

199 시생(侍生) : 웃어른에 대한 자신의 겸칭이다.

200 수양(首陽) : 작자 오원(吳瑗)의 본관인 해주(海州)의 옛 이름이다.

201 한주(韓州) : 이집의 호이다.

202 먼……다가왔기에 : 발인(發靷)할 날이 닥쳤다는 뜻이다.

203 곤궁한 백성 : 원문의 '鮮民'은 부모를 잃은 곤궁하고 외로운 백성을 말한다. 《시경》 〈육아(蓼莪)〉에 "작은 병의 텅 빔은 큰 병의 수치라네. 곤궁한 백성의 삶이 죽음만 못한 지 오래되었네. 아버지가 없으면 누구를 믿으며 어머니가 없으면 누구를 믿을까. 나가면 근심을 품고 들어오면 이를 곳이 없어라.〔甁之罄矣, 維罍之恥. 鮮民之生, 不如死之久矣. 無父何怙, 無母何恃? 出則銜恤, 入則靡至.〕"라고 하였다.

선군(先君)을 잃고서 선군께서 벗 삼았던 분들을 우러르고 가까이 하였습니다. 선군께서 교유하신 벗이 참으로 한두 사람이 아니지만, 대를 이어서 좋게 사귀며 오래도록 더불어 어울리기로는 오직 우리 공이 그러하였습니다. 대개 시종일관 한결같았던 마음은 담담하기 물과 같았고, 담소하며 마주할 때는 온화하기가 진한 술 마신 듯하였으니,[204] 이는 소자가 눈과 귀로 보고 들어 마음에 새긴 것입니다.

아! 바야흐로 소자가 재앙에 걸리어 친척과 친구들이 삼신(參辰)[205]처럼 뿔뿔이 흩어졌을 때 공께서 자주 찾아와주셨는데, 가신 분을 슬퍼하고 살아있는 사람을 위문하시던 정의(情意)가 지극히 정성스러웠습니다. 작년에 공께서 해번(海藩)으로 가실 때[206] 소자의 움막[207]에 오시어 가엾이 여기시며 어루만져 위로해 주셨습니다. 소자 또한 공께 몸조리 잘하시라 권하면서 공께서 빨리 돌아오시기를 바랐습니다. 그러나 누가 알았겠습니까. 오늘 소자는 죽지 않고 삼년상을 마쳤는데 공은 영구로 돌아오시어, 소자로 하여금 함삭(含索)[208]의 남은 눈물을 공의

204 진한……듯하였으니 : 진한 술을 마셔서 취해오는 것처럼 마음이 훈훈해진다는 말이다. 삼국 시대 오(吳)나라 정보(程普)가 주유(周瑜)와의 두터운 교분을 비유하면서 "주공근과 사귀다 보면 마치 순주(醇酒)를 마신 것처럼 나도 모르게 절로 훈훈하게 취해 온다.〔與周公瑾交, 若飮醇醪不覺自醉.〕"라고 한 데서 '음순자취(飮醇自醉)'의 고사가 전한다.

205 삼신(參辰) : 삼성(參星)과 신성(辰星)으로 격절(隔絶)을 뜻한다. 삼성은 서남방, 신성은 동쪽에 있어 서로 등지고 있으므로 동시에 보이지 않는 데서 온 말이다.

206 작년에……때 : 해번은 황해도 감사를 가리킨다. 이집은 1726년에 황해도 관찰사로 임명되었다. 당시 오원은 생부 오진주(吳晉周, 1680~1724)의 상중에 있었다.

207 움막 : 원문의 '堊廬'는 고대에 거상(居喪)하는 사람이 거처하던 집이다. 사방 벽을 흰 흙으로 발랐으므로 악려, 혹은 악실(堊室)이라고 하였다.

영연에 뿌리게 할 줄이야.

아! 궁달(窮達)은 내 몸 밖의 일이라, 군자는 그것 때문에 슬퍼하거나 기뻐하지 않습니다만, 공의 재능과 문재(文才)로도 때를 늦게 만나 고관(高官)이 되지 못했으니, 비록 하늘에 항명(抗命)하고 싶지는 않지만 공사(公私) 모두 슬퍼하며 탄식하고 있는 터인데, 하물며 어진 자가 반드시 장수해야 함은 그 이치에 있어 어긋남이 없지 않습니까. 공의 자애롭고 신실하며 화락하고 편안하신 덕이 귀신에게 무슨 원한과 미움을 샀기에 육순의 수도 얻지 못하고 장수의 복이 포악한 자에게 돌아가게 하셨단 말입니까. 천도(天道)가 어긋나는 단서를 도대체 누가 헤아리겠습니까. 그러나 공께서 얻으신 바를 저의 선군에 비교해 보면 또한 이미 많고도 높습니다. 애처로운 소자 참으로 공을 위해 슬퍼할 겨를도 없이, 선계(先契)[209]가 시들어 감을 슬퍼하고 남은 생 혈혈단신 외로울 것을 애통해 하노라니, 지금과 옛날을 느꺼워하며 흐르는 눈물이 나도 모르게 샘물처럼 솟구칩니다.

아! 공의 유택(幽宅)은 소나무와 개오동나무[210] 푸르른 선군의 묘소와 채 1사(舍)[211]도 안 되게 서로 이웃해 있으니, 가령 지하에서 지각이

208 함삭(含索) : '함삭(銜索)'과 같은 말로 '고어함삭(枯魚銜索)'의 준말이다. 흔히 사람의 명이 짧은 것을 비유하는 말로 쓰이는데, 여기서는 부모를 잘 봉양하지 못하여 돌아가신 것을 말한 것이다. 《설원(說苑)》〈건본(建本)〉에 "마른 물고기를 매단 노끈이 좀먹지 않음이 얼마나 되리오. 양친의 수명이 다하는 것이 틈 사이를 지나가는 것처럼 빠르구나.〔枯魚銜索, 幾何不蠹? 二親之壽, 忽若過隙.〕"라고 하였다.

209 선계(先契) : 선대에 맺은 교분으로, 이집이 선친의 벗이었으므로 이른 것이다.

210 소나무와 개오동나무 : 무덤가에 심던 나무들이다.

211 1사(舍) : 30리를 말한다.

있다면 반드시 인간 세상에서와 같이 계속 만나실 것입니다. 그러나 유독 소자는 미련하고 모질어 홀로 구차히 살아남은 탓에, 아래로 구천(九泉)에서 따르지 못한 채 제문을 봉하고 잔을 올려 공의 영연 앞에서 곡하옵니다. 맑은 바람결 같고 온화한 봄날 같으신 인품을 지금은 다시 부여잡을 수 없습니다. 제물은 풍성하지 못하고 괴로운 말은 문장을 이루지 못하였으나, 부디 바라옵건대 존령(尊靈)께서는 소자의 충심(衷心)에 강림해 주소서. 아! 애통합니다.

문학 이공[212] 위 을 제사하는 글
祭文學李公 瑋 文

유세차 정미년(1727, 영조3) 9월 12일에 선친의 벗이신 고(故) 시강원 문학(侍講院文學) 이공(李公)의 영구가 장차 발인하여 유양(維楊)[213]의 묘적산(妙寂山) 언덕으로 가려 할 적에, 시생(侍生) 수양(首陽) 오원(吳瑗)이 중양일인 임술일에 삼가 한잔 술과 조촐한 제물을 받들어 영연(靈筵) 아래에서 영결을 고하며 이르나이다.

아!	嗚呼
소자는 모질고 흉악하여	小子頑凶
죽지도 못하는 가혹한 벌로	不死酷罰
외로이 남은 목숨	煢煢餘命
하늘 끝닿는 슬픔을 머금었습니다	極天含恤
슬픈 일 기쁜 일이 가슴을 건드릴 때마다	悲忻觸中
피 같은 눈물을 흘리는데	有淚如血

212 이공 : 이위(李瑋, 1676~1727)로, 자는 백온(伯溫), 호는 두천(斗川)이다. 김창협(金昌協)의 문인이며 학식으로 이름이 있었다. 문음(門蔭)으로 출사하였으며, 안산 군수(安山郡守) 재임 시에 소론 계열 헌관(憲官)의 탄핵을 받아 한때 사판(仕版)에 이름이 지워지기도 하였다. 영조 대에 들어와 노론이 집권하면서 다시 등용되었으며, 1727년(영조3) 영천 군수(永川郡守)로 재임 시에 52세의 나이로 증광 문과에 을과로 급제하여 문학에 제수되었으나 그해에 죽었다.

213 유양(維楊) : 경기도 양주(楊州)의 별칭이다.

공께서 지금 영원히 돌아가시니	公今永歸
저의 슬픔 다할 날이 있겠습니까	我哀何竭
공은 선친에 있어서	公於先子
일찍부터 난실을 같이 하신 사이인데[214]	夙同蘭室
공의 영명함을 칭찬하셨고	許公英朗
공의 단정함을 좋아하셨습니다	喜公端潔
사문[215]과 예림[216]에서	師門藝林
서로 함께 어울림에[217]	是頏是頡
몸뚱이와 그림자같이	如形若影
잠시라도 서로 잃지 않았습니다	罔或相失
삼십여 년 동안	三十年餘
한마음으로 굳게 맺어졌으니[218]	一心膠漆
깊고 지극한 정의는	深情至誼
삶과 죽음에서 더욱 드러났습니다	益見存沒

214 난실을……사이인데 : 훌륭한 스승의 문하에서 같이 공부한 것을 말한다. 난실(蘭室)은 지란지실(芝蘭之室)로, 지초와 난초가 있는 방을 말하는데 훌륭한 사람의 거처를 뜻한다. 《공자가어(孔子家語)》에 "선(善)한 사람과 함께 지내면 마치 지란(芝蘭)의 방에 들어간 것과 같아 그 향기는 못 맡더라도 오래 지나면 동화된다." 하였다.

215 사문 : '師門'은 스승의 문하를 말한다.

216 예림 : '藝林'은 '예원(藝苑)'과 같다. 널리 문학 예술계를 지칭한다.

217 서로……어울림에 : 원문은 '是頏是頡'이다. '힐항(頡頏)'은 새가 함께 날아 오르내리는 모습으로, 《시경》〈연연(燕燕)〉에 "제비들 날아다니며 오르락내리락하네.〔燕燕于飛, 頡之頏之.〕"라고 하였다.

218 굳게 맺어졌으니 : 원문의 '膠漆'은 아교와 옻으로, 이 둘을 한데 섞으면 매우 견고하게 결합하는 데서 돈독한 우정을 뜻하는 말이 되었다.

긍휼히 여겨주시던 그 정성	哀恤之勤
마음 깊이 새겨져있는데	銘在心骨
누가 공을 슬퍼하지 않겠습니까만	孰不公悲
저의 슬픔은 더욱 애절합니다	我恫冞切
공의 문장은	公之文章
보불[219]처럼 찬란하였건만	爛乎黼黻
과거[220]에 실패하였기에	蹉跎金榜
만인이 억울하다 말했습니다	萬口誦屈
그러나 네 고을의 닭들을	四邑之雞
소 잡는 칼로 베어[221]	牛刀斯割
다스림이 현가[222]를 이루었고	治成絃歌
백성을 굶주림과 목마름에서 구하셨습니다	起民饑渴

219 보불 : 옛날에 임금의 대례복(大禮服)인 곤복(袞服)에 수놓았던 화려한 문양을 말한다. 보(黼)는 흰색과 검은색으로 자루 없는 도끼 모양을, 불(黻)은 검은색과 푸른 색으로 '아(亞)' 자 모양을 수놓은 것으로, 전하여 유려하고 찬란한 문장(文章)을 비유한다.

220 과거 : 원문의 '金榜'은 과거급제자 이름을 써서 거리에 붙이던 방(榜)을 말한다.

221 소……베어 : 백성들을 예악으로 교화하는 것을 말한다. 공자가 일찍이 무성(武城)에 가서 현가 소리를 듣고 빙그레 웃으면서, 당시 무성의 원님이었던 자유(子游)에게 농담으로 이르기를 "닭 잡는 데에 어찌 소 잡는 칼을 쓰겠는가.〔割雞焉用牛刀?〕"라고 하였다. 《論語 陽貨》

222 현가 : '絃歌'는 금슬을 타며 시가(詩歌)를 읊는 것으로, 예악(禮樂)으로써 백성들을 잘 교화시키는 것을 의미한다. 공자의 제자 자유(子游)가 일찍이 무성(武城)의 읍재(邑宰)가 되어 그곳 백성들에게 예악을 가르쳤으므로 곳곳마다 현가 소리를 들을 수 있었다고 한다. 《論語 陽貨》 이위(李瑋)가 1727년(영조3)에 영천 군수(永川郡守)로 재임할 당시의 치적을 칭송하고 있는 것이다.

금화성[223]과 화성[224]에서　　金華畫省
윤필[225]을 잡은 이 누구입니까　　孰秉綸筆
머리 다 세고서 이름 하나 얻었건만[226]　　白首一名
하늘이 급하게도 빼앗았습니다　　天速其奪
공이 생사에 있어　　公於死生
평소 달관하셨다 해도　　素觀者達
눈을 감지 못한 것은　　有所不瞑
연로하신 부모님[227] 때문이었지요　　雙闈鶴髮
그 간곡했던 효성으로　　宛宛其孝
색동옷 입고 춤추어[228] 기쁘게 해드렸으며　　彩舞爲悅

223 금화성 : '金華'는 '금화성(金華省)'으로 한나라 미앙궁(未央宮)에 있던 궁전 이름이다. 일찍이 성제(成帝) 때에 장우(張禹) 등이 이곳에서 《상서(尙書)》와 《논어(論語)》 등을 진강(進講)하였다. 따라서 여기서는 경연(經筵) 혹은 규장각을 가리키는 말로 사용되었다.

224 화성 : '畫省'은 상서성(尙書省)의 별칭으로, 중앙에서 정무를 총괄하는 기관이다. 한나라 때 설치된 상서성 안에 호분(胡粉)으로 벽을 바르고 옛날 현인과 열사를 그려놓았기 때문에 화성이라 한 것이다. 여기서는 홍문관을 가리킨다.

225 윤필 : 임금의 조서(詔書)를 쓰는 붓을 말한다.

226 머리……얻었건만 : 이위가 52세의 나이로 증광 문과에 을과로 급제하여 문학에 제수되었으나 그 해에 죽은 것을 말한다. '한 이름〔一名〕'은 과거에 급제한 것을 말한다.

227 연로하신 부모님 : 이위의 아버지 이지순(李志洵)은 장수하였다. 《영조실록》 3년(1727) 5월 17일 기사에 의하면, 전 문학 이위의 아버지 이지순이 79세가 되므로 가자(加資)를 청하기 위해 별단에 써서 들인다는 계(啓)가 실려 있다. 시종신의 아버지로 70세가 된 자에 대해서는 해당 조에서 가자를 청하는 것이 규례라고 하였다.

228 색동옷……춤추어 : 원문의 '彩舞'는 색동옷을 입고 춤추는 것으로 극진한 효성을 뜻한다. 춘추 시대 초(楚) 나라의 효자인 노래자(老萊子)가 그의 나이 70이 되었을

통곡하던 소리는 噭噭其哭
듣는 자가 대신 슬퍼했습니다 聽者代怛
어찌 아우가 있어서 豈有弟昆
남은 날을 위로해 드릴 수 있겠으며 可慰餘日
점실[229]에 기대어 울부짖는 倚苫叫號
두 어린 자식 약하고 외롭기만 합니다 兩髫孱孑
어질되 장수하지 못하시어 仁無遐筭
효성을 끝마치지 못하셨고 孝未終畢
재주는 많으시되 박복하여 豐才薄祚
참담함이 요절하신 것과 같습니다 慘猶殤折
귀신의 미워함을 鬼神之惡
하늘에 대고 따질 수도 없습니다 天莫可詰
발인[230]할 날이 다가와 日近塡池
장차 정불[231]이 열림에 將啓旌紼

때 부모 앞에서 어린애처럼 알록달록한 채색옷을 입고 어린애 같은 장난을 하여 부모를 기쁘게 해드렸던 데서 온 말이다.

229 점실 : '苫室'은 거적자리를 깐 방으로, 상주(喪主)가 머무는 곳을 말한다.

230 발인 : 원문의 '塡池'는 제수를 거두는 것을 말한다. 《예기》 〈단궁 상(檀弓上)〉에 "증자가 부하에 조문하러 갔을 때 주인이 이미 조제를 마치고 제수를 거두었는데, 관을 밀어 원래 위치로 돌아가서 부인들을 내려 보낸 뒤에 조문 받는 예를 행하였다.〔曾子弔於負夏, 主人旣祖塡池, 推柩而反之, 降婦人而后行禮.〕"라고 하였는데, 정현(鄭玄)은 "전지는 마땅히 전철로 써야 한다.〔塡池, 當爲奠徹.〕"라고 하였다.

231 정불 : 명정(銘旌)과 상여 줄을 말하며, 매장(埋葬)을 뜻한다. 명정은 상례에서, 망자의 품계(品階)·관직(官職)·본관(本貫)·성씨(姓氏)를 쓴 기(旗)이다. 이를 장대에 달아 상여(喪輿) 앞에서 들고 가서 널 위에 펴서 함께 묻는다.

애사를 지어 이에 고하고	哀辭是告
조촐한 제수를 진설하였습니다	薄羞是設
예전에 이끌어주심을 입을 때	昔蒙提奬
저를 어리고 용렬하게 여기지 않으시고	不我穉劣
문장을 담론하고 의리를 분석함에	談文析義
〈귤송〉에 견주기까지 하셨으니[232]	至比頌橘
온화한 그 말씀과 고아한 그 마음을	溫言雅襟
장차 어렴풋이나마 들을 듯 느낄 듯하겠지요	若將彷彿
인간세상의 쉬이 바뀜은	人代易嬗
흘러가는 물과 같아	如逝波閱
지금을 미루어서 옛날을 향하노라니	推今傃舊
눈물이 마르고 목이 멥니다	淚盡聲咽
아! 애통합니다	嗚呼哀哉
부디 흠향하시옵소서	尙饗

232 〈귤송〉에……하셨으니 : 이집이 작자 오원을 칭송한 말로, 나이는 어리나 스승으로 삼을 만하다는 뜻이다. 〈귤송〉은 전국 시대 초나라의 충신 굴원이 간신의 모함을 받아 소상강 가로 유배되어, 자신의 고결하고 변하지 않는 지절(志節)을 귤나무에 의탁하여 지은 것으로, 《초사(楚辭)》 권4의 〈구장(九章)〉에 실려 있다. 마지막 구절에 "나이는 비록 어려도, 어른으로 본받을 만하고, 행실은 백이와 견줄 만해서, 표상으로 삼을 만하네.〔年歲雖少, 可師長兮, 行比伯夷, 置以爲像兮.〕"라고 한 데서 나왔다.

조고[233]의 묘에 고하는 글 무신년[234]

告祖考墓文 戊申

삼가 생각하건대 우리 선조께오서	恭惟我先
인덕을 쌓아 경사를 터주셨으니	積仁流慶
한 가문에 세 장원[235]이 나는 일은	一家三元
예로부터 성대한 일이었습니다	古來爲盛
지금 이 손자 불초함에도	今孫不肖
뭇 선비 중에서 괴과에 올라[236]	忝魁羣儒

233 조고 : 오원의 조부인 오두인(吳斗寅, 1624~1689)으로 자는 원징(元徵), 호는 양곡(陽谷)이다. 1648년(인조26)에 진사시에 1등으로 합격하고, 이듬해 별시 문과에 장원으로 급제하였다. 공조 참판·경기도 관찰사·형조 판서 등을 지냈으며 인현왕후(仁顯王后)가 폐위되자 이세화(李世華)·박태보(朴泰輔)와 함께 이에 반대하는 소를 올려 국문을 받고 의주로 유배 가는 도중 파주에서 죽었으며, 그해에 복관되었다. 1694년 영의정에 추증되었으며, 파주의 풍계사(豊溪祠), 광주(光州)의 의열사(義烈祠) 등에 제향되었다. 저서로는《양곡집》이 있다. 시호는 충정(忠貞)이다.

234 무신년 : 1728년(영조4)으로 오원이 29세 되던 해이다. 이해 5월에 문과에 장원하여 성균관 전적이 되었다.

235 한……장원 : 오핵(吳翮, 1615~1653), 오두인(吳斗寅, 1624~1689)과 오원(吳瑗) 본인을 가리킨다. 오핵은 오원의 증조부인 오상(吳翔)의 막내아우로 1646년(인조24) 정시 문과에 장원으로 급제하였다. 오원의 조부인 오두인은 1648년 진사시에 1등으로 합격하고, 이듬해 별시 문과에 장원급제하였다. 오원은 1728년(영조4) 춘당대시(春塘臺試)에 장원급제하였다. 이후에는 오원의 이복아우인 오찬(吳瓚, 1717~1751)이 1751년(영조27) 춘당대시에 장원으로 급제하였다.

236 괴과에 올라 : 오원이 춘당대시 문과에 장원급제한 것을 말한다.

능히 조상의 업적을 이었으니 能紹祖武
남은 음덕이 아님이 없습니다 莫非餘庥
성 서쪽 옛 집에는 城西舊宅
오래된 잣나무가 아직도 살아 있는데 老栢猶存
휘황하게 빛나는 사개[237]가 煌煌賜蓋
다시 그 앞에 세워졌습니다 復樹其前
은혜가 융성하여 자리를 당기셨으니[238] 恩隆前席
내려주신 상이 화곤[239]을 넘어섰고 獎越華袞
이연[240]에서 경전을 강학하실 때도 離筵執經

237 사개 : 임금이 과거 급제자에게 내리는 머리 장식의 물건으로 사개(賜蓋)와 사화(賜花)가 있다. 사개는 군데군데 꽃이 달리고 반 둥글게 생겼는데 머리 뒤에 꽂는다. 사화는 길고 가는 참대 오리 둘을 비틀어 꼬아 그 사이에 만든 무궁화를 끼어 만들고 그 한 끝을 복두(幞頭) 뒤에 꽂고 다른 한 끝에서 실을 매어 앞으로 휘어 넘겨 입에 문다. 급제자는 이것을 꽂고 3일 동안 유가(遊街)하는 풍속이 있었다.

238 자리를 당기셨으니 : 원문의 '前席'은 임금이 신하의 이야기를 더 잘 듣기 위하여 자리를 앞으로 당긴다는 말로, 임금의 신임을 받는다는 뜻이다. 한나라 가의(賈誼)가 좌천되어 장사왕(長沙王)의 태부(太傅)로 있다가 일 년 남짓 만에 부름을 받고 조정으로 돌아오니, 문제(文帝)가 선실(宣室)에 있다가 그에게 귀신의 본원(本源)에 대해 묻기에, 가의가 귀신의 유래와 변화 등을 자세히 이야기하다가 한밤에 이르자 문제가 그 이야기에 빠져서 자기도 모르게 자리를 앞으로 당겨 몸을 가의 가까이로 다가왔다는 고사에서 원용한 것이다. 《漢書 卷48 賈誼傳》

239 화곤 : '華袞'은 고대 왕공귀족이 입던 화려한 복장으로, 지극한 영예를 뜻하는 말이다.

240 이연 : '離筵'은 이연(离筵)과 같다. 세자시강원(世子侍講院)에서의 서연(書筵)을 말한다. 왕세자에게 유학의 경전과 사서(史書)를 강의하던 교육 제도로 임금의 경연(經筵)과 구별한 말이다. 오두인이 세자시강원의 사서(司書)와 문학(文學)을 역임하였다.

또한 지우와 사랑을 입었습니다　亦蒙知眷

집안이 본래 대대로 녹을 받아　家本世祿

의리로써 기쁨과 슬픔을 함께했으니　義仍休戚

하늘같은 은혜를　如天之渥

무엇으로 보답하리이까　何以報塞

생각건대 옛날에 할아버님은　念昔祖考

죽음으로써 윤리를 붙드셨기에　捐身扶倫

충정 두 글자가[241]　忠貞二字

실로 대대로 전해진 것이옵니다　實惟世傳

아침부터 밤까지 근심하며　夙宵憂懼

유업을 추락시킬까 두려워하옵나니　恐墜遺業

선대의 미덕을 계승하고 공렬을 천양함이　繩休闡烈

어찌 장원급제에 있겠습니까　豈在科甲

향리의 영광으로　桑梓之榮

임금께서 은혜로운 휴가를 주셨기에　上賜恩暇

241 충정……글자가 : 충정(忠貞)은 오두인의 시호로, 충성스럽고 절개가 곧다는 뜻이다. 《농암집》 권28 〈형조 판서 증 영의정 시호 충정공 오공의 신도비명〔刑曹判書贈領議政諡忠貞吳公神道碑銘〕〉에 의하면, 1689년(숙종15)에 인현왕후가 손위하자 오두인이 이세화(李世華), 박태보(朴泰輔) 등과 함께 소(疏)를 올려 극간한 결과 임금이 진노하여 세 사람 모두 형장을 맞고 유배되었는데 오두인은 유배 도중 파주에서, 박태보는 노량진에 이르러 별세하였다. 6년 뒤인 1694년에 숙종이 과거의 일을 크게 뉘우쳐 즉시 인현왕후를 맞이하여 돌아오게 하고 맨 처음에 오두인과 박태보를 관원을 보내어 치제(致祭)하고, 오두인에게 의정부 영의정을 증작하고 충정공이라는 시호를 내렸다. 박태보에게는 이조 판서를 증작하고 정려문을 세워 '충신지문(忠臣之門)'이라고 하였다. 그리고 사당을 세워 두 공에게 제사를 올리자는 청을 모두 들어주었다.

묘소를 살펴 쓸고　瞻掃封塋
공경히 주과로 제사를 올리오나　敬奠酒果
서글픔과 흠모의 정만 깊어질 뿐　徒深愴慕
전형을 따를 길 없어　莫追典刑
말씀을 올려 경건히 고하자니　陳辭虔告
눈물만이 줄줄 흘러내립니다　有淚交橫

선고비[242]의 묘에 고하는 글
告先考妣墓文

소자는 늦게 태어나 능히 선비(先妣)를 모시지는 못하였으나, 선고께서 길러주시고 가르치시어 마침내 후사로 삼아주심을 입었습니다. 돌아보건대 불효하여 의지할 하늘이 없는 데다 일찍부터 혹독한 재앙에 걸리어, 겨우 남은 목숨 외로움과 근심에 겨워하며 삶을 슬픔으로 여겼습니다. 유훈(遺訓)을 생각하여 두려워 조심하고 부끄러워 떨며, 문예를 닦아 명성을 구했으나, 감히 일신의 영화를 위한 것만은 아니었습니다. 근래 5월 29일의 춘당대 친시(春塘臺親試)[243]에서 외람되이 문과 장원에 발탁되니, 임금께서 손수 탁명(拆名)[244]하심에 임금의 얼굴에 기쁜 빛이 있었습니다.

6월 10일에는 임금께서 친히 납시어 창제(唱第)[245]하시고 천동(天

242 선고비(先考妣) : 작자 오원의 양부모인 해창위(海昌尉) 오태주(吳泰周)와 명안공주(明安公主)를 가리킨다. 오태주는 오원의 생부 오진주의 바로 위 형님이다.

243 춘당대 친시(春塘臺親試) : 춘당대는 창경궁 안에 있는 대이다. 춘당대시(春塘臺試)는 나라에 경사가 있을 때 임시적으로 시행된 과거로, 임금이 춘당대에 친림한 가운데 시험을 보았다. 시험 방식은 문과 전시와 같았다.

244 탁명(拆名) : 과거에 급제한 사람의 시권(試券)의 봉미(封彌)를 뜯는 것을 말한다. 봉미는 시권 우측 끝에 응시자의 성명, 생년월일, 주소, 사조(四祖) 등을 기록해 봉(封)한 것이다.

245 창제(唱第) : 과거 급제자를 호명하는 것을 말한다. 《영조실록》 4년(1728) 6월 10일 기사에, "임금이 춘당대 관무재(春塘臺觀武才)에 친림하고 아울러 오원(吳瑗) 등의 창제를 행하였다."라고 하였다.

童)[246]과 일산(日傘)을 하사하셨습니다.[247] 오전(五殿)[248]에서 술을 내려주셨고, 양궁(兩宮)[249]께서 불러 대면하시었으며, 동조(東朝)[250]의 전유(傳諭) 또한 공경히 받들었습니다. 성주(聖主)께서 온화하신 말씀으로 우리 선고비(先考妣)를 추념하는 뜻을 내보이셨고, 새로 제수받아 사은숙배하는 날에 또 다시 간곡하게 장려하셨으며, 화곤(華袞)[251]의 포상(褒賞)이 누차 선고(先考)께 미치었습니다. 인하여 신장(宸章)[252]을 내리시고 즉시 갱재(賡載)[253]를 명하시어 선조(先朝)의 고

246 천동(天童) : 궁중의 경사나 과방(科榜)을 발표할 때 춤을 추는 동자(童子)를 말한다. 천동군(天童軍)이라고도 한다.

247 천동(天童)과……하사하셨습니다 : 과거 급제자가 3일 동안 유가(遊街)할 때, 머리에는 어사화를 꽂고 손에는 임금이 하사한 일산을 들고 천동들이 에워싼다.

248 오전(五殿) : 대전・대왕대비전・왕대비전・중궁전・세자궁을 가리킨다.

249 양궁(兩宮) : 영조와 정성왕후(貞聖王后, 1693~1757)를 가리킨다. 정성왕후는 영조의 정비(正妃)로 달성 서씨(達城徐氏) 서종제(徐宗悌)의 딸이다.

250 동조(東朝) : 일반적으로 태후(太后)를 가리킨다. 한(漢)나라 태후가 거처한 장락궁(長樂宮)이 조현(朝見)을 받던 미앙궁(未央宮)의 동쪽에 있었던 데서 유래하였다. 여기서는 숙종의 계비인 인원왕후(仁元王后, 1687~1757)를 말한 것으로 보인다. 1701년(숙종27) 인현왕후(仁顯王后) 민씨가 죽자, 간택되어 궁중에 들어가 이듬해에 왕비로 책봉되었다. 숙종이 죽은 뒤 왕대비가 되었다.

251 화곤(華袞) : 왕공 귀족이 입는 화려한 의복으로, 지극히 영예로움을 뜻한다.

252 신장(宸章) : 임금의 글을 말한다.

253 갱재(賡載) : 순(舜) 임금의 조정에서 부른 창화가(唱和歌)로, 임금과 신하가 서로 노래를 이어서 부르는 것을 말한다. 《서경》 〈익직(益稷)〉에, 순 임금이 "대신들이 즐거우면 임금이 흥성하고 백관도 화락하리라.〔股肱喜哉 元首起哉 百工熙哉〕"라고 노래하자 고요(皐陶)가 화답하여 "임금님이 밝으시면 신하들도 훌륭하여 만사가 안정되리이다.〔元首明哉 股肱良哉 庶事康哉〕"라고 노래하였다. 또 이어서 "임금님이 잗달게 굴면 신하들도 해이해져서 만사가 실패하리라.〔元首叢脞哉 股肱惰哉 萬事墮哉〕"라고

사를 이었습니다.[254] 생각건대 이 사랑과 은혜는 실로 천추에 드물 것이니, 만약 나의 선고비에게 혼령이 있다면 어찌 저승에서 감격하여 눈물짓지 않았겠습니까.

저는 곧바로 궁료(宮僚)에 임명되어 누차 서연(書筵)을 모셨습니다.[255] 지금 은혜로운 휴가를 얻어 선산으로 영광스럽게 돌아오게 되었는데, 제사 드릴 용구도 임금께서 하사하셨으니, 이는 경사를 쌓은 보답이요 이끌어 가르친 힘이 아님이 없습니다. 소나무 가래나무[256]가 광채를 내고 길가는 사람도 눈을 씻고 우러러봅니다만, 선영을 배회하여도 유독 기뻐하는 얼굴빛을 한번 뵐 방도가 없기에, 지극한 슬픔

노래하였다.

254 인하여……이었습니다 : 《승정원일기》 영조 4년(1728) 6월 17일 기사에 실려 있는 오원의 상소문은, 부모의 산소에 소분(掃墳)해야 하므로 강관(講官)의 직책을 체차해 줄 것을 청하는 내용이다. 이 상소문에 다음의 내용이 들어 있다. "신은 젊은 나이에 높은 성적으로 등과하여……성은을 입었습니다. 편전에서 조용히 장려하고 타이르는 말씀이 온화하고 순후하셨는데, 말이 선신(先臣)에 미치자 슬픈 추념이 더하여 직접 어제(御製)를 내리시고, 곧이어 화답하라고 명하여 우리 성고(聖考)께서 선신을 총애하셨던 고사를 이으셨습니다."라고 하였다. 여기서 선신은 바로 오원의 양부(養父) 해창위(海昌尉) 오태주(吳泰周)이며 성고(聖考)는 숙종을 가리킨다. 오태주는 숙종의 누이 명안공주(明安公主)의 남편으로, 글씨를 잘 썼고 시문에 능하여 숙종이 총애하였다. 《숙종실록》 40년(1714) 1월 1일, 3월 11일과 42년 3월 19일 기사에는 숙종이 오태주에게 내린 어제시가 수록되어 있고, 오태주의 문집인 《취몽헌산고(醉夢軒散稿)》에는 숙종의 시에 갱운(賡韻)한 작품들이 수록되어 있다.

255 곧바로……모셨습니다 : 오원이 1728년 5월에 장원급제한 후 성균관 전적(典籍)이 되었고, 곧이어 시강원 사서(司書)가 되었다. 서연(書筵)은 왕세자에게 글을 강론하는 자리로, 시강원 사서가 된 것을 가리킨다.

256 소나무 가래나무 : 무덤가에 심는 나무이다.

마음에 담은 채 미처 고하지 못하였습니다.

거듭 생각건대 불초한 제가 어려 고아가 되어, 부끄럽게도 행동과 처신에 엄한 가르침을 저버린 적이 한두 번이 아닙니다. 지금 천은(天恩)은 지극히 융숭하고 세상일은 지극히 어려운데, 아버지 섬기는 것을 바탕으로 하고자 하나[257] 이미 그리할 방도가 없어졌기에, 밤낮으로 두려워하며 실로 충효의 단서를 영원히 실추시킬까 두려워하고 있습니다. 지금부터는 경계하고 삼가고 연마함으로써 임금님의 은혜에 조금이나마 보답하여 끝내 유지를 이루고자 합니다. 맹세의 말로 정성을 아뢰니, 눈물이 흘러 잔에 가득합니다.

257 아버지……하나 : 《효경(孝經)》 〈사(士)〉에 "아버지를 섬기는 것을 바탕으로 하여 어머니를 섬기니 사랑은 같은 것이요, 아버지를 섬기는 것을 바탕으로 하여 임금을 섬기니 공경은 같은 것이다. 그러므로 어머니는 그 사랑을 취하고 임금은 그 공경을 취하니 그 두 가지를 겸하는 것은 아버지이다.〔資於事父以事母而愛同, 資於事父以事君而敬同. 故母取其愛而君取其敬, 兼之者父也.〕"라고 하였다.

외형 최강서[258] 수신 를 제사하는 글 기유년[259]

祭外兄崔江西 守身 文 己酉

아!	嗚呼
사람을 관찰하는 데는 방도가 있으니	觀人有道
반드시 그 내행[260]을 살펴야 합니다	必考其內
형의 모친은 나의 고모였고	兄母我姑
형은 그때 겨우 여덟 살이었는데	時甫八歲
화기애애 기쁜 기색으로 모셨으며	融融愉色
완곡하고 깊은 사랑을[261]	宛宛深愛
이십여 년 동안	二十餘年
하루도 게을리 한 적이 없었습니다	無一日怠
자애로운 정과 효성스런 마음에	慈情孝心

258 최강서 : 최수신(崔守身, 1700~1729)이 강서 현령(江西縣令)을 지냈으므로 최강서라 부른 것이다. 자는 사경(士敬), 본관은 전주(全州)이다. 생부는 최창연(崔昌演), 양부는 부제학을 지낸 최창대(崔昌大)이며 양모는 오원의 아버지인 오진주의 동복 누이동생이다. 《승정원일기》에 의하면 최수신은 영조 3년(1727)에 장악원 주부, 공조 좌랑을 거쳐 12월에 강서 현령에 제수되어 이듬해 2월에 하직하였다.

259 기유년 : 1729년(영조5)으로 오원이 30세 되던 해이다.

260 내행 : 평소 집에 있을 때의 조행(操行)을 말한다.

261 화기애애……사랑을 : 《예기(禮記)》 〈제의(祭義)〉에 "효자로서 어버이를 깊이 사랑하면 반드시 온화한 기운이 생기게 되고, 온화한 기운이 생기면 반드시 기쁜 표정을 짓게 되며 기쁜 표정을 짓게 되면 반드시 부드러운 태도를 지니게 된다.〔孝子之有深愛者, 必有和氣, 有和氣者, 必有愉色, 有愉色者, 必有婉容〕"라고 하였다.

집안 가득 화기가 넘쳤으니 滿室和氣
어찌 꼭 몸소 낳아야만 何必親出
아들을 두었다 하겠습니까[262] 然後有子
순수한 마음이 미루어 가는 바가 純心所推
여러 미덕에 나타났으니 見于衆美
관대하고 온화하여 포용력이 있었고 寬和有容
청명하여 더러움이 거의 없었습니다 淸明少滓
어진 이가 장수하고 착한 이가 복을 받으면 仁壽善福
신리[263]를 징험할 수 있으련만 神理可徵
여러 해 병을 앓으시다 積歲沉病
서른 살에 돌아가셨으니 三十云亡
한 고을을 한 해 다스려서 期月一縣
어떻게 재능을 펼 수 있었겠습니까[264] 曷展材能
길가는 이도 애석해 하거늘 行路所惜
하물며 저의 지극한 정에 있어서리오 矧余至情

262 어찌……하겠습니까 : 최수신은 오원의 고모부 최창대(崔昌大)에게 입양되었다. 최창대는 자는 효백(孝伯), 호는 곤륜(昆侖)으로 영의정 최명길(崔鳴吉)의 증손이며, 영의정 최석정(崔錫鼎)의 아들이다. 문장이 뛰어났고 대사성・이조 참의・부제학 등을 지냈다.

263 신리 : 신도(神道)와 같다.

264 한……있었겠습니까 : 원문의 '期月'은 12개월을 뜻하는 말로, 《논어》〈자로(子路)〉에서 공자가 "만일 나를 등용해 주기만 한다면, 1년 정도만 한다 하더라도 그런대로 기틀을 잡을 수 있을 것이요, 3년이면 성취하는 바가 있게 될 것이다.〔苟有用我者, 朞月而已可也, 三年有成.〕"라고 하였다. 최수신이 강서 현령으로 부임한 이듬해에 별세하였으므로 한 말이다.

함께 무리지어 놀러 다니며　共隊嬉游
다팔머리 어린 시절부터　厥自髫穉
마음이 잘 맞았으니　襟期則合
단지 나이가 같아서만은 아니었습니다　匪直同齒
힘겹던 시절에　辛鹹之際
견해에 같고 다름은 있었으나[265]　見有同異
깊은 마음속에서 서로 허여한 것은　深衷相許
백직[266] 두 자였습니다　白直二字
곳간 곡식 다 기울이며　囷傾廩倒
아침저녁을 따지지 않았고[267]　不問朝曛
병이 위독해지셨을 때도　迨其病革
찾아뵈면 또한 기뻐하시며　見亦欣然
자네 어서 앉게나 하셨습니다　曰子且坐
마음 이해하는 사람 드물다 하시곤　少會心人
끊임없이 길게 말씀하시며　長言袞袞

265 힘겹던……있었으나 : 당색 때문에 정치적으로 의견을 달리함으로 인하여 생긴 갈등을 말한 것 같다. 최수신의 집안은 대표적인 소론으로, 영의정을 지낸 증조부 최명길과 아버지 최석정은 소론의 영수였다.

266 백직 : 결백하고 정직함을 뜻한다.

267 곳간……않았고 : 자신의 식견을 다 기울여 상대방에게 가르침을 주는 것을 말한다. 한유(韓愈)의 〈두수재에게 주는 답장(答竇秀才書)〉에 "비록 도를 쌓고 덕을 지니고 자신의 재능을 감추어 드러내지 않고 자기 입을 막아 자신의 도를 전하지 않는 옛날의 군자라 할지라도 이처럼 간절하게 청하는 족하 같은 사람을 만난다면 창고와 곳간을 다 기울여서 나열해 바칠 것입니다.〔雖使古之君子, 積道藏德, 遁其光而不曜, 膠其口而不傳者, 遇足下之請懇懇, 猶將倒廩傾囷, 羅列而進也.〕"라고 한 데서 나온 말이다.

아프신 것도 잊으셨지요　忘其呻吟

속마음을 의탁할 사람으로　心肝之托

가까운 친척 사이었으며　近在親懿

외롭고 쓸쓸한 말로에　踽涼末路

이러한 즐거움 쉽게 얻을 수 없는데　此樂非易

하루아침에 잃어버렸으니　一朝失去

제 팔이 잘린 듯하였습니다　如割吾臂

기억하건대 형이 병을 앓으시던 날　記兄病日

저에게 이르시기를　對我而謂

사람이 감당 못할 바는　人所不堪

절실한 병의 고통이니　疾痛切身

나의 이 병은　若吾斯疾

나아질 희망이 없는 것 같구나　匪望差痊

침상에서 뒹굴더라도　床簀宛轉

요행히 중년까지 목숨을 끌어서　幸延中年

봉양을 마칠 수만 있다면　庶幾終養

죽어도 원통함이 없겠다 하셨지요　死亦無寃

생각건대 이 처절한 말씀　惟此苦言

귀신을 감복시킬 수 있었건만　可感神祇

필경 누가 재촉하며　竟誰催促

망설이지조차 않았을까요　曾莫躕躕

양가의 세 분 부모님[268]　兩家三親

268 양가의……부모님 : 친부모와 양부모를 합하여 세 분이 살아 계시므로 이른 말이

외로이 의지할 곳 없게 되셨으니　窮獨靡依
나의 고모님을 생각할 때마다　每念我姑
그 참에 형을 위해 슬퍼합니다　暇爲兄悲
사람에게 낳아 기른 자식 없음은　人無生育
천하의 곤궁함인데　天下之窮
자식이 없다가 있게 되었음에도　無子而有
효도를 또한 마치지 못하고 말았으니　孝又不終
흰 머리로 울부짖으며　白首嗷號
피눈물로 가슴을 적십니다　血泣沾胸
귀신이 미워해서이지　鬼伯之惡
하늘이 어찌 무관심하였겠습니까　天曷瞢瞢
나의 고모님은 나를 보듬으시며　我姑撫我
자기 자식처럼 은혜롭게 대해주셨기에　恩猶己兒
외롭고 의지할 데 없는 나는　以我零丁
자애로운 고모를 믿고 의지하였습니다　恃我姑慈
인자한 마음 지극한 덕을　仁心至德
내가 감히 사사로이 차지했는데　我謂敢私
설령 복을 누리게 하지는 못하다손　縱不履福
어찌 차마 모질게 끊어낸단 말입니까　毒割奚爲
형이 지금 버리고 떠나가　兄今捨去

다. 최수신의 양부 최창대(崔昌大, 1669~1720)는 이미 별세하였으므로 본생부모와 양모를 가리킨다. 본생부모는 최창연(崔昌演)과 원몽익(元夢翼)의 딸이며, 양모는 오원의 고모인 해주 오씨로 오두인(吳斗寅)의 딸이다.

저 현토[269]에서 卽彼玄土
저승과 이승으로 한 번 막혀버리면 幽明一隔
혹시 마침내 깨어나지 못한다 해도 儻遂無寤
평생의 효성과 사랑을 平生孝愛
어찌 차마 돌아보지 않겠습니까 胡忍不顧
내가 와서 형을 영결하며 我來訣兄
한 잔 술을 들어 올리니 一觴斯擧
옥을 묻음[270]과 질이 죽음[271]은 埋玉亡質
예로부터 슬픈 일이지만 終古所唏
날이 가고 달이 멀어지면 日逝月遠
또한 응당 그리움을 잊겠지요 亦應忘懷
유독 위로할 수 없는 것은 獨無可慰

269 현토 : 저승을 말한다.

270 옥을 묻음 : 원문의 '埋玉'은 영재(英才)의 죽음을 슬퍼할 때 쓰는 말이다. 진(晉)나라 유량(庾亮)을 장사 지낼 때 하충(何充)이 말하기를 "옥수(玉樹)를 땅에 묻으니, 사람의 정을 어찌 끊을 수 있게 하겠는가.〔埋玉樹箸土中, 使人情何能已已?〕"라고 하였다.《世說新語 傷逝》

271 질이 죽음 : 원문의 '亡質'은 벗의 죽음을 슬퍼함을 뜻한다. '풍근망질(風斤亡質)'은《장자(莊子)》〈서무귀(徐無鬼)〉에, "영(郢) 지방 사람이 자기 코끝에 백토를 파리 날개처럼 묻혀 놓고 장석(匠石)을 시켜 그것을 깎아 내게 했다. 그러자 장석이 바람을 일으키며 자귀를 휘둘러 마음대로 깎아 내기 시작했는데, 백토를 다 깎았는데도 코를 다치게 하지 않았고 그 영 지방 사람도 조금도 동요하지 않고 그대로 서 있었다. 그런데 송(宋)나라 임금이 이 말을 듣고 장석을 불러 이르기를 "과인(寡人)에게도 한번 해보라." 하니, 장석이 말하기를 "신(臣)이 그전에는 그것을 깎아낼 수 있었습니다. 그러나 지금은 신의 질(質)이 죽은 지 오래이기에 할 수가 없습니다."라고 한 데서 나왔다. 질(質)은 도끼질을 받는 바탕으로, 지기(知己)를 의미한다.

고모님의 애통함이라	我姑之哀
제 말이 여기에 미침에	我言及此
영혼이 반드시 망설이시리니	靈必遲回
아! 부디 흠향하소서	嗚呼尙饗

최원경[272] 종주 을 제사하는 글 경술년[273]

祭崔元卿 宗柱 文 庚戌

제가 공의 얼굴을 안 것은	我識公面
처음에 혼인으로 인하였는데	初以婚姻
공의 효성과 우애를 보니	觀公孝友
공의 규문[274]으로부터 말미암은 것이었습니다	自公閨門
저를 어리석다 여기시지 않고	不我頑愚
나이를 잊으셨고[275]	公忘其年
단정한 절조와 고아한 식견을	端操雅識
공께서는 간직하고 있었습니다	得公所存
바라는 것도 질투하는 것도 없이[276]	何求何忮
담박하게 편안히 거하시고	泊乎其安
마음을 늘 고요히 하시었기에	穆然心會
나는 순주를 마신 듯 취하였지요[277]	我醉如醇

272 최원경 : 최종주(崔宗柱)의 자가 원경(元卿)인 것 같다. 《승정원일기》에 의하면 1725년(영조1)에 후릉 참봉(厚陵參奉)에 임명되었고, 1727년에 종묘서 부봉사에 임명되었다.

273 경술년 : 1730년(영조6)으로, 오원이 31세 되던 해이다.

274 규문 : '閨門'은 가정이라는 뜻으로, 가정 내의 예의범절을 뜻한다.

275 나이를 잊으셨고 : 망년지우(忘年之友)로 여겼다는 말이다.

276 바라는……없이 : 원문은 무엇을 구하고 무엇을 질투할까〔何求何忮〕로 되어있지만 결국엔 질투하는 것도 바라는 것도 없다〔不忮不求〕는 것과 마찬가지 뜻이다.

가슴속 회포가 서로 같았는데	襟期所同
물가와 산마루로	水涯山巓
돌아가 소요하는 즐거움을	歸盤之樂
공이 먼저 하심을 나는 부러워하였지요	我羨公先
헌신짝처럼 녹봉을 버리고	棄祿如屣
오직 의리만을 따라	惟義是循
단표[278]로 굶주리며 목말라도	簞瓢飢渴
가난한 줄 알지 못하고	不知其貧
무릇 세상의 부귀영화를	凡世榮腴
공은 이미 타인에게 양보하였건만	公旣讓人
어찌 수명을 인색하게 타고났는지	胡復嗇壽
알지 못할 것이 귀신입니다	莫究者神
집에는 어머니만 계실 뿐	堂有母只
처의 관을 함께 초빈하였으니	殯偕妻棺
길 가는 자들도 눈물짓는데	行途之涕

277 순주를……취하였지요 : 진한 술을 마셔서 취해오는 것처럼 마음이 훈훈해진다는 말이다. 삼국 시대 오(吳)나라 정보(程普)가 주유(周瑜)와의 두터운 교분을 비유하면서 "주공근과 사귀다 보면 마치 순주(醇酒)를 마신 것처럼 나도 모르게 절로 훈훈하게 취해 온다.〔與周公瑾交, 若飮醇醪不覺自醉.〕"라고 한 데서 '음순자취(飮醇自醉)'의 고사가 전한다.

278 단표 : '한 대그릇의 밥과 한 표주박의 물〔一簞食一瓢飮〕'의 준말로 안빈낙도(安貧樂道)를 뜻한다. 공자가 안회를 칭찬한 말로 《논어》 〈옹야(雍也)〉에 "어질다, 안회(顔回)여. 한 그릇 밥과 한 표주박 물을 마시며 누항에 사는 것을 사람들은 근심하며 견뎌 내지 못하는데, 안회는 그 낙을 바꾸지 않으니, 어질도다, 안회여.〔賢哉! 回也. 一簞食・一瓢飮, 在陋巷, 人不堪其憂, 回也, 不改其樂, 賢哉! 回也.〕"라고 하였다.

하물며 저의 마음 쓰라림에 있어서리오 況我心酸
나는 잘 알겠거니, 하늘이 정한 것에 我知天定
반드시 공의 어짊에 대한 보답이 있었으니 必酬公仁
어찌 남은 경사가 없으리오 豈無餘慶
여섯 아들이 그득한 것을 六男甡甡
공이 땅속으로 들어가시려 할 때 方公入土
나는 호서(湖西)에 사신으로 갔었기에 我使湖堧
더디고 더딘 한 통곡은 遲遲一慟
새로 장사지내는 날을 기다려야 했지요 待卜新阡
현당[279]이 비록 열려 있어 玄堂雖啓
긴 밤 새벽도 없이 脩夜無晨
휘장을 열고 영구 앞에서 곡한들 披帷哭柩
누가 보며 누가 듣겠습니까 誰覿誰聞
옛날 어느 해 초겨울에 昔歲冬初
이 산으로 공을 방문했을 때 訪公此山
술잔에 술을 따르고 斟酒在觴
뜰에서 밤을 깠지요 剝栗于園
절벽 위 절에서 폭포 소리 들으며 崖寺聽瀑
서리 맞은 잎은 단풍 같은 가운데 霜葉如丹
서로 교대로 시를 읊조리며 嘯詠相間
벗되어 함께 노닐었지요 朋侶翩聯
천시가 돌고 돌아 天時周環

279 현당 : 관(棺)을 말한다.

지난 자취는 뜬구름 같을지나 過迹如雲
드높고 맑으신 품격은 維擎與淸
또한 저승에서도 영구하시리다 亦久重泉
눈 가득 늘어선 산봉우리들은 林巒滿目
더욱 저를 눈물짓게 하는데 助我汍瀾
오직 한 잔 술 올려 惟有單觴
이 슬픈 심정을 쏟아냅니다 瀉茲悲肝

심형중[280]을 제사하는 글 신해년[281]

祭沈衡重文 辛亥

신해년 맹동(孟冬)에 심군(沈君) 형중(衡重)이 여호(驪湖)[282]의 집에서 별세하여 12월 2일 신묘일에 장사를 지내려고 한다. 그 벗인 한산(韓山) 이수득(李秀得)[283]과 이사중(李思重),[284] 연안(延安) 이명덕(李命德),[285] 수양(首陽) 오원(吳瑗)은 각기 질병과 사고에 얽매여 급히

280 심형중 : 심일(沈鎰, ?~1731)의 자가 형중인 것 같다. 오원의 시벗으로 《월곡집》 권1에 시 〈동정에서 달을 완상하며 두보의 운을 따라 지어 두었다가 추후에 심형중에게 부치다〔東亭翫月, 次杜韻, 追寄沈衡重〕〉와 권2에 〈여강으로 돌아가는 형중을 전송하며〔送衡重歸驪江〕〉가 있다.

281 신해년 : 1731년(영조6)으로 오원이 32세 되던 해이다.

282 여호(驪湖) : 경기도 여주(驪州)의 여강(驪江)을 말한다.

283 한산(韓山) 이수득(李秀得) : 1697~1775. 한산(韓山)은 본관이며, 자는 중오(仲五)이다. 어려서 생원시에 합격하여 1736년(영조12)에 제릉 참봉이 되었다. 청주목사를 할 때 의옥(疑獄)을 잘 다스려 충청도 관찰사가 54주(州)의 옥을 모두 그에게 맡겼다. 1753년 정시 문과에 을과로 급제하였고, 충청 감사・대사간 등을 거쳐 1773년 대사헌을 역임하였다. 그 뒤 공조 참의에 제수되었으나 병으로 사직하고 공주에 내려가 여생을 마쳤다.

284 이사중(李思重) : 1698~1733. 본관은 한산(韓山)으로 이색(李穡)의 후손이며, 자는 사고(士固)이다. 돈녕부 도정을 지낸 이수보(李秀輔, 1677~1753)의 아들로 1729년(영조5) 식년시 생원 2등 4위로 합격하였으며, 관직은 의릉 재랑(懿陵齋郎)을 지냈다. 세상에서 장차 쓰일 기미가 없자 그 후 종신토록 벼슬길에 나아가지 않았다. 함께 깊이 교유한 인물로 강한유로(江漢遺老) 황경원(黃景源)・문청공(文淸公) 남유용(南有容)・문간공(文簡公) 이천보(李天輔) 등이 있다.

285 연안(延安) 이명덕(李命德) : 연안은 본관이다. 자는 장오(章五)이며 이천보의

달려가 곡할 수가 없으므로, 주핵효수(酒核肴脩)[286]를 함께 마련하고 영연(靈筵)[287] 옆에 올릴 글을 지어서 다른 사람에게 부탁하여 고하게 하노라.

아! 우리 무리 몇 사람은 우도(友道)를 서로 돈독히 하여 의리로써 절차탁마하였는데, 그대는 그 교유를 좇아 선(善)을 좋아하고 자기를 비우며 능히 시작과 끝이 있었었다.[288] 너무 느리고 너무 급하고 너무 짜고 너무 신[289] 사람들이 들쭉날쭉 서로 이어, 시 짓고 술 마시는 모임에서 언변이 바람 일 듯하여도, 그대는 그 사이에 있으면서 온화하고 평이하게 대하고 농담과 웃는 낯빛으로 편안하게 그 심사를 폈으니, 이로써 그가 선인(善人)이요 양사(良士)라는 것을 알 수 있었다.

아! 삼상(參商)[290]은 쉬이 흩어지고 산천에는 막힌 곳 많도다. 강호

종인(宗人)이다. 41세로 1738년(영조14) 무오 식년시에 생원 1위로 합격하였으나 이후 관직 생활은 하지 않았다. 부친 이성(李渻)은 품계는 통훈대부(通訓大夫), 관직은 경주진관 병마절제도위(慶州鎭管兵馬節制都尉)를 지냈다.

286 주핵효수(酒核肴脩) : 술, 씨 있는 과일, 익힌 고기, 육포로 제물(祭物)을 말한다.

287 영연(靈筵) : 영좌(靈座)와 같은 말로, 시신을 떠난 혼령이 머물 수 있도록 마련한 자리를 말한다.

288 시작과……있었다 : 《대학장구》 경 1장에 "사물에는 근본과 말단이 있고 일에는 시작과 끝이 있으니, 해야 할 일의 선후를 알면 도에 가깝다고 할 수 있다.〔物有本末, 事有終始, 知所先後, 則近道矣.〕"라고 하였다.

289 너무……신 : 원문은 '韋弦鹹酸'이다. '위(韋)'는 느슨함을, '현(弦)'은 활시위처럼 팽팽하고 급한 것을 뜻한다. 여기서는 중도를 벗어난 치우친 성격을 말한 것이다. 전국(戰國) 시대 위(魏)나라의 서문표(西門豹)는 성질이 너무 급했으므로 위(韋)를 차고, 춘추(春秋) 시대 진(晉)나라의 동안우(董安于)는 성질이 너무 느슨하므로 현(弦)을 차고 다니며 급하게 하여 그 부족함을 보완했다고 한다.《韓非子 觀行》'함(鹹)'은 짠맛이고 '산(酸)'은 신맛으로, 역시 중도를 벗어난 치우친 성격을 뜻한다.

에서 주살질하고 낚시질하여 그대가 있을 곳 비록 얻었으나, 이합(離合)과 성쇠(盛衰)에 이미 각기 중년(中年)의 심사가 생겨났는데, 또 어찌 알았으리오. 존망(存亡)이 가로막힘이 이처럼 급작스러울 줄을. 재주는 있으나 명운(命運)이 없고 어지나 복이 없는 것, 천도(天道)와 인도(人道)의 어그러짐[291]이 그 오래이니, 어찌 유독 그대에게만 그렇겠는가. 이에 그 서로 어울리지 못함을 슬퍼하여 오직 학업을 닦아 선(善)에 나아감으로써 그 성취를 기대했던 것인데, 하늘이 잔인하게 그대의 뜻을 빼앗고 그대를 요절하게 하였으니, 비록 구천(九泉)에서라도 한을 품을 터, 하물며 벗들의 속상함이야 말할 나위 있으리오.

아! 그대는 외아들로서 모친 봉양을 마치지 못하였기에 하늘을 부르짖으며 곡함에 길가는 사람도 눈물을 흘리노니, 장차 그대에게 지각이 있다면 스스로 슬퍼할 겨를이 없을 것이다. 우리들의 끝없는 애통함은 참으로 또한 아무 도움이 되지 못할 것을 알면서도, 지난 일을 추억하고 유명(幽明)의 처절한 심정을 어루만지노라니 오장이 끊어지고 육부가 찢어짐을 스스로 금할 수 없구나.

아! 시간이 흘러 그대는 땅속으로 들어가려 하는데, 우리는 각기 질병과 사고에 얽매여 그대의 무덤 앞에서 슬픔을 풀지 못하니, 흰 수레에 흰 말 몰고 달려간 옛사람[292]을 생각하면 슬프고 부끄럽지만,

290 삼상(參商) : 서로 멀리 떨어져 만날 수 없는 것을 뜻한다. 삼성(參星)은 동쪽 하늘에 있고 상성(商星)은 서쪽 하늘에 있는데, 각각 뜨고 지는 시각이 달라서 동시에 보이지 않는 데서 유래된 말이다.《春秋左氏傳 昭公元年》

291 천도(天道)와……어그러짐 : 천인합일(天人合一)의 도가 이루어지지 못함을 말한 것이다.

292 흰……옛사람 : 흰 수레와 흰 말은 상(喪)을 당한 사람의 복식이며, 옛사람은

슬퍼하는 심정은 같을 것이다. 이 몇 줄 글과 한 잔의 술에 부치노니, 영혼은 반드시 서글프게 돌아보시어 부디 이를 흠향하소서. 아!

후한(後漢) 때 사람 범식(范式)을 가리킨다. 범식은 장소(張劭)와 절친한 사이로 서로 신의가 돈독하였다. 범식의 자(字)는 거경(巨卿)이며, 장소의 자는 원백(元伯)이다. 원백이 병이 들었을 때 친구 두 사람이 밤낮으로 간호하였는데, 원백이 죽을 때 탄식하기를, "내가 나의 사우(死友)를 보지 못하고 죽는 게 한스럽다." 하였다. 친구가 말하기를, "우리가 마음을 다하여 그대 곁에 있는데 우리가 사우가 아니겠는가. 다시 누구를 찾는가?" 하니, 원백이 "그대들은 나의 생우(生友)일 뿐이다. 범거경(范巨卿)이 나의 사우이다." 하였다. 원백이 죽은 뒤 거경의 꿈에 원백이 나타나서, 아무 날에 죽어서 아무 날에 저승으로 간다고 일러 주었다. 거경은 상복을 입고 장례 날짜에 늦지 않으려고 경황없이 달려갔다. 그때에 원백의 상여가 묘혈에 이르러 하관(下棺)을 하려 하자 상여가 움직이지 않았다. 얼마 뒤 거경이 흰 수레에 흰 말을 몰고 달려와서 원백의 영구 앞에서 조문하기를, "원백이여, 이제 떠나시게나. 죽음과 삶은 길이 다르니, 이것으로 영영 이별이구나." 하면서 상여 끈을 잡고 이끄니 그제야 상여가 움직였다.《後漢書 卷81 獨行列傳》

이사고[293]를 제사하는 글 계축년[294]

祭李士固文 癸丑

유세차 계축년 계동(季冬)에 죽은 벗 사고(士固)의 영구(靈柩)가 장차 공산(公山)[295]으로 돌아가 묻히려 하는데, 수양(首陽) 오원(吳瑗) 백옥(伯玉)은 조정의 관직에 매여서 장례를 보지 못하겠기에, 그 16일 계해일에 술을 부어 곡하며 영결하여 이르노라.

아!	嗚呼
선비는 마음 알아줄 벗 구함에	士求知心
천년 세월도 기다리는데	千載以俟
나와 그대는	惟吾與子
겨우 십 년 되었을 따름이로다	十年而已
내가 비록 그대를 좋아하였으되	吾雖悅子
어찌 능히 다 알 수 있으리오마는	曷能盡知
그대가 나를 알아줌은	迺子知吾
내 스스로 기대했던 바를 넘어섰도다	過吾自期
어리석은 자와 지혜로운 자의 거리는	愚智相去

293 이사고 : 이사중(李思重, 1698~1733)의 자가 사고(士固)이다. 황경원(黃景源)의 《강한집(江漢集)》 권20에 〈이사고묘표〉가 실려 있다. 238쪽 주284 참조.

294 계축년 : 1733년(영조9)으로 오원이 34세 되던 해이다.

295 공산(公山) : 공주(公州)의 별칭이다.

참으로 간격이 있으나	信乎有間
그는 막역한 벗이었으며	而其莫逆
온화하고 평이하며 원대하였도다	和易平遠
널리 통하는 식견과	流通之見
깊이 투철한 깨달음[296]	淵透之悟
지금 그대를 잃었으니	今焉失子
그 누가 미로를 인도해 주리오	孰相迷路
우리 무리가 바라는 바는	吾曹所企
태상망정[297]이니	太上忘情
그대를 곡하는 것이 아니라	非曰哭子
나의 삶을 슬퍼하는 바로다	所悲吾生
아! 슬프도다	嗚呼痛矣
부디 흠향하소서	尙饗

296 널리……깨달음 : 황경원(黃景源)이 쓴 이사고의 부친 이수보(李秀輔)의 묘갈명 〈통정대부 돈녕부 도정 이공의 묘갈명〔通政大夫敦寧府都正李公墓碣銘〕〉에 의하면, 오원이 그를 가리켜 "이사고는 천하의 기미에 대해 밝게 아니, 지금의 기이한 인재이다. 그런데 그 연원을 살펴보면 실로 비롯된 바가 있다."라고 하였다. 《江漢集 卷19》

297 태상망정 : 성인망정(聖人忘情), 태상무정(太上無情)과 같은 말로 태상은 성인(聖人)을 가리킨다. 진(晉)나라 때 왕융(王戎)이 아들을 잃었을 때 산간(山簡)이 가서 보니 왕융이 비통함을 감당하지 못하였다. 산간이 "어린애는 품 안의 물건이거늘, 어찌 이 지경에 이른단 말인가.〔孩抱中物, 何至於此?〕"라고 하자, 왕융이 "성인은 정을 잊는 것이고, 가장 하등인 사람은 정을 다하지 못하는 것이며, 정을 다 쏟을 수 있는 것은 바로 우리들에게 있다.〔聖人忘情, 最下不及情, 情之所鍾, 正在我輩.〕"라고 한 데에서 유래한 말이다.

외고 숙인 송씨[298]를 제사하는 글 정사년[299]

外姑淑人宋氏文 丁巳

유세차 정사년 5월 11일 무술일에 외고(外姑)이신 숙인(淑人) 은진 송씨(恩津宋氏)가 비안(比安)[300]의 현사(縣舍)[301]에서 별세하시어, 7월 29일 을묘일에 충원(忠原)[302]의 새 묘지에 장사 지냈다. 사위인 수양(首陽) 오원(吳瑗)은 마침 왕사에 매여[303] 기한에 앞서 이르지 못하였는데, 이윽고 도성으로부터 하루에 이틀 길을 말을 달려 이르렀으나, 장례가 끝나 있었으므로 마침내 묘소 아래 나아가 삼가 주과(酒果)

298 외고……송씨 : 외고는 장모를 말한다. 여기서는 오원의 초취인 안동 권씨(安東權氏) 부인의 어머니로, 권정성(權定性, 1677~1751)의 부인이며 목사(牧使) 송병익(宋炳翼, 1655~1718)의 딸이다. 오원이 16세인 1715년(숙종41) 진사시에 합격한 후 혼인하여 19세인 1718년에 권씨의 상을 당하였다. 권정성은 한수재(寒水齋) 권상하(權尙夏)의 손자이고, 송병익은 동춘당(同春堂) 송준길(宋浚吉)의 손자이다. 송병익은 자는 치학(穉擧), 호는 송월당(松月堂)으로 상주 목사(尙州牧使)를 지냈다. 남평 현감(南平縣監)으로 재직할 때 교육을 장려하여 자비로 학사들의 학비와 훈장의 월급을 주었다. 사복시 정(司僕寺正)에 증직되었다.

299 정사년 : 1737년(영조13)으로 오원이 38세 되던 해이다.

300 비안(比安) : 경상북도에 있었던 고을 이름이다. 동쪽으로 의성현(義城縣), 남쪽으로 군위현(軍威縣), 서쪽으로 선산부(善山府)와 상주(尙州), 북쪽으로 예천군(醴泉郡)에 접해있었다.

301 현사(縣舍) : 현(縣)의 관사(官舍)를 말한다.

302 충원(忠原) : 충청도 충주(忠州)의 별칭이다.

303 왕사에 매여 : 오원은 이해 4월에 승문원 부제조를 하였고 5월에 대사성, 이조참의에 제수되었으며, 8월에 공조 참의가 되었다.

를 올리고 글을 지어 고하노라.

아!	嗚呼
옛날 제가 아내를 맞이할 때	昔我迎婦
선친[304]께서 말씀하시기를	先子有言
너의 아내[305]는	曰惟爾相
단정하며 맑고 온화하니	端潔淑溫
출가[306]에 대한 가르침이	衿帨之教
어디서 비롯되었는지 가히 알겠구나 하셨습니다	可識其自
이에 생실[307]로부터	爰從甥室
규방의 미덕을 징험할 수 있었으니	獲徵閫懿
개결하면서도 포용함이 있었고	介而有容
온화하면서도 능히 곧았으며	和而能正

304 선친 : 오원의 양부(養父) 해창위 오태주를 가리킨다. 본권의 〈죽은 아내에 대한 제문〔祭亡室文 戊戌〕〉에는, 권씨 부인이 오원의 양부를 모시던 정성과 양부가 자부(子婦)를 아꼈던 정황이 잘 드러나 있다.

305 너의 아내 : 원문의 '爾相'의 '상(相)'은 도와준다는 뜻으로 아내를 가리킨다. 《의례(儀禮)》 사혼례(士婚禮)에 의하면, 아비가 친영(親迎)하러 가는 아들에게 술을 따라주는 초례(醮禮)를 행하면서 "어서 가서 너의 아내를 맞이하여, 우리 집안 제사(祭祀)의 일을 이어받도록 하라.〔往迎爾相, 承我宗事.〕" 하였다.

306 출가 : 원문의 '衿帨'는 옷깃과 수건으로, 여인의 출가를 뜻한다. 《의례(儀禮)》〈사혼례(士昏禮)〉에 "모친이 딸의 옷고름을 매 주고 허리에 수건을 채워 주면서 '부지런하고 공경히 하여 아침저녁으로 집안일에 어긋남이 없게 하라.'고 일러 준다.〔母施衿結帨曰 : 勉之敬之, 夙夜無違宮事.〕" 하였다.

307 생실 : '甥室'은 사위의 방을 말한다.

행실은 친척들을 미덥게 했고	行孚姻黨
은혜로움은 이웃을 감화시켰습니다	惠感隣井
가난하게 살면서도 부유한 듯하여	居貧若富
나를 즐겁게 하는 아내[308]였고	樂我縞綦
자녀를 밝게 살피고[309]	斤斤子女
거느려 타이름에 어긋남이 없었으니	率訓靡違
그 미덕은 하늘로부터 타고난 것이지	天賦其美
어찌 꼭 도사[310] 덕분이리오	奚必圖史
마땅히 신의 도움으로	宜勞于神
복록을 받아야 했건만	以祿以祉
요절의 슬픔으로 화병이 나서	殤哀痼疢
흐느껴 울고 근심하며 신음하다	啜泣憂呻
또 장수하지 못하셨으니	又不遐年
무엇으로 어짊에 보답하리오	何以酬仁
고안의 예[311]는	羔鴈之禮

308 아내 : 원문의 '縞綦'는 호의기건(縞衣綦巾)의 줄임말이다. 흰 명주로 만든 상의와 녹색의 앞치마로, 초라한 여자의 복식을 말하는데, 처 혹은 첩의 겸칭으로 쓰인다. 《시경》 〈출문기동(出門其東)〉에 "흰 명주옷에 녹색 앞치마, 나를 즐겁게 하는 사람이네.〔縞衣綦巾, 聊樂我員〕"라는 구절이 있다

309 밝게 살피고 : 원문의 '斤斤'은 《시경》 〈집경(執競)〉에 나오는 말로, "저 성왕과 강왕으로부터 문득 사방을 소유하시니 그 밝게 살피셨다.〔自彼成康, 奄有四方, 斤斤其明.〕"라고 하였다. '근근기명(斤斤其明)'의 주에 "근근은 밝게 살피는 것이다.〔斤斤, 明之察.〕" 하였다.

310 도사 : '圖史'는 도서(圖書)와 사적(史籍)을 병칭한 것으로, 여훈(女訓)에 관한 책을 말한다.

기억하건대 어린 시절에 올렸는데　憶在童歲
혼인이 길조에 부합하여　嘉姻叶吉
양가 모두 기뻐하였지요　兩家均喜
제가 고아가 되고　迨我孤惸
또 좋은 배필을 위해 곡하고 난 뒤[312]　又哭良耦
세월은 냇물처럼 흘러가고　歲月川駛
희로애락이 바람처럼 휘몰아쳤지만　哀樂風驟
어루만져 주심을 더욱 지성으로 하시어　撫存彌勤
시종일관 바뀌지 않으시고　終始罔易
좋은 말로 위로해 주시며　相寬好言
오직 슬픔을 남길까 두려워하셨습니다　惟恐貽戚
남쪽 고을[313]로 문병 차 갔을 땐　南州候疾
매우 즐거워하는 기색이었는데　色爲敷腴
제가 하직하고 돌아온 후　自我辭歸
두 해가 지나　歲亦再徂
서신이 이미 뜸해지더니　嗣音旣闊
부고가 문득 전해져 왔습니다　訃告忽傳
남기신 편지 간절하여　遺緘惓惓
열어서 읽자니 눈물이 줄줄 흘렀습니다　披讀涕漣

311 고안의 예 : 혼례를 뜻한다. 고안(羔鴈)은 혼례의 폐백을 말한 것이다.

312 제가……뒤 : 오원의 양부(養父) 해창위(海昌尉) 오태주(吳泰周)가 1716년에 별세하였고, 2년 후에 오원의 부인 권씨(權氏)가 별세하였다.

313 남쪽 고을 : 앞 서문에 의하면, 돌아가신 곳인 경상도 비안현(比安縣)인 것 같다.

하물며 제 어린 딸은	況我弱女
그 인자하심만을 믿었건만	恩慈是恃
이승 저승으로 어그러졌으니	幽明睽乖
애통함이 어찌 끝이 있겠습니까	茹痛曷已
멀리서 들으니 새 무덤이	遙聞新穸
가까운 이곳 청협[314]이라 하였으나	邇玆淸峽
왕사가 저에게 던져진 탓에[315]	王事敦我
가고 싶어도 가지 못하였고	欲歸靡及
더위와 장마 속에 찾아왔으나	炎潦跋履
이미 무덤 속에 드신 뒤였습니다	已後堂封
가면서 옛집을 쳐다보며	行瞻舊廬
저 연기 낀 강을 따라 가노라니	遵彼煙江
여전히 기억났습니다! 가서 머물렀던	尙記遊止
노목 우거진 사립문이	老樹柴門
술을 따라 제게 마시라 하시고	酌酒命我
부추 뜯고 물고기 삶으셨지요	剪韭烹鱗
어찌하여 이곳을 버리시고	胡爲舍此
저 거친 골짝에 누워 계십니까	于彼荒谷

314 청협 : '淸峽'은 충청북도의 충주, 단양을 포함한 지역을 가리킨다. 《월곡집》 권9의 〈청협일기(淸峽日記)〉는 오원이 1722년 청풍(淸風)에 있는 장인 최식(崔寔)을 찾아뵙고 단양팔경 등 명승지를 유람한 자취를 적은 일기이다.

315 왕사가……탓에 : 원문의 '王事敦我'는 《시경》 〈패풍(邶風) 북문(北門)〉에 "왕사가 나에게 던져지거늘 정사는 더더욱 나에게 가해지도다.〔王事敦我, 政事一埤遺我〕"라고 하였다. 여기서 주자는 "돈(敦)은 투척(投擲)과 같다." 하였다.

모습과 음성은 멀어지지 않았건만	容聲未遠
황천길이 갑자기 가로막혔습니다	泉隧遽隔
빈 언덕엔 꽃향기만 남아있고	空阡瓣香
가을비는 잔에 보태집니다	秋雨添觶
물거품 같은 세상만사	泡漚萬事
어언 이십사 년 흘렀사온데	俛仰二紀
깊이 알아주고 사랑해주심과	知眷之深
오래 기대해 주신 은혜를	期待之長
장차 어떻게 보답하오리까	將何報答
크나큰 슬픔이 제 가슴속을 메웁니다	一哀罄腸
아! 애통합니다	嗚呼痛哉
부디 흠향하소서	尙饗

계수 유인 심씨[316]를 제사하는 글 경신년[317]

祭季嫂孺人沈氏文 庚申

계수의 지극한 행실은	惟嫂至行
나의 마음속에 새겨져 있어	銘我心膈
예로는 비록 거리를 두어야 하나	禮雖推遠
슬픔을 실로 누르기 어렵습니다	悲實難抑
나의 어머니[318]께서는	惟我母氏
늙으시기도 전에 근심을 품으시어[319]	未老含恤
일찍이 슬픔으로 거듭 탄식하심을	曾哀累欷

316 계수……심씨 : 오원의 막내동생 오찬(吳瓚, 1717~1751)의 부인으로, 심사주(沈師周, 1691~?)의 딸이다. 심사주는 본관이 청송(靑松), 자는 성욱(聖郁)으로 1723년(경종3) 식년시의 생원시에 합격하였다. 오찬은 자는 경부(敬夫), 호는 청수재(淸修齋)로 오원의 이복동생이다. 35세인 1751년(영조27) 춘당대시(春塘臺試)에 장원급제한 후 정언(正言)에 제수되어, 징토를 엄히 할 것과 시비를 분명히 할 것 등을 상서(上書)하여 영조의 심기를 불편하게 만들었다. 내수사(內需司)를 파할 것을 청하자 영조가 진노하여 오찬을 사판(仕版)에서 삭제하고 성문 밖으로 쫓아냈다. 후에 함경도 삼수(三水)로 귀양 보내져, 그곳에서 죽었는데 관직에 오른 지 1년 만이었다.

317 경신년 : 1740년(영조16)으로 오원이 41세 되던 해이다.

318 어머니 : 오원이 후모(後母) 서씨(徐氏) 부인을 가리킨 것이다. 오원의 부친 오진주(吳晉周)는 세 번 장가를 갔다. 초취는 농암 김창협의 딸로 오원의 생모이고, 재취는 동래 정씨(東萊鄭氏) 정희선(鄭希先)의 딸이며, 삼취는 대구 서씨(大邱徐氏) 서명덕(徐命德)의 딸이다.

319 늙으시기도……품으시어 : 오원의 생부 오진주(吳晉周, 1680~1724)가 일찍 별세하였음을 말한 것이다.

십 년을 하루같이 하시었습니다	十年一日
계수가 시집을 와서부터야	自嫂于歸
비로소 기쁜 얼굴을 받들었으니	始奉懽顔
유순한 태도[320]와 깊은 사랑은	婉容深愛
곁에서 보는 이들을 감열하게 하였습니다	感悅傍觀
계수는 맑은 자질을 지녔고	嫂有淑質
높은 식견과 고결한 의지가 있었으니	高識潔志
단지 효부일 뿐만 아니라	匪直孝婦
진실로 여사[321]였습니다	展也女士
내 막내 동생의 선량함에	吾季之良
다행히 어진 배필이 있어	幸有賢匹
집안을 창성하게 하고 후손을 복되게 함은	昌家福後
하늘을 기필할 수 있으리라[322] 생각했건만	謂天可必

320 유순한 태도 : 원문의 '惋容'은 '婉容'의 오류인 것 같다. 《예기(禮記)》〈제의(祭義)〉에 "효자로서 어버이를 깊이 사랑하는 자는 반드시 온화한 기운을 지니고, 온화한 기운을 지닌 자는 반드시 즐거운 안색을 하며 즐거운 안색을 하는 자는 반드시 유순한 태도를 하게 된다.〔孝子之有深愛者, 必有和氣; 有和氣者, 必有愉色; 有愉色者, 必有婉容.〕" 하였다.

321 여사 : 사인(士人)의 조행(操行)을 갖춘 여성을 가리킨다. 《시경》〈기취(旣醉)〉의 제8장에 "그 따름은 무엇인고? 너에게 훌륭한 여사를 줌이로다. 너에게 훌륭한 여사를 주고, 훌륭한 자손으로써 따르게 하리로다.〔其僕維何? 釐爾女士. 釐爾女士, 從以孫子.〕" 하였다.

322 하늘을……있으리라 : 소식(蘇軾)의 〈삼괴당명(三槐堂銘)〉에, "하늘을 기필할 수 있는가? 현자(賢者)가 반드시 귀하게 되지는 못하고 인자(仁者)가 반드시 오래 살지는 못한다. 하늘을 기필할 수 없는가? 인자는 반드시 훌륭한 후손이 있다.〔天可必

한 번 병들자 낫지 못하였으니　一疾不醫
신리[323]를 어찌 믿을 수 있으리오　神理曷諶
짧은 생애 꿈만 같은데　短期如夢
두 어린 자식도 아들이 아닌지라　二穉非男
모든 우리 친척들은　凡我姻黨
애석하지 않음이 없었으나　莫不傷惜
실로 위로할 만한 것이 없었습니다　實無可慰
어머니의 슬픔은　母氏之戚
꺼이꺼이 그 곡소리　噭噭其哭
내 살을 찢는 것 같으니　若裂我肌
평생의 효심이　平生孝心
어찌 차마 이 지경에 이르렀습니까　何忍至斯
계수의 부모님을 생각건대　念嫂父母
자식이라곤 오직 계수뿐이었기에　在子惟嫂
원통하게 부르짖으며 가슴을 치니　寃號叫擗
길 가는 사람도 눈물 흘리는데　涕洟行道
저 하늘은 높아서 듣지 못하니　天高不聞
사람이 어찌할 수가 없습니다　人莫爲謀
발인할 날이 다가오니　祖載有期
또 어찌 머물 수 있으리오　又安得留

乎? 賢者不必貴, 仁者不必壽. 天不可必乎? 仁者必有後.〕"라고 하였다.《古文眞寶後集 卷8》

323 신리(神理) : 신도(神道)와 같다.

선친을 따라 장사 지내노니	從先人葬
혼령은 부디 앎이 있기를	魂庶有知
한 잔 술에 슬픔을 담아	一觴寄哀
영령을 전송합니다	以送靈歸

월곡집

제14권

제문祭文
애사哀辭
잡저雜著

제문 祭文

정주의 간암 이공[1] 사우 봉안문
定州艮菴李公祠宇奉安文

위대한 성조를 생각하건대	思皇聖朝
문교가 융성하였으니	文教隆奕
종유와 철장[2]	宗儒哲匠
전후로 번갈아 나셨네	先後迭作
송문정[3]께서	維宋文正
걸출하게 우뚝 서시어	傑然嵬卓

1 간암 이공 : 이희조(李喜朝, 1655~1724)로 본관은 연안(延安), 자는 동보(同甫), 호는 지촌(芝村) 또는 간암(艮菴), 시호는 문간(文簡), 이정귀(李廷龜)의 증손이자 이단상(李端相)의 아들이며 송시열의 문인이다. 경신환국(庚申換局) 이후 한성 좌윤·공조 참판·이조 참판·대사헌 등을 역임하였다. 1721년(경종1) 목호룡(睦虎龍)의 고변으로 노론 사대신이 주살되자 이들과 결탁했다는 죄로 문외출송(門外出送)되어 이듬해 영암(靈巖)으로 정배되었다가 철산(鐵山)으로 이배, 배소로 가는 도중 정주(定州) 객사(客舍)에서 병사(病死)하였다. 저서로 《지촌집(芝村集)》이 있다.

2 종유와 철장 : 종유(宗儒)는 유학의 학문이 높은 큰 학자. 철장(哲匠)은 명철하고 재능이 풍부한 대신(大臣)을 말한다.

3 송문정(宋文正) : 우암 송시열을 말한다.

인을 돕고[4] 도를 전수하니	輔仁授道
뛰어난 학자들 가장 많았도다	最多鴻碩
정관재[5]란 분 있어	曰有靜觀
실로 서로 우익이 되니	實相羽翼
마치 주자에게 장식[6]처럼	如張於朱
도의의 교우로 강마하였네[7]	道義麗澤
아, 우리 선생은	猗我先生
그 덕을 능히 계승하시니	克嗣厥德
이 아버지에 이 스승	是父是師
연원이 분명하여라	淵源端的
찬란한 광휘 배태하고	胚胎休光

4 인을 돕고 : 《논어》 〈안연(顔淵)〉에 "학문으로 벗을 사귀고, 벗으로 인(仁)을 돕는다.〔以文會友, 以友輔仁.〕"라는 말이 있다.

5 정관재 : 이단상(李端相, 1628~1669)으로, 본관은 연안(延安), 자는 유능(幼能), 호는 정관재(靜觀齋)·서호(西湖), 시호는 문정(文貞), 이희조(李喜朝)의 부친이다. 여러 차례 이조와 병조의 정랑을 지냈으나, 효종이 죽고 정국이 변하자 두문불출하고 학문에만 전념하여 문하에서 아들인 이희조와 김창협(金昌協)·김창흡(金昌翕)·임영(林泳) 등의 학자를 배출하였다. 저서로 《정관재집》 등이 있다.

6 주자에게 장식 : 장(張)은 주희(朱熹)의 학문적 외우(畏友)였던 장식(張栻)을 가리킨다. 자는 경부(敬夫) 또는 흠부(欽夫), 낙재(樂齋), 호는 남헌(南軒)이다. 주희(朱熹), 여조겸(呂祖謙)과 함께 동남삼현(東南三賢)으로 불렸고 특히 주자와는 이학(理學)을 공부하는 과정에서 많은 편지와 토론을 주고받았다.

7 도의의……강마하였네 : 원문의 '麗澤'은 두 개의 연못이 이어져 있다는 뜻으로, 벗끼리 서로 도와 학문을 닦고 힘쓰는 것을 말한다. 《주역(周易)》 〈태괘(兌卦)〉에, "두 개의 연못이 이어져 있는 것이 태괘이니, 군자가 이를 보고서 친구 사이에 학문을 강습한다.〔麗澤兌, 君子以, 朋友講習.〕"라고 하였다.

아름다운 자질 하늘에서 얻으니	懿質天得
우거진 지란[8]이요	藹乎芝蘭
단단한 규벽[9]이라	栗若圭璧
총명하고 빼어남이	聰明穎秀
어릴 때부터였으니	粤自丱角
재주는 나라를 빛낼 만큼[10] 뛰어났고	才優粉黼
공업은 누대 명가의 명성[11]을 이었네	業承喬木

8 지란(芝蘭) : 지란옥수(芝蘭玉樹)의 준말로 남의 집안의 빼어난 자제를 칭찬하여 부르는 말이다. 《세설신어(世說新語)》 〈언어(言語)〉에, 진(晉)나라 사안(謝安)이 여러 자제에게 어떤 자제가 되고 싶냐고 묻자, 그의 조카인 사현(謝玄)이 "비유하자면 지란옥수가 뜰 안에 자라게 하고 싶습니다.〔譬如芝蘭玉樹, 欲使其生於階庭耳.〕" 라고 대답하였다.

9 규벽(珪璧) : 홀〔圭〕의 일종으로 옛날에 제후의 조회에 폐백으로 사용하거나 제사에 신에게 드리는 예물로 사용하던 진귀한 옥기(玉器)이다.

10 나라를……만큼 : 원문의 '분(粉)'과 '보(黼)'는 모두 고대 제왕의 관복에 수놓은 문양이다. 분은 분미(粉米) 곧 백미(白米)의 형상이고, 보는 흰색과 검은색의 도끼 형상인데, 분미는 사람을 길러줌을, 도끼는 일에 임하여 결단함을 상징한다. 순(舜)이 우(禹)에게 이르기를 "내가 옛사람의 상을 관찰하여 해와 달과 별과 산과 용과 화충(華蟲)을 그림으로 그리며, 종묘의 술그릇〔宗彝〕과 물풀〔藻〕과 불과 흰쌀〔粉米〕과 보(黼)와 불(黻)을 수놓아 다섯 가지 채색으로 오색의 비단에 물들여 옷을 만들려고 하거든, 네가 밝혀라.〔予欲觀古人之象, 日月星辰山龍華蟲, 作會, 宗彝藻火粉米黼黻, 絺繡. 以五采彰施于五色, 作服, 汝明.〕" 하였다. 《書經 益稷》 여기서는 임금을 보좌할 문재(文才)를 가졌다는 뜻이다.

11 누대……명성 : 원문의 '喬木'은 몇 대에 걸쳐서 크게 자란 나무라는 뜻으로, 누대에 걸쳐 경상(卿相)을 배출한 명가를 비유할 때 쓰는 말이다. 《맹자》 〈양혜왕 하(梁惠王下)〉의 "이른바 고국이란 대대로 커서 높이 치솟은 나무가 있다는 말이 아니요, 대대로 신하를 배출한 오래된 집안이 있다는 것을 의미한다.〔所謂故國者, 非謂有喬木之謂

평탄한 길이요 탄탄대로였으니	夷塗亨軌
누가 능히 막을 수 있었으랴마는	孰能沮隘
겸손히 물러나 살면서	退然斂避
정학에 마음을 다하였도다	刳心正學
영지동 한 구역에서	靈芝一區
선조의 자취 지키며	守我先躅
'지사'라는 서재 이루어서[12]	齋成志事
자나 깨나 남기신 훈계 생각했네	寤寐遺則
마침내 스승[13]을 따라	遂從皐比
자뢰하여 절차탁마하고	以資磨琢
종신토록 우러르며[14]	終身鑽仰

也, 有世臣之謂也.〕"라는 말에서 나왔다.

12 영지동……이루어서 : 원문의 '一區'는 집 한 채를 지을 만한 땅을 말한다. 《한서(漢書)》〈양웅전(揚雄傳)〉에 양웅이 민산(岷山)의 남쪽에 살았는데 "밭 1전(廛)이 있고, 집 1구(區)가 있다.〔有田一廛, 有宅一區.〕"라는 말이 나온다. '志事'는 《중용장구》 제19장에 "효라는 것은 부모의 뜻을 잘 계승하며, 부모의 일을 잘 전술(傳述)하는 것이다.〔夫孝者, 善繼人之志, 善述人之事者也.〕"라고 한 데서 온 말이다. 이희조가 지은 〈영지서실기(靈芝書室記)〉를 보면, 이희조의 선친 이단상(李端相)이 영지동(靈芝洞)에서 노년을 보내기 위해 정관재(靜觀齋)를 지어 놓고 갑자기 별세하여 뜻을 이루지 못하게 되자, 이희조가 이곳에다 두 칸 되는 작은 집을 짓고는 우암 선생을 찾아가 거처하는 재실(齋室)의 이름을 지어 주기를 청하였다. 그러자 우암 선생이 선군자의 지사를 계술(繼述)하라는 의미에서 '지사(志事)'라는 이름을 지어 주었다. 《芝村集 卷19》

13 스승 : 원문의 '皐比'는 본래 호피(虎皮)를 뜻하는데, 장횡거(張橫渠)가 깔고 앉아 《주역》을 강설한 사실에서 유래하여, 스승 또는 스승이 앉는 자리를 가리킨다.

14 우러르며 : 원문의 '鑽仰'은 도와 덕을 우러르고 학문 등을 깊이 탐구하는 것을 말한

힘 다하여 박문약례[15] 하였어라 竭才博約
학문은 호루[16]도 분석하고 分析毫縷
행동은 법도에 맞았으며 步趨繩尺
집안을 다스릴 적엔 居家爲政
효성과 우애 돈독히 하였네 孝友斯篤
인물과 접할 때는 자애롭고 신실하였고[17] 接物子諒
세상을 걱정할 때에는 간절하고 지성스러웠으며 憂世懇惻
서여[18]를 꺼내면 出其緒餘
문장 또한 훌륭하였어라[19] 文亦菽粟

다. 안연(顔淵)이 공자를 칭찬한 말에, "뚫을수록 더욱 굳고 우러를수록 더욱 높다.〔仰之彌高, 鑽之彌堅.〕"라고 한 말에서 유래하였다. 《論語 子罕》

15 박문약례 : 스승에게 배워 식견을 넓히고, 그 지(知)를 예(禮)로 요약하여 행(行)으로 실천하는 것을 말한다. 안연(顔淵)이 공자의 높은 학문적 경지를 존경하여, "부자께서는 차근차근 사람을 잘 이끌어, 나를 문으로써 넓혀 주시고 예로써 단속해 주시므로, 그만두고자 해도 그만둘 수가 없어서 나의 재능을 다하고 나니, 부자의 도가 내 앞에 우뚝 서 있는 듯하다.〔夫子循循然善誘人, 博我以文, 約我以禮, 欲罷不能, 旣竭吾才, 如有所立卓爾.〕"라고 말한 바 있다. 《論語 子罕》

16 호루(毫縷) : '毫'는 터럭 끝이며 '縷'는 가는 실이니, 모두 작은 것을 말한다.

17 자애롭고 신실하였고 : 원문의 '子諒'은 이직자량(易直子諒)에서 온 말로, 이직은 평이(平易)하고 정직(正直)함을 뜻하고, 자량은 자애(慈愛)롭고 성신(誠信)한 마음을 뜻한다. 《예기(禮記)》 〈악기(樂記)〉에 "예악은 잠시도 몸에서 떠나게 해서는 안 되나니, 음악을 사용하여 마음을 다스리면 평이하고 정직하고 자애롭고 성신한 마음이 뭉클뭉클 생겨난다.〔禮樂不可斯須去身, 致樂以治心, 則易直子諒之心, 油然生矣.〕"라는 말이 있다.

18 서여(緖餘) : 본래 실을 뽑아낸 누에고치에 남은 실오리를 이르는 말로 근본이 되는 사상이나 학설 이외의 여론(餘論)이나 핵심이 아닌 주변적인 일, 부수적인 일을 일컫는 말이다.

중년에 고을의 인장을 품고 中歲懷章
격서 받들고[20] 기뻐하니 喜在奉檄
몇 고을 잘 다스려 數郡之治
백성들 남기신 은택 구가하였네 民歌遺澤
절동의 황정[21]이요 浙東荒政
무성의 유속[22]이라 武城儒俗
세상에 쓰임 되는 학문 致用之學

19 문장……훌륭하였어라 : 원문의 '菽粟'은 포백 숙속(布帛菽粟)의 약칭으로, 즉 의식(衣食)의 주요한 물품인 베, 비단, 콩, 조 등의 곡식을 말한다. 사람마다 익히 사용하는 것이므로 지극히 평범하면서도 지극히 유익한 것에 비유되는데, 상대방의 문장을 칭송하는 문맥에서 쓴다. 《송사(宋史)》 〈도학열전(道學列傳) 정이(程頤)〉에 "그가 남긴 말의 뜻은 마치 베, 비단, 콩, 조와 같은 것이다.〔其言之旨, 若布帛菽粟然.〕"라는 말이 있다.

20 격서 받들고 : '奉檄'은 격서(檄書)를 받고 벼슬길에 나가는 것으로 어버이를 봉양하기 위해 벼슬하는 것을 이른다. 후한(後漢)의 모의(毛義)가 집이 가난하고 어머니가 연로하였는데, 수령으로 삼는다는 격서가 오자 매우 기뻐하며 벼슬에 나아가니 사람들이 모두 천하게 여겼다. 그 후 어머니가 세상을 떠난 뒤 효렴(孝廉)으로 천거되었으나 나아가지 않자 비로소 사람들은 그가 벼슬길에 나아간 것이 어머니를 위해서였음을 알았다 한다. 《後漢書 卷39 劉平等列傳 序》

21 절동(浙東)의 황정 : 절동(浙東)은 절강(浙江) 동쪽의 땅이고, 황정(荒政)은 흉년에 백성을 구하는 정책을 말한다. 주자(朱子)가 절강 동쪽인 남강 지군(南康知軍)으로 있을 적에 황정(荒政)을 잘 시행하였다고 알려져 있다. 《宋史 卷429 朱熹列傳》

22 무성(武城)의 유속 : 무성은 춘추 시대 노(魯)나라의 현읍(縣邑)으로 지금의 산동성(山東省) 비현(費縣)에 해당한다. 공자의 제자인 자유(子遊)가 무성(武城)이라는 고을의 읍재(邑宰)로 있으면서 예악으로 백성을 교화하는 것을 보고 공자가 기뻐하며 "닭을 잡는 데 어찌 소 잡는 칼을 쓸 것인가?〔割鷄焉用牛刀?〕"라고 농담을 한 고사가 있다. 《論語 陽貨》

이 어찌 알만한 것이랴	斯焉可識
녹봉으로 부모님 봉양치 못했으나	祿旣不逮
초복[23]을 찾아 입고	迺尋初服
주돈이의 그림[24]과 소옹의 구슬[25] 연구하며	周圖邵丸
임학에서 한가로이 지냈네	偃仰林壑
활과 깃발[26] 연이어 펄럭거렸으나	弓旌聯翩
그 뜻 확고[27]하였으니	其志介石
스승을 높이고 사도를 보위하는 것	尊師衛道

23 초복(初服) : 벼슬하기 전에 입던 옷이라는 뜻으로, 벼슬을 떠나 처음에 살던 곳으로 돌아가 은거함을 비유할 때 쓰는 말이다. 굴원(屈原)이 지은 〈이소(離騷)〉의 "물러가 다시 나의 초복을 손질하리.〔退將復修吾初服.〕"라는 구절에서 유래하였다.

24 주돈이의 그림 : 송대(宋代)의 학자 주돈이(周敦頤)가 만든 도형인 〈태극도(太極圖)〉를 가리킨다. 우주의 근본과 만물의 발전하는 이치를 도해(圖解)로 밝히었는데, 우주의 근본인 태극이 음양을 낳고, 음양이 오행(五行)으로 분화하며, 오행의 정(精)이 응결하여 만물을 만든다는 원리가 원형의 그림으로 제시되어 있다.

25 소옹의 구슬 : 소옹(邵雍)은 송나라의 학자로, 《주역(周易)》의 수리(數理)를 연역(演繹)하여 《황극경세서(皇極經世書)》를 저술하였다. 그의 〈자작진찬(自作眞贊)〉에 "구슬을 가지고 노는 여가에, 한가로이 왔다 갔다 하노라.〔弄丸餘暇, 閑往閑來.〕"라는 말이 나오는데, 자주(自註)에 "환(丸)은 태극이다." 하였다. 역리(易理)를 탐구하는 것을 가리킨다. 《擊壤集 卷12》

26 활과 깃발 : 원문의 '弓旌'은 보통 현자를 초빙하는 예물의 뜻으로 쓰인다. 춘추시대에 임금이 사(士)를 부를 때에는 궁(弓)으로 하고, 대부(大夫)를 부를 때에는 정(旌)으로 했다는 고사가 전한다. 《春秋左氏傳 昭公20年》 임금이 높은 벼슬로 부르는 것을 의미한다.

27 확고 : 원문의 '介石'은 바위처럼 확고부동한 마음을 말한다. 《주역(周易)》 〈예괘(豫卦) 육이효(六二爻)〉에 "견고함이 돌과 같아서, 과거의 잘못을 하루가 지나지 않아 제거해 버리나니, 정하고 길하니라.〔介于石, 不終日, 貞吉.〕"라고 하였다.

자신의 책임으로 짊어졌도다　擔爲己責
사설이 멋대로 일어남에　邪說橫潰
확연히 말로 물리치니[28]　廓然辭闢
사문이 의지함 있고　斯文有賴
백성의 기강 어그러짐 없었네　民紀無忒
성상의 은총 더욱 융숭하여　聖眷彌隆
천작[29]을 함께할 것을 생각하고　思共天爵
국자감과 서연에서　國子離筵
스승의 자리 비워두었네[30]　虛其師席
마음이 아예 잊은 것 아니라　心非果忘
본래의 처신[31] 무너트리기 어려워서였으니　素履難洳
임금을 바로잡겠다는 일념은　匡君一念
야인[32]이라 생각지 않았어라　匪曰藿食

28 사설이……물리치니 : 이희조는 노론·소론이 나누어지기 전에는 박세채를 따랐으나 윤휴(尹鑴)를 이단으로 배척하고 윤증(尹拯)에 대하여 배사론으로 일관하면서 송시열의 노론을 옹호했다. 순경의 성악설을 이단으로 배척하기도 하였다.

29 천작 : 하늘이 준 것으로 생각하는 국가의 관직을 말한다.

30 국자감과…… 비워두었네 : 원문의 '离筵'은 세자시강원(世子侍講院)의 서연(書筵)을 가리킨다. 이희조는 양주에 기거하면서 성균관 좨주(祭酒)와 세자시강원의 찬선(贊善) 등에 제수되었으나 병을 핑계로 벼슬에 나아가지 않았다.

31 본래의 처신 : '素履'는 본래 행하던 대로 행하는 것으로 성실과 분수를 편안히 여기는 자신의 처세를 말한 것이다. 《주역》 〈이괘(履卦) 초구(初九)〉에 "본래의 행함으로 가면 허물이 없으리라.〔素履往, 无咎.〕"라고 하였다.

32 야인 : 원문의 '藿食'은 콩잎 먹는 야인(野人)을 가리킨다. 옛날 조조(祖朝)라는 백성이 진 헌공(晉獻公)에게 글을 올려 나라 다스리는 계책을 듣기를 요청하자, 헌공이

주의를 모아 엮은 책[33] 奏議之編

근폭[34]의 정성 간절하였으니 誠切芹曝

선을 개진하고 어려운 일 권면함[35] 陳善責難

글자마다 귀촉[36]처럼 밝았구나 字字龜燭

나이가 많고 덕 높았으나 年高德尊

사자를 시켜 고하기를, "고기 먹는 자가 이미 다 염려하고 있는데, 콩잎 먹는 자가 정사에 참견할 것이 뭐 있느냐."라고 했다는 데서 온 말이다. 《說苑 善說》

33 주의를……엮은 책 : 이희조가 문묘(文廟)에 종사(從祀)된 9현(賢), 즉 정몽주(鄭夢周)·김굉필(金宏弼)·정여창(鄭汝昌)·조광조(趙光祖)·이언적(李彦迪)·이황(李滉)·이이(李珥)·성혼(成渾)·김장생(金長生) 등의 주의(奏議) 중 군덕(君德)에 유익한 것과 내수외양(內修外攘)의 방도에 관한 글을 뽑아 편찬한 책, 《동현주의(東賢奏議)》를 말한다. 24권 8책으로 1719년(숙종45)에 숙종에게 바쳤다. 《肅宗實錄 45年 9月 21日》

34 근폭(芹曝) : 헌근(獻芹)과 헌폭(獻曝)이다. 헌근(獻芹)은 미나리를 바친다는 뜻인데 옛날에 미나리를 즐겨 먹던 가난한 농부가 그 지방 부호에게 미나리가 맛이 좋다고 자랑하여 그 부호가 맛을 보았는데 입만 쓰고 배만 아팠다고 한다. 헌폭(獻曝)은 햇볕을 바친다는 뜻인데 송나라의 농부가 따뜻한 봄 햇볕을 쪼이며 그 아내에게 "햇볕의 따뜻함을 사람들이 모르니 이 햇볕을 가져다가 임금께 바치면 반드시 상을 내릴 것이다." 했다고 한다. 전하여 자기가 보내는 물건이나 올리는 건의가 변변치 못하지만 지성에서 나왔다는 겸사로 쓰였다. 《列子 楊朱》

35 선을……권면함 : 신하가 임금을 성군(聖君)의 길로 적극 인도하는 것을 말한다. 《맹자》 〈이루 상(離婁上)〉에 "자기 임금에게 하기 어려운 일을 하도록 요구하여 요순과 같은 성군이 되게 하는 것을 공손하다고 하고, 선도(善道)를 개진하여 임금의 사심(邪心)을 막는 것을 공경스럽다고 하고, 우리 임금은 해내지 못할 것이라고 말하는 것을 해친다고 하는 것이다.〔責難於君謂之恭, 陳善閉邪謂之敬, 吾君不能謂之賊.〕"라는 말이 나온다.

36 귀촉(龜燭) : 거북과 촛불을 말한다. 거북은 점을 쳐서 알 수 없는 미래의 일을 밝히는 것이고, 촛불은 어두운 곳을 환하게 비추는 것이다.

겸손함을 더욱 지니었고 益存謙抑
자신을 비우고 선을 좋아하며 虛己好善
스스로 자만하지 않았네 不自矜足
세상일 변화가 심하여[37] 滄桑貿換
노성한 이들 시들어버리니 老成凋落
우뚝히 솟은 노전[38] 巋然魯殿
선류들이 본받는 바였도다 善類所式
누가 혀를 놀리는가 孰爲簧口
저 참소하는 놈들이라 彼哉讒賊
안세처럼 고개를 넘고[39] 安世過嶺
원정처럼 다리에 피를 흘렸네[40] 元定血脚

37 세상일……심하여 : 원문의 '滄桑'은 상전벽해(桑田碧海), 즉 큰 바다가 변하여 뽕나무밭이 되고 뽕나무밭이 변하여 큰 바다가 되듯이 세상일의 변화가 매우 심한 것을 비유하는 말이다.

38 노전(魯殿) : 서한(西漢) 경제(景帝)의 아들 노 공왕(魯恭王)이 세운 영광전(靈光殿)을 가리킨다. 노 공왕이 세운 많은 궁전이 세월이 흐르자 모두 없어졌으나, 영광전만이 홀로 우뚝이 남아 있었으므로, 훌륭한 인물들이 다 죽고 홀로 남은 인물을 비유하는 말로 쓰이는데 여기서는 이희조를 비유한다.

39 안세처럼……넘고 : 안세(安世)는 북송 때 유안세(劉安世)로 사마광(司馬光)의 제자이다. 성격이 매우 강직하여 직언(直言)을 잘하였기 때문에 휘종(徽宗) 때 간신 장돈(章惇)과 채변(蔡卞)에게 미움을 받고 일곱 번이나 유배를 당하여, 멀리 광주(廣州) 및 광서(廣西) 지방을 전전하였다.《宋史 卷345 劉安世列傳》이희조가 신임사화로 유배를 가게 된 상황을 비유한 것이다.

40 원정처럼……흘렸네 : 원정(元定)은 남송 때 주희(朱熹)의 제자인 채원정(蔡元定)을 말한다. 채원정이 간신인 한탁주(韓侂胄) 등으로부터 위학(僞學)이란 배척을 받고 도주(道州)로 귀양 가면서 짚신을 신은 채 3천여 리를 계속 가, 다리에서 피가

더운 바람 모진 눈	炎風虐雪
머나먼 남북길	逖矣南北
태연히 순응하며[41]	恬然處順
놀라지도 두려워하지도 않았어라	不震不愓
참담하여라 변방 땅	慘憺關塞
중도에서 고복하니[42]	中途皐復
하늘이 낳고 하늘이 죽인 것이나	天生天殺
장돈[43]이 유력했기 때문이라	章惇有力
이치는 필경 바르게 정해져	理終必定
숨어있는 양이 소멸된 것을 회복시키는 법[44]	伏陽回剝

흘러 내렸다는 고사가 있다.《宋史 卷433》 역시 이희조의 유배 상황을 비유한 것이다.

41 태연히 순응하며 : 원문의 '處順'은 어떤 상황을 만나든 그 변화를 편안히 여기면서 순응하는 것을 말한다.《장자(莊子)》〈양생주(養生主)〉의 "마침 그때에 태어난 것은 선생이 올 때가 되었기 때문이요, 마침 이때에 세상을 떠난 것은 선생이 갈 때가 된 것이니 도리상 순응해야 할 일이다. 자기에게 닥친 시운을 편안히 여기고 순순히 받아들인다면, 슬프고 기쁜 감정이 들어올 수 없을 것이다.〔適來, 夫子時也, 適去, 夫子順也. 安時而處順, 哀樂不能入也.〕"라는 말에서 나온 것이다.

42 중도에서 고복하니 : 고복(皐復)은 사람이 죽은 뒤 지붕 위에 올라가 죽은 사람이 입었던 옷을 흔들며 영혼을 부르는 일을 말한다. 이희조가 1721년(경종1) 신임사화로 영암(靈巖)에 유배되었다가 철산(鐵山)에 이배(移配) 도중 정주(定州)에서 죽었기 때문에 이른 말이다.

43 장돈(章惇) : 송 대(宋代)의 간신(奸臣)이다. 왕안석(王安石)의 당(黨)으로서 그들이 정권을 잡으면서부터, 송 철종(宋哲宗) 원우(元祐) 연간에 등용되었던 사마광(司馬光)·유안세(劉安世)·여공저(呂公著)·문언박(文彥博)·소식(蘇軾)·정이(程頤) 등을 내쫓고 왕안석의 신법(新法)을 복구(復舊)시켰다.《宋史 卷472 列傳231 姦臣2》 여기서는 소론 세력을 비유해서 쓴 말이다.

성세의 영광스러운 포상[45] 聖世榮褒
멀고 가까운 이 모두를 분발시켰도다 竦動邇逖
하물며 이 작은 고을은 況玆下邑
고운 대자리를 바꾼 곳[46] 睆簀所易
자취는 복조가 멈춘 곳[47]에 남아 있건만 迹留止鵩
슬픔은 대나무를 자르는 것 같도다 悲同斷竹
우러러 그 모습 생각하고 瞻想儀刑
아득히 아름다운 덕을 사모하여 緬傃令德

44 숨어있는……법 : 박괘(剝卦)는 《주역》 64괘 중 23번째 괘의 이름으로, 간상곤하(艮上坤下)의 괘이다. 초효부터 5효까지 다섯 효가 음효이고, 상효 하나만이 양효이다. 음기가 아래에서부터 자라기 시작해서 이에 이르면 극에 달해 양기를 떨어뜨리고 소멸시키려고 하는 단계이기 때문에 '박(剝)'이라고 이름을 붙였다.

45 성세의……포상 : 이희조는 1725년(영조1) 신원되어 좌찬성에 추증되었고, 이듬해 아버지를 배향했던 학산 서원과 평강의 산앙재영당(山仰齋影堂) 등에 제향되었다.

46 고운……바꾼 곳 : 원문의 '易簀'은 죽음을 의미한다. 증자(曾子)가 병이 위독할 때에 자기가 깔고 누운 대자리에 대해서, 동자가 "아름답고 곱구나. 대부가 사용하는 돗자리여.〔華而睆, 大夫之簀與!〕"라고 하면서 예제(禮制)에 합당하지 못하다고 은근히 비판하는 말을 듣고는, 자기 아들에게 다른 것으로 교체해 달라고 하였다. 아들이 지금은 위독하니 다음에 바꾸어 드리겠다고 대답하자 "나는 바른 도리를 얻고서 죽으면 그뿐이다.〔吾得正而斃焉斯已矣.〕"라고 하면서 다그치니, 여러 사람들이 증자를 부축하여 자리를 바꾸었는데, 그사이에 증자가 숨을 거두었다는 고사가 《예기》 〈단궁 상(檀弓上)〉에 보인다. 이희조가 정주에서 죽었기 때문에 이른 말이다.

47 복조가 멈춘 곳 : 복조(鵩鳥)는 올빼미를 닮은 불길한 새이다. 전한(前漢) 가의(賈誼)의 〈복조부(鵩鳥賦)〉에 보면 가의가 유배되어 장사왕(長沙王)의 태부(太傅)로 있을 때 복조가 지붕 위에 날아와 모였는데, 당시 민간에 전하는 말로는 복조가 지붕에 앉으면 그 집 주인이 죽는다고 하였으므로, 가의가 슬퍼하여 〈복조부〉를 지었다 한다. 《漢書 卷48 賈誼傳》 여기에서는 이희조가 죽은 곳인 정주를 가리킨다.

이에 새로 사당을 지어	爰落新祠
영령을 모시고 축원하는도다	以妥以祝
서글피 직접 뵙듯	愀然若見
많은 선비들 공경스러우니	多士翼翼
지금부터 시작하여	其始自今
정결한 제사 싫어함 없으리로다	禋潔無斁

경성 화곡서원[48]에 다섯 분의 선생을 봉안하는 제문 계축년[49]

鏡城華谷書院五先生奉安祭文 癸丑

아 우리 경읍[50]은	粤我鏡邑
외지고 황량한 곳에 끼어 있어서	介于窮荒
백성들 어리석고 풍속은 누추하여	氓愚俗陋
능히 의리로 향할 줄[51]을 몰랐는데	莫克知方
아 위대한 열성조께서	於皇列朝
덕교를 멀리까지 입히시고	德敎遐被

48 화곡서원(華谷書院) : 함경도 경성군(鏡城郡) 주북면에 있던 서원이다. 1670년(현종11)에 지방유림의 공의로 박홍종(朴興宗)·송상현(宋象賢)·정온(鄭蘊)·김상헌(金尙憲)의 학문과 덕행을 추모하기 위해 창건하여 위패를 모셨고 그 뒤 민유중(閔維重)과 김창협(金昌協)을 추가 배향하고 이어 이식(李植)을 추가 배향하였다. 1741년(영조17) 서원의 사건(私建)과 사향(私享) 금지령에 의하여 일시 훼철되었다가 후일 지방 유림들에 의하여 복원되었으나 1868년(고종5) 대원군의 서원철폐령으로 훼철되었다.

49 계축년 : 1733년(영조9), 오원의 나이 34세 되던 해이다.

50 경읍(鏡邑) : 서원이 있던 함경도 경성(鏡城)을 말한다.

51 의리로 향할 줄 : 원문의 '知方'은 예법이나 의리를 아는 것을 말한다. 공자가 제자들에게 "평소에 너희들이 말하기를 '나를 알아주지 못한다.'라고 하는데, 혹 너희들을 알아준다면 어떻게 하겠느냐?"라고 하자, 자로가 대답하기를 "천승의 나라가 대국의 사이에 속박을 받아 전쟁이 가해지고 인하여 기근이 들더라도 제가 그 나라를 다스리면 3년에 이르러 백성들을 용맹하게 할 수 있고, 또 의리로 향할 줄을 알게 할 수 있습니다.〔千乘之國, 攝乎大國之間, 加之以師旅, 因之以饑饉. 由也爲之, 比及三年, 可使有勇, 且知方也.〕"라고 말한 바 있다.《論語 先進》

어진 수령 함께 다스리니[52]	惟良共理
우리의 풍속 비루하지 않게 되었네	不我椎鄙
촉 땅의 문옹[53]과 조주의 한 문공[54]	蜀文潮韓
교차하여 서로 이어지니	錯落相繼
어진 유풍 선한 교화	賢風善敎
백성들에게 스며 없어지지 않았구나	入人未沫
삼가 생각건대 천곡 선생[55]은	恭惟泉谷

52 어진……다스리니 : 원문의 '共理'는 임금이 다스리는 곳을 나누어 함께 다스린다는 뜻으로, 지방수령을 말한다. 《한서(漢書)》 권89 〈순리전(循吏傳)〉에 "서민이 향리에서 안정을 취하며 탄식과 근심을 안 할 수 있게 하는 방도는 정치가 공평하고 송사가 잘 다스려지는 것이다. 나와 함께 이런 일을 할 수 있는 자는 바로 양이천석일 뿐이다.〔庶民所以安其田里而亡歎息愁恨之心者, 政平訟理也. 與我共此者, 其唯良二千石乎!〕"라는 선제(宣帝)의 말이 실려 있다. '良'은 양이천석(良二千石)의 준말로 보인다. 어진 지방 장관이라는 뜻으로, 한대(漢代)에 군(郡)의 태수(太守)는 연봉(年俸)이 2천 석이었던 데서 나왔다.

53 촉 땅의 문옹 : 문옹(文翁)은 한(漢)나라 경제(景帝) 말기 때의 사람이다. 촉(蜀)의 군수(郡守)로 있으면서 성도(成都)에 학교를 세우고 입학자와 성적 우수자를 우대하니, 이때부터 촉군(蜀郡)에 문풍(文風)이 크게 떨쳐지고 교화가 크게 일어났다. 《漢書 卷89 文翁列傳》

54 조주의 한 문공 : 한 문공(韓文公)은 당(唐)나라의 한유(韓愈)이다. 그가 조주자사(潮州刺史)로 좌천되었을 때, 고을 사람들이 무식한 것을 보고, 진사(進士) 조덕(趙德)에게 그들을 가르치게 한 결과, 선비들이 학문과 행실을 독실하게 닦아 풍속이 크게 달라졌다고 한다. 《東坡全集 卷86 潮州韓文公廟碑》

55 천곡(泉谷) 선생 : 송상현(宋象賢, 1551～1592)으로 자는 덕구(德求), 호는 천곡(泉谷) 또는 한천(寒泉)이며, 본관은 여산(礪山), 시호는 충렬(忠烈)이다. 1591년 동래 부사(東萊府使)가 되었는데, 이듬해 조선을 침략한 일본군이 동래성을 공격했을 때 군관 김희수(金希壽) 등과 함께 저항하다가 성이 함락될 무렵 조복(朝服)으로 갈아

충효가 천성이었고	忠孝自天
봉토를 지키는 중한 책임 맡음에	封疆任重
문무의 자질 모두 갖추었네	文武資全
동래 부산에 비바람 몰아치고	萊釜風雨
왜놈들[56] 성에 가득할 제	漆齒盈城
웅장 취하고 생선을 버려[57]	熊魚取舍
은의의 경중을 가렸구나	恩義重輕
조용히 한 번 죽기를	從容一死
집에 돌아가듯 하여[58]	吾視如歸
목을 늘여 칼날을 받으며	延頸受刃

입고 단정히 앉은 채 순사(殉死)했다.

56 왜놈들 : 원문은 '漆齒'이다. 일본에는 예전에 시집간 여자가 이빨을 까맣게 물들이는 풍습이 있어서 일본을 칠치지국(漆齒之國)이라고도 하였다. 신유한(申維翰)의 《해유록(海游錄)》에, "이미 시집간 여자는 이가 모두 검은빛인데 철액(鐵液)을 약에 타서 머금으면 그 이가 곧 물들여진다. 시집가지 아니한 처녀와 기생은 모두 흰 치아이다."라는 표현이 나온다. 《海行總載》

57 웅장……버려 : 취하고 버릴 바에 대해 판단할 줄 안다는 의미로, 주로 의리를 택하는 것을 가리킨다. 《맹자》 〈고자 상(告子上)〉에 "생선도 내가 먹고 싶어 하는 바이며 곰 발바닥도 내가 먹고 싶어 하는 것이지만, 이 두 가지를 겸하여 얻을 수 없다면 곰 발바닥을 취하겠다. 삶도 내가 원하는 바이며 의리도 내가 원하는 것이지만, 이 두 가지를 겸하여 얻을 수 없다면 삶을 버리고 의리를 취하겠다.〔魚我所欲也, 熊掌亦我所欲也, 二者不可得兼, 舍魚而取熊掌者也. 生亦我所欲也, 義亦我所欲也, 二者不可得兼, 舍生而取義者也.〕"라고 하였다.

58 집에……하여 : 정의를 위해서는 죽음조차도 두려워하지 않음을 비유한 것이다. 《사기(史記)》 〈채택열전(蔡澤列傳)〉에 "이러므로 군자는 난리에 의로써 죽는 것을 마치 자기 집에 돌아가는 것처럼 여긴다.〔是以君子以義死難, 視死如歸.〕"라고 하였다.

사마귀로 시신의 증거 삼았네[59] 指痣驗尸

다만 일개 선비에 불과할 뿐 아니라 匪直匹士

강개한 마음으로 삶을 잊었으니 忼慨忘生

왜적 또한 감동하고 蠻醜亦感

기역[60]에 빛이 더해졌네 箕域增光

우뚝하신 청음 선생[61]께서는 卓彼淸陰

곧고 반듯하게 학문을 하였으니 直方爲學

행동은 법도에 맞았고 步武繩矩

마음은 철석[62]과 같았네 心肝鐵石

59 사마귀로……삼았네 : 신흠이 쓴 〈송동래전(宋東萊傳)〉 등에 의하면 송상현은 죽기 전에 그 부하에게 명령하기를 "내 허리 아래에 팥알만 한 사마귀가 있다. 내가 죽으면 이것을 증거로 삼아 내 시신을 거두어 달라."라고 하였다고 한다. 《象村稿 卷30》

60 기역(箕域) : 기자(箕子)의 영역이라는 뜻으로 우리나라를 가리킨다.

61 청음 선생 : 김상헌(金尙憲, 1570~1652)으로 본관은 안동, 자는 숙도(叔度), 호는 청음(淸陰) 또는 석실산인(石室山人)이다. 정묘호란 때는 진주사로 명나라에 갔다가 구원병을 청했고, 후금(後金)과의 화의를 끊을 것과 강홍립(姜弘立)의 관작을 복구하지 말 것을 강력히 주장했다. 병자호란이 일어나자 선전후화론(先戰後和論)을 강력히 주장했고, 치욕의 항복을 한 뒤에는 안동의 학가산(鶴駕山)에 들어가 석실산인(石室山人)이라 칭하고 와신상담해서 치욕을 씻고 명나라와의 의리를 유지해야 한다는 내용의 상소를 올린 뒤 두문불출했다. 청나라로부터 위험인물로 지목되어 1641년 심양(瀋陽)에 끌려가 이후 4년여 동안 묶여 있었다. 김상헌의 증손인 김창협이 오원의 외조부가 된다.

62 철석(鐵石) : 강직한 심성을 이르는 말로, 송(宋)나라 때 전의(錢顗)가 시어사(侍御史)가 되었을 적에 대단히 강직하여 아부하지 않았으므로, 소식(蘇軾)이 일찍이 그에게 준 〈전안도석상령가자도복(錢安道席上令歌者道服)〉 시에 "오부 선생은 간장이 무쇠로 만들어졌기에, 서릿바람이 거세게 불어도 추운 줄을 모르네.〔烏府先生鐵作肝, 霜風卷地不知寒.〕"라고 한 바 있다. 《蘇東坡詩集 卷11》

방형이 진회를 배척하니	邦衡斥檜
대의가 환히 빛났고[63]	大義斯炳
자경은 오랑캐에게 갇혔으나	子卿拘胡
곧은 절개 변치 않았네[64]	一節無恙
칼과 톱 가마솥[65]을	刀鋸鼎鑊

63 방형이……빛났고 : 방형(邦衡)은 호전(胡銓)으로 송(宋)나라의 명신이다. 자가 방형(邦衡)이고, 호는 담암(澹庵), 시호는 충간(忠簡), 여릉(廬陵) 사람이다. 고종(高宗) 때 추밀원 편수관(樞密院編修官)으로서 진회(秦檜)가 왕륜(王倫)을 금(金)나라에 보내 칭신(稱臣)하며 화친을 청했다는 말을 듣고 유명한 〈무오상고종봉사(戊午上高宗封事)〉라는 글을 올려 고종에게 진회·왕륜·손근(孫近)의 목을 벨 것을 청하였다가 진회의 노여움을 사서 귀양살이를 하였다. 《宋史 卷374 胡銓列傳》 여기에서는 청음(淸陰) 김상헌(金尙憲)의 척화소를 가리키는 것으로 보인다. 훗날 심양 구류의 발단이 된 〈심양에 조력 군대를 파견하지 말 것을 청하는 소〔請勿助兵瀋陽疏〕〉에 의하면 "죽고 망하는 것은 차마 할 수 있어도 반역을 따르는 것은 차마 할 수 없습니다.〔死亡可忍, 從逆不可爲也.〕"라고 하여, 청나라를 도울 수 없다고 주장하였다. 《淸陰集 卷21》

64 자경은……않았네 : 자경은 소자경(蘇子卿)으로 한나라 무제(武帝) 때 중랑장(中郎將)으로 있다가 흉노(匈奴)에 사신으로 갔던 소무(蘇武)를 말한다. 흉노(匈奴)에 사신으로 갔다가 흉노의 선우(單于)가 갖은 협박을 하는데도 굴하지 않은 채 큰 구덩이 속에 갇혀서 눈을 먹고 가죽을 씹으면서 지냈으며, 자신이 억류당한 사실을 편지로 써서 기러기의 발에다가 매어 한나라로 부쳤다. 그 뒤에 다시 북해(北海)로 옮겨져서 양을 치며 지냈는데, 그때에도 한나라의 절(節)을 그대로 잡고 있었으며, 갖은 고생을 하면서 19년 동안을 머물러 있다가 소제(昭帝) 때 흉노와 화친하게 되어 비로소 한나라로 돌아왔다. 《漢書 卷54 李廣蘇建傳 蘇武》 김상헌이 청나라에 억류되어 있었던 상황을 비유한 것이다.

65 칼과 톱 가마솥 : 모두 형벌의 도구이다. 소식(蘇軾)의 〈유후론(留侯論)〉에 "도거정확으로 천하의 선비를 대한다.〔以刀鋸鼎鑊, 待天下之士〕"라는 말이 있는데, 도(刀)는 궁형(宮刑)에 쓰는 칼이고, 거(鋸)는 월형(刖刑)에 쓰는 톱이며, 정확(鼎鑊)은 사람을 삶는 가마솥이다. 《東破全集 卷43》

큰 길[66] 밟듯 하였으니	履若康莊
혼자서 짐을 지고	隻身擔負
천지의 기강을 세웠구나	地紀天綱
충의가 격발한 바	忠義所激
견양[67]도 혀를 내둘렀으니	犬羊吐舌
도산의 다섯 버드나무요[68]	陶山五柳
명나라의 일월이라	有明日月
장렬하신 동계 선생[69]께서는	烈哉桐溪
늠름한 기상 얼음 서리 같았는데	氣凜氷霜
인사는 지극히 말하기 어려워	人至難言

66 큰 길 : 원문의 '康莊'은 대로(大路)를 이른다. 《이아(爾雅)》〈석궁(釋宮)〉에 "다섯 군데로 통하는 길을 '강(康)'이라 하고 여섯 군데로 통하는 길을 '장(莊)'이라 한다.〔五達爲之康, 六康爲之莊.〕"라고 하였다.

67 견양(犬羊) : 적개심을 담아 적군을 낮추어 부르는 말로 여기서는 청나라 오랑캐를 지칭한다.

68 도산의……버드나무요 : 도산은 남양주 석실 동쪽에 있는 지명이다. 김상헌은 양주(楊州) 도산(陶山) 석실촌(石室村)에 살면서 집 문 앞에 버드나무 다섯 그루를 심어 놓고 오류선생(五柳先生)이라 자칭했던 진(晉)나라 때 도잠(陶潛)을 사모했다고 알려져 있다.

69 동계 선생 : 정온(鄭蘊, 1569~1641)으로, 본관은 초계(草溪), 자는 휘원(輝遠), 호는 동계(桐溪) 또는 고고자(鼓鼓子), 시호는 문간(文簡)이다. 정묘호란이 일어나자 행재소(行在所)로 왕을 호종하였고, 병자호란 때에는 명나라와 조선과의 의리를 내세워 최명길(崔鳴吉) 등의 화의주장을 적극 반대하였다. 강화도가 함락되고 항복이 결정되자 오랑캐에게 항복하는 수치를 참을 수 없다고 하며 칼로 자결을 기도했으나 이루지 못하였고, 그 뒤 관직을 단념하고 덕유산에 들어가 조〔粟〕를 심어 생계를 자급하다가 죽었다. 저서로 《동계문집》이 있다.

모자와 형제 흩어졌네[70] 母子弟兄
역린을 거슬린 죄를 지고서 身嬰逆鱗
귀양길 걷는 다리, 털이 다 문드러졌으나 脚無窮髮
옥은 불타면서 더욱 빛을 내고 玉焚彌光
계피는 늙을수록 더욱 매워지는 것[71] 桂老愈辣
성이 포위되자 배를 찔러[72] 圍城剸腹
죽기로 맹서하고 법도를 지키니 矢死守經
삼광[73]이 빛을 잃음에 三光淪墊
한 손으로 떠받쳤구나 一手以擎
진나라 섬기는 것 부끄러워하고[74] 心耻帝秦

70 모자와……흩어졌네 : 제주도로 귀양가 위리안치 된 사정을 묘사한 것으로 보인다. 정온의 《동계집》 1권에 있는 〈별시아후서증(別詩兒後書贈)〉에 "위리안치 삼 년간 외롭게 갇힌 그림자요, 만경창파에 배 하나 떠나가는 모습이라, 모자와 형제가 뿔뿔이 흩어지니 훼예와 시비 다투는 꿈을 꾸다 도로 깨네.〔三年栫裏孤囚影, 萬頃舟中獨去形. 母子弟兄星各散, 毁譽非是夢還醒.〕"라는 구절이 있다.

71 계피는……매워지는 것 : 송(宋)나라 때 간관(諫官) 안돈복(晏敦復)의 고사이다. 간신(姦臣) 진회(秦檜)가 금(金)나라와의 굴욕적인 화의(和議)를 주장하자 매우 강력하게 정쟁(廷爭)을 하였고, 진회가 사람을 시켜 그에게 자기의 주장을 따라 주도록 권하자, "생강 계피의 성질은 늙을수록 매워지는 것이니, 다시 말하지 말라.〔薑桂之性, 到老愈辣, 請勿言.〕"라고 말하였다. 《宋史 卷381 晏敦復列傳》

72 성이……찔러 : 정온이 병자호란 때 강화도가 함락되고 항복이 결정되자 오랑캐에게 항복하는 수치를 참을 수 없다고 하며 칼로 자결을 기도한 것을 이른다.

73 삼광(三光) : 세 가지 빛나는 것으로, 곧 일(日)·월(月)·성신(星辰)을 가리킨다.

74 진나라……부끄러워하고 : 원문의 '帝秦'은 진(秦)나라를 황제로 섬기는 일을 말한다. 전국 시대 제(齊)나라 변사(辯士)인 노중련이 조(趙)나라에 있을 때 진(秦)나라 군대가 조나라의 서울인 한단(邯鄲)을 포위했는데, 이때 위(魏)나라가 장군 신원연(新

의리는 종주[75]에 걸었으니	義揭宗周
깊은 산 초막에서	窮山樹屋
우리의 춘추대의 품고 살았네[76]	抱我春秋
옛적 가르침을 보건대	相古有訓
이 아름다운 덕을 좋아한다 했으니[77]	好是懿德
이 나라가 어쩌면 다행히도	玆邦何幸
누차 현인을 배출하였는가	屢辱賢躅
성악[78] 같은 우뚝한 절의와	星岳巍節
이하의 크나큰 명분 있으니	夷夏大名
우리 같은 외지고 누추한 것이	非吾僻陋
감히 사사로운 영광으로 삼을 바 아니리	所敢私榮
군자가 지나가는 바에	君子所過

垣衍)을 보내 진나라 임금을 천자로 섬기면 포위를 풀 것이라고 하였다. 이에 노중련이 "진나라가 방자하게 제(帝)라고 칭한다면 나는 동해를 밟고 빠져 죽겠다."라고 하니, 진나라 장군이 이 말을 듣고 군사를 후퇴시켰다는 고사가 있다. 《史記 卷83 魯仲連列傳》 여기서는 청나라를 섬기는 것을 말한다.

75 종주(宗周) : 주(周)나라 때에 제후들이 주(周)를 종주(宗周)라 하였다. 여기서는 명나라를 일컫는다.

76 깊은 산……살았네 : 정온이 자결 기도 후 관직을 단념하고 덕유산에 들어가 은거한 사실을 가리킨다.

77 이 아름다운……했으니 : 《시경》 〈증민(蒸民)〉에 "하늘이 뭇 백성을 내었으니 사물이 있으면 법칙이 있네. 백성이 떳떳한 본성을 갖고 있는지라 이 아름다운 덕을 좋아하네.〔天生蒸民, 有物有則. 民之秉彝, 好是懿德.〕"라는 구절이 있다.

78 성악 : 하늘의 삼광(三光), 즉 태양, 달, 별과 지상의 오악(五岳)을 말한다. 예전에 명현들은 하늘의 별이나 땅 위에서도 높고 큰 산의 정기를 타고서 탄생한다고 생각했다.

반드시 남기신 은혜 있으니[79]	必有遺惠
현인을 흠모하고 의인을 칭송함	欽賢誦義
백세토록 차이가 없으리라	罔間百世
하물며 우리 둔촌 선생[80]께서는	矧我屯村
남기신 은택 멀지 않으니	其澤未遠
행실은 모범이 되고	行惟模楷
기국은 호련[81]이었네	器卽瑚璉
안색을 바로하고 조정에 서서	正顔立朝
계책을 아뢰어 임금을 바로잡았고	矢謨匡君
왕실과 인척이 되었으나[82]	姻連椒翟

79 군자가……있으니 : 《맹자》 〈진심 상(盡心上)〉에 "군자는 지나는 곳마다 변화되고 마음을 두는 곳마다 신묘해진다. 위와 아래로 천지와 그 흐름을 같이하나니, 그 작용이 어찌 세상을 조금 도울 뿐이라 하겠는가.〔夫君子所過者化, 所存者神. 上下與天地同流, 豈曰小補之哉?〕"라는 말이 있는데 이를 원용한 표현이다.

80 둔촌 선생 : 민유중(閔維重, 1630~1687)으로 본관은 여흥(驪興), 자는 지숙(持叔), 호는 둔촌(屯村), 시호는 문정(文貞)이며, 인현왕후(仁顯王后)의 아버지다. 자의대비(慈懿大妃) 복상문제가 일어나자 대공설(大功說)을 지지했고, 딸이 숙종의 계비가 되자 여양부원군(驪陽府院君)이 되었다. 노론(老論)에 속했으며, 경서(經書)에 밝아 사림 간에 명망이 높았다.

81 호련(瑚璉) : 호(瑚)와 연(璉)은 모두 종묘(宗廟)에서 서직(黍稷)을 담는 제기(祭器)로, 나라를 다스릴 만한 재주를 지닌 사람을 비유한다. 《논어》 〈공야장(公冶長)〉에 "자공이 '저는 어떻습니까?'라고 묻자, 공자가 '너는 그릇이다.' 하였고, 자공이 '어떤 그릇입니까?'라고 다시 묻자, '호련이다.'라고 대답한 고사에서 나왔다.

82 왕실과……되었으니 : 원문의 '椒'와 '翟'은 후비를 상징한다. '椒'는 산초로 열매가 많이 열리므로 이것을 후비 궁전의 벽에 발라 자손의 번성을 기원하였다. 또 '翟'은 꿩의 고리깃털로 왕후의 수레 옷, 관 등을 수식하였다. 민유중이 인현왕후의 아버지이

호화로운 습속[83] 씻어버렸네	習洗鼎茵
상서로운 난새가 깃든 곳	祥鸞之棲
일찍이 가시나무였으나[84]	亦曾枳棘
무성의 현가 소리[85]요	武城絃歌
안정의 가르침[86]이었으니	安定敎虵
문덕을 펴서 선비들을 기르고	敷文作士
예를 따라 몽매한 이 깨우쳐	率禮牖蒙
드디어 궁벽한 시골을	遂令荒陬

기 때문에 이른 말이다.

83 호화로운 습속 : 원문의 '鼎茵'은 높은 벼슬에 올라 넉넉한 생활을 누린다는 뜻으로 옛날에 고관대작에 있는 사람이 여러 개의 솥을 늘어놓고 먹으며 여러 개의 자리를 포개어 앉는 풍요한 생활을 한다는 '열정루인(列鼎累茵)'이라는 말에서 유래하였다. 《孔子家語 致思》

84 상서로운……가시나무였으나 : 현자가 작은 관직에 몸담고 있는 것을 탄식하는 말이다. 후한(後漢)의 고성 영(考城令) 왕환(王渙)이 구람(仇覽)을 주부(主簿)로 임명하려다가 그의 그릇이 매우 큼을 보고, "가시나무는 봉황이 깃들 곳이 아니다. 100리의 지역이 어찌 대현이 밟을 땅이리오.〔枳棘非鸞鳳所棲, 百里豈大賢之路?〕" 하였다. 《後漢書 卷106 循吏列傳 仇覽》

85 무성의 현가 소리 : '현가'는 금슬(琴瑟)을 연주하며 노래하는 것으로, 예악(禮樂)의 교화를 뜻한다. 공자의 제자 자유(子游)가 무성이란 고을의 읍재(邑宰)로 있으면서 현가로 백성을 교화하는 수단을 삼았다. 《論語 陽貨》 민유중은 함경도 경성 판관으로 일할 당시 선정을 베풀어 7개 고을의 주민이 송덕비를 세운 바 있다.

86 안정의 가르침 : 안정(安定)은 송(宋)나라 호원(胡瑗)을 가리킨다. 그가 호주(湖州)의 교수(敎授)로 있을 때, 경의재(經義齋)와 치사재(治師齋)를 설치하고 제자들을 가르치면서 엄격하게 과조(科條)를 세워 솔선수범하였으므로 사방에서 학생들이 몰려들어 이루 다 받아들일 수가 없었는데, 주군(州郡)에서 언행이 뛰어난 자들을 보면 모두가 선생의 제자였다고 한다. 《小學 卷6 善行篇 實立敎》

단번에 유풍으로 변화시켰네　一變儒風
그 모든 우리의 당류　凡厥吾黨
문채 나는 선비들[87]　斐然衿紳
고무하고 흥기시킴　鼓舞興起
실로 제현에 힘입었어라　寔賴諸賢
장엄한 새 사당　有儼新宮
화산의 발치에 있으니　華山之趾
덕 있는 이 높이고 공 있는 이에게 보답할 것이요[88]　崇德報功
감히 이 의를 잊으랴　敢忘斯義
또한 농암 선생[89]께서는　亦惟農巖
훌륭한 조상을 둔 어진 후손으로　名祖賢孫
마음은 오묘한 도에 통하였고　心通道妙
문장은 이치의 근원을 거슬러 올랐네　文溯理原
출처[90]를 확고히 하여　確乎行藏

87 문채……선비들 : 원문의 '衿紳'은 대개 유자(儒者)의 옷을 입고 띠를 드리운 선비를 말한다.

88 덕 있는……것이요 : 《서경》 〈무성(武成)〉에 "신의를 돈독히 하고 의리를 밝히며, 덕 있는 이를 높이고 공 있는 이를 보답하니, 의상을 드리우고 팔짱을 낀 채로 천하가 다스려졌다.〔惇信明義, 崇德報功, 垂拱而天下治.〕"라는 말이 있다.

89 농암 선생 : 김창협(金昌協, 1651-1708)으로 본관은 안동, 자는 중화(仲和), 호는 농암(農巖), 시호는 문간(文簡)이다. 기사환국 때 아버지 김수항(金壽恒)이 사사되자 사직하고 은거하였고, 갑술옥사 이후 아버지 김수항이 신원되면서 대제학과 지돈녕부사 등에 임명되었지만, 모두 사직하고 오직 학문에만 전념하였다. 저서로는 《농암집》과 《주자대전차의문목(朱子大全箚疑問目)》 등이 있다. 오원(吳瑗)에게는 외할아버지가 된다.

민이[91]가 의지함이 있었으니	民彝有賴
원수의 막부를 보좌하고[92]	其佐帥幕
가르치는 관직을 겸하였도다[93]	職兼提誨
자유자재로 강론하고	橫竪講論
가슴 속 깨끗하였으니	灑落襟次
풍성(風聲)을 듣고 덕에 감화되어	聆風薰德
누군들 심취하지 않으랴	疇不心醉
사문이 있는 곳에	斯文所在
사숙[94]함 많았으니	盖多私淑
일체로 숭모하여	一體崇慕
여기에 배향하였도다	於焉配食

90 출처 : 원문의 '行藏'은 자신의 도를 펼 수 있느냐 없느냐의 여부에 따라 거취를 결정하여 나아가기도 하고 은퇴하기도 하는 것을 말한다. 《논어》 〈술이(述而)〉의 "써 주면 나의 도를 행하고 써 주지 않으면 숨는다.〔用之則行, 舍之則藏.〕"라는 말에서 나온 것이다.

91 민이(民彝) : 사람의 마음에 가진 떳떳한 도리로, 《시경》 〈증민(蒸民)〉의 "사람이 떳떳한 본성을 가진지라 이 아름다운 덕을 좋아하도다.〔民之秉彝, 好是懿德.〕"라는 구절에서 나온 말이다.

92 원수의……보좌하고 : 김창협이 1685년(숙종11) 3월 함경북도 병마평사(兵馬評事)가 된 것을 가리키는 것으로 보인다.

93 가르치는……겸하였도다 : 김창협은 1687년(숙종13) 1월 대사간이 되고, 2월 대사성이 되었다.

94 사숙(私淑) : 직접적인 가르침을 받지는 않았으나 마음속으로 사모하여 도나 학문을 닦음을 이른다. "나는 공자의 문도가 되지는 못하였으나, 나는 남에게서 들어서 사사로이 선하게 하였노라.〔予未得爲孔子徒也, 予私淑諸人也.〕"라고 한 맹자의 말에서 나왔다. 《孟子 離婁下》

좋은 날	維辰之良
신주 깎아서 올리니	治主以升
많고 많은 선비들	甡甡多士
모두 뜰 앞으로 나아오도다	咸造戺庭
인에 의지하고 예에 노닐어[95]	依仁游藝
영원히 따르고 우러르리니	永有歸仰
우리의 시작하는 일을 밝게 하고	昭我始事
우리의 제향하는 일을 정결케 하리로다	潔我禋享
쟁쟁한 목소리 옥 같은 모습[96]	金聲玉色
엄연히 열 지어 계신 듯하니	儼然在列
영령께서는 흠향하시고	靈惟我歆
도와 부족함이 없게 하소서	啓佑無缺

95 인에……노닐어 : 공자가 학문하는 사람의 태도에 대해 논하면서 "도에 뜻을 두고, 덕을 굳게 지키며, 인에 의지하고, 예에 노닌다.〔志於道, 據於德, 依於仁, 游於藝.〕"라고 말한 바 있다. 《論語 述而》

96 쟁쟁한……모습 : 원문의 '金聲玉色'은 인품이 맑고 지조가 곧음을 형용한 말이다. 주희(朱熹)의 〈정명도화상찬(程明道畫像贊)〉에 "양기가 만물을 기르듯 하고 산처럼 우뚝 섰으며, 옥빛처럼 아름답고 종소리처럼 쟁쟁했다.〔揚休山立, 玉色金聲.〕"라는 표현이 나온다.

화곡서원에 택당[97]을 추가 배향하는 제문

華谷書院澤堂追享祭文

삼가 생각건대 선생께서는	恭惟先生
하늘이 아름다운 자질 내리시어	天錫懿美
정심함과 영예함	精深英睿
어릴 때부터 갖추었네	粤自穉齒
쌓은 학문 굳센 의지로	積學强志
베풂을 창성하게 하였고	以昌厥施
출처는 의리로 하고	行藏以義
회명[98]은 때에 따라 하였네	晦明惟時
단정한 말과 바른 얼굴빛으로	端言正色
조정의 모범이 되셨고[99]	羽儀王庭

97 택당(澤堂) : 이식(李植, 1584~1647)으로, 본관은 덕수(德水), 자는 여고(汝固), 호는 택당(澤堂), 시호는 문정(文靖)이다. 인조반정 후에 크게 발탁되어 대사간·대사성·대제학·대사헌 및 형조·이조·예조의 판서 등 요직을 두루 역임하였다. 척화론을 주장했다고 하여 1642년(인조20) 중국의 심양(瀋陽)으로 잡혀갔으며, 돌아올 때에 다시 의주(義州)에서 청나라 관리에게 붙잡혔으나 탈출하여 돌아왔다. 문집에 《택당집》이 있다.

98 회명(晦明) : 자신의 명철함을 감추고 드러내지 않는다는 뜻이다. 《주역(周易)》 〈명이괘(明夷卦) 상(象)〉에 "밝음이 땅속으로 들어가는 상이 명이이니, 군자는 이 상을 보고서 무리를 대할 때 어둠을 써서 밝게 한다.〔明入地中, 明夷, 君子以, 莅衆, 用晦而明.〕"라고 하였다.

99 조정의……되셨고 : 원문의 '羽儀'는 지위가 높고 재덕이 있어 남에게 존중을 받고

대책과 고문으로	大冊高文
보불이 밝고 아름다웠어라[100]	黼黻休明
문장에 재주가 있으면	詞華之衒
미혹되어 돌이킬 줄 모르는데	有迷不反
공만은 독실하게	公惟慥慥
큰 근본에 마음을 두었고	存心大本
총명이 지나치면	聰明之過
고상하고 현묘한 곳으로 치달리기도 하는데	或騖高玄
공만은 조심하고 두려워하며	公獨兢兢
삼가 법문[101]을 지켰네	恪守法門
집안을 바로 함에 예가 있어[102]	正家有禮
절문이 모두 법도에 맞았고	節文咸式
후손에게 끼쳐주심 방도가 있어	貽後有方

모범이 되는 것을 뜻한다. 《주역》 〈점괘(漸卦) 상구(上九)〉에 "기러기가 하늘 높이 날아가나니, 그 터럭이 의표가 되리라.〔鴻漸于陸, 其羽可用爲儀.〕"라고 하였다.

100 대책과……아름다웠어라 : 원문의 '大冊高文'은 왕명으로 찬술하는 귀한 문서로서, 교서나 법령처럼 중대한 국가의 문서를 말한다. 보불(黼黻)은 옛날에 임금의 대례복(大禮服)인 곤복(袞服)에 수놓았던 화려한 문양을 말하는데, 전하여 유려하고 찬란한 문장(文章)을 비유한다. 택당이 당대 명문장가로 중요한 국가문서나 외교문서의 제작에 큰 공을 세웠기 때문에 이른 말이다.

101 법문(法門) : 본래 불교용어로 부처님의 교법을 통해 중생이 불법으로 들어가는 문을 의미하는데 여기서는 유가의 법을 의미한다.

102 집안을……있어 : 수(隋)나라 왕통(王通)의 《중설(中說)》 권10 〈관랑(關朗)〉에 "집안을 바르게 하기를 사례로써 하니, 관·혼·상·제이다.〔正家以四禮, 冠婚喪祭.〕"라는 말이 있다.

모훈으로 이에 인도하였네[103] 謨訓斯廸
도를 호위하는 행실 반듯하였고 衛道誼正
세상을 깨우치는 마음 간절하였으니 警世心切
남기신 모든 말씀들 凡厥緖言
다 칭술할만하여라 皆可稱述
자신을 알아주는 이 드물어 知我之希
애석하게도 재능을 크게 펼치지 못했으나 惜未大展
신명께서 고해주심에 神明有告
두렵지도 근심스럽지도 않았네[104] 不懼不悶

103 후손에게……인도하였네 : '謨訓'은 모범이 되는 교훈을 말한다. 《시경》 〈문왕유성(文王有聲)〉에 "손자에게 모훈(謨訓)을 끼쳐 준다.〔貽厥孫謨.〕"라고 하였다.

104 신명께서……않았네 : 택당이 지은 〈택풍당지(澤風堂志)〉에 의하면 계축옥사(癸丑獄事) 뒤에 여강(驪江)에 물러나 있으면서 선묘(先墓) 아래에 집을 지었는데, 당시 여강 고을에 당인(黨人)의 화(禍)가 한창이었으므로 이곳에 계속 은둔하기로 결심하고 주역 점을 쳐 보았다고 한다. 그 결과, 대과지함(大過之咸)의 점사(占辭)를 얻게 되었는데 그 효사(爻辭)를 보니 "말라 죽은 버드나무에 새 잎이 돋아나듯, 늙은이가 나이 어린 아내를 얻으니, 이롭지 않음이 없다.〔枯楊生稊, 老夫得其女妻, 無不利.〕"라고 하였으므로, 나름대로 해석하기를, "다행이다. 쓰러진 나무에서 다시 움이 나온다니, 아마도 선단(善端)이 싹틀 조짐이라고 하겠다." 하였다. 그런데 그 대상(大象)을 보니 "홀로 서 있으면서도 두려워하지 않으며, 세상을 피해 살면서도 고민하는 일이 없다.〔獨立不懼, 遯世無悶.〕" 하였으므로, 또 탄식하기를, "이것은 성인(聖人)에게나 해당되는 일이다. 그러니 내가 어떻게 감히 당해 낼 수가 있겠는가. 내가 어떻게 감히 당해 낼 수가 있겠는가. 그러나 이것이 혹 어쩌면 현재의 상황이 그렇다는 것을 신명(神明)이 일러 주고 있는 것은 아니겠는가. 따라서 세상에서는 당연히 은둔해야 하고 서 있는 것 또한 당연히 홀로 있어야 한다는 뜻은 아니겠는가. 가령 두려워하지 않고 근심스러워하지 않는 것〔不懼無悶〕으로 말하면, 성현이 아닌 다음에야 그 누가 능히 해낼 수 있으리오마는, 공 부자(孔夫子)께서도 말씀하시기를, '천명(天命)을 두려워하고 대

홀로 근심 걱정 있어	獨有憂患
역사책[105]에 힘을 다하니	竭力汗靑
공정한 시비	公是公非
자신의 거울과 저울[106]에 맡겼네	揭我鑑衡
참으로 큰 선비라	允矣大雅
타고난 바탕에 문채가 있어[107]	質有其文
괴두에 이름을 거니[108]	魁斗繫名
나라 사람들 모두 존중하였도다	國人同尊
하물며 이 북쪽 고을에서	況玆北州
공은 실로 막료가 되었으니[109]	公實佐幕

인(大人)을 두려워하고 성인의 말씀을 두려워해야 한다.'라고 하신 만큼, 나 소자(小子)가 또 어떻게 감히 이 대상에 혼미한 나머지 그 뜻을 소홀히 여겨서야 될 일이겠는가." 하였다. 《澤堂先生 別集 11卷 啓山志》

105 역사책 : 원문의 '汗靑'은 옛날에 청죽(靑竹)을 불에 구워서 그 속에 있는 수분이 빠져나오게 해서 쓰기에 편리하고 좀이 슬지 않게 한 것을 말하는데, 보통 사책(史冊)을 뜻한다. 택당이 《야사초본(野史初本)》을 편찬하였기 때문에 이른 말이다.

106 거울과 저울 : 원문의 '衡鑑'은 저울과 거울처럼 공정하게 평가하여 처리하는 안목을 뜻한다. "거울처럼 비어 있고 저울처럼 공평하다.〔鑑空衡平.〕"라는 말이 흔히 쓰인다.

107 타고난……있어 : 《논어》 〈옹야(雍也)〉에 "본바탕이 외관을 이기면 촌스럽고 외관이 본바탕을 이기면 겉치레가 되니 외관과 바탕이 적절히 조화를 이룬 연후에야 군자가 된다.〔質勝文則野 文勝質則史 文質彬彬然後君子.〕"라고 하였다. 바탕과 문채 즉 내용과 형식이 어느 한 곳으로 치우치지 않고 잘 조화된 인물임을 의미한다.

108 괴두에……거니 : '魁斗'는 괴성(魁星). 북두의 첫 번째 별부터 네 번째 별까지를 말하는데 문운(文運)을 맡았다고 알려져 있다. 세상의 문운을 주관할 대학자가 된 것을 비유한다.

계도하기를 정성으로써 하여 導廸以誠

우리를 거칠고 부실하게 두지 않았네 不我荒朴

아름다운 덕 빛나고 빛나 休德耿光

오랠수록 더욱 잊히지 않으니 久益罔諼

백성들은 남기신 풍도를 추숭하고 人挹流風

선비들은 남기신 글을 송독하네 士誦遺編

이에 제현[110]들을 돌아보니 迺瞻諸賢

제기가 사당에 갖추어져 있는데 俎豆有宮

어찌 함께 오르시게 하여 曷不並躋

보답하고 추숭하지 않으랴 以報以崇

의논하니 같은 의견이라 詢謀攸同

좋은 날 가리니 月日斯卜

신주를 깎아 제사를 올릴 제 治主昭事

선비들 장엄하기도 하여라 衿紳翼翼

향기로운 제수 진설하여 陳我芬苾

밝게 굽어보시길 바라노니 以祈昭鑑

빠뜨렸던 의전 거행함에 闕典斯擧

영원히 유감이 없을 것이로다 其永無憾

109 북쪽……되었으니 : 좌막(佐幕)은 감사(監司) · 유수(留守) · 병사(兵使) · 수사(水使) 등에게 따라다니는 관원(官員)의 하나로 비장(裨將)이다. 택당은 33세 때인 1616년(광해군8) 4월, 북평사(北評事)에 제수되어 진보(鎭堡)를 순시한 바 있고 이때의 경험을 〈북관지(北關志)〉 · 〈북새록(北塞錄)〉으로 남겼다.

110 제현 : 화곡서원에 먼저 모신 5분의 선현, 즉 송상현(宋象賢) · 정온(鄭蘊) · 김상헌(金尙憲) · 민유중(閔維重)과 김창협(金昌協)을 말한다. 앞의 제문 참조

부디 영령들께서는 보우하시어 尙賴靈佑

미련하고 어리석은 우리를 계도해 주실지니 啓我頑蒙

이에 지금부터 앞으로 爰始自今

제사가 무궁할 것이로다 禋享靡窮

택당을 추향할 때 각위에 고한 제문

澤堂追享時告各位文

높디높은 화산(華山)[111]은	崧高維華
나라 사람들이 우러르는 바요	邦人所仰
제수가 향기로우니	芬苾維馨
제현을 제사하는 곳이라	諸賢所享
정결한 제사 밝게 올리는 것은	明用禋祀
오직 덕만 봄이어늘	惟德之視
실로 거칠고 비루함만 염려하다보니	實懼荒陋
이 의를 태만히 하였도다	有怠斯義
아 택당께서는	粤維澤堂
문채와 바탕이 조화를 이룬 분이라	彬彬文質
훌륭한 문장과 깊은 식견	昌辭邃識
경술에 뿌리를 두었고	根極經術
예를 잡고 도를 실천하는 것을	秉禮蹈道
시종일관 하였으니	克始克終
아 우리의 북쪽 땅	繄吾北土
실로 선생의 계도에 힘입었어라	寔賴牖蒙

111 화산(華山) : 화곡서원이 위치한 산이다. 앞의 〈경성화곡서원오선생봉안제문(鏡城華谷書院五先生奉安祭文)〉에서 "장엄한 새 사당 화산의 발치에 있으니.〔有儼新宮, 華山之趾.〕"라고 하였다.

남기신 덕음	德音攸遺
오랫동안 잊지 못하여	久而不忘
일체로 높이 보답하고자 하니	一體崇報
예에 참으로 잘 맞도다	於禮允臧
미흡했던 의전 손질하려니	闕典將修
모든 이의 의논이 같은지라	僉謀旣齊
길일[112]을 가려서	穀朝于差
신주를 깎아 올리노라	治主以躋
사문에 유감이 없고	斯文無憾
후인들을 열고 도와주심 변치 않으리니	啓佑靡斁
경건하게 밝게 고하건대	昭告用虔
부디 강림하여 주소서	庶幾降格

112 길일 : 원문은 '穀朝'로, 이때의 곡(穀)은 '좋다', '아름답다'는 의미이다. 《시경》 〈동문지분(東門之枌)〉에 "아아, 좋구나 남쪽 들이여.〔穀旦于差, 南方之原.〕"라는 표현이 나온다.

상주 삼충사[113] 봉안 제문 경신년[114]

尙州三忠祠奉安祭文 庚申

지난번 임진년에　往在壬辰
섬오랑캐들이 해독을 끼쳐　島夷逞螫
우리 남쪽 지방을 짓밟으니　蹂我南服
바람 몰려오듯 벼락 치듯 하였네　風驅霆擊
영애[115]가 바야흐로 무너지고　嶺阨方潰
상산의 진[116] 이미 함락되었건만　商陣已衂
씩씩한 범 같은 장수들[117] 덕분에　桓桓虎將
새와 쥐들 도망가 숨었구나　鳥鼠竄伏
죽을 각오한[118] 용기로　死綏之勇

113 삼충사(三忠祠) : 상주 증연(甑淵)에 세운 충렬사(忠烈祠)를 의미한다. 임진왜란 때 상주에서 왜군과 싸우다 순국한 3충신, 즉 윤섬(尹暹)·박호(朴篪)·이경류(李慶流)를 모셨다.

114 경신년 : 1740년(영조16), 오원의 나이 41세 되던 해이다.

115 영애(嶺阨) : 산령(山嶺)에 위치한 요충지이다. '阨'는 '隘'로도 쓴다.

116 상산의 진 : 상주(尙州)의 별칭이 상산(商山)이다.

117 씩씩한……장수들 : 원문의 '桓桓'은 용맹하여 위의가 있는 모양이다. 주나라 무왕(武王)이 은(殷)나라 주왕(紂王)과 목(牧) 땅에서 싸우기 직전에 군사들에게 훈시하면서 "바라건대 상나라 교외에서 싸울 적에 범과 곰처럼 용맹스럽게 할지어다.〔尙桓桓, 如虎如貔, 如熊如羆.〕"라고 하였다. 《書經 牧誓》

118 죽을 각오한 : 원문의 '死綏'는 군사가 패하면 장수는 마땅히 죽어야 함을 뜻하는 말이다. 《춘추좌씨전》 문공(文公) 12년 조에 "사마법(司馬法)에 장군은 수레에 오르는

군막에 참여하여	乃在參幕
같은 날 함께 죽으니	一日幷命
세 분의 충신 그 자취 같도다	三忠同迹
아 과재[119]여	嗟惟果齋
재주 뛰어나고 행실 돈독하여	才高行篤
유현을 도와 보좌하고	扶翼儒賢
벗들과 절차탁마 하였도다	切磨朋益
충정은 경연 자리에서 드러났고[120]	忠著筵講
공은 나라의 치욕을 씻었는데[121]	功湔邦衊
난이 나자 떨쳐 일어나 달려가니	臨難奮往
의로움이 말과 얼굴에 드러났어라	義形言色

끈을 잡고 죽는다.〔死綏〕"라는 말에서 왔다.

119 과재(果齋) : 윤섬(尹暹, 1561~1592)을 말한다. 자는 여진(汝進), 호는 과재(果齋), 시호는 문열(文烈)이다. 임진왜란이 일어나자 자진해서 출전해 그해 4월에 있었던 상주전투에서 순변사(巡邊使) 이일(李鎰)의 종사관(從事官)이 되어 분투했으나, 결국 패하고 죽었다. 저서로 《삼절유고(三節遺稿)》가 있다.

120 충정은 드러났고 : 송시열이 쓴 〈과재윤공신도비명(果齋尹公神道碑銘)〉에 의하면 윤섬은 "경연에서는 매양 성지를 세우고 성학에 힘쓰며 현인을 친근히 하고 간사한 자를 멀리할 것을 진언하였고, 항상 강개하고 격앙되어 나라에 보답할 것을 자처하였다.〔其在經幄, 每以立聖志懋聖學, 親賢遠邪爲言, 常慷慨激昂, 自許以報國.〕"라고 한다. 《宋子大全 卷159》

121 공은……씻었는데 : 윤섬이 1587년 사은사의 서장관으로 명나라에 가서 이성계의 조상이 이인임(李仁任)으로 되어 있는 명나라의 기록을 고치고 돌아온 사실을 가리킨다. 당시 윤섬은 머리를 땅에 부딪쳐 피를 흘리며 만일 개정된 내용을 가지고 돌아가지 않으면 연산(燕山)에 뼈를 묻겠다는 강경한 태도를 보였고 이에 감복한 황제가 그 청을 들어주었다고 한다. 《宋子大全 卷159 果齋尹公神道碑銘 幷序》

애통하여라 저 원융	痛彼元戎
군사를 데려다 적에게 주니[122]	委師與敵
한 번 죽는 것은 정해진 것	一死有定
산처럼 꼼짝 않고 앉아있었네[123]	堅坐如嶽
이 의열 높이 선양하여	揭玆義烈
우리에게 이어가도록 하니[124]	貽我似續
한 가문에 세 사람의 충절[125]	一門三節
나라사람들이 본받으리로다	國人攸式
훌륭하여라 이공[126]이여	猗歟李公

122 애통하여라……주니 : 원융은 임진왜란 당시 순변사(巡邊使)로 상주 전투를 총지휘하다 패하여 후퇴한 이일(李鎰)을 가리킨다.

123 산처럼……앉아있었네 : 순변사(巡邊使) 이일(李鎰)이 적세(賊勢)의 치성함을 보고 그곳을 떠나면서 윤섬에게 함께 가기를 청했으나 윤섬은 꼼짝도 하지 않고 막차(幕次)에 그대로 앉아서 "장차 다시는 주상을 볼 수 없게 되었다. 남아가 이 지경에 이르렀으매 나라를 위하여 한 번 죽는 것으로 족하다." 하고는 마침내 그곳에서 죽었다고 전해진다. 《宋子大全 卷138 三節遺稿序》

124 우리에게……하니 : 원문은 '似續'으로, 선조의 유업(遺業)을 계승한다는 의미이다. 《시경》〈사간(斯干)〉에 "선조를 계승하여 담장이 백도나 되는 집을 지었네.〔似續妣祖, 築室百堵.〕"라는 말에서 유래하였다.

125 한 가문에……충절 : 원문의 '삼절(三節)'은 윤섬(尹暹)과 병자호란 때 충절을 바친 그의 손자 윤계(尹棨), 윤집(尹集)을 아울러 가리키는 말이다. 윤계는 병자호란때 근왕병(勤王兵)을 모집하여 남한산성으로 들어가려다 청병에게 잡혀 참살되었고, 윤집은 남한산성을 포위한 청나라가 화친의 조건으로 척화파를 체포하여 넘겨줄 것을 요구하자, 오달제와 함께 자청하여 청나라 심양으로 끌려가 처형되었다.

126 이공 : 이경류(李慶流, 1564~1592)로, 자는 장원(長源), 호는 반금(伴琴), 본관은 한산(韓山)이다. 임진왜란(壬辰倭亂) 때 병조 좌랑으로서 상주(尙州)에서 왜적에 맞서 싸우다가 상주 판관 권길(權吉)과 함께 전사하였다.

충의를 평소 온축하였건만	忠義素蓄
낭서[127]의 낮은 벼슬	官卑郎署
위갈[128] 겨우 바꿔 입었네	韋褐纔易
갑옷 입고 종군하며	袵革從戎
"내 형을 대신하리라" 하니[129]	爰替我伯
거대한 요새 지켜내지 못했으나	雄關失守
의리상 발길을 돌릴 수 없는 것	義不旋足
필마로 남쪽으로 달려갈 제	匹馬南馳
들에는 이미 시신이 쌓여있어	野屍已積
북채 쥐고[130] 피울음 삼키니	援枹飮血

127 낭서(郎署) : 낭관(郎官)이라고도 하며, 주로 육조(六曹)의 정5품 벼슬인 정랑(正郎)이나 정6품 벼슬인 좌랑(佐郎)을 이른다. 흔히 중요하지 않은 공무에 종사하는 하급관리의 대명사로 쓰이는데 이경류가 병조 좌랑으로 있었기 때문에 이른 말이다.

128 위갈 : 장식 없는 가죽 띠에 거친 베옷으로 가난한 삶을 표현한 말이다.

129 갑옷……하니 : 이경류의 출전과 관련한 일화이다. 이경류가 병조 좌랑이던 때 임진왜란이 터졌다. 당시 이경류의 둘째 형이 무관으로 일하고 있었는데 조방장 변기가 전쟁에 나서면서 이경류의 둘째 형을 종사관으로 삼기 위해 임금님에게 허가를 받았다. 그런데 하필 이름을 잘못 써서 이경류의 이름이 올라가고 말았다. 둘째 형이 이경류에게 말했다. "내가 전쟁에 나서야 하는데, 이름이 네 이름으로 잘못 올라갔구나. 당연히 내가 전쟁에 나가야 옳을 것이다." 그러자 이경류가 말했다. "이미 제 이름을 보고 임금님이 허가를 하셨으니 제가 가야합니다." 이경류는 병기를 챙겨 어머님께 인사를 올리고 전장으로 나섰다. 《靑邱野談 卷6 投三橘空中現靈》

130 북채……쥐고 : 춘추 시대 진(晉)나라 대장(大將) 극극(郤克)이 화살을 맞고 고통을 호소하자, 그 전차에 함께 탄 장후(張侯)가 자신이 당한 부상은 아랑곳하지 않고서, "왼손으로는 두 손에 갈라 쥐었던 말고삐를 한꺼번에 쥐고, 오른손으로는 북채를 들고 북을 치면서[左幷轡, 右援枹而鼓.]" 군대의 사기를 북돋운 결과, 제(齊)나라 군대

운명이 칼끝과 살촉에서 결단났네	決命鋒鏑
아름다운 충렬의 넋이여	英英烈魄
어찌하여 원학[131]이 되었는가	寧化猿鶴
공중에서 귤을 던지니	空中投橘
영령이 실제 보이는 듯하였어라[132]	精爽如覿
또한 박공[133]이여	亦越朴公
젊은 나이에 영특하여	妙齡英特
약관에 장원급제하니[134]	弱冠魁元

를 크게 이겼다는 내용이 《춘추좌씨전》성공(成公) 2년 조에 나온다.

131 원학 : '충사원학(蟲沙猿鶴)'의 준말로 군사들이 죽은 것을 비유한다. 갈홍(葛洪)의 《포박자(抱朴子)》에 "옛날 주(周)나라 목왕(穆王)이 남정(南征)할 때 일군(一軍)이 모두 변화하여 장수들은 원숭이 또는 학이 되고, 병졸들은 벌레 또는 모래가 되었다.〔周穆王南征, 一軍皆化, 君子爲猿爲鶴, 小人爲蟲爲沙.〕"라고 하였다.

132 공중에서……하였어라 : 이경류 관련하여 전해 내려오는 이야기이다. 이경류가 죽고 나서 늙은 어머니가 병에 걸렸는데, 그때가 5월 즈음이었다. 노모가 목이 말라 시종에게 말했다. "어떻게 귤 하나만 구할 수 없을꼬? 그걸 먹으면 갈증이 싹 가실 것 같은데……." 그러자 며칠 뒤 하늘에게 이경류가 형을 부르는 소리가 들렸다. 형이 뜰에 나가서 하늘을 올려다보니 구름 속에서 이경류가 귤 3개를 던지며 말했다. "어머님께서 귤 생각을 하시기에 제가 동정호에서 귤을 얻어왔습니다. 이것을 드리면 어머님의 병이 곧 나을 것입니다."라고 하였다. 《靑邱野談 卷6 投三橘空中現靈》

133 박공(朴公) : 박지(朴篪)로 되어 있는 곳도 있으나 《국조방목》과 《국조인물지》에 의거해 보면 박호(朴箎, 1567~1592)로 보아야 할 듯하다. 본관은 밀양(密陽), 자는 대건(大建)이다. 1592년 임진왜란 때 26세로 순변사(巡邊使) 이일(李鎰)의 종사관(從事官)이 되어 상주에서 싸우다가 윤섬(尹暹)・이경류(李慶流) 등과 함께 전사하였다.

134 약관에 장원급제하니 : 박호는 1584년(선조17) 서총대(瑞葱臺) 친시에서 18세의 나이로 장원급제하였는데, 시험관 박순(朴淳)이 그가 어린 나이로 장원된 것을 의심하여 시간을 정하고 운자(韻字)를 불러 다시 시험하자 즉석에서 글을 지어 답변하였다는

태평성대의 난새요 봉황이었네	瑞世鸞鷟
유악에서 경서를 강론하고	談經帷幄
군대는 배운 바 아니었는데	軍旅匪學
전장에서 올린 한통의 상소[135]	臨陣一疏
충분이 복받쳤도다	忠憤斯激
함사로 어버이와 이별할 제	緘辭訣親
피눈물 비단적삼을 적셨으나[136]	血漬衫帛
장부가 부끄러워 할 바는	丈夫所耻
초야에서 숨이나 쉬고 있는 일이라	草間偸息
웅장과 물고기를 취사하는 일[137]	熊魚取舍
잠깐 사이에 판별하니	辨於晷刻

일화가 있다. 전사 할 때는 함양 사람 인언룡(印彦龍)에게 말하기를, "나는 18세에 장원급제하여 나라의 후한 은혜를 입었는데, 지금 전세가 이처럼 불리하니 내가 살아서 무슨 면목으로 왕을 뵐 수 있겠는가."라고 하였다고 한다. 《國朝人物志》《亂中雜錄 壬辰年上》

135 전장에서……상소 : 왜적이 선산(善山)에서 상주(尙州)로 박두해 올 때 증연(甑淵)에 병사를 주둔시키고 있던 순변사 이일이 적의 강한 기세에 겁을 먹고 나아가지 못하자 종사관으로 있던 박호가 피울음을 삼키며 "상주에 왜적의 기세가 날뛰고 있는데 주장은 두려워하면서 계책을 내지 못하고 있으니 신이 한번 죽어 보국하겠습니다.〔尙州賊勢猖獗, 而主將恐懦不用策, 臣惟有一死報國.〕"라는 내용의 상소를 올렸다. 《黃德吉 下廬先生文集 卷17 弘文館校理贈直提學朴公行狀》《鄭元容 經山集 卷16 贈直提學朴公箎墓碣銘》

136 함사로……적셨으나 : 박호가 결전을 다짐하면서 저고리를 찢어 "군신 간의 의는 중하고 부모의 은혜는 가볍다.〔君臣義重, 父子恩輕.〕"라는 내용의 혈서를 아버지께 쓴 사실을 가리킨다. 《鄭元容 經山集 卷16 贈直提學朴公箎墓碣銘》

137 웅장……취사하는 일 : 272쪽 주57 참조.

순국의 처음 먹은 뜻	殉國初志
일편단심 저버리지 않았네	不負寸赤
목릉의 성세[138]에	穆陵之盛
뛰어난 선비들 함께 일어나니	髦俊並作
비유하면 저 기재[139]를	譬彼杞梓
비로소 심어 가꾼 것이라	蓋始培植
시대는 어지러운 때를 만났으나	時丁搶攘
확고한 뜻 우뚝하여	樹立斯卓
전란이 6년간 계속되어	兵連六載
재앙이 온 나라에 미쳤어도	禍遍環域
충성스러운 신하와 의로운 장수	忱臣義將
발길 이어지며 서로 어울리니	踵武相錯
무엇인들 제공들이	孰非諸公
주창한 힘 아니리오	倡發之力
인륜을 떠받쳐서	撑持人紀
백세토록 어긋남 없으리니	百世靡忒

138 목릉의 성세 : 목릉은 선조와 선조비 의인왕후(懿仁王后), 계비 인목왕후(仁穆王后)의 능을 말하는데 선조 때 문화가 발전하고 뛰어난 인재와 소인묵객(騷人墨客)이 다수 배출된 시기라고 하여 목릉성세(穆陵盛世)라고 하였다.

139 기재(杞梓) : 대들보감으로 쓸 수 있을 정도로 크고 반듯하게 자라는 나무로, 뛰어난 자질을 지닌 사람을 가리키는 말로 쓰인다. 초(楚)나라 영윤(令尹) 자목(子木)이 성자(聲子)에게 묻기를 "진(晉)나라 대부와 초나라 대부를 비교할 경우에는 어느 쪽이 더 훌륭한가?" 하니, 성자가 대답하기를 "진나라의 경(卿)은 초나라 경보다 못하다. 초나라 대부는 훌륭한 재목이 매우 많아 전부가 경의 재목이다. 이는 마치 기재(杞梓)와 피혁(皮革)을 초나라에서 수입하는 것과 같다." 하였다. 《春秋左氏傳 襄公26年》

다만 나라를 일으켰을 뿐 아니라　　匪直興邦
후손들이 그 공적에 힘입으리로다　　有賴其績
열조께서 충을 권장하시고　　列祖勸忠
또 포장을 근실히 하셨지만　　亦勤褒飾
천추의 순국선열들[140]　　千秋國殤
봄가을로 예를 올리지 못하였네　　禮觖蘭鞠
낙원[141]은 아득하고　　洛原蒼莽
증연[142]은 컴컴한데　　甑淵黝黑
남기신 공렬 돌아보며 그리워하노라니　　睠懷遺烈
나그네의 마음 아프고 슬퍼라　　行旅傷惻
선비들 상의하여　　多士僉謀
거북 껍질 금간 자국을 보니[143]　　相玆龜食

140 순국선열들 : 원문의 '國殤'은 나라를 위해 목숨을 바친 사람들을 일컫는 말이다. 굴원(屈原)이 지은 초사(楚辭) 〈구가(九歌)〉에 나라를 지키다가 죽은 장수와 병사들의 영웅적인 기개와 장렬한 정신을 칭송한 '국상(國殤)'이라는 편이 있다.

141 낙원(洛原) : 조선 시대 상주역도(尙州驛道)에 소속된 역참(驛站)의 이름으로 상주(尙州)에 있었다.

142 증연(甑淵) : 상주(尙州) 북쪽 상주 가마소〔甑淵〕라는 곳인데, 왜적이 닥쳐와 세 종사(從事)가 순절한 곳이다.

143 거북……보니 : '龜'는 점치는 데 쓰는 동물이고 '食'이란 거북점을 칠 때 거북 등의 금이 먹으로 미리 그어 놓은 금을 따라서 갈라지는 것, 곧 식묵(食墨)을 말한다. 《서경》 〈낙고(洛誥)〉에 "낙읍을 먹어 들어갔다.〔惟洛食〕"라고 했는데, 채침(蔡沈)의 주에 "사관이 먼저 먹줄을 정해 놓았는데 거북 껍질을 구운 조짐이 바로 그 먹줄을 먹은 것이다.〔史先定墨, 而灼龜之兆, 正食其墨也.〕"라고 하였다. 봉안할 터를 잡기 위해 점을 친 것을 말한다.

세 개의 문과 네 개의 정표	三門四表
기둥 들보 엄연하구나	樑棟儼若
여름 25일은	維夏廿五
복시의 저녁이라[144]	復矢之夕
연대 비록 많이 지났으나	年代雖遐
감개한 마음은 그때와 같아	慨想猶昨
이에 이 날을 택하여	爰差斯辰
신주를 깎아 올리니	治主用陟
위서가 정연하고	位序秩然
덕 있는 이 이웃하였도다[145]	有隣其德
신령들 일월처럼 높이 올라가	神陟赫曦
그 기염 산악과 해양처럼 장대하리니	氣壯嶽瀆
바라건대 내려와 돌보시어	庶幾降顧
길이 백성의 법도[146]를 부식해 주소서	永扶民極

144 여름……저녁이라 : 원문의 '復矢'는 화살을 내저으며 초혼(招魂)하는 것을 말한다. 사람이 죽었을 때 원래는 그의 옷을 높이 흔들면서 '아무개 복 복 복' 하고 세 번 불러 초혼하는데, 전쟁터에서는 전사한 사람이 워낙 많아서 옷 대신 화살로 하는 것이다. 1592년 4월 25일이 세 분을 포함한 당시 군관민이 순직한 날이다. 현재는 4월 25일을 양력으로 환산해 매년 양력 6월 4일에 제향행사를 거행하고 있다.

145 덕 있는……이웃하였도다 : 《논어》〈이인(里仁)〉에 "덕이 있는 사람은 외롭지 않고 반드시 이웃이 있다.〔德不孤, 必有隣.〕"라고 하였다. 세 분을 함께 모셨기 때문에 이른 말이다.

146 백성의 법도 : 원문은 '民極'이다. 《서경》〈군석(君奭)〉에 "전인〔武王〕이 자기 마음을 펴시어 모두 너에게 명하여 너를 백성의 극(極)으로 삼으셨다.〔前人敷乃心, 乃悉命汝, 作汝民極.〕"라고 하였고, 《주례》〈천관총재(天官冢宰)〉에, "제왕이 국도를

건설할 때에 방위를 분별하여 바르게 하며, 도성과 교외의 경계를 구획하며, 관직을 설치하고 구분하여 백성의 표준이 되게 한다.〔惟王建國, 辨方正位, 體國經野, 設官分職, 以爲民極.〕"라고 하였다.

애사 哀辭

홍군소[147] 애사 무술년[148]

洪君素哀辭 戊戌

홍군 박(樸)이 세상을 뜨자 함께 노닐던 자들이 서로 말하기를 "군소가 재주를 가지고도 성취하지 못하고 나이 열아홉에 죽어, 매몰되어 일컬을 만한 것이 없는 것이 애석하니 기술할만한 거리를 만들어 보도록 해야 한다."라고 하였다. 나 역시 군소의 벗으로서 군소와 잘 알고 지낸 사람인데 군소가 여기에서 그쳤으니 진실로 애석하도다.

처음에 내가 군소를 본 것은 우리 둘의 나이 15세 때였다. 그의 모습을 보고 그의 시를 읽고는 진실로 마음을 터놓게 되었고, 이따금 글 짓는 모임을 하게 되면 함께 며칠 밤을 머물러 있기도 했다.

군소는 사람됨이 청명(清明)하고 준결(峻潔)하였으며 언행이 구차하지 않았다. 붕우들에게 성실하여, 과오가 있으면 반드시 알려주되 알려줄 때는 반드시 직설적으로 말하고 숨기지 않았다. 사람을 사귈

147 홍군소(洪君素) : 홍박(洪樸, 1700~1718)의 자가 군소이다. 오원과 동갑으로 19세에 요절하였다. 《월곡집》 권11에 편지 〈홍군소에게 주다〔與洪君素〕〉가 있다.

148 무술년 : 1718년(숙종44), 오원의 나이 19세 되던 해이다.

때는 매우 신중히 가려 사귀었으나 나에 대해서만은 잘못 알고 허여함이 특별히 깊었던 까닭에 나는 그를 깊이 알고 성심으로 감복할 수 있었다.

군소는 평소 스스로의 기약을 고인의 명절(名節)에 두어서 더러운 세속과 어울리려 하지 않았고, 식견이 높아 차라리 지나칠지언정 낮추려 하지 않았기에 말하는 것이 과격하고 아첨을 하지 않았다. 성인의 학문을 배우는 데 뜻이 있었으나 스스로 제자의 직분을 충분히 수행하지 못한다고 여겨 한가할 겨를이 없었다. 이는 그 행실이 반드시 효제에 근본을 하였기 때문이고 또 굳세고 민첩한 자질이 도에 가장 가까이 나아갔기 때문이었다. 그러나 군소는 나이가 아직 어려 불쑥 한쪽으로 치우치기도 하였으나 절충하려 하는 것 또한 쉽게 힘을 썼다.

아. 군소의 어짊으로는 날로 진취하여 멈추지 않았어야 했는데 유독 요절하는 한계에 부딪혀서 그 재주와 뜻을 백에 하나도 채우지 못하게 되었구나. 안타깝도다. 만일 군소로 하여금 재주도 없고 뜻도 없이 수를 누릴 수 있게 하였다면 그래도 한 가지 기예로 이름을 얻는 것은 혹 충분하지 않았겠는가. 그런데 어찌하여 군소같이 어진 사람이 이룬 것이 없는가?

아. 재주를 이미 내가 소유하고 있다 해도 이루게 하는 것은 하늘이고 이루지 못하게 하는 것도 하늘이며 불행히 들풀이나 누런 흙과 함께 변화하게 하는 것 또한 하늘이다. 아. 군소는 이미 자기에게서 얻었으니 비록 하늘과 어그러진다한들 또한 무엇이 슬프겠는가? 천인(天人)의 설(說)[149]은 내 능히 궁구하지 못하였거니와, 평생 손 맞잡고 마음속

149 천인의 설 : 하늘의 뜻과 인간의 행위가 서로 감응하여 인간의 행위에 따라 하늘이

이야기를 하면서 군소에 대해 얻은 것 한두 가지만은 끝내 차마 군소를 위해서 전하지 않을 수 없다. 그런데 애석하도다. 전하는 사람이 마땅한 사람이 아니구나. 내 또한 군소의 불우함이 슬프다. 명을 다음과 같이 붙인다.

저 높은 언덕에 오르니　陟彼崇皐兮
난에 새싹이 돋았구나　有蘭斯芽
곱고도 정결하게 스스로를 지키니　芳潔自守兮
몹시도 밝고 아름다워라　孔昭且嘉
기름 붓고 물을 주고　爰膏爰漑兮
가라지도 베어내서　亦薅之刈
무성하게 자라거든　迨其峻茂兮
내 장차 너를 차려 했거늘　吾將爾佩
때가 저물지 않았는데　時之未晏兮
눈서리 매섭더니　霜霰烈烈
어찌하여 저 싹튼 것이　何彼茁茁兮
떨어져 꺾였는가　而隕以折
네 바탕은 곧았건만　爾質之貞兮
그 꽃 시들어 버리니　迺委厥英
그윽하고 고결함으로　豈其幽潔兮

재앙이나 상서를 내린다는 천인상관(天人相關)·천인상응(天人相應), 천인합일(天人合一) 등 제학설을 포함한다. 이 논리에 따르면 선한 사람이 복을 받고 오래 살아야 한다는 관념이 도출된다.

초목과 같이 꽃피길 부끄러워해서인가	羞草木同榮
저 숲을 보니	瞻彼中林兮
쑥[150]들이 무성한데	有菀蕭艾
내 어찌 그것을 캐어	吾寧采之兮
묶고 찰 것인가	以紉以帶
들에서 서성거리며	徊徨于野兮
내 생각 갈 곳 없어	我思靡適
손으로 마른 향기를 떠맡노라니	手挹枯馨兮
눈물이 뚝뚝 떨어진다	我淚滴滴

150 쑥 : 나쁜 풀이다. 굴원(屈原)의 《이소경(離騷經)》에 "난초와 지초는 변하여 향기를 잃고, 전초(荃草)와 혜초(蕙草)는 바뀌어 띠풀이 되었네. 어찌하여 옛날엔 향기롭던 이 풀들이 지금은 어찌 이처럼 쑥덤불이 되었는가?〔蘭芷變而不芳兮, 荃蕙化而爲茅. 何昔日之芳草兮, 今直爲此蕭艾也?〕"라고 하였다.

황직장 순승[151]에 대한 애사 기해년[152]

黃直長順承哀辭 己亥

고(故) 직장(直長) 황공(黃公)은 평양[153] 출신으로, 배움에 힘입어 정치를 하지는 못하였으나 효성스럽고 공손하며 어질고 청렴함에 있어서는 매우 돈독하였다. 진실로 자신의 마음이 편하면 비록 사람들의 생각과 크게 어그러져도 신경 쓰지 않았으니 여항 사람들이 '황고집'이라고 불렀다. '고집'이라는 별명은 서울에까지 알려져, 임금이 불러 벼슬이 전생서 직장(典牲署直長)의 벼슬을 내리는 데 이르렀는데, 관직에 있을 때도 집에 있을 때처럼 하였다.

기해년(己亥年) 봄에 마침 나라의 인사(禋祀)를 만나 노천에서 목욕재계하다가 이윽고 병으로 경저(京邸)에서 죽으니 군자들은 "아마도 천도가 없는 것인가 보다!"라고 말하였다. 대개 공의 행실이 집과 마을을 신칙하였으므로 마을 사람들이 교화되어, 강도질하는 자도 차마

151 황 직장(黃直長) 순승(順承) : 황순승(黃順承, 1652~1718)으로 본관은 제안(齊安), 자는 득운(得運), 호는 집암(執菴)이며, 김창협과 권상하의 문인이다. 그에 대한 일화가 이덕무(李德懋)의 문집에 보이는데, 이덕무는 "황고집이 물정에 어두운 사람처럼 보이지만 오히려 편협한 사람의 정신을 일깨운다."라고 칭찬하였다. 행의(行義)로 천거되어 경릉 참봉(敬陵參奉)에 제수되었으며, 사도시 직장(司䆃寺直長)과 전생서 직장(典牲署直長)을 역임하였다. 《陶菴集 卷50 直長執菴黃公行狀》

152 기해년 : 1719년(숙종45), 오원의 나이 20세 되던 해이다.

153 평양 : 원문은 '箕城'이다. 기자(箕子)가 평양을 수도로 하여 창업하였다는 데서 붙인 이름이다.

범하지 못하는 정도였기 때문이다.[154] 그러나 공은 뜻을 견지하고 행동을 절제하는 것이 너무 지나쳐서 왕왕 세상 사람들의 눈을 놀라게 하였으니, 성향이 같은 자 조차도 간간이 나무라고 헐뜯으며 괴이하게 여기곤 하였다. 그러나 그의 행실을 나라 사람들은 듣지 못함이 없었다.

나는 공을 일러 말하기를

"지조는 비록 보통을 넘어서지만 남을 무턱대고 따르지는 않을 줄 알아서[155] 처음부터 끝까지 크건 작건 나태한 기색이 없었으니 이 사람이야말로 지극히 순수한 마음을 가진 자일 것이로다."

라고 하였다. 대저 중용은 성인의 도이다. 어진 자는 그것을 넘어서고 어질지 못한 자는 미치지 못하니 아, 지금 사람은 모두 성인인가? 애사는 다음과 같다.

아 옛날엔 허물을 보고 어진 것을 알 수 있었으니[156]

154 강도질하는…… 때문이다 : 황순승과 관련하여 전해 내려오는 이야기 중 도적과 관련한 일화가 있다. 일찍이 밤에 길을 가다가 도적을 만나 말을 빼앗겼는데 황순승이 채찍을 주면서 말하길 "말이 심히 피로하여 채찍질을 하지 않으면 말이 갈 수가 없다." 하니 도적이 서로 말하길 "이는 반드시 황고집일 것이니 범해서는 안 되겠구나." 하고 마침내 그 말을 돌려주고 길을 안내하며 호송했다고 한다. 《大東野乘》

155 남을……알아서 : 원문의 '詭隨'는 옳고 그른 것을 따지지 않고 함부로 남을 따르는 것을 말한다. 《시경》 〈민로(民勞)〉에 "잘잘못 가리지 않고 제멋대로 남을 따르지 말 것이요, 어질지 못한 자를 삼가야 할 것이다.〔無縱詭隨, 以謹無良.〕"라는 말이 나온다.

156 허물을……있었으니 : 《논어》 〈이인(里仁)〉에 "'사람의 허물은 그 무리에 따라 다르다. 허물을 보면 그 사람의 인(仁)을 알 수 있다.〔人之過也, 各於其黨. 觀過斯知仁矣.〕"라는 공자의 말이 있다. 어떤 허물을 저질렀는지를 잘 살펴보면 그 사람이 어진지 여부를 알 수 있다는 말이다.

粵古觀過仁亦識

단단하고 무르고 바르고 치우친 것은 각각 기질에서 말미암는 것이라

堅脆正偏各襲質

말세로 내려오면서 부화뇌동하여 부화함이 질박함을 잃게 하니

降季敷同雕喪樸

약삭빠르고 교묘한 것을 두고 "내 달통했다"라고 하는구나

便媚儇巧曰吾達

붉고 흰 것 어질어질 똑같이 꾸며대지만[157] 紺素蒙眩均粉澤

이주[158]는 분명히 보아 살필 필요 없다네 離朱決眺莫瞰察

공은 사람들의 비웃음 물리치고 개결함으로 고집하니

公攘羣嗤介以執

따스한 인정은 성품에서 나온 바였네 煦煦其仁性攸得

우활하다 융통성 없다 하는 말 나는 인정하니 謂迂謂曲我則服

여하튼 공을 고인의 짝이라 칭송해야 하리 曷爲誦公古人匹

157 꾸며대지만 : 원문의 '粉澤'은 수식하고 윤색하여 꾸미는 것을 말한다.

158 이주(離朱) : 이루(離婁)라고도 한다. 황제 때 사람으로 백보 거리에서도 추호(秋毫)의 끝을 볼 수 있을 만큼 눈이 밝았다 한다.

민부인[159] 애사 무신년[160]

閔夫人哀辭 戊申

도암(陶菴) 이공(李公)[161]은 어질면서 도가 있어 사림의 중망을 받았는데, 그 모친이신 민씨(閔氏)는 여양(驪陽) 문정공(文貞公)[162]의 따님이자 동춘 선생(同春先生)[163]의 외손이다.

원(瑗)이 생각건대 주 부자(朱夫子)께서는 《소학(小學)》 책을 엮으시어 세교(世敎)를 붙들어 세우는 근본으로 삼으시되, 《열녀전(列女

159 민부인(閔夫人) : 민유중(閔維重)의 딸이면서 이만창(李晩昌)의 아내, 이재(李縡)의 어머니이다.

160 무신년 : 1728년(영조4), 오원의 나이 29세 되던 해이다.

161 도암(陶菴) 이공(李公) : 이재(李縡, 1680~1746)의 호가 도암(陶菴)이다. 자는 희경(熙卿), 호는 한천(寒泉)이라고도 한다. 김창협의 문인이며 오원의 스승이기도 하다. 노론 준론(峻論)의 대표적 인물로, 호락논쟁(湖洛論爭) 당시 이간(李柬)의 학설을 계승하여 낙론(洛論)을 주창했다. 영조가 등극한 후 노론이 집권하자 대제학・이조 참판을 지냈으며, 용인의 한천(寒泉)에 은거하면서 후학을 양성하였다.

162 여양(驪陽) 문정공(文貞公) : 민유중(閔維重, 1630~1687)으로 본관은 여흥(驪興), 자는 지숙(持叔), 호는 둔촌(屯村), 시호는 문정(文貞)이며, 인현왕후(仁顯王后)의 아버지다. 자의대비(慈懿大妃) 복상문제가 일어나자 대공설(大功說)을 지지했고 딸이 숙종의 계비가 되자 여양부원군(驪陽府院君)이 되었다.

163 동춘 선생(同春先生) : 송준길(宋浚吉, 1606~1672)로, 본관은 은진(恩津), 자는 명보(明甫), 호는 동춘(同春), 시호는 문정(文正)이다. 1624년(인조2)에 진사가 된 뒤 학행으로 천거를 받았다. 이후 여러 차례 관직에 임명되었으나 계속 사퇴하고 학문에 전념하였다가 1657년(효종8) 이후 벼슬에 종사하여 찬선・대사헌・병조 판서・이조 판서 등을 역임하였다. 저서로는 《동춘당집》이 있다.

傳)》에서 태교를 다룬 부분을 취하여 제1장으로 걸고,[164] 마침내 또 맹모가 세 번 이사한 사실을 적어 간곡히 반복하였으니[165] 그 뜻이 절실하였다. 그러나 세상의 부인 누구인들 그 아들을 어진 사람으로 만들기를 원치 않았으랴마는, 세도가 떨어지면서부터 여스승의 훈계가 먼저 없어지게 되어, 평소 마음의 경계와 몸가짐이 모두 다 단장(端莊)하고 정일(貞一)한 데서 나오지 않게 되었고,[166] 전적에 기록된바 자식 가르치는 방법 또한 혹 들어 행하지 못하게 되었으니, 뛰어난 재주를 가진 이가 탄생하지 않는 것은 필시 이로 말미암지 않는다고 할 수 없을 것이다.

164 열녀전에서……걸고 : 《소학(小學)》〈입교(立敎)〉의 첫머리에서 《열녀전(烈女傳)》의 글을 인용하여 옛날의 태교에 관해 논하였다. "옛날에 부인이 임신했을 때에 잠잘 때에는 옆으로 눕지 않으며, 앉을 때에는 모로 앉지 않으며, 설 때에는 한쪽 발로 서지 않았다. 맛이 이상한 것은 먹지 않으며, 반듯하게 썬 것이 아니면 먹지 않으며, 자리가 바르지 않으면 앉지 않으며, 눈으로는 부정한 색을 보지 않으며, 귀로는 부정한 소리를 듣지 않으며, 밤이면 맹인에게 시를 외우게 하고 바른 일을 말하게 하였다. 이와 같이 하면 아이를 낳았을 때에 용모가 단정하며, 재주가 보통 사람보다 뛰어날 것이다."라는 내용이다.

165 맹모가……반복하였으니 : 맹자의 어머니가 맹자의 교육을 위해 세 번 이사한 사실은 《열녀전》에 처음 보이는데 《소학》〈계고(稽古)〉에 다시 수록되었다.

166 단장(端莊)하고……되었고 : 《시경(詩經)》〈한광(漢廣)〉에, "남쪽에 교목이 있으니, 가서 쉴 수가 없도다. 한수에 놀러 나온 여자가 있으니, 구할 수 없도다. 한수가 넓어 헤엄쳐 갈 수 없으며, 강수가 길어 뗏목으로 갈 수 없도다.〔南有喬木, 不可休息. 漢有游女, 不可求思. 漢之廣矣, 不可泳思. 江之永矣, 不可方思.〕"라고 하였는데, 주자(朱子)는 "문왕(文王)의 교화가 가까운 곳에서부터 먼 데까지 이르러 먼저 강한(江漢)의 사이에 미쳐서 그 음란한 풍속을 변하게 함이 있었다. 그러므로 그 놀러 나온 여자들을 사람들이 바라보고는 단장(端莊)하고 정일(靜一)하여 다시 전날처럼 구할 수 있는 바가 아님을 알았다."라는 주를 내었다.

부인은 문정공(文貞公)이 부친이 되시고, 송 선생(宋先生)의 따님이 모친이 되시며, 도암공(陶菴公)을 자식으로 두셨으니 그분이 교육 받은 것과 교육한 것을 보면 부인이 부인이 되신 까닭을 묻지 않고도 알 수 있다. 원(瑗) 소자(小子)로 말하자면 겹사돈의 끄트머리[167]에 있기로 부인의 내칙(內則)에 대해서는 진실로 익히 들어왔다. 대개 어릴 때부터 73세가 되시기까지 크고 작은 언행 어느 것 하나 감히 도사(圖史)[168]의 훈계를 어김이 없으셨고, 스스로 미망인(未亡人)을 칭하고부터는 어린 자식을 가르침에 있어서 한결같이 의(義)로써 하였지 사랑에 빠지지 않았다.

"자식이 있으나 착하지 않으면 자식이 없는 것과 같다."라고 말씀하셨고, 몸소 가르치고 독려하시면서 아버지와 스승의 역할까지 겸하셨다. 자식이 성인이 되어서도 여전히 게을리하지 않으셨고, 출처와 진퇴의 방도에 이르기까지 일찍이 간곡하게 하지 않음이 없으셨다. 아, 그러니 이러한 자식을 둔 것이 마땅한 일이로다. 사람들은 혹 현·불초를 세류(世類)[169]와 연관시키지 않고 영지(靈芝)와 예천(醴泉)은 근원

167 겹사돈의 끄트머리 : 오원의 막내 고모인 오두인의 다섯째 딸이 도암 이재와 결혼하였기 때문에 이른 말이다.

168 도사(圖史) : 도서(圖書)와 사서(史書)이다. 《소학집주(小學集註)》 〈입교(入敎)〉에 사마온공의 말을 인용하여 "여자는 일곱 살에 《효경》·《논어》·《열녀전》 따위를 외워 대의(大義)를 대강 깨달아야 하니, 옛날의 어진 여자는 도서와 사서를 보고 스스로 거울로 삼지 않음이 없었다.〔七歲誦孝經論語列女傳之類, 略曉大意, 蓋古之賢女, 無不觀圖史以自鑑戒.〕"라고 하였다.

169 세류(世類) : 문벌을 뜻한다. 《한서(漢書)》 권41 〈번력등관부근주전찬(樊酈滕灌傳靳周傳贊)〉에 "중니(仲尼)는 '얼룩소 새끼가 색깔이 붉고 또 뿔이 제대로 났다면 비록 쓰지 않고자 하나 산천의 신이 어찌 그것을 버리겠는가.'라고 하셨으니, 이것은

이 없다[170]고 하는데 아마도 정론(定論)이 아닌 것 같다.

부인은 무신년(戊申年) 9월에 여주(驪州)의 우사(寓舍)에서 돌아가시고 3달 지나 병진일(丙辰日)에 용인(龍仁)의 옛 묘소에 남편과 함께 묻혔다. 도암공(陶菴公)께서 멀리서 원(瑗)에게 애도의 글을 부탁하셨기로 원은 감히 사양하지 못하였은즉, 문득 주 부자께서 가르침을 드리우신 뜻이 이처럼 징험될 수 있음을 미루어 훗날 어머니가 될 사람들에게 고하노라. 형패(珩佩)[171]를 찬 풍모와 정성스레 제사를 지내셨던[172] 아름다움 같은 것은 여사(女史)[173]에게 맡겨서 쓰는 것이 마땅하니 지

선비가 그 출신에 관계되지 않음을 말한 것이다.〔仲尼稱"犁牛之子騂且角, 雖欲勿用, 山川其舍諸!", 言士不系於世類也.〕"라고 한 데서 나온 말이다.

170 영지(靈芝)와……없다 : 영지는 전설상의 신비한 약초인 지초(芝草)로, 뛰어난 인재를 말하고 예천은 감미로운 물이 솟아난다는 신비한 샘이다. 삼국 시대의 학자인 우번(虞翻)이 아우에게 보낸 편지 속에 "영지에 뿌리가 없고 예천에 근원이 없다.〔靈芝無根, 醴泉無源.〕"라는 말이 있다.《天中記 卷43》 뛰어난 인재는 가문이나 출신에 상관없이 나오는 법이라는 뜻이다.

171 형패(珩珮) : 옥을 재료로 써서 여러 장식을 한 띠 모양의 장식품이다. 옛날 군자들은 모두 옥을 차고 다녔는데, 그 옥이 서로 닿을 때 나는 소리로써 걷는 속도를 조절하였다고 한다.

172 정성스레……지내셨던 : 원문의 '蘋藻'는 개구리밥과 마름으로, 제수(祭需)를 이른다.《시경》〈채빈(采蘋)〉에 "이에 개구리밥을 남쪽 시냇가에서 채취하도다. 이에 마름을 저 흐르는 물에서 채취하도다.〔于以采蘋, 南澗之濱. 于以采藻, 于彼行潦.〕" 하였는데, 이는 제후의 부인이 사당에 제사 지내면서 제수를 장만하기 위해 수초(水草)를 채취함을 읊은 것이다.

173 여사(女史) : 원문의 '彤史'는 궁중 생활의 기록을 맡은 여관(女官)을 뜻하는데, 전하여 현숙한 여인들의 선행에 대한 기록을 뜻하는 말로 쓰인다. 옛날 여자 사관(史官)들이 자루가 붉은 붓으로 궁중의 정령(政令)이나 훌륭한 여인의 언행 등을 기록하였기 때문에, 붉은붓을 동관(彤管)이라 하고 이 붓으로 서술한 기록을 동편 또는 동사라

금 여기서는 또 상세히 쓰지 않는다. 애사는 다음과 같다.

아 부인의 덕은	嗟夫人之德兮
비롯된 바가 있었고	厥有所自
아 부인의 가르침은	嗟夫人之敎兮
성취한 바가 있었네	厥有所就
마음속에 덕을 지니고 있으니	惟其有之兮
어찌 밖으로 드러나지 않으랴[174]	曷不似之
시종 순수하고 아름다웠으니	終始純懿兮
본말이 아름답게 빛나도다	本末休光
부인의 영광이	婦人之榮兮
이보다 성대할 수 없을 것	奕莫與京
그 풍도 백세토록 전해지리니	風斯百世兮
삼가 단장을 지어 올리네	敬述短章

칭하게 되었다.

174 어찌……않으랴 : 《시경(詩經)》 〈상상자화(裳裳者華)〉에 "속에 갖추고 있는지라 밖으로도 근사하게 나타나도다.〔惟其有之, 是以似之.〕"라는 구절이 있다.

개령 현감 송공 위[175] 애사 기유년[176]

開寧縣監宋公 煒 哀辭 己酉

원(瑗)은 평소에 책을 읽으며, 세상에 늦게 태어나서 미처 고인과 더불어 노닐지 못한 것을 개연히 한탄하고, 또 강절소자(康節邵子)처럼 사방으로 나가 노닐면서 천하의 선비를 두루 찾지[177] 못한 것을 한탄하면서, 이따금 감정이 솟구치고 비탄에 빠진 채 어리석음도 알지 못하곤 하였다.

그러나 일찍이 집안 대대로 우호 관계가 있던 까닭에 호산(壺山)[178] 송공(宋公)을 잘 알게 되었으니 공은 우리 계부(季父)와 막역한 교우였다.[179] 원(瑗)이 계부(季父)를 일찍 여의어 그 언행을 비록 상세히

175 개령……송공 : 송위(宋煒 1683~?) 로, 본관은 여산(礪山), 자는 광언(光彦)이다. 1711년(숙종37) 진사시에 입격하였고 1725년 10월에 개령 현감이 되었으며 이후 금부 도사를 역임하였다.

176 기유년 : 1729년(영조5), 오원의 나이 30세 되던 해이다.

177 강절소자(康節邵子)처럼……찾지 : 강절소자는 송나라 학자 소옹(邵雍)으로, 자는 요부(堯夫), 시호는 강절이다. 소강절이 백원(百源)에서 여러 해 동안 독실하게 공부하다가 탄식하기를, "고인은 위로 천고를 벗하는데 나는 사방에도 미쳐본 적이 없으니 문득 그만 둘 수 있겠는가?〔昔人尙友千古, 而吾未嘗及四方, 遽可已乎?〕" 하고, 이에 오・초(吳楚)와 제・노(齊魯)와 양・진(梁晉)의 옛 땅을 두루 유람하고 오랜 뒤에 돌아와 말하기를 "도가 여기에 있다.〔道在是矣.〕"라고 말했다는 고사가 있다. 《宋名臣言行錄外集 卷5 邵雍 康節先生》

178 호산(壺山) : 송위의 본관인 여산(礪山)의 별칭이 호산(壺山)이다.

179 막역한 교우였다 : 원문의 '石交'는 교분이 두터움을 비유한 말이다. 당(唐)나라 맹교(孟郊)의 〈심교(審交)〉라는 시에 "오로지 돌처럼 굳은 사귐이라야 현달함을 논할

알 수는 없지만, 어려서 제부(諸父)의 말씀을 들어보면 계부께서는 단정하고 개결하시며 벗을 택하는 데 매우 조심스러우셨다고 하니 원이 이로써 공의 어짊을 알 수 있었다. 또 제부들께서, 공은 신의가 돈독하여, 살고 죽음에 따라 마음을 바꾸지 않았으므로[180] 매번 공이 올 때마다 마음을 기울여 막역한 교분을 나누었다고 자주 칭송하시는 것도 들었으니 원은 이로써 공의 마음을 더욱 잘 알 수 있었다.

원이 다 자라기도 전에 상을 거듭 당하자 공은 돌아가신 분을 애도하고 산 사람을 위로하는 마음을 더욱 더 은근하게 보여주셨다. 그때는 원(瑗) 역시 조금 철이 들었을 때라 매양 공을 좇아서 조용히 말씀을 나누다보면 마음이 충만하여 얻는 것이 있었다. 벼슬에서 물러나 세상을 살펴보건대, 선비로서 본디 명행(名行)을 표방하면서 수식하고 긍지하고 있는 자들은 있지만, 공처럼 진성을 보존하고[181] 조화로움에 처해 살며,[182] 덕기(德器)를 안에 쌓아두고 자랑하지 않는 자들은 보지

수 있을 것이네.〔唯當今石交, 可以賢達論.〕"라고 하였다.

180 신의가……않았으므로 : 《소학》 제29장에 "인자는 성하고 쇠함에 따라 절개를 바꾸지 않고 의자는 살고 죽음에 따라 마음을 바꾸지 않는다.〔仁者, 不以盛衰改節, 義者, 不以存亡易心.〕"라는 말이 있다.

181 진성을 보존하고 : 원문의 '葆眞'은 순수한 본성(本性)을 보전하는 것을 뜻한다. 《장자》 〈전자방(田子方)〉에 "마음을 비우고 사물에 따라서 진성(眞性)을 보존하고, 깨끗하되 사물을 포용한다.〔虛緣而葆眞, 淸而容物.〕"라는 말이 있다.

182 조화로움에……살며 : 원문은 '處和'이다. 《장자(莊子)》 〈재유(在宥)〉에, 광성자(廣成子)가 황제(黃帝)를 타이르면서 "나는 도의 순일함을 견지하며 도의 조화로움에 처하였다.〔我守其一以處其和.〕"라고 말한 대목이 있고, 주자의 〈조식잠(調息箴)〉에도 "높고 깊은 산에 은거함은 내가 감히 의논할 바가 아니나, 한결같음을 지키고 조화로움에 처하면 천이백 년을 살리.〔雲臥天行, 非予敢議, 守一處和, 千二百歲.〕"라는

못하였다. 말을 하고 논리를 세우는 데 있어서는 의리에 의거하여 격앙하고 준엄하지 않음이 없으나 공처럼 저울이 평정하고 판결이 명백하여 초연히 얽매이는 누가 없는 경우는 없었다. 고금을 넘나들며 일의 성패를 논할 때에는 근심이 깊고 생각이 원대하여 지금 사람이 보지 못하는 것을 혼자만 보았다.

원(瑗)처럼 어리석은 사람과도 뚜렷하게 마음이 잘 맞았고 공 또한 원을 과도하게 평가하여 기대하는 것이 각별하였다. 그런데 원은 게으르고 민첩하지 못하여 자주 공을 따르면서 공의 의논을 듣지 못하였고, 게다가 상까지 당하여 집에 갇혀있게 되었는데, 공 또한 남쪽 고을로 부임하시는 바람에 평생 마음에 품고 있었던 것 가운데 열에 하나도 토해내지 못하였다. 그런데도 오히려 이 세상이 매우 장구하니, 끝내 가르침을 받들 수 있을 터, 나의 삶이 헛되지는 않을 것이라고 생각하였다. 그러다가 작년 봄에 공의 부고를 가지고 온 인편이 있어 원은 부고를 열어보고 실성통곡을 하였다.

대저 멀고먼 천고(千古)와 넓디넓은 사방에서 선비를 찾아, 다행히 선인(先人)의 교우를 만나서 그 은혜로운 허여함을 입었으니, 사람의 즐거움으로 이보다 더한 것은 없을 것이다. 그러나 오히려 근실하게 종유하면서 평소에 쌓은 것을 말로 다 표출하지 못하여 유명 간의 한을 만들었으니 이전에 감격이 솟구치고 비탄에 빠졌던 것 또한 어리석은 마음일 뿐이었다.[183]

말이 나온다. 《朱子大全 卷85》

183 대저……뿐이었다 : 현실에서 어렵게 만난 인연도 소중히 하지 못하면서 고금과 천하의 선비를 찾지 못했다고 비탄에 빠지는 것이 얼마나 어리석은지 하는 것을 환기하

공이 돌아가신 다음 해 기유년(己酉年) 맹동(孟冬)에 택조(宅兆)에 영원히 안장하려 하면서 아드님이 원(瑗)에게 애도문을 부탁해 왔으니 옛 정의를 서글피 생각하면 후사자의 슬픔을 알 수 있다. 그러나 원의 슬픔이 더욱 더 슬픈 것은 이 세상에서 다시는 공 같은 이를 쉽게 얻을 수 없으리라는 점 때문이다. 삼가 이와 같이 쓰노니 공의 문사나 행의의 아름다움 같은 것은 다 진술할 겨를이 없다. 애사는 다음과 같다.

낭랑한 보옥이　　球璧之璆琅兮
어찌하여 진열되지 못하였으며[184]　　胡不序房
성대한 재목이　　楩杞之駊娑兮
어찌하여 산등성이에 버려졌는가　　胡棄山岡
지방관으로 작게 쓰였으나[185]　　屈百里之小試兮

는 내용으로, 글의 첫머리에서 언급한 내용과 호응을 이루는 대목이다.

184 낭랑한……못하였으며 : 《서경》〈고명(顧命)〉에 "옥(玉)을 오중(五重)으로 진열하고 보물을 진열하니, 적도(赤刀)와 대훈(大訓)과 홍벽(弘璧)과 완염(琬琰)은 서서(西序)에 있고, 대옥(大玉)과 이옥(夷玉)과 천구(天球)와 하도(河圖)는 동서(東序)에 있고, 윤(胤)나라에서 만든 춤추는 옷과 대패(大貝)와 큰 북은 서방(西房)에 있고, 태(兌)가 만든 창과 화(和)가 만든 활과 수(垂)가 만든 대나무 화살은 동방(東房)에 있었다."라는 말이 있다. 귀한 인재가 조정에서 쓰여지지 못했다는 것을 의미한다.

185 지방관으로……쓰였으나 : 원문의 '百里'는 사방 백 리의 땅이라는 말로 하나의 고을을 가리킨다. 진(晉)나라 이홍도(李弘度)가 항상 불우한 처지를 한탄하였는데, 은 양주(殷揚州)가 그의 집이 빈한한 것을 알고는 "고을 수령으로 나가겠느냐?〔君能屈志百里不?〕"라고 묻자, "궁한 원숭이가 숲으로 달려가는데 어찌 나무를 가릴 틈이 있겠느냐?〔窮猿奔林, 豈暇擇木?〕"라고 하면서 섬현(剡縣)의 수령으로 부임했다는 이야기가 남조(南朝) 송(宋)나라 유의경(劉義慶)이 지은 《세설신어(世說新語)》〈언어(言語)〉에 나온다.

늠름한 소두[186]였고 廩廩召杜

두텁게 쌓은 인덕 반드시 보답 받을 이 藹積仁之必食兮

성대한 자손들이로다[187] 兟兟子女

그러나 죽간에 남긴 깊은 마음[188]과 惟簡竹之深心

거북 같은 독보적인 선견[189] 與龜蔡之獨見

희음[190]을 품고 펼치지 못하였으니 抱希音而不宣兮

세상에서 알아주지 않는 것 또한 누구를 원망하랴 世無知亦何怨

고인을 그리워하나 함께하지 못하고 懷古人而莫偕兮

공마저 구원에 있어 또 살아오기 어려우니 公九原又難作

홀로 미로에서 방황하며 獨彷徨於迷路兮

남은 한만 쌓여 가슴에 맺히네 菀餘恨其絓積

186 소두(召杜) : 전한(前漢)의 소신신(召信臣)과 후한(後漢)의 두시(杜詩)를 가리킨다. 이들은 전후로 남양 태수(南陽太守)가 되어 덕정(德政)을 베풀었으므로 민간에서 말하기를, "앞에는 소부(召父)가 있고 뒤에는 두모(杜母)가 있다.〔前有召父, 後有杜母〕"라고 하였다. 《漢書 卷89 召信臣傳》《後漢書 卷31 杜詩列傳》

187 두텁게……자손들이로다 : 《주역》〈박괘(剝卦) 상구(上九)〉에 "큰 과일은 다 먹지 않고 남겨 둔다.〔碩果不食.〕"라는 말이 있는데, 어떤 사물이 단절되지 않고 지속되는 것을 뜻한다. 조상들이 쌓은 공덕이 후손에게 이어져 보답을 받으리라는 뜻이다.

188 죽간에……마음 : 세상에 크게 쓰이지 못하고 포부를 글로만 표현하고 말았다는 뜻이다.

189 거북……선견 : 원문의 '龜蔡'는 고대에 채(蔡) 땅에서 나온 거북으로 후에는 점을 치는 큰 거북을 일컫는 말로 쓰였다.

190 희음(希音) : 보통 사람은 귀로 듣지 못하는 심오한 의미가 담겨 있는 위대한 소리로, 《도덕경(道德經)》 41장의 "지극히 큰소리는 잘 들리지 않는다.〔大音希聲.〕"라는 말에서 유래하였다.

잡저 雜著

《소학》을 읽고 무술년[191]

讀小學 戊戌

기억하기로, 나 소자가 일곱 살 되었을 때 선군자께서 《소학》 책을 주시니 농암 선생(農巖先生)[192]께서 들으시고는 편지를 보내어 "고인은 8세에 《소학》에 입문하였는데 너는 능히 한 살을 앞섰으니 기쁘다." 라고 말씀하시고는, 한결같이 쇄소(灑掃)·응대(應對)·애친(愛親)·경장(敬長)의 법[193]에 의거하라 하셨다. 그런데 그때는 몹시도 어리석어서 입으로 읽기는 하였으나 마음으로는 그것이 무슨 말인지 살피

191 무술년 : 1718년(숙종44), 오원의 나이 19세 되던 해이다.

192 농암 선생(農巖先生) : 280쪽 주89 참조. 농암은 오원(吳瑗)에게 외할아버지가 된다.

193 쇄소(灑掃)……법 : 주희(朱熹)가 쓴 〈소학집주서(小學集註序)〉에 "옛날에 소학교에서는 사람을 가르치되, 물 뿌리고 쓸며 응하고 대답하며 나아가고 물러가는 예절과, 어버이를 사랑하고 어른을 공경하며 스승을 높이고 벗을 친히 하는 방도를 가르쳤는데, 이는 모두 자신을 수양하고 집안을 다스리며 나라를 다스리고 천하를 공평하게 다스리는 근본이 된다.〔古者小學, 教人以灑掃應對進退之節, 愛親敬長隆師親友之道, 皆所以爲脩身齊家治國平天下之本.〕"라는 내용이 있다.

지 못했고, 그런 까닭에 자제(子弟)의 직분에 대한 모든 것을 제대로 실천하지 못한 것이 많았다.

그러다가 16세가 되어 우연히 이 책에서 이른 바 "형체가 없는 데서 보고 소리가 없는 데서 듣는다."[194]라는 말을 보고는 근심스레 깊이 느낀 바가 있었다. 그래서 스스로 생각하기를 '사람의 자식이 어버이를 섬김에 있어, 할 수 있는 한 끝까지 다한 것이 이와 같았구나. 소략한 예절이나 지키는 효[195]라면 진실로 도리를 다했다고 하기에 부족하거늘 하물며 소략한 예절도 삼가 지키지 못하는 자임에랴. 그래서 이렇게 두렵고 부끄러운 것이다.'라고 하였다.

이에 다시 내외편[196]을 두루 읽고, 이를 통하여 이전의 행실을 고치려고 마음먹었는데, 불행히 선군자(先君子)께서 돌아가시어 결국 종신토록 끝나지 않을 아픔[197]을 안게 되었으니, 불효의 죄를 죽어도 속죄할

194 형체가……듣는다 : 《소학》 권2 〈명륜(明倫)〉에 "소리가 없는 데에서 듣고 형체가 없는 데에서 본다.〔聽於無聲, 視於無形.〕"라는 구절이 있다. 본래 《예기》 〈곡례 상(曲禮上)〉에 나오는 내용으로, 직접 보고 듣지 않더라도 부모의 의도를 먼저 헤아려 그 뜻을 받들어야 한다는 말이다.

195 소략한……효 : 《예기(禮記)》 〈옥조(玉藻)〉에 "어버이가 늙으시거든 나갈 때에 방위를 바꾸지 않고, 돌아올 적에 시기를 넘기지 않으며, 어버이가 병들면 얼굴빛과 용모를 성하게 하지 않으니, 이는 효자의 소략한 예절이다.〔親老, 出不易方, 復不過時, 親瘠, 色容不盛, 此孝子之疏節也.〕"라는 내용이 있다.

196 내외편 : 《소학》은 내편(內篇)과 외편(外篇)으로 이루어져 있는데, 내편은 〈입교(立敎)〉·〈명륜(明倫)〉·〈경신(敬身)〉·〈계고(稽古)〉, 외편은 〈가언(嘉言)〉·〈선행(善行)〉 순으로 되어 있다.

197 종신토록……아픔 : '終天'은 종신토록 계속되는 슬픔이라는 뜻으로 보통 부모의 상을 당했을 때 쓰는 표현이다.

수 없는지라 매번 이 책을 읽을 때마다 부끄럽고 애통하지 않은 적이 없었다.

그러나 마음을 극진히 할 바[198]로 삼년상 제도가 있다 해도, 생을 탐하고 죽음을 아끼면서 능히 예(禮)대로 하지 못하여 오늘날 모조리 사라지게 한다면 최마(衰麻)가 이미 몸에서 떠난 것이라, 나는 길이 이 책의 죄인이 될 것이다. 그런데 일찍이 이 책을 고찰해 보니 "돌아가신 분 섬기기를 산 분처럼 하라"[199]는 말이 있었고, 또 "아버지가 돌아가시면 자식의 행동을 본다"[200]라는 말도 있었다. 아. 소자가 스스로 권면하면서 조금이라도 속죄할 수 있는 방법은 오직 이러한 것이 있을 뿐이니 소자는 힘쓰고 힘쓸지어다. 무술년 10월 13일 월곡병사[201]에서 눈물

198 마음을……바 : 원문의 '自盡'은 상주가 부모의 상에 마음을 극진히 다하는 것을 말한다. 《맹자》 〈등문공 상〉에 "어버이 상은 진실로 스스로 극진히 해야 하는 것이니〔親喪, 固所自盡也.〕"라고 하였는데, 주자의 주에 "부모의 상은 진실로 자식의 마음에 스스로 극진히 할 것이니, 대개 비애의 정과 통질의 뜻은 밖으로부터 이르는 것이 아니다.〔父母之喪, 固人子之心, 所自盡者, 蓋悲哀之情、痛疾之意, 非自外至.〕"라고 하였다.

199 돌아가신……하라 : 《소학(小學)》 〈계고(稽古)〉에 "선조가 올랐던 자리에 자기가 올라 선조가 행했던 예법을 행하고 선조의 음악을 연주하며, 선조가 높인 바를 공경하고 가까이한 바를 아끼며, 죽은 분을 살아 있을 때처럼 섬기면서 장례를 행하고 사망한 분을 생존한 것처럼 섬기면서 제사를 행하는 것, 이렇게 하는 것이 바로 효의 극치이다.〔踐其位, 行其禮, 奏其樂, 敬其所尊, 愛其所親, 事死如事生, 事亡如事存, 孝之至也.〕"라는 말이 나온다. 본래는 《중용장구》 제19장에 있던 말이다.

200 아버지가……본다 : 《소학》 〈명륜〉과 《논어》 〈학이(學而)〉에 나오는 말이다. "아버지가 살아 계실 때에는 자식의 뜻을 관찰하고 아버지가 돌아가셨을 때에는 자식의 행동을 관찰하는 것이니, 3년 동안 아버지의 도(道)를 고치지 말아야 효라 이를 수 있다.〔父在觀其志, 父沒觀其行, 三年無改於父之道, 可謂孝矣.〕"라고 하였다.

201 월곡병사 : 월곡(月谷)은 오원의 선영과 초당이 있는 경기도 광주(廣州)의 지명

로 써서 스스로를 경계한다.

이다. 이곳에 오원의 양부모인 오태주(吳泰周)와 명안공주(明安公主)의 묘소가 있었고, 뒷날 그 아래 오원과 부인 권씨의 합장묘를 조성했다. 병사(丙舍)는 선조를 제사하는 재실(齋室)이다.

근심에 관한 잠 경자년[202]

憂箴 庚子

근심은 즐거움에서 생기고	憂生於樂
즐거움은 근심에서 생기나니	樂生於憂
사람이 작은 두려움이 없으면	人無少恐
반드시 큰 근심이 생기는 법이라	必有大憂
백성들 매우 번성하여도	兆民至繁
만승[203]의 근심이 있거니와	萬乘之憂
소박한 밥에 배 쉽게 부르니	簞食易飽
거지가 무슨 근심이 있으랴	丐兒何憂
근심이 있는 자는 필시 조심을 하니	憂者必愼
조심하면 근심이 적어지고	愼則少憂
즐거운 자는 필시 방심을 하니	樂者必放
방심하여 근심이 많아지는 것이라	放而多憂
사람이 세상을 살아가며	人之生世
버리기 어려운 것이 근심이니	難捨者憂
근심할만한 것을 근심하면	憂其可憂
아마도 근심이 없으리	庶幾無憂
오직 충성과 신의로	惟忠惟信

202 경자년 : 1720년(숙종46), 오원의 나이 21세 되던 해이다.

203 만승 : 병거(兵車) 일만 대를 갖춰낼 만한 힘을 가진 대국(大國)을 말한다.

이 근심에 이르지 말지니	不逮是憂
횡역이 이르고 나면	橫逆之來
내 또 무슨 근심을 할 수 있으랴	我復何憂

벽에 써 놓은 명 신축년[204]

書壁銘 辛丑

안은 성실을 위주로 해야 하니	內主誠
성실이 아니면 설 수 없고	非誠不立
밖은 근면을 다해야 하니	外致勤
반드시 근면해야만 모아진다	必勤乃集

204 신축년 : 1721년(경종1), 오원의 나이 22세 되던 해이다.

자경문 임인년[205]

自警文 壬寅

제사는 살아계시듯 정성을 다하고[206]	祭祀盡如在之誠
언행은 뜻을 잇는 효를 좇을지어다[207]	言行追繼志之孝
아침저녁으로 정성[208]의 예절을 부지런히 하고	晨昏勤定省之節
언제나 심지를 받드는 봉양을 극진히 할지어다	動靜極心志之養
처자식 이끌기를 화락과 정직으로 하고[209]	導妻子以和以正
친속 대하기를 은혜와 의리로 할지어다	接親屬以恩以義
남이 알까 두려운 일은 마음조차 먹지 말지니[210]	怕人知事莫萌心

205 임인년 : 1722년(경종2), 오원의 나이 23세 되던 해이다.

206 제사는……다하고 : 《논어》 〈팔일(八佾)〉에서 "제사를 지낼 때에는 조상이 계신 듯이 하였고, 신을 제사 지낼 때에는 신이 계신 듯이 하였다.〔祭如在, 祭神如神在.〕"라는 말이 있다.

207 언행은……좇을지어다 : '繼志'는 계지술사(繼志述事)의 준말로, '계지'는 어버이의 뜻을 잘 계승하는 것을 말하며, '술사'는 어버이의 일을 잘 따라서 하는 것을 말한다. 공자가 "효란 것은 어버이의 뜻을 잘 계승하며, 어버이의 일을 잘 따라 행하는 것일 뿐이다.〔夫孝者, 善繼人之志, 善述人之事者也.〕"라고 하였다. 《中庸章句 第19章》

208 정성(定省) : 혼정신성(昏定晨省)의 줄임말로, 자식이 이른 아침에 부모님의 침소를 찾아 문안을 올리고 저녁에 잠자리를 정돈해 드리는 것을 말한다. 《예기(禮記)》 〈곡례 상(曲禮上)〉에 "저녁에는 잠자리를 정돈해 드리고 아침에는 문안 인사를 올린다.〔昏定而晨省.〕" 한 데서 나왔다.

209 처자식……하고 : 춘추 시대 제(齊)나라 안영(晏嬰)이 임금을 상대로 예(禮)를 논한 내용 중에 "남편은 화락하게 하면서 의리를 지키고, 아내는 유순하면서 바르게 한다.〔夫和而義, 妻柔而正.〕"라는 말이 나온다. 《春秋左氏傳 昭公26年》

이 말은 처음 마음을 세울 때 가장 중요하니라 此語最切於初頭立心

210 남이……말지니 : 송나라 장재(張載)의 〈송인(送人)〉이라는 시에 "십 년 동안 함께 노닐었으면 응당 배워 얻는 것이 있어야 할지니 남이 알까 두려운 일은 마음조차 먹지 말지어다.〔十載相從應學得, 怕人知事莫萌心〕"라는 구절이 있다

점괘에 묻는 글
問筮文

성균관[211]에서 과거 시험을 치룰 때[212]에 황갑(黃甲)[213]을 차지할 것을 기대하고는, 시초로 점을 쳐서[214] 궁금증을 풀 생각에, 현패(玄貝)를 던져 물었다. 길할 것인지 흉할 것인지 신은 알려주시오.

아무개는 문장의 재주는 없으나 경륜의 뜻은 크다. 청운(青雲)의 자불(紫紱)에 대해서는 왕공이 배부르고 따스한 것에 마음을 두지 않았던 것과 같았고,[215] 백옥(白屋)의 창생(蒼生)에 대해서는 범자(范子)

211 성균관 : 원문은 '芹宮'이다. 옛날 제후(諸侯)의 학궁(學宮)을 반궁(泮宮)이라 하였는데, 그 반궁의 물, 즉 반수(泮水)에 미나리를 심었기 때문에 이런 이름이 붙게 되었다. 《시경》 〈반수(泮水)〉에 "즐거워라 반수에서, 잠깐 미나리를 뜯노라.〔思樂泮水, 薄采其芹.〕"라고 하였다.

212 과거……치룰 때 : 원문의 '전예(戰藝)'는 과거 시험에 참가함을 말한다. 당(唐)나라 한유(韓愈)의 〈남전현승청벽기(藍田縣丞廳壁記)〉에 "정원 초에 그 능력을 믿고 경사에서 과거 시험에 참가하였다.〔貞元初, 挾其能, 戰藝於京師.〕"라고 한 말이 있다.

213 황갑(黃甲) : 과거의 갑과(甲科)에 급제함을 뜻한다. 갑과에 급제한 사람의 성명을 황지(黃紙)에 기록한 데서 온 말이다. 《宋史 選擧志》

214 시초로……쳐서 : 원문의 '蓍策'은 점칠 때 쓰는 시초(蓍草)이고 '稽疑'는 시초나 거북을 가지고 의심나는 일을 점치는 것을 말한다. 기자(箕子)가 주 무왕(周武王)의 물음에 답한 천하를 다스리는 데 필요한 아홉 가지 대법(大法)으로, 오행(五行)·오사(五事)·팔정(八政)·오기(五紀)·황극(皇極)·삼덕(三德)·계의(稽疑)·서징(庶徵)·오복(五福)을 들었다. 《書經 洪範》

215 청운(青雲)의……같았고 : 원문의 '青雲'은 높은 벼슬을 상징하고 '紫紱'은 붉은색의 인끈으로 고관대작을 상징한다. 왕공은 송(宋)나라 때의 명재상 왕증(王曾)을 말한

가 근심과 즐거움에 생각을 매었던 것과 같았다.[216] 그런데 결국 공령의 학문[217]에 뜻을 굽혀서 일찍 과장(科場) 사이로 발길을 옮겼도다. 저 성조에서 재목을 구하는 것은 반드시 이 길로 말미암으니 대개 현사들이 함께 나아가는 데는 다른 방법이 없어서라.

지난번에 다행히 성시(省試)에서 영광을 차지하였으나 나라의 법을 어긴 죄로 쫓겨났다.[218] 뜰 안 홰나무의 꿈[219]이 순식간에 사라졌으니 사람들은 다들 잃은 것을 한탄하지만, 시냇가 소나무의 푸르름은 오래가니[220] 하늘이 혹 여기에 뜻을 두셨을 수도 있다. 어찌하여 득실 사이

다. 왕증(王曾)이 처음 등제했을 때, 유자의(劉子儀)가 장난삼아 "세 시험에서 장원했으니, 입고 먹는 데 끝이 없겠다.〔狀元試三場, 一生喫著不盡.〕"라고 하자, 왕증이 정색하며 "나는 평소의 뜻이 따뜻하고 배부른 데 있지 않다.〔曾平生之志, 不在溫飽.〕"라고 하였다는 고사가 있다. 《宋名臣言行錄前集 卷5 王曾沂國文正公》

216 백옥(白屋)의……같았다 : 백옥(白屋)은 가난한 백성들이 사는 오두막집을 가리킨다. 범자는 송(宋)나라 범중엄(范仲淹)이다. 그의 〈악양루기(岳陽樓記)〉에 "천하 사람들이 근심하기 전에 내가 먼저 근심하고, 천하 사람들이 즐거워한 뒤에 내가 즐거워할 것이다.〔先天下之憂而憂, 後天下之樂而樂歟.〕"라는 말이 나온다.

217 공령(功令)의 학문 : 과거 시험을 대비하기 위한 공부를 말한다.

218 지난번에……쫓겨났다 : 성시(省試)는 초시(初試)에 합격한 사람을 서울에 모아서 보이던 과거 시험이다. 복시(覆試) 또는 회시(會試)라고도 하고, 예조(禮曹)에서 주관하였다. 오원은 1721년(경종1)에 증광문과(增廣文科)에 합격하였으나 감대(監臺 사헌부 감찰(監察))와 상피(相避)하는 규정이 있음을 모르고 경솔하게 과거에 응시하였다고 하여 합격을 취소당한 사실이 있다. 《承政院日記 英祖 1年 11月 9日》

219 홰나무의 꿈 : 허망한 인생사를 비유한다. 당(唐)나라 이공좌(李公佐)의 〈남가기(南柯記)〉에 "순우분(淳于棼)의 집 남쪽에 큰 홰나무가 있었는데 순우분이 날마다 그 밑에서 친구들과 술 마시며 놀았다. 하루는 술에 취하여 자다가 꿈을 꾸었는데, 괴안국왕(槐安國王)이 사자를 보내 부르므로 따라가 남가 태수(南柯太守)가 되어 영화를 누리다 깨어보니 바로 홰나무 밑에 개미굴이 있었다."라는 말에서 나온 것이다.

에서 속을 태우는가? 다만 궁달의 천명을 기다릴 뿐이라.

봄 과거 볼 때가 다가왔는지라 다시 동당시(東堂試)[221]를 보러 가게 되었다. 문장을 잘 짓고 못 짓고는 의당 자신에게 구해야 하는 것이지만, 득실의 기미는 알지 못하는 것이 운명이라. 신명은 여탈의 권한을 가지고 있으니 어느 것을 먼저라 하여 전수할까?[222] 괘의 조짐은 좋은 일과 나쁜 일의 단서를 드러내 주니 이것으로 징조를 삼을 수 있으리라.

그래서 엄숙히 정제하고 산가지를 떨쳐 점을 치면서 하늘을 대하여[223] 마음을 경건히 하였다. 벌레의 팔뚝이 되든 쥐의 간이 되든[224]

220 시냇가……가니 : 송(宋)나라 재상 노국공(魯國公) 범질(范質)이 조카 범고(范杲)가 품계를 올려 주기를 청하자 시를 지어 깨우쳐 주었는데, 그 시에 "활짝 핀 정원의 꽃은 일찍 피었다가 먼저 시들고, 더디게 자라는 시냇가의 소나무는 울창하여 오래도록 푸른빛을 머금는다.〔灼灼園中花, 早發還先萎. 遲遲澗畔松, 鬱鬱含晩翠.〕"라는 구절이 있다.《宋史 卷249 范質列傳》

221 동당시(東堂試) : 조선조의 문과를 이른다. 본래 '동당'은 진(晉)나라의 궁전 이름인데 이곳을 한때 과장(科場)으로 이용하였기 때문에 과거를 뜻하는 말이 되었다. 고려 시대에 과거시험의 본고시(本考試)인 예부시(禮部試)를 동당시라고 칭한 것이 조선조에서도 그대로 사용되었다.

222 어느……전수할까 :《논어》〈자장(子長)〉에 "군자(君子)의 도(道)에 어느 것을 먼저라 하여 전수하며, 어느 것을 뒤라 하여 게을리하겠는가〔君子之道孰先傳焉? 孰後倦焉?〕"라는 말이 있다.

223 하늘을 대하여 : 원문의 '對越'은 하늘에 계신 상제를 우러러 마주 대하는 것처럼 정성을 다한다는 뜻이다.《시경(詩經)》〈청묘(淸廟)〉에 "하늘에 계신 분을 대하고 사당에 계신 신주를 분주히 받든다.〔對越在天, 駿奔走在廟.〕"라는 구절에서 나왔다.

224 벌레의……되든 : 원문의 '蟲臂鼠肝'은 자연의 변화는 무궁하여, 지금 내 몸의 사지(四肢)가 내세(來世)에 벌레의 팔이 될는지 알 수 없으며, 오장(五臟)이 쥐의 간이 될는지 알 수 없다는 말이다. 변화에 순응한다는 의미로 쓰였다.《장자(莊子)》〈대종사(大宗師)〉에 "위대하도다, 조화(造化)여! 너를 장차 무엇으로 만들려나? 너를 쥐의

진실로 조화(造化) 아님이 없음을 알 것이요, 곤어가 날아오르든[225] 표범이 숨든[226] 내 어리석음을 깨우쳐 준다면 무엇을 아끼랴.

돌아보면 하나도 능한 게 없는 몸으로 망령되이 이 세상에 큰 역할을 하리라 생각하였으니 오히려 첫 번째 불행에 대한 경계[227]를 깨우치지 못한 것이라, 어린 나이에 조바심을 가졌던 것이 부끄럽다. 정성이 안에 있으면 감통이 의당 빠르리로다.

간으로 만들 것인가, 너를 벌레의 팔뚝으로 만들 것인가?〔以汝爲蟲臂乎? 以汝爲鼠肝乎?〕"라고 하였다. 《莊子 大宗師》

225 곤어가 날아오르든 : 크게 뜻을 펼치게 되는 것을 비유한다. 《장자》〈소요유(逍遙遊)〉에 북해에 곤(鯤)이라는 물고기가 있는데 그 물고기가 변하여 붕새가 된다고 하였다.

226 표범이 숨든 : '豹隱'은 표범이 숨는다는 말로, 능력 있는 사람이 은둔함을 가리킨다. 《열녀전(列女傳)》〈도답자처(陶答子妻)〉에 "남산에 검은 표범이 있는데, 안개 속에서 7일 동안 있으면서도 내려와 먹지 않는 것은 어째서이겠는가. 그 털을 윤택하게 하여 무늬를 만들려고 하기에, 숨어서 해를 피하는 것이다.〔南山有玄豹, 霧雨七日而不下食, 何也? 欲以澤其毛, 而成文章也, 故藏而遠害.〕"라는 말이 보인다.

227 첫 번째……경계 : 북송(北宋)의 유학자 정이(程頤)가 말한 세 가지 불행 가운데 첫 번째 불행을 말한다. "사람에게는 세 가지 불행이 있으니, 연소한 사람이 과거에 급제하는 것이 첫째 불행이요, 부형의 권세를 빌려 좋은 벼슬을 함이 둘째 불행이요, 높은 재주가 있어 문장을 잘함이 셋째 불행이다.〔人有三不幸, 少年登高科, 一不幸, 席父兄之勢, 爲美官, 二不幸, 有高才能文章, 三不幸也.〕" 하였다. 《小學 卷6 嘉言》

나 자신을 꾸짖는 잠

自訟箴

내가 책을 읽어 고인을 사모할 줄 안 지가 지금 십 년이 되었는데 나 자신을 반성해보면 여전히 하류[228]라, 가는 세월을 생각하면 두렵지 않겠는가.

탐내는 마음 제재할 수 없고	慾心不能制
간사한 마음 끊을 수 없으며	邪心不能絶
속이는 마음 떨어버리지 못하고	詐心不能祛
사사로운 마음 억제하지 못하는 것	私心不能抑
이 네 가지가	惟此四者
나의 고질인데	爲吾痼疾
벗어나고자 하면서 더욱 얽매이고	欲脫而愈纏
점점 세지는데도 깨달을 수 없네	漸熾而不覺
어물어물 미적거리다	因循輾轉
오늘에 이르렀으니	至于今日
그 말미암는 바와 행하는 바	其所由所行
금수와 무엇이 다르랴[229]	與禽獸奚擇

228 하류(下流) : 가장 형편없는 부류의 사람이라는 뜻이다. 《논어》 〈자장(子張)〉에 "주(紂)의 선하지 못함도 이와 같이 심하지는 않았다. 그러므로 군자는 하류에 사는 것을 싫어하니 천하의 모든 악이 하류로 모이기 때문이다.〔紂之不善, 不如是之甚也. 是以君子惡居下流, 天下之惡皆歸焉.〕"라는 자공의 말이 나온다.

229 금수와……다르리오 : 《맹자(孟子)》 〈이루 하(離婁下)〉에 난폭한 행동을 하면서 반성할 줄 모르는 사람을 두고 "이와 같다면 금수와 어찌 구별하겠는가. 금수에게

타고난 본성[230] 민멸되지 않았다면 秉彝不泯
마음의 두려움 어찌 없을손가 能無心怵
지금부터 시작하여 其始自今
극기복례[231]를 생각하고 念念克復
그 뿌리와 밑동을 凡厥根株
단칼에 용기 있게 잘라내리 一刀勇割
이와 같이 하지 못하는 자를 所不若此者
어찌 사람[232]에 견줄까 寧比於横目
임인년 동짓날 維歲壬寅陽至之節
척연히 마음속에 느끼는 것 있어 惕然有動
삼가 벽에 쓰노라 敬書于壁

또 무엇을 꾸짖을 것이 있겠는가.〔如此則與禽獸奚擇哉? 於禽獸又何難焉?〕"라고 말한 내용이 나온다.

230 타고난 본성 : 원문의 '秉彝'는 인간이 하늘로부터 타고난 본성을 말한다. 《시경(詩經)》〈증민(烝民)〉에 "하늘이 뭇 백성을 낳았고, 사물이 있는 곳에 법이 있어, 백성이 지닌 본성은 이 거룩한 덕을 좋아하네.〔天生蒸民, 有物有則, 民之秉彝, 好是懿德.〕" 라고 한 데서 온 말이다.

231 극기복례 : 원문의 '克復'은 극기복례(克己復禮)의 준말로, 자신의 사욕을 이겨 천하의 공도(公道)인 예(禮)로 돌아오게 하는 것을 말한다. 공자에게 수제자 안연(顔淵)이 인(仁)에 대해서 묻자, 공자가 "극기복례가 바로 인이다. 하루라도 극기복례를 할 수 있게 되면, 온 천하 사람들이 그 인에 귀의할 것이다.〔克己復禮爲仁, 一日克己復禮, 天下歸仁焉.〕"라고 대답하면서, 구체적인 조목으로 시청언동(視聽言動)의 사물(四勿)을 제시한 대목이 《논어》〈안연〉에 나온다.

232 사람 : 원문은 '横目'이다. 사람의 눈이 가로로 찢어졌기 때문에 이렇게 부른다. 《장자》〈천지(天地)〉에 "선생님은 횡목의 백성에게 뜻이 없습니까? 성인의 정치를 듣고자 합니다.〔夫子無意於横目之民乎? 願聞聖治.〕" 라는 말이 있다.

말을 경계하는 잠
戒言箴

군자가 입신을 하려면	君子立身
성실을 귀하게 여겨야 하니	誠之爲貴
온공은 말하기를	溫公有言
함부로 말하지 않는 것으로부터 시작하라 했네[233]	不妄語始
나약하면 혹 남을 추종하게 되고	懦或徇人
다투면 자기를 잃게 되니	爭則失己
네 입에서 내는 것을 신중히 하여	愼出乃口
네 뜻을 어그러트리지 말라	毋違乃志

233 온공은……했네 : 온공(溫公)은 북송(北宋) 때의 학자 사마광(司馬光)을 가리킨다. 충정공(忠定公) 유안세가 온공(溫公) 사마광을 뵙고, 마음을 다하고 몸을 행하는 요점으로써 종신토록 행할 만한 것을 묻자, 온공이 "그것은 성(誠)일 것이다.〔其誠乎!〕"라고 대답했고, 유공이 "이것을 행하려면 무엇을 먼저 해야 합니까?"라고 묻자, 온공이 "말을 함부로 하지 않음으로부터 시작해야 한다.〔自不妄語始.〕"라고 대답했다. 《小學 善行》

꿈을 기록하다 정미년[234]

記夢 丁未

정미년(丁未年) 계동(季冬 음력12월)에 며칠 동안 병으로 누워 있는데 눈보라에 문을 닫아걸고 있자니 온갖 감회가 마음을 뒤숭숭하게 하였다. 6일날 밤 잠깐사이 잠이 들었는데 꿈속에서 두 분의 아버님[235]을 모시고 도성 동문 밖 30리[236]쯤 되는 곳에서 노닐었다. 따르는 사람 두세 명은 다 옛날 빈객들이었다.

널찍하고도 평평한 골짝이 있고 긴 내가 굽이굽이 흘렀는데 물은 깊고 퍼래서 배를 띄울만하였고 좌우로는 바위 벼랑이 많았다. 물가에 숲이 있고 작은 돌이 물속에서 솟아나와 있었으며 그 위에 작은 모정(茅亭)[237]이 있는데 무너져서 오래 앉아 있을 수는 없었다. 물가를 따라 내려오니 바위 폭포와 계곡물이 있었는데 계곡물은 시내로 모여들고 시내는 5~6리를 가서 강으로 유입되었다. 계곡을 건너 높은 언덕으로 올라가니 강물을 조망할 만 하였고, 산기슭은 무성한데 눈앞이 시원하게 트였으니 양주(楊州)와 광주(廣州) 사이라고 하였다.

언덕 아래 작은 마을이 있는데 이름은 '상덕(常德)'[238]이었다. 높은

234 정미년 : 1727년(영조3), 오원의 나이 28세 되던 해이다.

235 두 분의 아버님 : 오원(吳瑗)의 생부인 오진주(吳晋周)와 양부인 오태주(吳泰周)를 가리킨다. 두 사람은 형제지간이다.

236 30리 : 원문의 '一舍'는 군사가 하루에 삼십 리를 걷고 하룻밤을 묵는다는 뜻으로, 삼십 리를 말한다.

237 모정(茅亭) : 띠로 이엉을 엮어 지붕을 인 정자(亭子)를 말한다.

곳에는 정자를 지을 만하였고 또 전원이 있어서 즐길만하였다. 곁에 있던 사람이 말하기를

"이곳은 내놓아 팔려던 곳이라오. 한 귀공자가 거주하려다 못하였습지요."

라고 하였다.

나는 이 땅이 시원스럽게 툭 트이고 또 종암(鐘巖)[239]의 농막과 멀지 않은 것이 좋아서 청하여 값을 주고 소유하게 되었다. 자첨(子瞻)의 부(賦)에서 그 정자 이름과 누대 이름을 취하고자 정자는 '협선(挾僊)', 누대는 '포월(抱月)'이라 하였고,[240] 또 마루를 하나 만들어서 '소운(嘯雲)'이라고 해서 누대와 대맞춤을 하였으니, 적선(謫仙)의 "휘파람으로 흰 구름을 일으켜 칠택(七澤)으로 날리네.〔嘯起白雲飛七澤〕"라는 시구[241]를 취한 것이다. 거처할 집은 마을 이름으로 명명하려고 하였는

238 상덕(常德) : 진(晉)나라 도연명(陶淵明)의 〈도화원기(桃花源記)〉에 나오는 무릉의 옛 지명이 상덕(常德)이다. 여기서도 무릉도원(武陵桃源)을 연상시키는 지명으로 쓰인 듯하다.

239 종암(鐘巖) : 오원의 별장이 있던 곳이다. 현 서울 종암동 부근으로, 오원은 이곳에 동정(東亭)을 지어놓고 남유용・이천보・황경원 등과 함께 노닐면서 자주 시주회(詩酒會)를 열곤 했다.

240 자첨(子瞻)의……하였고 : 소식(蘇軾)의 〈적벽부(赤壁賦)〉의 "하늘을 나는 신선을 끼고 한가로이 놀며, 밝은 달을 안고 오래오래 살고 싶구나.〔挾飛仙以遨遊, 抱明月而長終.〕"라는 구절에서 '협선'과 '포월'을 취한 것이다.

241 적선의……시구 : 적선은 이백을 가리킨다. 그의 〈자한양병주귀기왕명부(自漢陽病酒歸寄王明府)〉라는 시에 이 구절이 있다. 칠택(七澤)은 옛날 초나라에 있었다고 전하는 일곱 곳의 거대한 소택(沼澤)을 가리킨다. 사마상여(司馬相如)의 〈자허부(子虛賦)〉에 "신은 초나라에 일곱 소택이 있다고 들었는데, 일찍이 그중 하나만 보았고 그 나머지는 보지 못했습니다.〔臣聞楚有七澤, 嘗見其一, 未覩其餘也.〕"라는 말이 있다.

데, 두 분 아버님을 부축하여 모시고 소요하는 일이 채 무르익기도 전에 퍼뜩 잠이 깨었다.

아. 선군(先君) 형제께서는 본래 산수에 대한 높은 지취를 가지셨는데, 세상일에 얽매이시게 되고 병이 가세하였다. 소자가 불효하여, 얼굴을 뵙고 뜻을 맞추어드리면서 한가하게 노년을 보내시게 하는 즐거움을 끝내 이루어 드리지 못하고, 9년 동안에 두 번이나 큰 재앙을 당해서,[242] 의지할 곳 없는 이 한 몸[243]만 미련하게 혼자 살아남았으니, 때로 남기신 글 가운데 〈훈지창화(塤篪唱和)〉편(篇)[244]을 읽을 때면 피눈물이 종이를 적실 따름이었다.

내가 이 생에 궤장(几杖)을 잡고 색동옷 입고 호산(湖山) 누각(樓閣) 사이에서 춤을 추면서 조금이나마 기뻐하시게 하고 싶다한들[245] 다시 할 수 있겠는가? 지금 이 한낮의 꿈이 평생 이루어드리지 못한

《史記 卷117 司馬相如列傳》

242 큰 재앙을 당해서 : 오원(吳瑗)은 17세이던 1716년(숙종42) 10월에 양자로 들어간 집의 아버지인 해창위(海昌尉) 오태주(吳泰周)의 상을 당하였고, 25세이던 1724년(경종4) 9월에 생부인 오진주(吳晉周)의 상을 당하였다.

243 의지할……한 몸 : 원문의 '孤露'는 어려서 어버이를 잃은 사람이 스스로를 일컫는 말이다.

244 훈지창화(壎篪唱和) 편(篇) : '壎篪唱和'는 형제의 우애가 좋음을 말한다. 《시경(詩經)》〈하인사(何人斯)〉에 "백씨(伯氏)가 질나팔을 불거든 중씨(仲氏)는 젓대를 부는지라, 너와 더불어 한 꿰미에 있는 듯하노니 진실로 나를 모른다고 할진댄 이 세 물건을 꺼내어 너와 맹약하리라.〔伯氏吹壎, 仲氏吹篪, 給爾如貫, 諒不我知, 出此三物, 以詛爾斯.〕"라고 한 데서 나왔다. 아버님의 유고 가운데 이러한 내용으로 된 글이 있었던 것 같다.

245 기뻐하시게……싶어도 : 원문의 '怡愉'는 어버이를 옆에서 모시면서 기쁘고 즐겁게 해 드리는 것을 말한다.

즐거움을 잊고 소자의 하늘에 닿을 슬픔을 위로할 듯하였는데 홀연히 놓쳐버렸으니 그리움과 원통함 어찌 끝이 있으랴? 고인이 "꿈은 생각에서 생긴다."[246]라고 말하였으니 진실로 소자의 정성에 감응이 있다면 필시 날마다 이러한 꿈을 꿀 것이다. 아. 이는 소자에게 달려 있도다.

무신년(戊申年) 7월 하순 꿈에 고인(古人)의 화상찬(畵像贊)을 지었는데 그 가운데 "청묘의 관면이요 무고의 병기로다.〔淸廟冠冕, 武庫戈鋋〕"라는 말이 있었던 것이 기억났다. 옆에 있는 사람을 돌아보며

"이 분의 단정하고 장엄한 기상을 잘 표현해 내었는가?"

라고 하니 옆 사람이 말하기를

"예. 예."

라고 하였다. 그러나 끝내 옛적 어떤 사람인지는 기억해 내지 못하였다.

8월 하순 꿈에 두세 사람과 함께 교외로 나가 유람을 하였다. 때는 마침 초봄이라 내가 시가 떠올라 짓기를

"온 산에 눈이 그치니 파릇파릇 싹이 돋고	千峰罷雪生微綠
뭇 새들 봄을 만나니 재잘재잘 지저귀네	衆鳥逢春作好音"

246 꿈은……생긴다 : 송(宋)나라 사람인 여조겸(呂祖謙)이 "생각이 없으면 원인이 없고 원인이 없으면 꿈이 없는 것이니, 온 천하의 꿈은 생각에서 벗어나지 않을 뿐이다.〔無想則無因, 無因則無夢, 擧天下之夢, 不出於想而已矣.〕"라는 말을 한 바 있다. 《古今事文類聚 後集 卷21 肖貌部 夢 論夢生於想》

라고 하니 곁에 있던 사람이 좋다고 하였는데, 한 객이 말하기를

"글자 쓰신 것이 배운 것만 못한 듯합니다."

라고 하였다. 퇴고를 미처 다하지 못하였는데 잠이 깨었다.

내가 밤에 자다 꿈에서 이러한 일을 겪은 적이 매우 많아 이루 다 쓸 수도 없다. 산수(山水)의 문장(文章)은 본디 고아한 아취가 있어 심지어 꿈속에서도 잊을 수 없으니 이 또한 큰 습벽이로다. 가소롭다.

기유년(己酉年)[247] 9월 내가 집에 있을 때였다. 하루는 꿈에 대궐의 공관에서 숙직을 하고 있었는데 대략 옛 동궁 근방이었다. 문과 담장이 허물어지고 사방을 둘러보니 적막하기로 그 슬픔을 이기지 못하여 시 한 수를 짓기를

"동문의 달 밝은 새벽 물시계 소리 들려오니	銅門月曉漏聲來
흡사 용루[248]에서 문안 돌 때를 기다리는 듯	似待龍樓問寢廻
줄줄 흐르는 눈물 걷잡을 수 없으니	淸淚百行收不得
서풍이 가져다 대궐 섬돌에 뿌리리라	西風沾灑玉階苔"

라고 하였다. 지난겨울 이래로 온 나라의 신하와 백성 누군들 슬프고 원통해 하면서 하늘에 호소하지 않았으랴마는 나는 춘방(春坊)의 옛

247 기유년(己酉年) : 효장세자가 죽고 한 해 뒤인 1729년(영조5)이다.

248 용루(龍樓) : 세자궁(世子宮)의 별칭이다. 《한서(漢書)》 〈성제기(成帝紀)〉에 "왕이 급하게 태자를 부르니 용루문(龍樓門)에서 나왔다."라고 하였는데, 주(注)에 "문루(門樓) 위에 구리로 만든 용[銅龍]이 있으므로 용루(龍樓)라고 한다."라고 하였다.

관료[249]로서 동위(銅闈)[250]로 달려가 세자의 말씀 받들었던 것을 생각할 때마다 허망하게 전생의 일처럼 여겨졌다. 숨어 살며 조용히 생각하노라니 뼛속까지 몹시 아픈데 꿈의 발현이 어찌 그렇지 않을 수 있으랴. 슬프도다.

처음 내가 이 꿈을 꿨을 때 상상에서 생긴 것일 뿐이라고 여겼다. 그런데 일전에 기조낭중(騎曹郎中)으로 경휘전(敬徽殿)[251] 우제(虞祭)[252]의 제관에 차임되었을 때 옛 익위사(翊衛司)[253]에서 재숙(齋宿)[254]하면서, 전에 지었던 시를 더듬어 기억해 내었다. 밤은 깊은데 잠은 오지 않고, 중문(重門)은 쓸쓸하고 아득한데 거친 이끼가 오솔길을 덮었으며, 새벽달은 비스듬히 비추어주는데 사람의 자취 적막한 것이 역력히 꿈속에 보았던 바였으니 아마도 인사란 미리 정해지지 않음이 없어서인가? 홀로 앉아서 목 놓아 슬퍼하다가 돌아와서 기록한다. 경술년(庚戌年) 10월 하순에 적다.

249 춘방(春坊)의 옛 관료 : 오원은 효장세자가 죽기 직전인, 1728년(영조4) 시강원 사서(侍講院司書)를 지낸 바 있다.

250 동위(銅闈) : 동룡문(銅龍門), 즉 세자궁의 문을 말한다.

251 경휘전(敬徽殿) : 경희궁(慶熙宮) 안에 있는 선의왕후(宣懿王后)의 혼전(魂殿)이다.

252 우제(虞祭) : 우(虞)는 안(安)이니, 우제는 안신제(安神祭)이다. 장례를 마치고 신주를 모시고 돌아와서 그날 안에 초우(初虞)를 지내서 혼령을 안정시키고, 다시 유일(柔日)인 을일(乙日)·정일(丁日)·기일(己日)·신일(辛日)·계일(癸日)에 재우(再虞)를 지내고, 다시 강일(强日)인 갑일(甲日)·병일(丙日)·무일(戊日)·경일(庚日)·임일(壬日)에 삼우(三虞)를 지낸다.

253 익위사(翊衛司) : 세자익위사(世子翊衛司)를 말한다. 태조(太祖) 원년에 창설하여 왕세자의 시위(侍衛)를 맡은 관아이다.

254 재숙(齋宿) : 사당에 제사를 지낼 때 제관(祭官)이 전날 밤에 재소(齋所)에서 밤을 지내던 일을 말한다.

양지양능[255]에 관한 대책 무신년[256]

對良知良能策 戊申

별시 초시에서 장원을 차지하였다.

대답합니다.

아. 깊고도 넓습니다, 성현의 입언(立言)이. 어찌 그리도 분분히 가닥이 많은 것입니까? 사람이 하늘에서 생명을 받아 사람이 된 까닭은 자그마한 여섯 척 몸뚱이와 한 덩이 사방 한 치 마음이 있어서입니다. 그러나 자그마한 몸뚱이와 한 덩어리의 마음속으로 들어가 보면 '심(心)'이라 이름 한 것이 있고 '성(性)'이라, '정(情)'이라 이름 한 것이 있으며, '심(心)'이라고 하고 '성(性)' '정(情)'이라고 하는 것 이외에 또 이른바 '양지(良知)' '양능(良能)'이라고 부르는 것이 있습니다. 이 어찌 하나의 가슴속에 명물(名物)이 이처럼 번다하단 말입니까.

아. 선유들께서 드러내 밝히신 심(心)·성(性)·정(情)은 낙민(洛閩)[257]의 제선생에 이르러서 비로소 상세해지고 또 잘 갖추어지게 되었

255 양지(良知) 양능(良能) : 《맹자》 〈진심 상(盡心上)〉에 "사람이 배우지 않고서도 능한 것, 그것이 양능이요 생각하지 않고서도 아는 것, 그것이 양지이다.〔人之所不學而能者, 其良能也, 所不慮而知者, 其良知也.〕"라고 하였다. 사람은 누구나 부모를 사랑하는 인(仁)과 어른을 공경하는 의(義)를 알고 실천할 수 있는 '선천적 지혜〔良知〕'와 '선천적 능력〔良能〕'을 갖추고 있다고 본 것이다. 명(明)나라 때 왕수인(王守仁)이 이 양지·양능을 극히 중시하여, 주자학에 맞서 치양지(致良知)를 종지(宗旨)로 하는 양명학(陽明學)을 일으켰다.

256 무신년 : 1728년(영조4), 오원의 나이 29세이다. 이해 5월, 정시(庭試) 문과(文科)에 장원급제 하였는데 그때의 답안지이다.

으나 그 근원은 모두 추맹씨(鄒孟氏)[258]에게서 나온 것입니다. 대개 성선(性善) 한 마디는 진실로 이미 만세에 해와 별처럼 되었습니다. 인의(仁義)의 마음을 논함에 이르러서는 산목의 돋아난 싹으로 비유를 설정하였고,[259] 선단(善端)의 발로를 밝힘에 이르러서는 어린아이가 우물에 들어가는 것에서 증험을 취하였으니[260] 이는 모두 상리(常理)의 지근함과 인심의 고유함에 나아가 미루어 넓혀 말을 한 것이라, 더 남김없이 깊고 간절하고 분명히 드러냈다 이를만하니, 다시 말로 표현하기를 기다릴 필요가 없을 것입니다.

257 낙민(洛閩) : 낙(洛)은 낙양(洛陽)의 정호(程顥)와 정이(程頤)를 가리키고, 민(閩)은 민중(閩中)의 주희(朱熹)를 가리키는데, 이들이 모두 그곳에서 학문을 강론하여 제자를 길렀으므로 정자와 주자의 학문을 낙민학(洛閩學)이라고 한다.

258 추맹씨(鄒孟氏) : 맹자가 추(鄒) 땅 사람이므로 추성, 혹은 추맹(鄒孟)이라 일컫는다.

259 인의(仁義)의……설정하였고 : 맹자(孟子)가 우산장(牛山章)에서, 사람은 누구나 인의(仁義)의 양심(良心)이 있음을 설명하면서 비유한 내용이다. 제(齊)나라 동쪽에 있는 우산에는 원래 나무가 많았는데 큰 도읍 곁에 있기 때문에 사람들이 나무를 자꾸 베어 내고 그나마 밤사이에 돋아난 싹을 또 가축들이 뜯어 먹으니 결국은 민둥산이 되고 말았다. 사람이 가지고 있는 인의의 양심도 마찬가지여서 자꾸 어긋나는 행위를 하게 되면 양심이 상하게 되지만 밤사이에는 기욕(嗜慾)이 가라앉고 양심이 다시 자라나게 된다. 그러나 낮에 다시 어긋나는 행위를 하여 자꾸 쌓이게 되면 결국은 우산의 나무와 같이 양심이 모두 없어져 금수와 같게 되는데, 그렇다 해도 금수에 가깝게 된 것이 사람의 본 모습은 아니라는 것이다. 《孟子 告子上》

260 선단(先端)의……취하였으니 : 맹자는 사람에게 차마하지 못하는 마음〔不忍人之心〕이 있음을 말하면서 "지금 사람들이 어린아이가 장차 우물에 들어가려는 것을 보자마자 모두 두렵고 측은한 마음이 생기는데, 이것은 어린아이의 부모에게 교제를 맺으려는 까닭이 아니며 고을의 붕우들에게 명예를 바라는 까닭이 아니다."라고 하였다. 《孟子 公孫丑上》

그런데도 오히려 다시 양지양능의 설을 펴게 된 것은 진실로 사람들에게 고유하고도 지근한 것으로는 어린 아이가 어버이를 친애하고 형을 공경하는 것보다 절실한 것이 없기 때문입니다. 그리하여 간곡하게 이렇게 반복하여 천하에 이러한 마음을 가진 사람들로 하여금 두려워하면서 이러한 성을 회복하고 이러한 정을 발하게 하려 하신 것이니, 이 어찌 맹자께서 긴요하게 사람들을 위해 가르쳐 주신 곳이 아니겠습니까?

아. 그러나 이 양지양능이라고 하는 것은 이미 하늘이 주신 것이고 사람이 받지 않음이 없는 것인즉, 본디 고하 등급에 따라 들쭉날쭉 가지런하지 않음은 있을 수 없습니다. 아는 것과 능한 것을 미루어, 알지 못하고 능하지 못한 것까지 극진히 하면 성인도 나일 것이고 나도 성인일 것인즉 그 귀착하는 바를 궁구하면 성인이 보통 사람과 어찌 별과 못처럼 멀리 떨어져 있고 못과 바다처럼 다르겠습니까?

아. 행하되 드러내지 못하고 익히되 살피지 못하여, 종신토록 말미암으면서도 그 길을 알지 못하는 자[261]들이 한없이 많아 세상이 온통 그러하니, 사람치고 누군들 양지양능을 가지지 않겠습니까마는 양지양능이 나에게 있다는 것을 아는 사람은 진실로 적은 것입니다. 맹씨로부터 이미 이에 대하여 깊이 탄식하였거니와 하물며 세도가 더욱 나빠지고 인심이 더욱 타락되어서 성학(聖學)의 밝지 못함이 이때와 같은

261 행하되……못하는 자 : 《맹자(孟子)》 〈진심 상(盡心上)〉에 "행하면서도 밝게 알지 못하고 익히면서도 살피지 못하기 때문에 평생토록 행하면서도 그 도를 모르는 자가 많은 것이다.〔行之而不著焉, 習矣而不察焉, 終身由之而不知其道者衆也.〕"라는 말이 나온다.

적이 없으니 사람이 양지와 양능을 가지고 있되, 차꼬가 채워져 손상되는 일 없이 금수와 다를 자가 몇 사람이나 되겠습니까.[262]

아. 예로부터 성현들 가운데 사람을 잘 개발해준 분으로는 아마 맹자만한 분이 없을 것입니다. 그는 말씀을 할 때 매번 사람들이 이미 밝힌 바를 통하여 밝히지 못한 것에 도달하였으니, 이 양지양능 한마디 말에서 또한 볼 수 있습니다. 그러나 맹자는 일찍이 용자(龍子)의 "발을 알지 못하고 신을 만들더라도 나는 그가 삼태기를 만들지 않을 줄 안다."[263]라는 말을 인용한 바 있고, "마음으로 똑같이 옳다고 여기는 것은 이(理)이고 의(義)이다. 성인은 사람들이 마음속으로 똑같이 옳다고 여기는 것을 먼저 알았다."[264]라고 말하기도 하였습니다. 저는 이 말에

262 사람이……되겠습니까 : 누구나 사람은 인의(仁義)의 마음을 지녔지만 양심을 저버려 불인하게 되었다는 의미이다. 《맹자》 〈고자 상(告子上)〉에, 우산(牛山)에 나무가 무성하였으나 큰 도성 부근에 있었기에 모두 벌목되었고, 새로 돋은 싹도 소와 양이 뜯어 먹어 민둥산이 된 것처럼, 사람이 본래부터 타고난 인의(仁義)의 마음도 양심을 버림으로써 무디어지고 야기(夜氣)에 의해 자라난 양심의 싹도 질곡을 받아 결국 금수와 다름없이 된다는 내용이 있다. 《孟子 告子上》

263 용자(龍子)의……안다 : 《맹자》 〈고자 상(告子上)〉에 "용자가 말하기를 '발을 알지 못하고 신을 만들더라도 나는 그가 삼태기를 만들지 않을 줄 안다.' 하였으니, 신이 서로 비슷한 것은 천하의 발이 같기 때문이다.〔龍子曰: 不知足而爲屨, 我知其不爲蕢也. 屨之相似, 天下之足同也.〕"라는 말이 있다.

264 마음으로……알았다 : 《맹자》 〈고자 상(告子上)〉에 "사람들이 마음속으로 똑같이 옳다고 여기는 것은 무엇인가. 그것은 이와 의이다. 성인은 사람들이 마음속으로 똑같이 옳다고 여기는 것을 나보다 먼저 알았다. 그러므로 의리가 우리의 마음을 즐겁게 하는 것은 마치 고기 음식이 우리의 입을 즐겁게 하는 것과 같다고 할 것이다.〔心之所同然者, 何也? 謂理也義也. 聖人先得我心之所同然耳, 故理義之悅我心, 猶芻豢之悅我口.〕"라는 말이 나온다.

서 감분(感奮)한 바가 있어서, 일찍이 의리의 학문을 배워, 누구나 다 같이 가지고 있는 양지양능을 찾기 원하였는데, 우리의 마음을 먼저 아시고 흥기시켜주셨는지라, 감히 성상(聖上)께 바라는 것이 있게 되었습니다. 그런 가운데 과장[265]에서 책문(策文)을 받드니 어리석은 충정이 복받쳐 오릅니다.

저는 사람이 태어날 때에 양지양능을 가지고 있지 않음이 없다고 생각합니다. 대개 하늘이 백성을 낼 때에 이 인류를 가장 영묘하게 하였으니[266] 생각하기를 기다리지 않아도 저절로 아는 바가 있고, 학습하기를 기다리지 않아도 저절로 능한 것이 있습니다. 이것이 본연의 선심(善心)이니 당초 얻지 못하는 이는 한 사람도 없는지라, 어질고 지혜가 있다고 해서 더해지는 경우도, 어리석고 불초하다고 하여 덜어지는 경우도 없습니다. 이 때문에 머리는 둥글고 발은 모가 나서 사람이라고 불리는 모든 자[267]들은 어릴 때에는 그 부모를 사랑하지 않음이 없고 점점 자라게 되면 그 형님을 공경하지 않음이 없게 됩니다. 이 마음은 뭉게뭉게 일어나 어디를 가든 있게 되니, 당초에 어찌 견주고

265 과장(科場) : 원문의 '禮圍'는 과거(科擧)의 회시(會試) 또는 그 회시를 보이는 장소를 지칭하며, 예조(禮曹)에서 주관하기 때문에 붙여진 이름이다. '예위(禮闈)'라고도 한다.

266 가장……하였으니 : 주돈이의 〈태극도설〉에 "오직 사람만이 그중에 빼어난 것을 얻어 가장 영묘하다. 형체가 생기고 나면 정신이 지각을 일으킨다. 오성이 감응하여 움직이니 선과 악이 나누어지고 온갖 일이 생겨나게 된다.〔惟人也, 得其秀而最靈, 形旣生矣, 神發知矣. 五性感動, 而善惡分, 萬事出矣.〕"라고 하였다.

267 머리는……모든 자 : 《회남자(淮南子)》에 나오는 말로, 사람의 둥근 머리는 하늘을 형상한 것이고, 네모난 발은 땅을 형상한 것이라고 한다.

헤아리는 마음과 인도하고 권면하는 공을 빌리겠습니까?

그러나 어둡고 밝고 순수하고 잡박함은 그 품부 받은 것이 같지 않고, 이목구비가 그 욕망에 쉽게 움직이는지라, 일상생활에서 살피고, 일을 하는 사이에서 체험할 때, 본래의 선한 마음이 능히 확충되지 못하는 것이 마치 샘이 아직 솟아나기도 전에 이미 그것을 막는 것이 있고, 마치 불이 아직 타오르기 전에 이미 그것을 끄는 것이 있는 것 같으니,[268] 성대하게 곧바로 이루어 질 수 없는 것이 진실로 괴이한 일이 아닙니다.

아. 저 양지양능이라고 하는 것은 실로 천리(天理)의 고유함에 뿌리를 두고 있지만, 어질고 지혜 있는 자는 이 이치를 알아 미루어 넓히고, 어리석고 불초한 자는 이 이치를 알지 못하여 차꼬가 채워져 상실됩니다. '저는 어떤 사람이며 나는 어떤 사람인가'[269] 하는 것은 오직 배우는 데에 있을 따름이나, 사람이 진실로 호걸지사가 아니라면 어찌 능히 문왕(文王) 없이 흥기할 수 있겠습니까?[270]

268 샘이……같으니 : 맹자(孟子)가 사단(四端)을 설명하면서 "우리에게 있는 사단을 모두 확충할 줄 알면, 마치 불붙기 시작하고 샘솟기 시작하는 것과 같을 것이니, 제대로 확충한다면 사해를 보전할 수 있을 것이요, 확충하지 못한다면 부모도 섬길 수 없을 것이다.〔凡有四端於我者, 知皆擴而充之矣, 若火之始然, 泉之始達, 苟能充之, 足以保四海, 苟不充之, 不足以事父母.〕"라고 말한 내용이 《맹자》 〈공손추 상(公孫丑上)〉에 나온다.

269 저분은……사람인가 : 성현의 경지에 오를 것이라고 다짐하여 뜻을 세우는 말이다. 안연(顏淵)이 말하기를 "순 임금은 어떤 사람이며 나는 어떤 사람인가? 순 임금이 되려고 노력하는 자는 또한 순 임금같이 될 것이다.〔舜何人也? 予何人也? 有爲者亦若是.〕" 한 데서 온 말이다. 《孟子 滕文公上》

270 호걸지사가……있겠습니까 : 맹자가 "문왕이 출현하기를 기다린 뒤에 흥기하는

아. 제가 명철하신 질문 여러 조항을 받들어 읽으니 의문 나는 것이 있습니다. 대저 학자의 근심 중 가장 큰 것은 명목을 억지로 끌어다 붙이는 것에 있고, 강학과 토론의 요체는 실체를 체인하는 것 만한 것이 없습니다. 그런데 지금 집사의 질문에는 끌어다 붙이는 병통은 많고 체인의 요체는 없는 것 같습니다. 아마도 집사께서 짐짓 이러한 것으로 저희를 시험하시는 것이겠지요? 비록 그렇다 해도 이를 통해 대답해 올리겠습니다.

아. 저 이른바 양지양능이라는 것은 '양(良)' 자(字)를 가지고 말을 하면 마치 아직 발하지 않은 성(性)[271]에 속하는 것 같지만 '지(知)'와 '능(能)' 자를 가지고 말을 하면 이미 발한 정(情)에 속하는 것 같기도 합니다. 그러나 본연의 선이 비록 성(性)과 유사하기는 해도 이미 알고 있고 이미 능한 것을 곧 성(性)이라고 한다면 거의 심(心)을 성(性)으로 인식하는 것에 가깝지 않겠습니까? '지(知)'라고 하고 '능(能)'이라고 하는 것이 비록 정(情)과 유사하기는 하지만 맹자의 입언(立言)은 아마도 이러한 '지'가 있고 이러한 '능'이 있다고 한 것일 뿐, 발용하여 베푸는 측면에서 하신 말씀은 아닌데, 그것을 일러 곧 정(情)이라고 할 수 있습니까?

아. 저는 진실로 본래 선한 마음으로 양지양능을 말하는 것이 가장 적절하다고 생각합니다. 주자가 이른 바 "방출되어 인심이 된다."라고

자는 평범한 백성들이니, 호걸의 선비는 비록 문왕이 없더라도 흥기한다.〔待文王而後興者, 凡民也, 若夫豪傑之士, 雖無文王獨興.〕" 하였다. 백성들은 선각자의 교화가 있어야 선(善)을 하려는 마음을 일으킨다는 의미이다. 《孟子 盡心上》

271 발하지 아니한 성〔未發之性〕: 본연지성을 가리킨다. 즉 발하기 전에 본래부터 존재했던 성(性)을 말한다.

하신 것은 진실로 양지양능이라 이를 수 없지만 "거두어들여 도심이 된다."고 하신 것은 참으로 양지양능에 가깝습니다.[272] 그러나 저쪽이 의리에 대해서 깨달은 것으로 말한 것이라면 이쪽은 본연의 선으로 말한 것입니다. 그 심오한 뜻을 세밀히 궁구해 보면 또한 각각 가리키는 바가 있으니 하필 나누어 늘어놓아 설을 삼을 일이겠습니까.

아. 이 백성들이 태어남에 사물이 있으면 법칙이 있었으니[273] 이 양지양능도 하늘에서 나온 것이고 사람에게 매어있는 것이 아닙니다. 그러나 기질에 얽매이고 정욕에 유혹을 받으니 본심을 회복하는 데는 학문사변(學問思辨)의 공부[274]를 기다리지 않을 수 없습니다. 만일 "하늘에 일임하고 사람의 힘을 용납하지 않는다."라고 한다면 이는 바로 강서(江西) 대박두(大拍頭)[275]의 법문(法門)이자, 주자(朱子)가 힘을 다하

272 주자가……가깝습니다 : 주자는 〈답허순지(答許順之)〉에서 "인심으로부터 거두어들인 것이 곧 도심이고, 도심으로부터 놓아 버린 것이 곧 인심이다.〔自人心而收回, 便是道心, 自道心而放去, 便是人心.〕"라고 하였다. 《朱子語類 卷39》

273 백성들이……있었으니 : 《시경》 〈증민(蒸民)〉에서는 "'하늘이 여러 백성을 내시니, 사물이 있으면 법칙이 있도다. 사람들이 마음에 떳떳한 본성을 가지고 있는지라, 이 아름다운 덕을 좋아한다.〔天生蒸民, 有物有則. 民之秉彝, 好是懿德.〕"라고 하였다.

274 학문사변(學問思辨)의 공부 : 배우고 묻고 생각하고 분변하여 돈독히 실행하는 공부를 말한다. 공자가 말하기를, "널리 배우며, 자세히 물으며, 신중히 생각하며, 밝게 분변하며, 돈독히 실행하여야 한다.〔博學之, 審問之, 愼思之, 明辯之, 篤行之.〕"라고 하였다. 《中庸章句 第20章》

275 강서(江西) 대박두(大拍頭) : 송나라 때의 심학가(心學家)인 육구연(陸九淵)을 일컫는 말이다. 강서성(江西省) 귀계(貴溪)의 상산(象山)에서 강학하였기 때문에 당시에 '상산 선생'이라 일컬어졌다. '大拍頭'는 평소에 자신의 학문을 자부하여 다른 사람과 논쟁할 때면 반드시 기세등등하게 큰소리로 떠들어 대며 조금도 거리낌이 없었던 육구연의 모습을 형용한 말이다. 육구연이 세상을 떠났을 때 주자가 "평소에 크게 기세

여 통렬히 논변한 바이기도 합니다. 그런데 집사께서는 이에 대해서 또 무엇을 물으십니까?

아. 사람에게 백 가지 행실이 있으나 효제(孝弟)가 근본이 되니 천리와 인정의 자연스러운 것입니다. 어찌 어버이를 친애하고 형을 공경하는 것보다 절실한 것이 있겠습니까? 유약(有若)의 말[276]과 정자(程子)의 논의[277]는 지극히 상세하고 절실합니다. 맹자가 유독 이 두 가지만 든 것도 그 뜻이야 어찌 이와 다르겠습니까?

아. 요순(堯舜)이 뜻 없이 편안히 행한 것과 탕무(湯武)가 뜻을 가지고 이롭게 여겨 행한 것은 그 양지와 양능은 비록 피차 다른 것이 없으나 나면서부터 안 것과 배워서 안 것은 진실로 본성 그대로인 것과 본성을 회복한 것의 차이가 있습니다. 그 공을 이룬 것으로 논하자면 또한 마찬가지이지만 말입니다.[278]

를 떨치고 마구 고함을 지르더니, 지금 이렇게 세상을 떠날 줄 어떻게 알았겠는가.〔見其平日大拍頭胡叫喚, 豈謂遽至此哉?〕" 하였다.

276 유약(有若)의 말 : 공자의 제자 유약이 "군자는 근본에 힘쓰나니 근본이 서야 도가 생긴다. 효도와 공손은 인(仁)을 행하는 근본인저.〔君子務本, 本立而道生. 孝弟也者, 其爲仁之本歟!〕"라고 말한 바 있다. 《論語 學而》

277 정자(程子)의 논의 : "인을 행하는 근본일 것이다.〔其爲仁之本歟!〕"에 대한 주석에서 정자(程子)가 "효제(孝弟)가 집에서 행해진 뒤에 인애가 사물에 미치니, 이른바 친한 이를 친히 여기고서 백성을 사랑한다는 것이다.〔孝弟行於家而後, 仁愛及於物, 所謂親親而仁民也.〕"라고 하였다. 《論語 學而》

278 요순이……말입니다 : "요순(堯舜)께서는 타고난 성(性)대로 하셨고, 탕무(湯武)께서는 성(性)을 회복하셨다.〔堯舜, 性者也, 湯武, 反之也.〕"라고 한 맹자의 말에 대한 여씨(呂氏)의 주석에서 "뜻이 없이 편안히 행함은 성(性) 그대로 하는 것이요, 뜻이 있어 이롭게 여겨서 행하여 뜻이 없는 데에 이르는 것은 성(性)을 회복한 것이다. 요(堯)・순(舜)은 그 성(性)을 잃지 않았고, 탕(湯)・무(武)는 그 성(性)을 잘 회복하

아. 의리가 모두 갖추어져 있는 것을 대인(大人)의 마음이라고 하고 인욕에 아직 빠지지 않은 것을 어린아이의 마음이라고 하니 어려서는 어린아이의 마음인 것이고 자라서는 대인의 마음인 것입니다.[279] 양지 양능은 진실로 이것이 인욕에 빠지지 않은 선한 마음이라면 어린아이의 마음에 귀속시켜도 안 된다고 할 수 없습니다. 그러나 양심과 어린 아이의 마음은 꼭 그 지위를 세분할 필요가 없지만 굳이 그것을 나누려고 하면 어린 아이의 마음은 마땅히 양심의 앞에 있어야 합니다. 그런데 지금 도리어 양심의 뒤에 있으니 저는 정밀치 못하다고 생각됩니다. 아마도 정씨(程氏)가 이 그림을 만들 때에[280] 실로 억지로 나누어 배치한 병통이 있고 실제로 체인한 맛이 전혀 없어서인 것 같습니다. 저는 매양 이것을 싫어하였는데 지금 집사께서 대인과 적자의 마음을 다른 바 없다고 하시니 저는 그러한 생각이 너무도 분수가 없는 것이라는 의혹을 가지고 있습니다.

였으니, 공을 이룬 것이 이르면 똑같은 것이다.〔無意而安行, 性者也, 有意利行而至於無意, 復性者也. 堯舜不失其性, 湯武善反其性, 及其成功則一也.〕"라고 하였다.

279 의리가……것입니다 : 《맹자》〈이루 하(離婁下)〉에 "대인이란 어린아이의 마음을 잃지 않는 자이다.〔大人者, 不失其赤子之心者也.〕"라는 말이 있다.

280 정씨가……때에 : 정씨(程氏)는 원(元)나라 때 학자 정복심(程復心)이고, 이 내용은 정복심의 〈심학도(心學圖)〉에 대한 설명이다. 〈심학도〉는 정복심이 주자(朱子)의 《사서집주(四書集註)》에 황씨(黃氏), 보씨(輔氏)의 설을 절충하여 장을 나누어 도해한 책 《사서장도(四書章圖)》 가운데 있는 도본(圖本)이다. 여기에서 정복심은 "적자심(赤子心)은 인욕에 빠지지 않은 양심이고 인심은 바로 욕망에서 깨달은 것이며, 대인심(大人心)은 의리가 충족한 본심이고, 도심은 바로 의리에서 깨달은 것이니, 이는 두 가지 마음이 있는 것이 아니다.〔赤子心是人欲未汨之良心, 人心卽覺於欲者, 大人心是義理具足之本心, 道心卽覺於義理者, 此非有兩樣心.〕"라고 하였다. 《心經附註 心學圖》

아. 보통사람의 어리석음으로도 알 수 있고 능할 수 있다는 것은 도(道) 가운데 일부의 일입니다. 성인의 성스러움으로도 알지 못하고 능하지 못하다는 것은 전체를 들어 통괄하여 말한 것입니다.[281] 양지양능이 있은즉 어린 나이에도 역시 사랑과 공경의 정성을 알 것이요,[282] 외물의 유혹과 자기의 사욕에 이미 가려졌은즉 성장을 한 뒤에도 도리어 효제의 도에 어두워, 본심을 보전하기는 몹시 어렵고 정욕에 빠지기는 몹시 쉬울 것입니다.

아. 식색(食色)의 욕망은 형기(形氣)와 함께 생기는 것인즉 비록 요순과 같은 성인이라고 하더라도 진실로 걸주(桀紂)와 다르지 않을 것입니다. 이는 위태로운 인심[283]이요, 본연의 선에 소속시킬 수 없는 것이니 맹자가 이른바 양지양능은 이러한 것들을 가리키는 것이 아닙

281 보통사람의……것입니다 : 《중용장구》 제12장에 "군자가 추구하는 도는 그 용(用)이 광범위하다. 그래서 필부필부(匹夫匹婦)의 어리석은 수준으로도 다 함께 알 수가 있지만, 그 도의 지극한 차원에 이르면 비록 성인이라도 알지 못할 면이 있다. 필부필부의 불초한 수준으로도 행할 수가 있지만, 그 도의 지극한 차원에 이르면 비록 성인이라도 행할 수 없는 면이 있다.〔君子之道費, 夫婦之愚, 可以與知焉, 及其至也, 雖聖人亦有所不知焉. 夫婦之不肖, 可以能行焉, 及其至也, 雖聖人亦有所不能焉.〕"라는 말이 나온다.

282 어린……것이요 : 원문의 '孩提'는 2, 3세 정도 되는 나이를 말한다. 《맹자(孟子)》 〈진심 상(盡心上)〉에 "해제의 어린아이도 자기 부모를 사랑할 줄 모르는 이는 없다.〔孩提之童, 無不知愛其親也.〕"라고 하였고, 이에 대해 주희는 "해제는 두세 살 정도 되는 웃을 줄 알고 손을 잡아 주고 안아 줄 만한 아이이다.〔孩提, 二三歲之間, 知孩笑可提抱者也.〕"라고 하였다.

283 위태로운 인심 : 순(舜) 임금이 우(禹) 임금에게 천하를 전수하면서 "인심은 위태하고 도심은 미묘하니 정밀하고 전일해야 그 중도를 잡으리라.〔人心惟危, 道心惟微, 惟精惟一, 允執厥中.〕" 라고 말하였다. 《書經 大禹謨》

니다.

아. 장자(張子)가 "이기(二氣)의 양능(良能)"이라고 말한 것[284]은 대개 음양의 굴신(屈伸)[285]은 자연히 그렇게 되는 것이요 작위적으로 하는 것이 아님을 말한 것입니다. 이는 "양능(良能)" 두 글자를 취하여 귀신의 정상(情狀)을 형용한 것에 불과하지만 그 정신(精神)의 변화는 저절로 미묘한 공용(功用)이 있으니 이를 일러 '양능(良能)'이라고 하는 것 또한 마땅하지 않겠습니까? 그러나 이는 자연적인 이기의 양능이라는 것일 뿐 맹자가 말한 양능은 아닌데, 지금 문자가 같다는 것만 가지고 꼭 끌어다가 견주려고 하시니 제가 의혹스러운 점은 바로 이러한 데 있습니다.

아. 맹자가 양지양능의 설을 펴게 된 까닭은 고유의 착한 마음을 감발시켜 극진한 공부로 확충시켜나가도록 하기 위함이니 그 마음 씀이 지극히 간절하고 그 공효가 지극히 큽니다. 그러나 어떤 것이 양지양능이어서 확충을 해야 하는지, 어떤 것이 외유와 물욕이어서 극복하고 제거해 나가야 하는지를 관찰하고. 두 가지 사이에서 섞이지 않게 살피면서 본심의 선을 인식하여 잃지 않게 하는 방법은 오직 학문사변(學問思辨)의 공부에 있을 따름입니다.

저 수고롭게 노력하는 것을 싫어하고 간편한 것에 안주하려던 자가 돈오지학(頓悟之學)을 창도하여 스스로 총령(葱嶺)의 남은 가르침에

284 장자가……것 : 《중용장구》 제16장에 "귀신의 덕이 성대하도다. 보아도 보이지 않으며 들어도 들리지 않되, 사물의 체가 되어 빠뜨릴 수 없다.〔鬼神之爲德, 其盛矣. 視之而不見, 聽之而不聞, 體物而不可遺.〕"라고 하였는데, 이에 대해 장재(張載)는 "귀신은 음·양 두 기운의 양능이다.〔鬼神者, 二氣之良能也.〕"라고 하였다.

285 음양의 굴신(屈伸) : 음과 양이 상호 순환하는 것을 말한다.

빠졌으니[286] 고정 부자(考亭夫子)[287]께서 일찍이 눈을 똑바로 뜨고 입이 닳도록 학자들을 위해서 힘써 말씀하셨건만 대현(大賢)께서 돌아가시자 사설(邪說)이 그치지 않아, 황조(皇朝)의 왕백안(王伯安)[288]에 이르러서는 미쳐 날뛰는 것이 극에 달하였습니다.

맹자의 양지양능 한 마디 말씀을 앗아가서, 어린 아이가 애경(愛敬)을 알도록 한다면 학문사변(學問思辨)의 공부에 힘쓰지 않아도 성인이 될 수 있고 현인이 될 수 있을 것이라 하면서, 맹 부자(孟夫子)의 "자기 본성을 알면 하늘의 이치를 안다"[289]는 가르침을 무너뜨렸으니[290] 이는

286 돈오지학(頓悟之學)을……빠졌으니 : 돈오지학은 송나라의 유학자인 육구연(陸九淵)의 학풍을 말한다. 육구연은 주희(朱熹)와 같은 시대 사람으로, 실천(實踐)에 힘쓰고 강학(講學)을 폐하며 돈오(頓悟)로써 종지(宗旨)를 삼는 학풍을 창도하였다. 이에 일찍이 주희가 말하기를, "육씨의 종지는 본래 선학(禪學)으로부터 나왔다." 하였다. 원문의 '葱嶺'은 중앙아시아 남동쪽 지방으로, 히말라야・카라코룸・쿤룬 산맥이 모이는 대산계(大山系)와 고원으로 이루어진 곳이다. 불교(佛敎)가 처음 중국으로 유입될 때 이 길을 경유하였으므로 불교를 지칭하는 말로 쓰인다.

287 고정 부자(考亭夫子) : 고정(考亭)은 주희(朱熹)가 살았던 곳의 지명으로, 고정 부자는 곧 주희를 높여 이르는 말이다.

288 왕백안(王伯安) : 명나라의 철학자 왕수인(王守仁)을 가리킨다. 육구연(陸九淵)이 처음 주장한 심성론(心性論)을 완성하였는데, 실재하는 사물에서 이(理)를 찾아야 한다는 주자의 이론에 대립하여 '양지(良知)가 바로 천리'이므로 자기 자신의 마음속에서 천리를 찾아야 한다고 주장하였다. 또 '지행합일설(知行合一說)'을 제창하여 사람은 실제로 효도를 행하고 있을 때에만 비로소 효도에 대해 알고 있다고 할 수 있으며, 바른 앎이 있어야만 바른 행위를 할 수 있다고 하였다. 전통 유교사상과 어긋난다는 인식 때문에 한동안 사학(邪學)으로 간주되었다.

289 자기……안다 : 《맹자(孟子)》〈진심 상(盡心上)〉에, "그 마음을 다하는 자는 자기의 본성을 안다. 자기의 본성을 알면 하늘의 이치도 알 것이다.〔盡其心者, 知其性知. 其性則知天矣.〕"라는 말이 있다.

성인의 말을 빌어서 후학들을 혼미하게 하고 그릇되게 한 것이라, 비단 천하를 속인 것뿐 아니라 실상 맹자를 속인 것입니다. 이 어찌 오도(吾道)의 죄인이 아니겠습니까?

아. 사람의 일심(一心)은 환하게 허령(虛靈)하여 모든 이치가 찬연히 구비되어 있습니다.[291] 일상생활 속에서 느끼는 데 따라 발하고 사물과 응접하는 사이에서 같은 부류끼리 만나[292] 움직이게 되니 이는 안배하고 탐색하여 이룰 수 있는 것이 아닙니다. 천리(天理)의 상경에 뿌리를 두고 이 마음의 공정함을 바탕으로 하는지라 배우지 않고도 저절로 할 수 있는 것입니다. 진실로 이를 확충하고 추달하여 제가 앞서 말한 것처럼 할 수 있다면 중화위육(中和位育)[293]의 극공과 명덕신민(明德新民)[294]의 대업 또한 어찌 이것을 벗어나서 구할 수 있겠습니까?

290 맹부자의……무너트렸으니 : 양명은 진심(盡心), 지성(知性), 지천(知天)을 태어나면서부터 알고 편안히 행하는 성인의 일로 보았다.〔此性聖人而後能, 夫盡心知性知天者, 生知安行, 聖人之事也.〕《傳習錄 中》

291 사람의……있습니다 : 《대학장구》 제1장의 소주(小註) 가운데 "허령하고 어둡지 않은 것이 바로 '심'이고, 이 이치가 그 속에 고루 갖추어져 있어 조금의 모자람이나 빠짐도 없는 것이 바로 '성'이고, 감응에 따라 동하는 것이 바로 '정'이다.〔虛靈不昧便是心, 此理具足於中, 無少欠闕, 便是性, 隨感而動便是情.〕"라는 말이 있다.

292 같은……만나 : 원문의 '觸類'는 알고 있는 지식을 미루어 유사한 사물에까지 지식을 넓히는 것을 말한다.

293 중화위육(中和位育) : 학문의 극치에 이른 것을 표현한 말이다. 《중용장구》 제1장에, "중과 화를 미루어 끝까지 가면 천지가 제자리를 잡아 안정이 되고 만물이 잘 생육될 것이다.〔致中和, 天地位焉, 萬物育焉.〕"라고 하였다.

294 명덕신민(明德新民) : 《대학장구(大學章句)》 경 1장에 "대학의 도는 명덕을 밝히는 데에 있으며, 백성을 새롭게 하는 데에 있으며, 지극한 선에 그치는 데에 있다.〔大學之道, 在明明德, 在新民, 在止於至善.〕" 한 데서 온 말로 수기(修己)와 치인(治人)을

그러나 처음 태어날 때 타고난 기에 얽매임이 있으니 이른바 양지양능이라는 것은 이미 성인과 우인의 차이가 없을 수 없습니다. 외물과 접하면서 사욕이 더욱 방탕해지게 되면 아는 것과 능한 것이 결국에는 점점 사라지게 되고 허명(虛明)한 본체와 묘응(妙應)의 작용을 거의 다시 볼 수 없게 되니 그렇게 되면 꿈틀대는 벌레들과 무엇이 다르겠습니까?

아. 하늘이 부여한 것은 진실로 고금의 다름이 없으니 지금 사람의 양지양능이 곧 요순(堯舜)과 공맹(孔孟)의 양지양능입니다. 어찌 요순(堯舜)과 공맹(孔孟)만이 홀로 양지양능을 온전히 하고 지금 세상의 선비들은 할 수 없단 말입니까? 만일 존양(存養)의 공부와 성찰(省察)의 방법[295]이 옛 성현들에게 미치지 못해서 그렇다고 말한다면 저 왕씨가 이른바 "치양지(致良知)"[296]라고 하는 것은 일찍이 "존양(存

가리킨다.

295 존양(存養)과……방법 : 존양은 마음을 보존하여 성을 기르는 것〔存心養性〕을 이르며, 성찰은 자신의 사욕을 살펴 이를 막는 것을 이른다. 《중용장구》 제1장에 "군자는 보지 않는 데에도 삼가며 듣지 않는 데에 두려워한다.〔君子戒愼乎其所不睹, 恐懼乎其所不聞.〕" 하였는데, 이것은 정(靜)할 때의 존양공부를 말한 것이며, 이어 "숨겨진 것보다 드러남이 없으며 작은 일보다 나타남이 없으니, 그러므로 군자는 그 홀로를 삼가는 것이다.〔莫見乎隱, 莫顯乎微, 故君子愼其獨也.〕" 하였는데, 이것은 동(動)할 때의 성찰공부를 말한 것이다. 주자는 《집주(集註)》에서 제1장의 이 부분을 "존양·성찰의 요점〔存養省察之要〕"이라고 주하였다.

296 치양지(致良知) : 양지는 하늘에서 천부적으로 부여받은 도덕의식을 말하고, 치양지는 이러한 양지를 충분히 발현시키기 위한 수양법으로 양명학의 핵심 개념이다. 왕수인은 양지를 천리(天理)로 인식하여 사람의 본체에 존재한다고 보고, 사람들이 양지를 미루어 극진히 하면 자연히 윤리와 도덕의 표준에 부합하게 된다고 하였다.

養)"이니, "성찰(省察)"이니 말하지 않음이 없었는데도[297] 끝내 서방의 이단 학문에 흐르고 말았으니, 집사가 이른바 "존양", "성찰"이라는 것이 비록 마음을 찾는 요결이기는 해도 이보다 앞서 할 일이 어찌 없겠습니까?

아. 집사께서 열심히 양지양능으로 우리 제생들에게 책문을 내 주신 것은 필시 새롭고 기이한 말이 있어 은미하고 심오한 뜻을 드러내 밝힐 수 있으리라 여겨서일 것입니다. 그런데 저는 일찍이 학문을 하면서 새롭고 기이한 것에 힘쓰는 것은 폐단이 없을 수 없다고 생각했습니다. 왕씨의 미쳐 날뜀이 이 지경에 이른 것 또한 바로 새롭고 기이한 것을 힘쓴 탓입니다. 지금 저는 집사의 질문에 대하여 감히 별다른 말은 할 수 없고, 단지 물으신 내용 가운데 "학문을 하여 그 처음을 회복한다[298]"는 한마디를 밝히는 것으로 만족하겠습니다.

대저 학문의 도는 다른 것이 아니라 알지 못하는 것을 아는 것일 따름입니다. 지금 양지양능을 가지고 있는 어린 아이로 하여금 설령 기질(氣質)과 정욕(情慾)에 구속되고 가려진 바가 없게 한다 하더라도 그 아이가 아는 것은 어버이를 친애하고 형을 공경하는 자연적인 마음

297 존양이니……없었는데도 : 왕양명은 "성찰은 일이 있을 때 존양하는 것이고, 존양은 일이 없을 때 성찰하는 것이다.〔省察是有事時存養, 存養是無事時省察〕"라는 말을 하였다.《傳習錄 上》

298 학문을……회복한다 : 학문을 통해 본성을 깨닫는 것을 말한다.《논어집주》에서 주희(朱熹)가, "학(學)이라는 말은 본받는다는 뜻이다. 사람의 본성은 모두 선하지만 이것을 깨닫는 데에는 선후가 있으니, 뒤에 깨닫는 자는 반드시 먼저 깨달은 자의 한 바를 본받아야 선을 밝게 알아서 그 처음을 회복할 수 있는 것이다.〔學之爲言效也. 人性皆善, 而覺有先後, 後覺者必效先覺之所爲, 乃可以明善而復其初也.〕"라고 하였다.《論語 學而》

에 불과할 따름입니다. 그것이 어떻게 하여야 효(孝)가 되고 어떻게 해야 제(弟)가 되고 어떻게 해야 온정(溫凊)[299]의 절도를 다하고 어떻게 해야 응대의 예절을 다하는지 하는 것에서부터 치곡(致曲)[300]과 처변(處變 사정에 따라 변통해 처리함)의 수많은 것들에 이르기까지 격물치지의 공부가 아니라면 어떻게 그것을 다 알 수 있겠습니까?

같은 경우에 적용하여 말하면 다른 일도 알 수 있습니다. 사람이 배우지 않을 수 없음이 이와 같은데, 하물며 기품에 얽매인 것이 있고 물욕에 가려진 것이 있은 연후에 이미 어두워진 것을 밝히고 이미 잃어버린 것을 살펴서 본연의 양심을 회복하려는 자가 만일 학문사변의 공부를 부지런히 하지 않는다면 이것은 거울을 뒤집어 놓고 비추기를 구하는 것과 같지 않겠습니까?[301]

비록 그러하지만 양지양능은 나 혼자만 가지고 있는 것이 아니라 대개 천하가 함께 얻는 것이니 맹자의 가르침 또한 천하 어디에든 똑같

299 온정(溫凊) : 부모님의 거처를 겨울에는 따뜻하게 해 드리고, 여름에는 시원하게 해 드리는 것을 말한다. 《예기》 〈곡례 상(曲禮上)〉에는 "부모님의 거처를 겨울에는 따뜻하게 해 드리고, 여름에는 시원하게 해 드린다.〔冬溫而夏凊.〕"라고 하였다.

300 치곡(致曲) : 한쪽부터 미루어 나가는 것이다. 성(誠)이 미흡하여 성인(聖人)의 경지에 이르지 못한 대현(大賢) 이하의 사람들도 자기의 부분적인 선단(善端)을 확대하여 지성(至聖)의 경지에 도달하게 되는 것을 말한다. 《중용장구(中庸章句)》에 "그다음은 한쪽으로 지극히 하는 것이니, 한쪽으로 지극히 하면 능히 성실할 수 있고……더욱 드러나면 밝아진다.〔其次致曲, 曲能有誠,……著則明.〕" 하였다.

301 거울을……구하는 것 : 정호(程顥)의 〈정성서(定性書)〉에 "이제 외물을 미워하는 마음을 가지고 아무런 물(物)도 없는 지역을 비추기를 구한다면 이는 거울을 뒤집어 놓고 무언가를 비추기를 구하는 꼴입니다.〔今以惡外物之心, 而求照無物之地, 是反鑑而索照也.〕"라는 말이 있다.

이 통하는 것입니다. 그런데 끝내 천하의 사람이 이 양지양능을 가지고도 낡은 폐습에 빠지고 쇠한 풍속에 익숙해져 결국 학문으로 그 처음을 회복하지 못한다면 어찌 인인(仁人) 성왕(聖王)이 불쌍히 여길 일이 아니겠습니까?

지금 온 세상 사람으로 하여금 모두 양지양능을 미루어 넓혀서 확충의 극공(極功)을 이루게 하고자 한다면 요체는 학문으로써 의리를 밝히는 데 불과할 따름이고, 그 자신이 솔선하는 것으로 표솔(表率)의 근본을 삼아야 하니, 집사가 이른바 "백성들을 도와주고 거들어 주며 바로잡아주고 펴주는 방도"[302] 같은 것도 오직 우리 성상에게 달려 있을 따름입니다. 또 원하옵건대 집사께서 대궐에 입시하여 고하실 때에[303] 언제나 성학에 힘쓰시기를 더욱 우러러 권면하여 주신다면 일국의 선비들만 모두 스스로 새로워지는 효과가 있을 뿐만 아니라 지극히 어리석은 백성들 또한 장차 자신도 모르게 날로 선에 나아가게 될 것입니다.[304]

302 백성들을……방도 : 《맹자(孟子)》 〈등문공 상(滕文公上)〉에 "백성들을 위로해 주고 오도록 하고 바로잡아 주고 펴 주며 돕고 거들어주어 스스로 본성을 얻게 하고, 또 따라서 진작하고 은혜를 베풀어 준다.〔勞之來之, 匡之直之, 輔之翼之, 使自得之, 又從而振德之.〕"라고 하였다.

303 대궐에 입시하시어 : 원문의 '厦氈'의 '하(厦)'는 큰 집이고 '전(氈)'은 털방석으로, 원래는 임금이 거처하는 곳을 일컫는데, 전(轉)하여 경연(經筵)을 일컫는 말로 쓰이기도 한다.

304 지극히……것입니다 : 주자는 "백성을 덕으로 인도하고 예로 규제하면, 백성들이 부끄러워할 줄도 알고 자연히 선에 이를 것이다.〔道之以德, 齊之以禮, 有恥且格.〕"라는 공자의 말에 대해 "법제와 형벌은 백성으로 하여금 죄를 멀리하게 할 수 있을 뿐이나, 덕과 예의 효과인즉 백성으로 하여금 날로 선에 옮겨가게 하면서 자신도 알지 못하게

편(篇)을 장차 마무리하려는데 다시 드릴 말씀이 있습니다. 고인이 사람을 교육하는 방법은 지극하다고 이를 만합니다. 이미 대학(大學)의 가르침을 두어 학자로 하여금 격물(格物)·치지(致知)·성의(誠意)·정심(正心)[305]의 학문을 배우게 하면서도 격물치지 앞에 또 이른바 '소학'이라는 것을 두었습니다. 여덟 살 어린 나이, 양지양능이 보존되고 있을 때부터 쇄소(灑掃)·응대(應對)·진퇴(進退)의 예절과 예와 음악, 활쏘기와 말 몰기, 글씨, 산수의 문장을 가르쳐[306] 살과 피부, 힘줄과 뼈의 결합을 단단하게 하고[307] 본연의 양지양능을 기르게 하여

할 수 있을 것이다.〔政刑能使民遠罪而已, 德禮之效, 則有以使民日遷善而不自知.〕"라는 주석을 낸 바 있다.《論語集註 爲政》

305 격물……정심 : 원문의 '格致誠正'은《대학》의 이른바 팔조목(八條目) 가운데 격물(格物)·치지(致知)·성의(誠意)·정심(正心)을 줄인 말이다.

306 여덟 살……가르쳐 :《소학(小學)》 교육을 가리킨다. 주자는 〈대학장구서(大學章句序)〉에서 "사람이 태어난 지 8세가 되면 왕공(王公) 이하로 서인(庶人)의 자제에 이르기까지 모두 소학(小學)에 들어가서 물 뿌리고 쓸며, 응하고 대답하며, 나아가고 물러가는 예절과 예(禮), 악(樂), 사(射), 어(御), 서(書), 수(數)의 글을 가르치고, 15세에 이르면 천자의 원자(元子)와 중자(衆子)로부터 공, 경, 대부, 원사(元士)의 적자(嫡子)와 모든 백성의 준수한 자에 이르기까지 모두 태학(太學)에 들어가서 이치를 궁구하고 마음을 바루며 몸을 닦고 사람을 다스리는 도(道)를 가르쳤다.〔人生八歲, 則自王公以下至於庶人之子弟, 皆入小學, 而敎之以灑掃應對進退之節, 禮樂射御書數之文, 及其十有五年, 則自天子之元子衆子, 以至公卿大夫元士之適子與凡民之俊秀, 皆入大學, 而敎之以窮理正心修己治人之道.〕"라고 하였다.

307 살과……하고 : 주자는《논어》〈태백(泰伯)〉의 "예에서 서며〔立於禮〕"에 대한 주석에서 "예는 공경과 사양(辭讓)으로 근본을 삼지만, 자세한 절문(節文)과 도수(度數)가 있어야 사람의 살과 피부, 힘줄과 뼈의 결합을 튼튼하게 해 줄 수 있다. 그러므로 배우는 이가 우뚝이 자립하여 사물에 흔들리고 빼앗기지 않으려면 반드시 여기서 얻어야 한다.〔禮以恭敬辭遜爲本, 而有節文度數之詳, 可以固人肌膚之會筋骸之束. 故學者之

마침내 버릇이 천성이 되고[308] 교화가 마음과 함께 이루어지게 하였으니[309] 자라서 대학의 격물치지 교육에 들어간다 하더라도 쉽게 힘을 쓸 수 있어 이른바 양지양능을 보전하여 잃지 않게 할 수 있었습니다.

삼대(三代) 이후에는 이 도가 없어져 소학의 가르침을 세상에서 다시 볼 수가 없게 되었으니, 딱합니다, 우리 인간들이여. 비록 어버이를 친애하고 형을 공경하는 마음이 있다한들 장차 어떻게 이룰 수 있겠습니까? 주 부자(朱夫子)께서 이것을 근심하시어 전기(傳記)를 편집하여 《소학(小學)》 책 하나를 만드셨으니 어린 선비들과 양지양능을 기르는 자들에게 끼쳐주신 공이 매우 큽니다. 유학(幼學)[310]의 선비들은 가슴에 새기어 잃지 말아야 합니다. 불행히 장성하고서도 배우지 못한 자들도 '경(敬)' 한 글자를 가지고 있어야 소학의 빈틈을 보완할 수 있을 것이고[311] 이미 잃어버린 양지양능을 회복할 수 있을 것입니다.

中, 所以能卓然自立而不爲事物之所搖奪者, 必於此而得之.〕"라고 하였다.

308 버릇이……되고 : 타고난 본성은 상품(上品)의 자질이 아니라 하더라도, 노력하여 수양하면 버릇이 굳어 천성이 되어서 끝내 성인이 될 수 있다는 의미이다. 《서경(書經)》 〈태갑 상(太甲上)〉에 "버릇이 본성이 된다.〔習與性成〕"라고 하였다. 본래는 습관에 따라 나쁜 사람이 되기도 하고 좋은 사람이 되기도 한다는 가치 중립적인 말이었는데, 정이(程頤)가 〈동잠(動箴)〉에서 이 말을 인용하여 "버릇이 본성이 되어 성현의 지위로 함께 돌아가리라.〔習與性成, 聖賢同歸.〕"라고 하여 함양의 의미로 사용하였다.

309 교화가……하였으니 : 《소학》 〈소학서제(小學書題)〉에 "반드시 어릴 때에 강하여 익히게 한 것은 그 익힘이 지혜와 함께 자라며 교화가 마음과 함께 이루어져서 거슬러 감당하지 못하는 근심을 없게 하고자 해서이다.〔而必使其講而習之於幼穉之時, 欲其習與智長, 化與心成, 而無扞格不勝之患也.〕"라는 말이 있다.

310 유학(幼學) : 사족(士族)으로서 아직 과거(科擧)에 급제하지 않았거나 벼슬하지 않은 사람이다.

311 경(敬)……것이고 : 《주자어류》 권17 〈대학(大學)4〉에 "경을 유지하여 소학의

모든 우리의 동학 선비들이 이 도를 버리고 무엇을 구하겠습니까? 이것은 저의 말이 아니라 고정 부자(考亭夫子)의 가르침입니다. 집사께서는 오활하다 여기지 마십시오. 삼가 답합니다.

빈틈을 보충한다.〔持敬以補小學之闕.〕"라고 했다.

편안할 때도 위태함을 잊지 말아야 한다[312]는 잠

安不忘危箴

서문을 아우르다 ○ 춘당대(春塘臺) 정시(庭試)에서 장원을 차지하다.[313]

아! 신은 《서경》의 전모(典謨)[314]를 읽고 한숨을 쉬며 탄식하였으니 당우(唐虞)가 당우(唐虞) 된 이유를 알았기 때문입니다. 아! 임금으로는 요순(堯舜)이고 신하로는 고기직설(皐夔稷契)[315]이며 정치로는 온 세상이 화목하고 잘 다스려졌다면,[316] 이를 일러 지극히 편안하여 위태

312 편안할……한다 : 원문의 '安不忘危'는 《주역》〈계사전 하(繫辭傳下)〉에 "이 때문에 군자는 편안할 때에도 위태함을 잊지 않고, 보존될 때에도 망하는 일을 잊지 않고, 잘 다스려질 때에도 어지러워지는 일을 잊지 않으니, 이런 까닭에 몸이 안전해지고 국가가 보존될 수 있는 것이다.〔是故君子安而不忘危, 存而不忘亡, 治而不忘亂, 是以身安而國家可保也.〕"라고 한 데서 나온 말이다.

313 춘당대……차지하다 : 춘당대(春塘臺)는 창덕궁 영화당(映花堂) 앞의 넓은 마당으로, 과거시험을 비롯하여 국가의 공식, 비공식 행사를 치르는 장소로 쓰였다. 1728년(영조4) 5월 29일, 이곳에서 치러진 정시(庭試)에서 오원은 장원급제하였다.

314 전모(典謨) : 《서경》 우서(虞書)의 〈요전(堯典)〉·〈순전(舜典)〉과 〈대우모(大禹謨)〉·〈고요모(皐陶謨)〉 등을 가리킨다.

315 고기직설(皐夔稷契) : 순(舜) 임금을 섬긴 고요(皐陶)와 기(夔), 후직(后稷), 설(契), 네 명신(名臣)을 일컫는다.

316 온 세상이……다스려졌다면 : 원문의 '協和'는 《서경》〈요전(堯典)〉의 "능히 높은 덕을 밝혀 구족을 친하게 하시니 구족이 친하고, 백성을 고루 밝히시니 백성이 덕을 밝히며, 만방을 화목하게 하시니 여민이 아, 변하여 온화하게 되었다.〔克明俊德, 以親九族, 九族旣睦, 平章百姓, 百姓昭明, 協和萬邦, 黎民於變時雍.〕"라는 말에서 나왔다. '平成'은 《서경(書經)》〈대우모(大禹謨)〉의 "땅이 평평해지자 하늘이 이뤄진다.〔地平天成.〕"라는 말을 줄인 것으로, 천지가 다스려진다는 뜻이다. 채침(蔡沈)의 전(傳)에

로움이 없다고 할 수 있을 것입니다. 그런데도 도리어 상하가 정사를 논의하면서[317] 반드시 "걱정 없는 것을 경계하여야 합니다."[318]라고 하고, 또 반드시 "위태로워지기 전에 나라를 보존하여야 합니다."[319]라고 말하며, 두려워하고 근심하기를 늘 깊은 못이나 골짜기에 다다른 듯, 소반에 담긴 물을 가지고 있듯 하였으니, 아, 이것이 아마도 태산(泰山) 반석(磐石)의 기틀이 되었을 것입니다.

우리 주상 전하께서는 성업(成業 이루어 놓은 기업(基業))을 지키고 태운(泰運)[320]을 어루만지시면서 일찍이 개연히 당우(唐虞)로 기약을 삼

의하면, 수토(水土)가 다스려진 것을 '평(平)'이라 하니, 수토가 이미 다스려지자, 만물(萬物)이 이루어짐을 이른 말이라고 한다.

317 상하가……논의하면서 : 원문의 '吁咈'은 도유우불(都兪吁咈)의 준말이다. 우불은 반대, 도유는 찬성을 뜻하는 것으로 요(堯)·순(舜)·우(禹) 등 성왕(聖王)이 신하들과 정사를 토론할 때 찬성과 반대의 의견을 기탄없이 개진하던 데서 유래하였다. 밝은 임금과 어진 신하가 정사를 토론함을 뜻한다.

318 걱정……합니다 : 《서경》〈대우모(大禹謨)〉에 나오는 구절이다. 순(舜) 임금에게 익(益)이 건의하여 "걱정이 없는 것을 경계하시어 법도를 잃지 마시고, 안일에 빠지지 마시고, 풍악에 음탕하지 마시고, 어진 이에게 맡겼으면 의심하지 마시고, 간사한 자를 제거하는 데 의심을 갖지 마시며, 백성의 찬양을 구하기 위해서 도리를 어기지 마시고, 내 욕심을 따르기 위해서 백성을 거스르지 마소서. 게으름이 없고 황폐함이 없으면 사방의 오랑캐가 조회를 올 것입니다.〔儆戒無虞, 罔失法度, 罔遊于逸, 罔淫于樂, 任賢勿貳, 去邪勿疑, 罔違道以干百姓之譽, 罔咈百姓以從己之欲. 無怠無荒, 四夷來王.〕"라고 하였다.

319 위태로워지기……합니다 : 《서경》〈주관(周官)〉에 "옛날 대도(大道)가 행해지던 세상에서는 혼란해지기 전에 치도를 마련하고 위태로워지기 전에 나라를 보존하였다.〔若昔大猷, 制治于未亂, 保邦于未危.〕"라고 하였다.

320 태운(泰運) : 천지 상하가 막히지 않고 두루 통하는 대운(大運)을 말한다. 《주역》〈태괘(泰卦) 상(象)〉에 "하늘과 땅이 사귀어 조화로운 것이 태이다.〔天地交泰.〕"라

으셨고, 치란(治亂)과 흥망(興亡)의 기미에 있어서는 더욱 전전긍긍하셨습니다. 그런데 그사이 불행하게도 흉얼(凶孼)이 반란을 일으켜 하늘을 꾸짖고 해를 쏘아,[321] 우리 경사(京師)를 진동시키고 우리 백성들을 해쳤습니다. 온 백성들이 놀라 동요하여 실낱같은 위기에 처하게 되었고 그로 인해 밤늦게 주무시는 것[322]도 편치 못한 지 수십 일이 되었습니다.

하늘이 우리 종묘사직[323]을 도우시어 왕사(王師)가 승전보를 아뢰고 역도들이 진멸되니, 나라의 명운이 다시 공고해지고 백성의 민심이 잠시 편안하게 되었으며, 지금 불초한 신 또한 많은 선비들의 뒤를 따라 궁궐에 들어와 엄숙한 어좌[324]를 바라보고 성대하신 용안을 우러를 수 있게 되었습니다.

예전에 근심과 위태로움으로 사람들을 놀라게 했던 것이 모두 변하

고 하였다.

321 하늘을……쏘아 : 임금을 헐뜯고 해치려는 반란을 의미하는데 구체적으로는 영조 4년에 일어난 이인좌의 난을 의미한다. 1728년(영조4) 소론의 과격파인 이인좌가 박필현(朴弼顯)·정희량(鄭希亮) 등과 함께 반란을 일으켜, 밀풍군(密豊君) 이탄(李坦)을 추대하고 무력에 의한 정권찬탈을 꾀한 사건이다. 그러나 10여 일만에 관군에 의해 진압되어 박필현과 정희량은 참수(斬首)되고 이인좌는 능지처참 당하였다.

322 밤늦게……주무시는 것 : 원문의 '乙丙'은 을야(乙夜)인 오후 10시와 병야(丙夜)인 오후 12시 사이를 이른다. 이 시간은 임금이 정무를 마치고 나서 책을 보거나 잠자리에 드는 때이다.

323 종묘사직 : 원문의 '宗祏'은 종묘(宗廟) 가운데 신주를 간직하는 석실(石室)을 이른다.

324 어좌 : 원문의 '黼座'는 붉은 비단에 흑백의 도끼 모양의 무늬를 그린 병풍인 보의(黼扆)를 옥좌 뒤에 둘러쳤기 때문에 붙여진 이름으로, 임금이 앉는 옥좌를 뜻한다.

여 흔연히 기쁜 기색[325]이 되었는지라, 바야흐로 태평만세(太平萬世)의 대업이 이루어지기를 우리 임금을 위해 축원하려 하였는데 전하께서는 척연(惕然)히 편히 여기지 않으시면서 잠규(箴規)의 말을 듣고자 하시었습니다.

아. 한(漢)나라 문제(文帝) 시대는 편안했다고 이를만한데도 가의(賈誼)는 오히려 "불을 안아 섶에 놓는다"[326]는 것으로 통곡하며 깨우쳤습니다. 지금 우리나라는 비록 대란은 겨우 진정되었으나 몹시 위태롭고 걱정스러운 것이 문제(文帝) 시대 정도가 아니니, 식자들의 깊은 근심 또한 오래된 일입니다.

돌아보건대 우리 전하께서 경계(警戒)하시는 뜻은 실로 요순(堯舜)의 마음을 가지고 계셔서입니다. 이 마음을 미루신다면 당우(唐虞)

325 흔연히……기색 : 임금이 백성들과 고락(苦樂)을 함께하면 "백성들이 모두 나와서 임금의 일을 즐거워하며 기뻐하는 기색으로 서로 이야기할 것〔擧欣欣然有喜色而相告.〕"이라는 말이 《맹자》〈양혜왕 하(梁惠王下)〉에 나온다.

326 불을……놓는다 : 한(漢)나라 문제 때는 병기에 피를 묻히지 않으면서 평화를 유지하였고 집집마다 여유가 있어 풍족한 시대로 알려져 있다. 그러나 가의(賈誼)는 오히려 그렇지 않다고 하며 안일을 경계하는 상소를 올렸다. 그 내용은 다음과 같다. "신이 삼가 지금 일의 형세를 생각해 보건대, 통곡할 만한 것이 한 가지이고, 눈물을 흘릴 만한 것이 두 가지이고, 길게 탄식할 만한 것이 여섯 가지이니, 기타 이치를 위배하고 도리를 해치는 것으로 말하면 두루 열거하기가 어렵습니다. 말씀을 아뢰는 자들이 모두 이르기를 '천하가 이미 편안하고 이미 다스려졌다'고 하지만 신은 홀로 그렇지 않다고 생각합니다. 불을 안아다가 쌓아놓은 섶의 아래에 두고 그 위에 자면서 불이 미처 타오르지 않으면 인하여 이것을 편안하다고 말하니, 지금의 형세가 어찌 이와 다르겠습니까?〔竊惟今之事勢, 可爲痛哭者一, 可爲流涕者二, 可爲長太息者六, 若其他背理而傷道者, 難徧以疏擧. 進言者皆曰'天下已安已治矣', 臣獨以爲未也. 夫抱火厝之積薪之下, 而寢其上, 火未及燃, 因謂之安, 方今之勢, 何以異此?〕"《漢書 卷48 賈誼傳》

시대 태평의 치세를 이루는 것에 무슨 어려움이 있겠습니까? 견마(犬馬)와 같은 어리석은 충정을 마음속에 늘 품고 있었는데 지금 이러한 기회를 만나니 감격스러운 마음 이길 수 없습니다. 삼가 절하고 머리 조아려 잠을 지어 바치며, 가만히 고인이 단의(丹扆)에 써서 올린 경계[327]에 갖다 붙입니다. 그 잠(箴)은 다음과 같습니다.

하늘은 임금을 세우고	惟天樹辟
임금은 나라를 다스리나	惟辟經邦
그 명은 일정치 않은 것[328]	厥命靡常
안위의 기미는	安危之幾
손바닥 뒤집는 것처럼	如手反覆
털끝만큼의 어긋남도 없다네	間無毫髮
대업이 바야흐로 굳건해지고	大業方鞏
홍운이 바야흐로 빛나	洪運方熙
근심할만한 것 없는듯해도	若無可虞

327 고인이……경계 : 단의(丹扆)는 임금이 집무(執務)하는 곳에 치는 붉은 병풍이다. 당 경종(唐敬宗)이 소인들과 친압(親狎)하고 자주 사냥을 나가자 당시 절강 관찰사(浙江觀察使) 이덕유(李德裕)가 "정사에 부지런하고, 의복을 바르게 하고 진기한 물건을 구하지 말고 충언을 받아들이고 소인들을 쓰지 말고 놀이하러 자주 나가지 말 것." 등 6가지 일을 경계하는 이른바 〈단의육잠(丹扆六箴)〉을 올렸다. 《舊唐書 卷174 李德裕列傳》

328 그 명은……않은 것 : 《서경》 〈함유일덕(咸有一德)〉에 "하늘을 결코 믿을 수 없는 것은, 그 명이 항상 일정치 않기 때문이니, 그 덕이 일정하면 그 지위를 보존하고, 그 덕이 일정치 않으면 구주를 잃을 것이다.〔天難諶, 命靡常, 常厥德, 保厥位, 厥德靡常, 九有以亡.〕"라는 말이 있다.

차면 반드시 넘치고 如盈必溢

높으면 반드시 무너져 如崇必圮

편안함이 위태로움으로 바뀌는 것 其安易危

대저 성왕은 夫惟聖王

밤낮으로 삼가고 두려워하여 兢惕夙夜

조금도 나태함 없으셨으니 一念靡惰

황로에서 화란을 울려도[329] 皇路和鑾

썩은 새끼줄을 본 듯 若朽索視

혹시라도 떨어질까 두려워하고 惟恐或墜

고요한 물결에 배를 놓아도 恬波穩舟

구당[330]을 건너는 듯 若瞿塘濟

취재[331]할까 두려워하였네 惟恐臭載

329 황로에서……울려도 : 황로(皇路)는 군도(君道), 또는 국운(國運)을 의미하고, 화란(和鑾)은 고대에 수레에 단 방울이다. 《시경》〈육소(蓼蕭)〉에 "화란 소리 조화로우니 만복이 함께하는 바로다.〔和鸞雝雝 萬福攸同〕" 하였다. 즉 황로에서 화란이 울린다는 것은 태평한 시절을 의미한다. 참고로 후한 때 학자인 최식(崔寔)은 〈정론(政論)〉에서 한나라에서 법령을 지나치게 관대하게 적용해왔으므로 현재의 여러 문제가 발생했다고 진단하여 "여러 대 이전부터 대부분 은혜로운 정치를 폈으나, 마부는 고삐를 놓치고 말은 재갈이 벗겨져, 말은 함부로 날뛰고 황로(皇路)는 험난하니, 장차 재갈을 물리고 굴레를 씌우고 끌채를 매어서 제압해야지, 어느 겨를에 방울을 울리고 음악을 울리겠습니까.〔自數世以來, 政多恩貸, 馭委其轡, 馬駘其銜, 四牡横奔, 皇路險傾, 方將拑勒鞬輈以救之, 豈暇鳴和鑾淸節奏哉?〕"라고 말한 바 있다. 《後漢書 卷82 崔寔列傳》

330 구당(瞿塘) : 장강(長江)의 삼협(三峽) 중 하나인 구당협(瞿塘峽)의 준말로, 협구(峽口)의 강물 한복판에 염예퇴(灩澦堆)가 우뚝 솟아 있어서 물살이 급하기 때문에 무사히 건너가기가 거의 불가능할 정도로 험악하다고 한다.

331 취재(臭載) : 짐을 실은 배가 뒤집혀 가라앉거나, 배에 실은 곡물이 상하여 냄새

찬란한 보불에 皇皇黼黻
임금의 자리 몹시 어려워 天位孔艱
내 어찌 편할 수 있는가 하였고 我心奚安
위태로운 봄날 살얼음처럼[332] 懍懍春氷
화의 조짐 너무도 두려워 禍兆孔畏
내 어찌 느슨히 하랴 하였네 我心奚弛
이 편안함은 惟玆宴安
짐독보다 심한 것이라[333] 甚於鴆毒
즐거울 겨를 없어야 하니 無皇曰樂
혹 이것에 어두워 厥或昧此
안일함으로 스스로 방자하면 以逸自肆
복망이 필시 이르고 覆亡必至
일심에 틈이 있으면 一心有間
왕위가 무너지리니 大位斯隳
아 그 위태로움이여 嗚呼其危
편안함이 위태로움의 조짐 되고 安爲危兆

가 나거나 못쓰게 되는 것을 말한다.

332 위태로운……살얼음처럼 : 《서경(書經)》 〈군아(君牙)〉에서 목왕(穆王)이 군아(君牙)에게 명하는 말 가운데 "호랑이 꼬리를 밟은 듯이 봄에 얼음판을 건너듯이 조심하다.〔若蹈虎尾, 涉于春氷.〕"라는 말이 있다.

333 편안함은……것이라 : 원문의 '宴安'은 편안히 즐기는 것을 말한다. '鴆毒'은 짐(鴆)새의 깃에 있다는 맹독으로, 그 깃을 담근 술을 마시면 죽는다고 한다. 《춘추좌씨전(春秋左氏傳)》 민공(閔公) 원년 조에 "연안(宴安)은 짐새의 독이 될 수도 있으니, 마음속으로 그것을 생각해서는 안 된다.〔宴安鴆毒, 不可懷也.〕"라는 말이 있다.

위태로움이 편안함의 원천 되는 것　危爲安原
마치 기아 그것 같도다.[334]　若機牙然
아 위대하신 성후께서는　於皇聖后
기업을 다스리시며 융성하게 하시어　業撫綦隆
요순과 같이 되기를 생각하셨네　思齊虞唐
흉도들이 일어나자　凶孽之作
하늘이 나를 경계하여　天以儆予
지극한 교화를 이루게 하려는 것이라 생각하셨고　俾隆至化
역경이 비로소 안정되자　艱虞始定
두려워하고 삼가는 것 간절히 하시며　儆惕斯切
목마른 것같이 치세를 염원하셨네　望治如渴
이 성념을 미루어　推玆聖念
전전긍긍하며 잊지 않으시면　兢兢不忘
나라가 길이 창성하리니　邦其永昌
밤낮으로 정사에 몰두하심을[335]　宵錦旰玉
혹여라도 태만히 하지 마시어　毋或怠荒
뽕나무 뿌리[336]에 경계를 두시옵고　戒存苞桑

334 마치……같도다 : 기아(機牙)는 쇠뇌의 시위를 잡아당겨 살〔矢〕을 놓는 기관이다. 쇠뇌에서 화살이 떠나면 어떻게 손을 쓸 수 없는 상황이 된다는 의미이다.

335 밤낮으로……몰두하심을 : 원문의 '宵錦旰玉'은 소의간식(宵衣旰食)을 변용한 말로, 날이 밝기 전에 옷을 입고, 해가 진 뒤에 식사를 한다는 뜻이다. 임금이 아침 일찍부터 저녁 늦게까지 정사(政事)에 골몰함을 이르는 말이다.

336 뽕나무 뿌리 : 원문의 '苞桑'은 얽힌 뽕나무 뿌리라는 뜻으로 근본이 견고함을 뜻한다. 《주역》 〈비괘(否卦) 구오효(九五爻)〉에 "망할까 망할까 하는 조심스러운 마음을

성일(誠一)한 마음 끊임없이	誠無間斷
공경으로 계속 이어가	敬以緝續
한순간도 느슨하게 하지 마소서	不弛一息
임금님을 우러러 뵙고	仰瞻宸扆
절하고 잠을 올려	拜手陳箴
감히 어리석은 정성을 다하나이다	敢罄愚忱

가져야 얽힌 뽕나무에 매어 놓은 듯이 편안하리라.〔其亡其亡, 繫于苞桑.〕" 하였다.

중궁전의 환후가 회복된 뒤에 대전의 백관들이 하례를 올린 전 계축년[337]

中宮殿患候平復後 大殿百官陳賀箋 癸丑

큰 과업이 시운을 타서 큰명이 막 펼쳐지는 때를 만나고, 중전께서 상서에 응답하여 환후[338]가 빨리 낫는 기쁨을 맞이하셨으니, 경하하는 만세 소리[339] 온 나라가 같습니다.

삼가 생각건대 주상 전하께서는 하찮은 미물[340]에까지 사랑을 베푸시고, 하늘과 땅의 도에 참여하시어 궁정에서 교화하고 인도하셨습니다. 성대한 덕은 주 문왕과 부합하여 밤낮으로 노심초사 부지런하셨고, 좋은 경계는 세나라 후비에게서 받아들이시어[341] 이에 오복을 펼쳐주셨습니다.[342]

337 계축년 : 1733년(영조9). 오원의 나이 34세 되던 해이다.

338 환후 : 원문의 '美疢'은 병(病)을 아름답게 이르는 말이다.

339 만세 소리 : 원문의 '呼嵩'은 중국 한(漢)나라의 무제(武帝)가 친히 숭산(崇山) 위에서 제사를 지낼 때 신민(臣民)이 만세를 세 번 불렀던 데에서 나온 말로, 임금에게 경축하는 뜻을 보이는 예(禮)를 말한다.

340 미물 : 원문의 '肖翹'는 공중에 날아다니는 작고 가벼운 미물을 가리키는 말로, 《장자》〈거협(胠篋)〉에 그 용례가 보인다.

341 제나라……받아들이시어 : 《시경》 제풍(齊風)의 〈계명(鷄鳴)〉에 "닭이 이미 울었는지라 조회하는 이 이미 가득 찼도다. 닭이 운 것이 아니라 파리의 소리였도다.〔鷄旣鳴矣 朝旣盈矣 匪鷄則鳴 蒼蠅之聲〕"라는 시가 있다. 어진 후비가 왕이 조회(朝會)에 늦을까 봐 새벽이면 몇 차례씩 왕께 시간을 고한 것인데, 워낙 왕의 조회가 늦을까 경계심을 가진 나머지, 파리 소리를 잘못 닭소리로 듣기까지 한 것을 노래한 것이다. 임금을 항상 경계시키는 후비(后妃)의 덕을 표현하였다.

만물로 하여금 모두 편안케 하였으니 중전께서 건강을 잃으실 줄 어찌 생각이나 했겠습니까? 성상의 큰 근심 불러 온 그 증세 수두였는데,[343] 온갖 방법 다한 탕약으로 다음 날 치료되셨습니다. 음식 드시고 기거하시는 것이 옛날과 같아지니 조야에선 신민들 손뼉 치며 기뻐하고, 옥좌[344]에선 중전에 대한 근심이 가셨습니다.

삼가 생각건대 신등은 요행히 창성한 때를 만나 함께 큰 은덕을 누리고 있는지라, 조정의 반열에서 예를 올려[345] 연하(燕賀)[346]의 정성을 조금 펴고, 수신제가 하시고 치세를 이루심에 인지(麟趾)[347]의 교화를 고대하며 송축합니다.

342 오복을……펼쳐주셨습니다 : 오복(五福)은 《서경》 〈홍범(洪範)〉에 나오는 다섯 가지 복으로, 오래 사는 것〔壽〕, 부유함〔富〕, 안락함〔康寧〕, 미덕을 닦는 것〔攸好德〕, 늙어서 죽는 것〔考終命〕이다. 〈홍범(洪範)〉에서 임금의 일을 말하면서 "이 오복을 거두어서 백성들에게 펴서 준다.〔斂時五福, 用敷錫厥庶民.〕" 하였다.

343 중궁께서……수두였는데 : 1733년(영조9) 7월 12일 중궁전의 수두를 보고해왔다.

344 옥좌 : 원문은 '黼扆'로 고대에 제왕이 앉는 자리의 뒤쪽에 설치했던 병풍이다. 윗부분에 도끼 모양의 문양이 그려져 있었으므로 보의라고 하였다.

345 예를 올려 : 원문의 '舞蹈'는 조정의 배하(拜賀)에 손을 휘두르고 발을 구르는 의절(儀節)을 말한다.

346 연하(燕賀) : 《회남자(淮南子)》 〈설림훈(說林訓)〉에 "목욕할 채비가 갖추어지면 이들이 서로 슬퍼하고, 큰 집이 이루어지면 제비와 참새들이 서로 축하한다.〔湯沐具而蟣蝨相弔, 大厦成而燕雀相賀.〕"라고 한 데서 온 말로, 제비와 참새가 사람의 집을 자기들의 깃들 곳으로 삼아 서로 축하한다는 의미인데, 일반적 축하의 뜻으로 쓰인다.

347 인지(麟趾) : 《시경》 〈인지지(麟之趾)〉에 나오는 말로서 살아 있는 풀이나 곤충도 밟지 않는 기린을 말하는데, 주 문왕(周文王)과 후비(后妃)의 인후한 성덕에 의해 수많은 자손들 또한 모두 인후한 것을 기린에 비유하여 "기린의 발이여, 인후한 공자로소니, 아, 이들이 바로 기린이로다.〔麟之趾! 振振公子, 于嗟麟兮.〕"라고 하였다.

여섯 가지 폐단[348]에 관한 잠

六蔽箴

옥당(玉堂)의 신료들과 함께 지어 올리다.

인심은 본래 밝거늘	人心本明
사사로움에 쉬 가려지고	己私易蔽
혈기의 작용이	血氣之用

348 여섯 가지 폐단 : 이 여섯 가지는 《육선공주의(陸宣公奏議)》 가운데 나오는 말이다. 《육선공주의(陸宣公奏議)》는 당(唐)나라 충신 육지(陸贄)의 상소를 모아 만든 책으로 조선 시대 신하들과 임금의 필독서였다. 영조는 소대에서 이 내용을 강할 때 강관에게 묻기를, "주의(奏議) 가운데 임금의 여섯 가지 폐단을 말하였는데, 나에게 해당하는 것이 몇 가지나 되는가? 각기 소견을 말하라." 하였다. 참찬관 홍경보(洪景輔)가 아뢰기를, "총명을 뽐내고, 남을 이기길 좋아하고, 자신의 허물을 듣기를 부끄러워하고, 변론을 빠르게 해 버리는 것, 이 네 가지를 전하께서 모두 면하지 못하고 계십니다." 하고, 시독관 오원(吳瑗)은 아뢰기를, "신의 생각으로는 강퍅(强愎)을 멋대로 부리는 것 이외에는 전하께 모두 있다고 봅니다." 하니, 상이 이르기를, "나는 아는 것이 적은데 배운 것도 많지 않으며 뜻은 큰데 재주가 보잘 것 없어 말을 하거나 일을 행하는 사이에 과연 많은 병통이 있다. 대개 세상을 개탄하는 마음은 지나친데 사물을 받아들이는 도량은 적어 남을 이기길 좋아하는 폐단이 생기게 되었고, 일에 실수가 있으면 곧 깨닫고 마음속으로 부끄러워 후회하게 되기에 허물 듣기를 부끄러워하는 폐단이 있게 되었다. 변론을 빠르게 해 버리는 것은 학문이 부족한 때문이고, 총명을 뽐내는 것은 아는 것이 적은데 뜻은 큰 소치이다. 또 위엄을 부려서는 안 되는데 위엄을 부리는 것이 있으니, 위엄을 사납게 부리는 데 가까운 것이다. 오직 이 강퍅을 멋대로 부리는 한 가지 일은 나에게 실로 없다." 하였다. 상이 옥당에 명하여 여섯 가지 폐단을 써서 들이도록 하였다. 이때 올린 글이다. 영조는 이 여섯 가지 말을 써서 좌우(座右)에 붙여 스스로 경계하였다고 알려져 있다. 《英祖實錄 行狀》《承政院日記 英祖 9年 12月 11日》《國譯國朝寶鑑 제60권 영조조4, 9년(계축, 1733)》

도와서 해가 된다네	助而爲害
남은 나만 같지 못하다고 하고	謂人莫若
나는 실수가 없다 하며	謂吾無失
이기려 들고 멋대로 하려 하면	求勝務逞
마음이 수고로워 날로 졸렬해지네[349]	心勞日拙
겸손하면 이익을 얻게 되는 것[350]	謙謙受益
이것을 성지라 하니	寔曰聖智
모든 선이 이리로 귀의하는데	萬善斯歸
그 존귀함을 무엇에 비하랴	其尊孰比

이상은 남 이기기를 좋아하는 것에 관한 것이다.

사람이 병들어 아프면	人有疾痛
반드시 탕약과 침을 찾는데	必求湯砭
작은 몸은 오히려 사랑하면서	小體猶愛
큰 것은 어찌 생각지 않는가	大胡罔念
마음에 허물이 있는데	惟心有過
규계의 말 듣기 부끄러워하면	恥聞規戒
허물은 점점 자라	其過滋長

349 마음이……졸렬해지네 : 《서경》 〈주관(周官)〉에 "덕을 행하면 마음이 편안하여 날로 아름다워지고, 거짓을 행하면 마음이 수고로워 날로 졸렬해진다.〔作德, 心逸日休, 作僞, 心勞日拙.〕"라는 내용이 있다.

350 겸손하면……되는 것 : 《서경》 〈대우모(大禹謨)〉에 "자만하면 손해를 자초하고, 겸손하면 이익을 얻게 되니, 이것이 바로 하늘의 도이다.〔滿招損, 謙受益, 時乃天道.〕"라는 말이 나온다.

그 부끄러움 더욱 부끄러워지네　其恥益耻
아 아름다우신 성왕께서는　於休聖王
좋은 말을 듣는 것 좋아하셨으니　好善拜昌
일식이나 월식과 같아　日月之食
고치고 나서 광채가 더욱 빛났네[351]　旣更彌光

이상은 허물 듣기를 부끄러워하는 것에 관한 것이다.

허물이 없는데 간하면　無過而諫
내 더욱 힘쓰리라 하고[352]　我則加勉
허물이 있어 고하면　有過而告
내 선으로 옮기겠노라 하네[353]　我斯遷善
듣지 않을 때도 외려 두려워해야 하거늘[354]　猶懼不聞

351 일식이나……빛났네 : 《논어》 〈자장(子張)〉의 "군자의 허물은 일식이나 월식과 같다. 허물이 있을 때에는 사람들이 모두 보게 되고, 허물을 고치면 사람들이 모두 우러러본다.〔君子之過也, 如日月之食焉. 過也人皆見之, 更也人皆仰之.〕"라는 말에서 나온 것이다.

352 허물이……하고 : 《논어(論語)》 〈학이(學而)〉에 "나는 날마다 세 가지로 내 몸을 살핀다.〔曾子曰, 吾日三省吾身.〕"라는 증자의 말이 있는데 이에 대해, 주자는 "증자는 이 세 가지로써 날마다 자신을 반성하여 허물이 있으면 고치고 없으면 더욱 힘써서, 자신을 다스림에 정성스럽고 간절함이 이와 같았다.〔曾子以此三者, 日省其身, 有則改之, 無則加勉, 其自治誠切如此.〕"라고 하였다.

353 허물이……하네 : 《주역》 〈익괘(益卦) 상(象)〉에 "바람과 우레가 익(益)이니, 군자는 이것을 보고서 선(善)을 보면 옮겨 가고 허물이 있으면 고친다.〔風雷益, 君子以, 見善則遷, 有過則改.〕"라고 하였다.

354 듣지……하거늘 : 《중용장구》 제2장 주석에 "군자는 이것이 자신에게 있음을 알기 때문에 능히 보지 않을 때에도 경계하고 삼가며, 듣지 않을 때에도 두려워하고 걱정

어느 겨를에 말을 많이 하리오	奚暇多言
말재주 날렵하면	才辯捷疾
저 교활한 놈이 몸에 재앙을 입히는 것	彼狡灾身
단주의 오만함이	丹朱之傲
어찌 순 임금에게 근심이 되었으랴만	豈於舜憂
백익이 계책을 아뢰니[355]	伯益矢謨
순 임금 절하며 옳은 말이다 하셨네[356]	帝拜曰兪

이상은 날렵한 말재주에 관한 것이다.

임금은 하늘을 대신하여	惟皇代天
백성들로부터 보고 듣나니	視聽自民
넓게 듣고 보는 것은	耳目之廣
실로 사람들의 말에 힘입는다네	寔賴群言
세밀하게 보고 살핀다고	皎皎察察

하여 어느 때고 맞지 않음이 없다.〔君子知其在我, 故能戒謹不睹, 恐懼不聞, 而無時不中.〕"라고 하였다.

355 단주의……아뢰니 : 백익은 요순 시대의 어진 재상이고, 단주(丹朱)는 요 임금의 맏아들이다. 단주는 똑똑하였으나 그 재주를 좋지 않은 데 사용하여 우(禹)가 오만하고 사납다고 평가하였다. 뒤에 요 임금이 선위할 때에 단주가 제위(帝位)를 물려받지 못하고 순 임금이 물려받자 백익이 순 임금에게 경계하기를 "단주와 같이 오만하지 마소서.〔無若丹朱傲.〕"라고 하였다.《書經 益稷》

356 순임금……하셨네 : 역시《서경》〈익직(益稷)〉에 나오는 말이다. 순(舜) 임금의 노래를 이어받아 고요(皐陶)가 노래하자, 그 노래를 다 듣고 나서 "순 임금이 절을 하며 '옳은 말이다. 가서 공경히 하라.'라고 하였다.〔帝拜曰: 兪. 往欽哉.〕"라는 내용이 나온다.

어찌 총명이라 하랴 豈曰聰明
위가 높고 아래가 막히면 上亢下壅
화란이 예서 생기는 법 禍亂斯生
선왕은 이를 두려워하여 先王是懼
깃발을 꽂고 북을 두었으니[357] 植旌置鼓
온화한 대궐의 섬돌 穆然堂階
사방이 통하여 막힘이 없었네 四達靡阻

이상은 총명을 자랑하는 것에 관한 것이다.

임금의 존귀함은 大君之尊
그 위엄의 대단함이라 赫焉其威
상을 주어가며 말을 유도하여도 賞之導言
오히려 충성스런 규계가 적을 것인데 猶鮮忠規
엄하고 무섭게 임하면 臨以嚴厲
하정이 어찌 상달될 수 있으리 下情奚達
뇌정[358]이 치는 곳에 雷霆所擊
무엇인들 문드러지고 꺾이지 않을까 孰不糜折
편안한 안색으로 방법을 생각해 보면 康色念猷

357 깃발을……두었으니 : 《회남자(淮南子)》 〈주술훈(主述訓)〉에 "요 임금은 간언하는 북을 설치하였고, 순 임금은 그릇된 정치를 꾸짖는 나무를 세웠다.〔堯置敢諫之鼓, 舜立誹謗之木.〕"라는 말이 있다.

358 뇌정(雷霆) : 임금의 위엄을 뜻한다. 《한서(漢書)》 〈가산전(賈山傳)〉에 "벼락이 치는 곳에 꺾이지 않은 것이 없고, 만 균이 누르는 곳에 부서지지 않는 것이 없다.〔雷霆之所擊, 無不摧折者, 萬鈞之所壓, 無不糜滅者.〕"라는 내용이 보인다.

성인께서 남기신 아름다운 말씀 있으니　聖有徽言
인을 실천하여 백성들의 어른이 되어야[359]　體仁長人
오직 건원[360]이 되실 수 있다네　惟乾之元

이상은 위엄을 돋우는 것에 관한 것이다.

여섯 마리 말을 썩은 새끼줄로 몰면[361]　六馬朽索
그 위태로움에 두렵나니　凜乎其危
신하는 이웃이라[362]　臣哉隣哉
바로잡고 유지해 주네　以匡以維
힘을 믿고 강퍅함을 부리면　恃强肆愎
아 위태로우니　嗚呼其殆
사람들과 어긋나 고립되어 있으면서　違衆孤立

359 인을……되어야 : 《주역》 〈건괘(乾卦) 문언전(文言傳)〉에 "군자가 인을 몸소 실천함이 남의 우두머리가 될 만하다.〔君子體仁, 足以長人.〕"라고 했다.

360 건원(乾元) : 하늘의 뜻을 대행하며 만물을 다스리는 위대한 존재라는 뜻으로, 임금을 말한다. 《주역》 〈건괘(乾卦) 단(彖)〉의 "위대하다 건원이여, 만물이 여기에서 비로소 나오나니, 이에 하늘의 일을 총괄하게 되었도다.〔大哉乾元! 萬物資始, 乃統天.〕"라는 말에서 유래한 것이다.

361 여섯……몰면 : 육마는 천자(天子)의 수레를 끄는 여섯 마리의 말을 가리킨다. 《서경》 〈오자지가(五子之歌)〉에, "나는 백성을 대함에 있어 마치 썩은 새끼줄로 여섯 말을 모는 것처럼 두려움을 느끼나니, 남의 윗사람이 된 자가 어찌 공경하지 않을 수 있겠는가.〔予臨兆民, 凜乎若朽索之馭六馬, 爲人上者, 奈何不敬?〕"라고 하였다.

362 신하는 이웃이라 : 순(舜) 임금이 우(禹)에게 "신하는 바로 나의 이웃이요, 나의 이웃은 바로 신하이다.〔臣哉隣哉, 隣哉臣哉.〕"라고 말한 내용이 《서경》 〈익직(益稷)〉에 나온다.

패망을 당하지 않는 경우는 없다네　　未或不敗
옛날의 어진 임금들은　　斯古哲辟
보상을 경외하여 왕의 덕을 이루고[363]　　畏相成王
나무꾼에게 묻고[364] 대중과 의논하여[365]　　詢蕘謀庶
사람들의 마음으로 성을 이루었네[366]　　衆心爲城

이상은 강퍅을 멋대로 부리는 것에 관한 것이다.

363 보상을……이루고 : 《서경》 〈주고(酒誥)〉에 "옛날 은(殷)나라의 선철왕(先哲王)이 하늘의 밝은 명과 소민(小民)들을 두려워하여 덕을 떳떳이 간직하고 밝음을 잡아서 성탕(成湯)으로부터 제을(帝乙)에 이르기까지 왕의 덕을 이루고 보상(輔相)을 공경하였으므로 어사(御事)들이 도움에 공손함을 두어 감히 스스로 한가하고 스스로 안일하지 못하였다.〔在昔殷先哲王, 迪畏天顯小民, 經德秉哲, 自成湯咸至于帝乙, 成王畏相, 惟御事厥棐有恭, 不敢自暇自逸.〕"라는 말이 있다.

364 나무꾼에게 묻고 : 원문의 '詢蕘'는 아무리 하찮은 사람의 말이라고 하더라도 쓸 만한 말이 있으므로 물어보아야 한다는 뜻이다. 《시경》 〈판(板)〉에 "선민께서 말씀하시기를, 꼴 베고 나무하는 사람에게도 물으라 하셨네.〔先民有言, 詢于芻蕘.〕"라고 한 데서 유래하였다.

365 대중과도 의논하여 : 《서경》 〈홍범(洪範)〉에 "크게 의심나는 점이 있거든, 자기 마음에 물어보고, 관원들에게 물어보고, 일반 대중에게 물어보고, 거북과 시초 점을 쳐서 물어보아야 한다.〔有大疑, 謀及乃心, 謀及卿士, 謀及庶人, 謀及卜筮.〕"라는 말이 나온다.

366 사람들의……이루었네 : 중국 속담에 "여러 사람의 마음은 성을 이루고, 여러 사람의 입은 금도 녹인다.〔衆心成城, 衆口鑠金.〕"라는 말이 있다. 《國語 周語下》

곧으면 제자리로 돌아온다[367]는 부 갑인년[368]

貞則復元賦 甲寅

따뜻한 기운[369]이 다하고 추운 기운이 쌓이니, 온갖 싹이 시들고 모든 계곡이 말라, 언덕의 개밋둑 막히고 벌레들 칩복(蟄伏)에 들어갔다. 나는 서실에 있으면서 그때 막 《주역》을 완미하고 있었다. 창을 바르고 북쪽 창을 막고는[370] 생각에 잠겨 말없이 있다가 한숨을 쉬며 객에게

367 곧으면……돌아온다 : 원문의 '貞則復元'은 송(宋)나라 남당(南塘) 사람 진백(陳柏)이 지은 〈숙흥야매잠〉 가운데 한 구절이다. 마지막 구절에서, "밤의 원기(元氣)로써 함양하면 천리(天理)가 순환하여 정(貞)해질 때 다시 원(元)이 돌아오니, 생각을 여기에 두고 또 여기에 두어 밤낮으로 부지런히 힘쓸지어다.〔養以夜氣, 貞則復元, 念玆在玆, 日夕乾乾.〕"라고 하였다. 이 〈숙흥야매잠〉은 1568년(선조1) 퇴계 이황이 임금에게 올리는 《성학십도(聖學十圖)》에서 〈숙흥야매잠도(夙興夜寐箴圖)〉를 열 번째에 배치하고, 소재(穌齋) 노수신(盧守愼)이 진도에서 귀양살이할 때 〈숙흥야매잠〉에 주해를 한 이후 선비들의 공부와 수양에 필요한 지침으로 중시되었다.

368 갑인년 : 1734년(영조10), 오원의 나이 35세 되던 해이다.

369 따뜻한 기운 : 원문의 '暖律'은 추율(鄒律)이라고도 하는데, 따뜻한 바람이 부는 것을 의미한다. 중국 전국 시대 제(齊)나라 사람 추연(鄒衍)이 음률에 정통하여 연(燕)나라 소왕(昭王)의 초빙으로 연나라에 가 있었다. 북방에 아름답기는 하지만 추워서 오곡(五穀)이 나지 않는 땅이 있었는데, 추연이 율관(律管)을 불어 따뜻하게 하니 화서(禾黍)가 자라났다는 고사에서 온 말이다. 《列子 湯問》

370 창을……막고는 : 겨울 준비를 하는 것을 이른다. 《시경》 〈칠월〉에 나오는 말로, "10월에는 실솔이 침상 아래로 들어온다. 구멍을 막고 쥐구멍에 불을 놓으며 북쪽 창을 막고 창문을 바르고 아, 우리 처자들아, 해가 바뀌게 되었으니 이 집에 들어와 거처할지어다.〔十月蟋蟀入我牀下. 穹窒熏鼠. 塞向墐戶. 嗟我婦子, 曰爲改歲, 入此室處.〕" 하였다.

말하기를

"즐거워라. 천지가 만물을 내는 마음이여."

라고 하였다.

객이 말하기를

"무슨 말씀이십니까? 일기(一氣)[371]는 심원하고 적막하여 만화(萬化)가 모두 잠겨있습니다. 천지 가득 혹심한 추위가 음기(陰氣)에 엉겨 있으니 만물을 발육시키는 인(仁)은 아마도 작용을 하지 못할 것입니다. 그대가 비록 관찰을 잘 한다 해도 어떻게 아실 수 있습니까?"

라고 하였다. 내가 말하였다.

"그렇습니다. 내 그대에게 말해 주지요. 대저 선기(璇璣)[372]는 돌아 한 순간도 쉬지 않으니 사계절이 구분되어 봄이 그 시초가 됩니다. 여름[373]의 밝고 무성함과 가을[374]의 청정하고 엄숙함이 겨울에 이르

371 일기(一氣) : 옛사람들이 천지만물을 구성하는 본원이라고 여긴 혼돈(混沌)의 기(氣)를 말한다.

372 선기(璿璣) : 선기옥형(璿璣玉衡)의 약칭으로 혼천의(渾天儀)라고도 한다. 해·달·별의 천상(天象)을 그려서 천체의 운행과 위치를 관측하던 기계인데, 사각(四脚)의 틀 위에 올려놓고 회전시키면서 관측하도록 되어 있다. 《서경(書經)》〈순전(舜典)〉에, "선기와 옥형으로 살펴 이로써 칠정을 고르게 하셨다.〔在璿璣玉衡, 以齊七政.〕"라고 하였다.

373 여름 : 원문은 '朱夏'로 오행(五行)으로 따질 때 주(朱)가 하(夏)에 해당하기 때문에 이른 말이다. 두보의 〈대우(大雨)〉에 "하늘이 오히려 불쌍히 여겨 도와주시니, 여름에 구름 뭉게뭉게 일도다.〔上天回哀眷, 朱夏雲鬱陶.〕"라고 하였다.

374 가을 : 원문은 '素秋'이다. 오행설에서 가을은 금(金)에 속하고 색으로는 흰색에 해당하므로 이른 말이다.

면 고요하여 닫히고 거두어 단속되는 것이지요. 모두 일원(一元)에 근본을 두고 진실로 삶의 이치가 유행(流行)하는 것입니다.

그러나 음양은 고리와 같아서 열리고 닫히는 것이 서로 연관되어 있습니다. 아. 현율(玄律 겨울)의 정고(貞固)함은 진실로 처음과 끝의 기괄(機括)[375]이 되니 얼음 서리가 얼어 굳고 바람 기운이 매서워지는 것은 그것이 굳게 변화하는 기틀이자, 되살리고 기르는 원천이기 때문입니다.

나무가 장차 싹을 틔우려하면 반드시 먼저 뿌리에 잘 감추어야 하고[376] 물이 장차 불어 윤택해지려면 반드시 그 근원을 잘 길러야 합니다. 용과 뱀이 칩거하지 않으면 어찌 몸을 보존할 것이며 자벌레가 몸을 굽히지 않으면 어찌 펴기를 구할 수 있겠습니까[377] 그러므로 비록 음양이 참담(慘惔)하여 얼음이 꽁꽁 얼고 추위가 매섭더라도 애연(藹然)히 따뜻한 양(陽)의 기운이 실로 그 속에서 서로 이어지는 것입니다.

이 때문에 철인이 사물을 볼 때에는 그 모습에서 찾는 것이 아니라

375 기괄(機括) : 쇠뇌의 시위를 거는 곳〔弩牙〕과 화살의 시위를 메우는 부분〔箭括〕을 말하는데, 곧 사물의 매우 중요한 부분을 일컫는다.

376 싹을……하고 : 주자의 스승 유자휘(劉子翬)는 주자에게 "나무는 뿌리를 잘 감추어야 봄에 잎이 무성하게 피고, 사람은 몸을 잘 감추어야 정신이 안에서 살찌는 것이다.〔木晦於根, 春容燁敷, 人晦於身, 神明內腴.〕"라는 말을 한 바 있다.《宋名臣言行錄 卷12》

377 용과……있겠습니까 :《주역》〈계사전 하(繫辭傳下)〉에 "자벌레가 굽히는 것은 펴기 위함이며, 용과 뱀이 칩거하는 것은 몸을 보존하기 위해서이다.〔尺蠖之屈, 以求信也, 龍蛇之蟄, 以存身也.〕"라는 말이 나온다.

그 기틀에서 찾았고 드러난 데서 구하는 것이 아니라 은미한 데서 구했습니다. 추현(鄒賢 맹자)이 야기(夜氣)를 논한 것은 산목(山木)이 싹트고 자라나는 것에서 징험이 되었고,[378] 요부(堯夫)가 물리(物理)를 완미한 것은 예쁜 꽃을 아직 피지 않은데서 보는 것이었습니다.[379] 진실로 잘 수렴한 깊은 공효가 아니라면 어떻게 능히 생육(生育)의 기틀을 열 수 있겠습니까.

하늘에는 도가 있고 그것을 크게 하는 것은 사람이지만[380] 이루어진 성품을 보존하고 보존하는 것[381]은 실로 하늘로부터 품부 받은 것입니다. 비록 부귀와 복택을 넉넉히 가졌다 해도 간난(艱難)과

378 추현이……되었고 : 야기(夜氣)는 사물을 접하지 않는 밤에 되살아나는 양심(良心)을 이른다. 외물을 접하기 이전의 청명한 새벽에는 이런 마음이 남아 있다가 낮에 불선(不善)한 행위를 함으로 말미암아 점점 사라지게 된다고 하는데, 맹자는 이것을 제(齊)나라 우산(牛山)의 나무에 비유해서 설명하였다. 즉 우산(牛山)의 나무가 밤기운이 길러 주고 비가 윤택하게 해 주어 싹이 자라나지만 대낮에 도끼로 베어내고 소와 양이 방목되어 결국 민둥산이 되어 버리듯이, 사람의 심성(心性) 또한 사물을 접하지 않는 밤중에는 선한 본성이 배양되지만 사물을 접하는 대낮의 행위 속에서 심성이 훼손된다는 것이다. 《孟子 告子上》

379 요부(堯夫)가……것이었습니다 : 요부는 송(宋)나라 학자인 소옹(邵雍)을 가리킨다. 그의 〈안락와중음(安樂窩中吟)〉 시에 "예쁜 꽃은 모름지기 반쯤 피었을 때 보아야 한다.〔好花須看半開時.〕"라는 대목이 있다. 개화(開花) 속에는 바로 낙화(落花)의 이치가 잠재해 있는 까닭에 이미 피고 나면 떨어지게 될 것을 두려워하게 된다는 의미이다.

380 하늘에는……사람이지만 : 《논어》 〈위령공(衛靈公)〉에 "사람이 도를 크게 할 수 있는 것이지, 도가 사람을 크게 할 수 있는 것이 아니다.〔人能弘道, 非道弘人.〕"라는 공자의 말이 나온다.

381 이루어진……보존하는 것 : 《주역》 〈계사전 상(繫辭傳上)〉에 "이루어진 성품을 보존하고 보존하는 것이 도의로 들어가는 문이다.〔成性存存, 道義之門.〕" 하였다. 이루어진 성품은 타고난 본성이다.

우환(憂患) 또한 함께 동반되는 것[382]은 마음을 경동시키고 성품을 강인하게 하여 그 능하지 못한 것을 더욱 잘하게 하려는 것이니,[383] 비유하자면 겨울의 매서운 추위가 신양(新陽)이 잠기고 오르는 것을 여는 것과 같습니다. 애연히 선한 단서[384]를 막을 수 없게 되어 진실로 이로 말미암아 옥이 이루어지게 될 것이니[385] 바야흐로 척연(惕然)히 몹시 근심해야 할 때라는 것을 알게 되면 성대히 화태(和泰)의 근본이 될 것입니다.

때는 어렵고 근심스러운 시기에 속해 있으니 밤낮으로 부지런하실 것을 생각하셔야 합니다. 비태(否泰)[386]가 오고 가는 것으로 천심

382 부귀와……동반 되는 것 : 장재(張載)의 〈서명〉에 "부귀와 복택(福澤)은 하늘이 장차 나의 삶을 풍부하게 해 주려는 것이고, 가난과 미천함과 근심과 슬픔은 너를 옥(玉)처럼 갈고 연마하여 완성시키려는 것이다.〔富貴福澤, 將厚吾之生也, 貧賤憂戚, 庸玉汝於成也.〕"라는 구절이 있다.

383 마음을……것이니 : 《맹자(孟子)》 〈고자 하(告子下)〉에 "하늘이 어떤 사람에게 큰 사명을 내리려 할 때에는, 반드시 먼저 그의 마음과 뜻을 고통스럽게 하고, 그의 힘줄과 뼈를 수고롭게 하고, 그의 육체를 굶주리게 하고, 그의 몸을 궁핍하게 하여, 그가 행하는 일마다 어긋나서 이루지 못하게 하나니, 이는 그의 마음을 격동시키고 그의 성내는 것을 굳게 참고 버티도록 하여, 그가 잘하지 못했던 일을 더욱 잘할 수 있게 해 주기 위함이다.〔天將降大任於是人也, 必先苦其心志, 勞其筋骨, 餓其體膚, 空乏其身, 行拂亂其所爲, 所以動心忍性, 增益其所不能.〕"라는 말이 있다.

384 선한 단서 : 원문의 '善端'은 사단(四端)을 가리킨다. 맹자(孟子)는 "사람에게는 선(善)한 본성(本性)에서 우러나오는 측은(惻隱)·수오(羞惡)·사양(辭讓)·시비(是非)의 마음이 있으니 이 사단을 잘 확충하여야 한다." 하였다. 《孟子 離婁上, 公孫丑上》

385 옥이……것이니 : 원문의 '玉成'은 사람을 옥처럼 훌륭히 완성시켜 준다는 뜻이다. 《시경(詩經)》 〈민로(民勞)〉에 "임금께서 당신을 옥같이 만들고자 하시므로 이 때문에 경계하는 것이다.〔王欲玉女, 是以大諫.〕" 하였다.

386 비태(否泰) : 《주역》 두 괘의 이름으로 운명의 좋고 나쁨과 사정의 순탄·역경을

을 볼 수 있으니, 큰 근심으로 성명(聖明)을 열 수도 있고 많은 고난으로 나라를 일으킬 수도 있습니다.[387] 진실로 심연에 임하듯 얼음을 밟듯[388] 항상 두려워한다면 반석처럼 안정되어 편안해 질것이니 태계(泰階)[389]의 화평 여부가 오늘에서 시작[390]될 줄 어찌 알겠습니까. 곧고 굳음이 뜻을 세우는 근본이 되고 굳세고 강건함이 일을 바로잡는 근원이 됩니다. 위엄과 공경을 가슴속에 새기어 게을리 하지 않아야 성덕이 날로 새로워지는 것을 기대하게 되고, 덕화가 아득한 곳까지 펼쳐져 백성들을 수역(壽域)[391]에서 살 수 있게 할 것입니다. 작은 정성, 등에 쬔 햇빛[392]보다 간절하여 감히 성군께 바라나이다."

말한다.

387 큰……있습니다 : 진(晉)나라 유곤(劉琨)이 원제(元帝)에게 올린 〈권진표(勸進表)〉에 "많은 어려움으로 나라를 견고하게 하기도 하고 큰 근심으로 성명을 열어 줄 수도 있습니다.〔或多難以固邦國, 或殷憂以啓聖明.〕"라는 구절이 있다. 《文選 卷37》

388 심연에……밟듯 : 원문의 '淵冰'은 조심스러운 마음으로 매사를 신중히 처리하는 것을 말한다. 《시경(詩經)》 〈소민(小旻)〉의 "전전긍긍하여 심연에 임하듯 얇은 얼음을 밟듯 한다.〔戰戰兢兢, 如臨深淵, 如履薄氷.〕"라는 말에서 나온 것이다.

389 태계(泰階) : 하늘의 삼계로서, 즉 천자(天子)의 상계(上階), 제후·공경·대부의 중계(中階), 사서인(士庶人)의 하계(下階)를 말하는데, 삼계가 안정되면 음양(陰陽)이 조화되어 천하태평의 시대가 이루어진다고 한다. 《漢書 東方朔傳 泰階六符 注》

390 시작 : 원문의 '權輿'는 사물의 시초를 뜻한다. 저울을 만들 때는 저울대〔權〕를 먼저 만들고 수레를 만들 때는 수레의 판자〔輿〕부터 먼저 만드는 것에서 유래한 말이다.

391 수역(壽域) : 인수지역(仁壽之域)의 준말로, 사람들이 모두 천수(天壽)를 누리며 사는 태평성대를 뜻한다. 《한서(漢書)》 〈예악지(禮樂志)〉에 "한 세상의 백성들을 몰아서 인수의 지역으로 인도한다면, 풍속이 어찌 성강 때처럼 되지 않을 것이며, 수명이 어찌 고종 때처럼 되지 않겠는가.〔驅一世之民, 濟之仁壽之域, 則俗何以不若成康? 壽何以不若高宗?〕"라고 하였다.

392 등에……햇빛 : 《열자(列子)》 〈양주(楊朱)〉에 나오는 고사이다. 옛날 송나라에 농부가 있었는데 항상 삼을 넣은 옷을 입고서 겨우 겨울을 지냈다. 봄이 되어 경작을 시작할 때 스스로 햇볕을 쬐고는 천하에 넓은 집과 따뜻한 가옥, 비단옷과 가죽옷이 있다는 것을 모르고서 그 아내를 돌아보며 "등에 내리쬔 햇볕의 따뜻함을 아는 이가 없으니 이 햇볕을 임금께 바치면 중한 상을 내리시리라." 하였다. 군왕을 생각하는 지극한 정성을 비유한다.

춘첩 정사년[393]

春帖 丁巳

하늘에서 받은 것 본래 온전하여 부족한 것 없고

受之天者本全無不足

사람에게서 얻은 것 이미 태평하여 더 원하는 것 없네

得之人者已泰無可欲

의당 하늘에 합치되기를 빌 뿐 但當祈合於天

어찌 다시 사람에게서 구하는 일 있으랴 寧復有求於人

나가면 따뜻한 봄과 서늘한 가을이니 出則暖春凉秋

아름다운 산수 찾아 노닐고 佳山秀水

들어오면 달빛 환한 창과 등불 켜진 창 있으니 入則晴牖燈窗

남기신 경전과 옛 사서를 읽네 遺經古史

393 정사년 : 1737년(영조13). 오원의 나이 38세 되던 해이다.

지은이 **오원(吳瑗)**

1700(숙종26)~1740(영조16). 조선 후기의 문신으로 본관은 해주(海州), 자는 백옥(伯玉), 호는 월곡(月谷)이다. 할아버지는 오두인(吳斗寅), 아버지는 오진주(吳晋周), 어머니는 김창협(金昌協)의 딸이며, 해창위(海昌尉) 오태주(吳泰周)와 명안공주(明安公主)에게 입양되었다. 이재(李縡)의 처질이며 제자이다. 1728년(영조4) 정시(庭試) 문과에 장원급제하였으며 문학으로 이름이 났다. 남유용(南有容), 이천보(李天輔), 황경원(黃景源)과 더불어 영조 대 사가(四家)로 꼽히며 이들과 친밀하였고, 노론의 적통으로 탕평책을 반대하였다. 청요직을 두루 거쳐 강화 유수, 홍문관 대제학, 공조참의 등을 지냈다. 사후에 아들 오재순(吳載純)의 현달로 좌찬성(左贊成)에 추증되었다. 저서로 《월곡집(月谷集)》이 있다. 시호는 문목(文穆)이다.

옮긴이

박재금(朴在錦)

1953년 부산에서 태어났다. 이화여대 국문과를 졸업하고 동대학원에서 한문학을 공부하여 〈무의자 혜심의 시 연구〉로 박사학위를 받았다. 현재 이화여대 한국문화연구원 연구교수로 재직하고 있다. 〈고려후기 게송을 통해 본 禪과 일상〉 등의 논문과 저서 《한국 선시(禪詩) 연구》가 있고, 번역서로 《심양장계》(공역), 《와신상담의 마음으로 일본을 기록하다(元重擧의 和國志)》, 《강한집》 등이 있다.

이은영(李恩英)

1965년 충북 음성에서 태어났다. 이화여대 국어국문학과를 졸업하고 동대학원에서 〈조선 초기 제문 연구〉로 박사학위를 받았다. 민족문화추진회 국역연수원 연수부와 일반연구부 과정을 졸업하였다. 현재 이화여대 한국문화연구원 연구교수로 있다. 저서에 《제문, 양식적 슬픔의 미학》·《예와 정의 조화와 변주》, 공역서에 홍길주 문집 《현수갑고》·《표롱을첨》·《항해병함》과 《역주 점필재집》, 《강한집》 등이 있다.

홍학희(洪學姬)

1965년 서울에서 태어났다. 이화여대 국어국문학과를 졸업하고 동대학원에서 〈율곡 이이의 시문학 연구〉로 박사학위를 받았다. 현재 이화여대 한국문화연구원 연구교수로 재직하고 있다. 〈한국 도학시 연구의 몇 가지 문제〉, 〈18~19세기 성해응 집안 여성들의 삶〉 등을 저술하였으며 《부사산 비파호를 날듯이 건너(成大中의 日本錄)》, 《19세기·20세기 초 여성생활사 자료집 1》, 《강한집》 등을 번역하였다.

권역별거점연구소협동번역사업 연구진

연구책임자 김동준(이화여자대학교 국어국문학과 교수)
공동연구원 조혜란(이화여자대학교 국어국문학과 교수)
교열 김동주(전통문화연구회 국역위원)
책임연구원 이은영(이화여자대학교 한국문화연구원 연구교수)
이주해(이화여자대학교 한국문화연구원 연구교수)
홍학희(이화여자대학교 한국문화연구원 연구교수)

월곡집 5

오원 지음 | 박재금 · 이은영 · 홍학희 옮김
2020년 12월 31일 초판 1쇄 발행
편집 · 발행 학자원
등록 2011.4.6 제2011-14호
주소 (134-814) 서울시 강동구 천호대로 1121
전화 02-6403-1000 | 팩스 02-6338-1001 | 이메일 hakjaone@daum.net

값 30,000원
ISBN 979-11-6247-203-3 94810
979-11-6247-099-2 (세트)